東北各民族交往交流交融史史料叢刊

黑龍 李俊義 主編

旗族舊俗誌校注

芙萍 著

甄廣成 校注

上海古籍出版社

圖書在版編目（CIP）數據

旗族舊俗誌校注 / 芙萍著；甄廣成校注. -- 上海：
上海古籍出版社，2025. 6. -- （東北各民族交往交流交
融史史料叢刊）. -- ISBN 978-7-5732-1673-1

Ⅰ. K892. 321

中國國家版本館 CIP 數據核字第 2025W5H112 號

東北各民族交往交流交融史史料叢刊

黑　龙　李俊义　主编

旗族舊俗誌校注

芙　萍　著

甄廣成　校注

上海古籍出版社出版發行

（上海市閔行區號景路 159 弄 1-5 號 A 座 5F　郵政編碼 201101）

（1）網址：www.guji.com.cn

（2）E-mail：guji1@guji.com.cn

（3）易文網網址：www.ewen.co

上海惠敦印務科技有限公司印刷

開本 890×1240　1/32　印張 12　插頁 2　字數 310,000

2025 年 6 月第 1 版　2025 年 6 月第 1 次印刷

ISBN 978-7-5732-1673-1

K·3894　定價：68.00 元

如有質量問題,請與承印公司聯繫

凡　例

一、本書以《旗族舊俗誌》報刊本爲底本，以《北京民族文史資料第三輯：旗族舊俗誌》油印本、《燕京風土録》删節本爲校本，進行校注。

二、保留底本的章節體例和文字體例，原文的異體字和繁簡混用字，改爲規範的繁體字及統一字體；殘缺或模糊文字，以"□"符號表示。

三、校勘部分，主要是將底本與油印本、删節本比勘；校記以篇後注形式顯示。

四、注釋部分，以專有名詞注釋爲主，注釋以頁下注形式顯示。注釋所引用之參考文獻僅標明作者、文獻名稱及頁碼，文後附參考文獻詳細信息。

五、底本中的標點用法與當代的標點用法規範略有不同，爲尊重原貌盡量不作改動。

六、附録收入相關文獻及研究等，供讀者參考。

目　録

序　言

芙萍與明珠①別來久矣！今接受恨水老板②之函約，特把旗族的舊俗，一切事故，習慣禮俗，作一番精密擴大的搜羅，貢獻給明珠的讀者。作者只有一管堅實而勇敢的筆和一顆忠誠的心，奮力的寫出一切來，讀者如能够認定了賞鑒，這就是我們的一點期望。

帶著三分自愧的説吧，作者是一個地道的滿洲[1]旗人（然而頭腦絶對是新的）。先祖玉山君，爲旗族盛化之功臣，幼時居於滿洲北蒙，後居京師三十餘載，故背述旗族故事、人情極詳且趣。先祖在世時，夏日則庭院花旁，冬日則矮椅圍爐，作旗族往事之表演，口講指畫，滔滔不絶，一生事跡，歷歷如繪！日前檢其故篋，得其手記之《滿洲雜録》一卷，寫旗族歷往之争功，寫旗族之華貴……惜皆前後不接之片斷，不得悉其始末爲憶焉。而尤以所記“山林生活”一段爲最佳，中有句云：“身爲貴族，實則罪體，憶昔年争事，不計生死，今家有餘糧，甘爲狗馬勞，方棄籠鳥，又赴深林與虎狼爲伍，罔覺涉險爲樂趣，然而吾輩歸宿亦止於此矣！”日事弓馬，捕獵射鹿，

① 明珠，《世界日報》副刊之名稱。《世界日報》是由成舍我於 1925 年 2 月創辦的獨資企業。副刊《明珠》之版面時有調整，通常在第五、六、八版（參見張友鸞等著《世界日報興衰史》，第 54—130 頁）。
② 恨水老板，即張恨水，時任《世界日報》副刊《明珠》主編（參見張友鸞等著《世界日報興衰史》，第 54—130 頁）。張恨水（1895—1967），原名心遠，安徽省潛山縣人。著名章回小説家，鴛鴦蝴蝶派代表作家，報人。據統計，其所創作之作品中長篇小説達百餘部，雜文近五千篇，另有大量的詩詞。代表作有《春明外史》《金粉世家》《啼笑因緣》等，被譽爲“民國第一寫手”（參見張占國、魏守忠編《張恨水研究資料》，第 3—9 頁）。

度其殘年,其人生觀別創一格。此卷面題有"金枝玉葉"四字,秀麗絕倫,不知爲誰人手筆。惜此卷處於舊式家庭,可翻記而不可公諸同人以原本也。先父全公,倜儻一生,不知金錢爲何物,曾爲旗族長官,客歲先父死(一八七七——一九二七)。覺旗族凋敗,至此而極,雖欲一洗貴族故態,尤做前塵舊夢! 曾有詩一句云:"滿洲舊夢久已絕"! 余不諳詩學,至今尚無綴句。憶昔兒時,衣錦膏粱[2],亦足發念載回想! 曾幾何時,一旦流落文丐,每日裏西抹東塗。今也把我禿筆,重話旗光,或云食旗族之餘唾,思想及此,不禁爲之慘笑。

本文全部共分爲五大章,特先録出,用告讀者:

第一章,故事之部。

第二章,家庭之部。

第三章,禮俗之部。

第四章,土習之部。

第五章,藝樂之部。

這五大章,預料四、五月可登完,將來或能成一書。文筆方面,我們絕對要寫實。作者無少許私意混雜其間,務使過去之旗族百美,跳躍紙上,拉雜書此,聊作序言。

序於紅緑閣。

十一,二八,一九二八。

中華民國十七年十二月一日第五版

【校記】

[1] 洲,底本、油印本誤作"州",據《清实录》等正史資料改,下同。

[2] 粱,底本、油印本誤作"梁"。

第一章　故事之部

旗族之原始

考旗族之原始，須要有一點歷史的觀察。明季末葉，闖王李自成即位，吴三桂[1]起事，借兵於滿洲老汗，俗謂"吴三桂請清兵"。攻擊闖王，闖王受其直搗，不得已下台而西逃。至今太和殿前右面皺眉頭獅子腹部之箭眼，相傳係吴三桂之射跡也。闖王西逃至晉，吴三桂窮追之，苦不可得。道上遇拾糞一老人，問曰："見有長鬚大漢率騎西奔否？"拾糞老人冷笑曰："渠既在逃，君宜速返京即位，何窮追一至此極耶？"吴三桂始由恍然裏鑽出個大悟來。待返京時，見已易汗王[2]幟。原汗王出借吴三桂兵馬後，即統率一部分兵馬進京，其野心可想。至京後，見三桂杳無蹤跡，探悉爲趕闖王西去矣。惟是時登殿無人，於是汗王乃即位焉。三桂歸來，與之開誠割讓南方七省，使奠都南京，故有天下十三省，南七北六之分治。①汗王來時所統率之大軍，即爲滿洲旗兵。是時汗王居北蒙時，其生活實離野蠻時代不遠，故旗兵皆顯然其部落生活之特性，概行軍號

---

① 關於"定都南京，南七北六分治"之説，金白認爲此種説法與事實不符，該計劃應是吴三桂的内心想法，並未與汗王勘定（參見金白《旗族補微》）。正如金白所説，這種説法確實與事實不符。可以肯定的是，"定都南京，南七北六分治"之説是逸聞。文中所述吴三桂追擊李自成時，與"拾糞老人"對話等細節，不見載於史乘，應都是民間逸聞。

召,皆以旗幟爲分別標準也。我們在戲台上,考察《鐵冠圖》①(即俗名吳三桂請清兵)一齣歷史戲吧,見大軍皆搖各色大旗,以爲統率上之識別,這就是旗族原始上一點很顯明的象徵。八旗原名旗兵,後推倒大明,故又號清兵焉。國事既平,四民無驚,罷兵言樂,隨汗王來京之旗兵家族(亦有繼續來者),盤踞京師,爲汗王所器重,即近世所謂"門羅主義"②之原理也。京師立有八旗營房③,爲旗兵等居住,分旗建築,地帶極寬闊,如左安門內之藍旗大營房,矮屋排列如瓦輪然,且皆爲黃松木料,北房居多數,三五間成一院落,似供旗兵小家庭之適用,建築堅實,二百來年,營房不倒者佔多數,然旗人已凋落不堪矣。當是時,八旗兵丁皆營房組織小家庭,以貴族功臣自居,月有錢糧及世襲差缺,豐衣足食,滋蔓愈衆,以致造成數百年來旗族貴族生活之孽根焉。

中華民國十七年十二月二日第五版

---

① 鐵冠圖,按《曲海總目提要》記載:"鐵冠圖,不知何人所作,影掠明末崇禎事蹟,真僞錯雜,淆惑視聽。"(參見董康編著,北婴補編《曲海總目提要·附補編》,第1559—1561頁)

② 門羅主義,1823年12月2日美國總統門羅(James monroe,1758—1831)在致國會諮文中闡述美國對外政策原則的宣言中提出。主要內容:宣佈任何歐洲强國都不得干涉南、北美洲的事務,否則就是對美國不友好的表現。提出"美洲是美洲人的美洲"的口號。實質是要使美洲成爲美國資産階級的美洲。當時美國提出這個口號的目的是反對英國和俄、普、奧三國的"神聖同盟"插足拉丁美洲,並爲美國向拉丁美洲擴張作掩護(參見辭海編輯委員會編《辭海·歷史分册·世界史·考古學》,第214頁)。文中以此指八旗是旗人的八旗,旗人自己管理八旗事務。

③ 八旗營房,據《八旗通志》記載:"都城之內,八旗居址列於八方。自王公以下至官員兵丁給以第宅房舍,並按八旗翼衛宸居。""外至直省,分設八旗駐防。"(參見鄂爾泰等修,李洵、趙德貴主點《八旗通志》,第429頁)關於在京官兵房屋撥房數額,《八旗通志》記載:"順治五年題准:一品官,給房二十間。二品官,給房十五間。三品官,給房十二間。四品官,給房十間。五品官,給房七間。六品、七品官,給房四間。八品官,給房三間。護軍、領催、甲兵,給房二間。"順治十六年,撥給房屋,各按舊例酌減(參見鄂爾泰等修,李洵、趙德貴主點《八旗通志》,第435頁)。雍正二年,於內城九門設門軍,並於九門內建造房屋280間;設圓明園八旗駐防,建造房屋10000間。設圓明園包衣三旗,建造房屋504間。雍正六年,設京師九門外駐防,並沿河空閒處,建造房屋1356間(參見鄂爾泰等修,李洵、趙德貴主點《八旗通志》,第439—444頁)。

【校記】

[1] 桂，底本、油印本誤作"貴"，據《清史稿》等正史資料改，本節下同。

[2] 汗王，底本、油印本作"漢王"，據文意改，本篇下同。

旗 族 之 派 別

旗族之派別混觀之爲"八旗"，即八大部落也。若整個觀之，實有三大派別。今特分別述之如左：

（一）宗室派：

此派爲汗王居蒙北時之各派親族，汗王得帝，各親族均得位焉。俗云"皇親國舅"，當家人之親信，有看[1]封爲"鐵帽子王"者，鐵帽子王即子襲父位，輩輩稱王也。宗室派中，尚有近枝派與遠枝派之分析。近枝派，即與皇家之親族關係較近者，皆得優差，居位至尊，一若神聖不可侵犯之者，此派俗名"黃帶子"。外裝上繫有黃絲帶，以爲宗室之表示焉。遠枝派，即與皇家之親族關係比較稍遠者，位次於近枝派，此派俗稱"紅帶子"。此派在外裝上，亦繫黃絲帶子①，雖身爲"紅帶子"，然究係宗室，故於表示之形式與"黃帶子"相同。宗室派除坐吃俸米外（詳後），並多放以世襲優缺，如"世襲銀麒玉"②等等。且在社會上握有偌大之威權，飽暖無事，招搖市面，抱打不平之事，時有所聞。宗室派以其華貴，故有"金枝玉

---

① 按《欽定大清會典》記載：凡天潢宗派，以顯祖宣皇帝（努爾哈赤之父塔克世）本支爲宗室，叔伯兄弟之支爲覺羅，宗室束黃金帶，覺羅束紅帶。凡宗室載入黃册，覺羅載入紅册，宗室以罪黜爲庶人者束紅帶，覺羅以罪黜爲庶人者束紫帶（參見乾隆朝《欽定大清會典》卷一，宗人府）。可見，近支派繫黃絲帶子，而遠支派繫紅絲帶子。

② 世襲銀麒玉，疑爲"世襲雲騎尉"之訛傳。按《八旗通志》記載，八旗世襲世職等級爲：一等公、二等公、三等公，一等侯、二等侯、三等侯，一等伯、二等伯、三等伯，一等子、二等子、三等子，一等男、二等男、三等男，一等輕車都尉、二等輕車都尉、三等輕車都尉，騎都尉，雲騎尉（參見鄂爾泰等修，李洵、趙德貴主點《八旗通志》，第622—623頁）。其中雲騎尉等級雖低，但最爲普遍，這一點可於《八旗通志·世職表》中得到驗證。因此，銀麒玉與雲騎尉對應。

葉”之稱,見官不跪。興訟時,長官須先恭解其外衣上之黃帶子,再加問訊,此稱爲“挑帶子”,否則有欺君罪焉。宗室派與庶民興訟,長官每加以祖護,爲捧宗室也,故謂之“一面官司”。宗室派之貴族氣勢亦可見一斑矣。

（二）滿旗派:

爲汗王之欽兵,内部分八旗,即“正黃旗”,“正紅旗”,“正藍旗”,“正白旗”,“鑲黃旗”,“鑲紅旗”,“鑲藍旗”,“鑲白旗”是也。正與鑲之分別,概爲旗兵出爭時代旗號上之差異。如“正黃旗”,搖黃一色之大旗,爲正派旗兵;如“鑲黃旗”,搖一種標準式之大旗,周圍鑲以黃邊①,爲副號(或稱附屬)之旗兵。故滿旗派居於漢旗派,有由來也。

（三）漢旗派:

此派爲汗王所徵召之旗兵,非滿洲之嫡族也,故俗又稱爲“漢軍”。内部亦分八旗,與滿旗派相同,即爲“正黃旗”,“正紅旗”,“正藍旗”,“正白旗”,“鑲黃旗”,“鑲紅旗”,“鑲藍旗”,“鑲白旗”是。

中華民國十七年十二月三日第五版

【校記】

[1] 看,底本作看,疑爲“著”字之讹。

旗族各派自居京師以來,分旗辦事,滿漢兩派化爲一種混合制矣。以“正黃旗”,“正紅旗”,“正藍旗”認爲“上三旗”②。雖爲滿

---

① 據孟森考證,關於鑲黃、鑲白、鑲紅、鑲藍四旗旗色,黃、白、藍鑲紅邊,紅鑲白邊(參見孟森《清史講義》,第19頁)。
② 芙萍認爲上三旗包括正黃旗、正紅旗、正藍旗,實際上三旗爲正黃旗、鑲黃旗和正白旗(參見鄂爾泰等修,李洵、趙德貴主點《八旗通志》,第618頁)。

派,亦有居於下旗者;雖爲漢派,亦有居上三旗者不等。如滿洲鑲白旗人,即可簡稱之曰:"鑲白滿"。又如漢派正黃旗人,即可簡稱之曰:"正黃漢"。漢旗派所以次於滿旗派者,以所食錢糧而論,漢派無四兩銀"掰拉"①錢糧之資格,餘則大略相同。惟挑補各缺及世襲職位,皆以滿旗派有優先權,漢旗派每落於後,故以滿旗派爲"吃香"也。

旗 族 之 文 化

　　旗族之原始既明,所以旗族的精神上,代表一種北滿的舊文化。通用之文字,最初以"滿洲字"爲標準。據家祖云:清季初年,旗族居京,正處盛朝時代,其舊風未退,故通行之語言,皆翻其滿洲話,華貴之氣,溢於言表。時京師非旗族人及旗族之漢派(即非滿洲人,詳上節),多羨慕而效顰焉。猶之近世中國人趨重鬼子話,以求"吃香東西"者然。滿洲文字之形式作立體,圈鈎撇點,龐雜其間,如豎寫洋文式。京師宏舊建築,漢字之外,皆附有滿文,如景山之北上門,北海小白塔,地安門……各額上之滿洲字,皆旗族盛興之遺跡也。滿洲字念來,驟聽之,亦如翻鬼子語。其字義,亦爲字母之合組。旗族初佔京師時,各衙署往還文件,皆用滿洲文,後因潮流所趨,爲謀求普遍之便利計,亦漸利用漢字矣。然旗族内部之挑缺額與其他種種口試,依然以滿洲文爲上選,故是時不諳滿洲文,即不足稱道其爲道地之旗族焉。

中華民國十七年十二月四日第五版

---

① 掰拉,即擺牙喇,滿語 bayara 的音譯,漢譯爲護軍(參見故宮博物院藏《五體清文鑒:滿藏蒙回漢對照》,第 856 頁)。據《八旗通志》記載:"(順治)九年三月,增八旗擺牙喇、噶布希賢月餉銀各一兩。"噶布希賢,滿語 gabsihiyan 的音譯,漢譯爲前鋒(參見鄂爾泰等修,李洵、趙德貴主點《八旗通志》,第 550 頁)。

　　旗族之通用語言，顯然有異於漢人者，普通之見面語，皆於尾聲時加一"喀"字。如"我上街喀"，"我買東西喀"，或問曰："您喝茶喀啦?""您吃飯喀啦?"……考此喀字，爲滿洲語最普通之音尾，若英語"S"之尾音。① 故言語間，有此一部分之滿洲化，有由來也。旗族語言間，多帶驕傲氣，□現其皇家式之貴族風度。如漢人稱"煑餃子"，旗人則稱"煑餑餑"；又如漢人稱"麻花"，旗人則稱"油炸鬼"。（據小販劉二語云：彼先賣麻花於南城，復經此業於北城，至麻花胡同②，吆喝麻花，旗人稱怪而詰問之，始知爲油炸鬼。故此等旗族，雖爲麻花胡同之寓公，竟不知麻花爲何物，旗漢殊途，可見一斑，此民國九年事也。）此不過一二，其家庭瑣語，俟下章詳述之。

老姓與本姓

　　旗族之姓氏，顯然不脫其部落制，每一旗分若干支派，每一枝有一姓，此爲標準的姓氏，及時貫用之，旗族謂之"老姓"。此一姓所轄，不止百十戶旗人，互相往還，謂之當家。一姓之輩數最長者，封爲"老祖"。此老祖以輩長，故年輕亦不失老祖之資格。當家十戶，崇之若敬神焉。老先祖牌位懸諸其家，一姓人得差或拜年時，須先至老祖家拜牌位，俗謂之"祭板"。此爲廣義的老姓大概。至於狹義之個家姓氏，乃以"指名爲姓"爲綱要。如此兒名"拴子"，及長即姓"拴"；此孫名"德兒"，及長即姓"德"；並且是父子不同姓，俗謂之"一輩一姓"，或謂曰"輩輩有姓"。作者姓成，乃先父即姓全，而先祖又姓玉，形式上使人觀之，若不釋爲旗人，人竟不敢視爲父

---

① 芙萍所指的"喀"字尾音，即金啓孮所説的"克"字尾音。據金啓孮考證，"克"乃是由滿語 gene、genembi 的首音節 ge 音轉化而來，漢譯爲"去"（參見金啓孮《金啓孮談北京的滿族》，第 24 頁）。
② 麻花胡同，位於今北京市西城區西什庫大街。

子也。因旗族之指名爲姓，故姓氏多有不在百家姓之內者，好事者譏爲"姓之未入流"，亦罵苦旗人矣！旗人門庭前之姓氏牌號，不知者莫名其妙，經釋後，乃恍然焉。若某旗人家庭姓文，即在門前牌號以"文寓"二字，一旦有子姓拴[1]，則在文字中心之右端，加以較小之拴字，即成"文拴寓"。字義間，即文寓、拴寓之父子家庭也。若進而生孫姓德，則又在拴字下部之左端，加一德字，乃成"文拴德寓"，三姓一家，亦可謂之熱鬧矣。

　　旗族之名，每於姓下加一隨意之字爲準，故皆連姓作二字之名，概備貫加老姓也。至於台甫，旗人本爲缺如，後以排場之風尚所關，一般窮酸文人按其單名之字義，贈送旗族台甫，於是旗人亦漸有字。先祖姓玉名山，後有人贈字，曰"寶石"，謂有玉山必有寶石，兩者相得，一生無窮，吃穿不盡矣。遂索銀十兩，先祖聞之喜，急如數與之。一般朋儕又皆道賀討賞，復享以銀塊。詎其字淺陋至極，至今思來，尤令人噴飯，旗人之爲大頭，可見一斑矣。又旗人便稱之俗名，以"子"爲最通行。如姓順即呼爲"順子"，姓德即呼爲"德子"……惟旗人之把兄弟拜盟之風最盛。如有排行，呼名乃以數爲目標，如行二姓萬，即呼之爲"萬二"，排末姓貴，即呼之爲"貴老"，此殆已入張三李四之流矣。

　　　　　　　　　　中華民國十七年十二月五日第五版

【校記】

[1] 拴，底本中"拴"字位於"則在"二字之後，據文意改。

技擊之流傳

　　世傳旗族領錢糧爲"伸手白拿"，而在旗族口中，爲"汗馬功勞"所得報酬也。而戎馬愴惶之苦，惟旗族先輩備嘗之，其供後輩坐食，亦可謂便宜矣。汗王居滿北時，時作蒙塞之爭，是時稱"旗兵"，後汗王即位，又曰"清兵"。古時旗兵爲徵兵制，旗中健兒成丁時，皆須入伍，擊技之方向，首習拳術，故旗族先輩，於六大派拳脚備述至詳。進則爲刀槍及各種武器，爲實地應用也。近世之旗族人身體健壯者，多搖頭幌膀，類皆帶有武架子（文官例外，此就大部分言者）及技擊之色彩，正其遺傳天性也。

旗族出爭時，皆爲馬戰，蒙北産馬最多，穿山越嶺，故須借重於馬力，故旗族人年長者皆善騎。京師數十年前，旗族貴種尤有騎馬之風焉。

旗族第三期之戰爭，則改用弓箭，射術亦爲技擊之一。旗族公餘，以附屬兵器爲玩物，因爲招災闖禍者，不可勝數。京師東西兩廟（即隆福、護國兩寺）之彈弓攤，遍地皆是，備旗家兒郎取用，利市三倍。

射 術 與 挑 缺

技擊與戰爭之流傳，已如上節所述矣。清季末葉時，皇家於京師組織有"虎神營"①，仍取徵兵制度。就旗族各家擇選健壯者一人，但挺身願充者，聽之，俗稱"虎神營兵"。應徵者除應有錢糧之外，復加本營兵餉，俗謂之"口份"，又曰"口糧"。五口之家，有錢糧、兵餉，固綽有餘裕也。虎神營組織有若干小隊，分日操演於安定門教場②。營兵著官服號，英武非常。其所操演者，依爲火槍、

---

① 虎神營，由端郡王載漪挑練，光緒二十四年（1898 年）形成，初時名曰武勝新隊。光緒二十五年（1899 年）二月初九日，清政府賜名虎神營。虎神營兵力約在一萬五六千人左右。光緒二十六年（1900 年），八國聯軍進入北京時，虎神營遭遇重創，載漪被謫。光緒二十八年（1902 年），清政府命虎神營官兵各歸本旗營，至此虎神營解散（參見王景澤、李德新、劉荆著《褪色的龍旗——晚清八旗探研》，第 75—81 頁）。

② 安定門教場，即鑲黃旗教場。位於安定門外，黃寺（黃寺詳見後文注釋）前。爲八旗操演兵丁，閱看軍器及蒙古往來之地（參見鄂爾泰等修，李洵、趙德貴主點《八旗通志》，第 484—485 頁）。

火炮。故是時,"抬槍桿"之俗,盛極一時。訓練成熟,備掃射四方土匪,與對付戰爭,及彈壓京師地面。光緒二十六年之變亂[①],虎神營亦爲之瓦解。後整理舊部,改組爲"萬字隊"[②],駐紮南苑、北苑[③]各處,操演如舊部之虎神營然。萬字隊又曰:"旗兵",其組織意義,如近年之衛隊,概稱皇家欽兵也。其內部細則,如口糧等,皆與虎神營[1]相等;服制除自備便衣,加以號坎以爲識別。萬字隊兵,每名皆在手腕帶以黃銅鐲子,上鑴號目。時有兒歌唱云:"萬字隊,真可當,手鐲腳鐐扛鐵槍!"

中華民國十七年十二月六日第五版

【校記】

[1] 與虎神營,底本作"虎與神營",據文意改。

放 糧 與 挑 缺

以上爲清季旗族武官制之大概趨勢。別一方面,各旗族皆合組有練習弓箭所,稱之"弓房",設於各廟宇或公共擴大之場所,逐日合演,以備文制挑缺之需要。弓房中聘有教師,亦爲旗人,擅長

① 光緒二十六年之變亂,即庚子事變。1900 年 6 月,義和團數萬人進入天津和北京。隨即,英、俄、日、美、法、德、意、奧八國聯軍,以鎮壓義和團運動爲藉口發動侵華戰爭。1901 年戰敗的清政府與八國聯軍簽訂了喪權辱國的《辛丑合約》(參見戴逸《清後期史》,第 170—176 頁)。

② 萬字隊,據曾在禁衛軍任職的成全回憶,京城旗民稱虎神營爲萬字隊。(參見文安主編《晚清述聞》,第 37 頁。)可見,成全回憶虎神營即萬字隊,二者僅是稱呼不同。而從文中記述來看,虎神營應是萬字隊的前身,二者爲繼承關係。然關於虎神營與萬字隊之關係,究竟如何,俟考。

③ 南苑,位於豐台區東南部,是元、明、清三代的皇家苑囿,苑內養禽育獸,種植蔬菜水果,專供皇室、官僚行獵和享用。南苑不僅是清室皇族的狩獵遊樂場所,也是操兵習武的教場。清亡後,南苑毀爲糧田(參見王彬、徐秀珊編《北京地名典》,第 525 頁)。北苑,位於朝陽區西北部,是明清時皇家的遊獵之地,與南苑對稱。民國以後,北苑荒棄,成爲村落及駐軍之地(參見王彬、徐秀珊編《北京地名典》,第 379 頁)。

射術,傳藝旗衆,除自食錢糧外,至月終本旗公共享以敬禮。旗家子至成人時代,須赴本旗弓房鍛[1]練。弓射之局勢,立木牌於壁間,上有紅色圓光,射擊時即以紅光爲目標,中與爲上選。弓之絃度,鬆緊不一,視射者之力量爲轉移。弓絃加緊一繞,謂之"一個勁",自幾個勁拉起,直至九個勁爲止,其射放力量亦可觀矣。弓絃之勁數愈大,則步數距目標愈遠,勁多雖遠亦可射達,爲定理也。京師大旗族家子,時亦有在家中自置弓箭工具自習,或另聘師表演者不同。

　本旗檔房[2](即衙署),各級應領錢糧之缺位,不時挑補。如某[3]"馬甲"出缺,即由檔房傳知本旗之各等侯補人,舉行"挑缺",在檔房院空排班,都統升座參觀之。設木[4]牌一架,上有紅圓光五枚,挑缺者人手一弓,各携箭五支,輪次射擊紅光,共射五次,中三支箭者,謂之"連中三元",即爲中選,乃得缺焉。但一缺有二人射中三支箭者,須從新考較,俗謂之"品",即此二人從新射放,以多中者爲得缺。如甲復中三箭,乙復中二箭,則甲即爲得缺,乙則落孫山矣。

　挑錢糧缺時,除射術比賽如上述者之外,復由都統考較滿洲文話,如作各種應對,或用滿洲話背述自己旗族身分及其歷史,應對如流,都統悅之,即認爲得缺。發表是由檔房二級官"誇蘭搭"①口示,曰:"某某缺應某某人得!"……此即爲之"放缺",缺放下後,得缺者喜形於色,急向上請安道:"謝謝誇蘭搭",復下跪,行叩首禮畢,始退出。月首即可照缺位領取應得之錢糧矣(錢糧詳後節)。

　挑缺一事,初期長官鐵面無私,一秉大公。至清季末葉,旗族流弊漸多,檔房[5]中營私之事,不可勝數。即就挑缺一事言之,一缺額出,百家樂觀,皆欲抓得之而後已。時有趨讀滿文者,有重習

① 誇蘭搭,滿語 kūwaran da 的音譯,漢譯爲營長(參見劉厚生主編《漢滿詞典》,第702頁)。

弓箭者,此謂之"臨陣磨槍"。然富有之家,以財勢抵抗能力,十九勝利,先拉攏本旗掌事領催,復運動於檔房誇蘭搭,賄以金銀,至挑缺時,雖都統參觀,惟誇蘭搭[6]加以青眼,商之都統,雖弓箭、滿文不濟事,亦每有得缺之希望。於是缺放下後,所得賄銀,檔房上下乃為之分肥!然因此放缺不公,亦常有在發表時互起爭端者。余族某公,挑"掰拉"錢糧時,同挑者並有本旗一人,名恒子。某公箭中二支,恒子君乃中三箭。至於滿洲文,某公不甚精通,大堂上時時張口結舌,不能答對,而恒子君之滿洲話,更滔滔不倦焉。恒子君自以文武皆居某公上,顯然有勝利之把握,然某公早以白銀五十兩,賄於本旗掌事領催及於誇蘭搭。不意少時,誇蘭搭出而發表曰:本旗掰拉一缺,應放予某得之。恒子君當堂大吼,謂以滿洲文話及弓箭皆居某上,放缺何不公至於此極耶?辯別種種理由,事實俱在,時在場者至於誇蘭搭,無不為之下汗!後經誇蘭搭極力斡旋,始謂恒子曰:此缺暫放某,俟不日其他優缺出額時,當指放恒子不誤,恒子君不得已而屈從。於是某公始實行"謝謝誇蘭搭",行叩首禮,缺到手矣。一場風波,乃告平息。及此,亦可見挑缺流弊之一斑矣。

中華民國十七年十二月七日第五版

【校記】

[1] 鍛,底本誤作"緞",油印本作"鍜",據改。

[2] 檔房,底本、油印本誤作"擋房",據文意改,本篇下同。

[3] 某,底本字殘,按殘餘筆畫當作"某"字;油印本誤作"果"。

[4] 木,底本、油印本誤作"本",據文意改。

[5] 檔房,底本、油印本誤作"操房"。操,為"擋"字之訛,"擋"為"檔"字之訛,故"操"應作"檔"字。

[6] 誇蘭搭,底本脫"蘭"字,據油印本補。

檔 房 之 組 織

　　檔房，即某一旗直轄一切本旗之事務的衙門，滿文曰呷喇，舊稱"都統公署"。八旗分制，故京師檔房共有八處[1]，如北城馬市、本司胡同各檔房。盛朝時代，門前車水馬龍，皆係官房，今已完全出現爲民房矣。檔房在旗人口中，謂之"栅[1]欄上"，又謂之"牛禄上"。如云係某旗，第幾栅欄，或第幾牛禄，即言爲某檔房所管轄也。檔房之人員組織，計分六種：

　　（一）都統：管理全檔房之一切事務，俗稱之"大都督"，又稱曰"都老爺"。每至散放錢糧，及辦理一切事務時，乘坐轎車至檔房，跟班人扶行，著黄雲緞[2]馬褂，有代提水煙袋者，派頭之大，可想見也。

　　（二）誇蘭搭：爲檔房都統以下之二級官，每旗約二三四五位不等，概以旗中事務繁簡爲定也。誇蘭搭，俗呼爲"牛贍爺"[2]，以其與都統辦事如夥計掌櫃，故又稱之曰"大拿"，須善了旗中事

---

① 據閻崇年、郗志群考證，京師八旗都統衙門始建於雍正元年（1723 年），經過乾隆年間長達近六十年的調整，八旗都統衙門建置已相對穩定，至光緒年間，京師八旗都統衙門所在位置如下：鑲黄旗：滿洲都統衙門在安定門大街交道口，漢軍都統衙門在滿洲都統衙門以北，蒙古都統衙門在東直門大街北新橋街；正黄旗：滿洲都統衙門在德勝門大街德勝橋南，蒙古都統衙門在石虎胡同路北，漢軍都統衙門在丁家井；正白旗：滿洲都統衙門在老君堂胡同路北，蒙古、漢軍都統衙門俱在大報房胡衕；正紅旗：滿洲都統衙門在錦石坊街路東，蒙古都統衙門在東水車胡衕東口，漢軍都統門在鷲峰寺街路北；鑲白旗：滿洲都統衙門在燈市口路北，蒙古都統衙門在甘雨胡衕，漢軍都統衙門在燈草胡同路北；鑲紅旗：滿洲、蒙古、漢軍都統衙門俱在東、西石駙馬大街路北；正藍旗：滿洲、蒙古、漢軍都統衙門俱在本司胡同路北；鑲藍旗：滿洲都統衙門在華嘉寺胡衕，蒙古都統衙門在太僕寺街路北，漢軍都統衙門在寬街（參見閻崇年、郗志群《京師八旗都統衙門建置沿革及遺址考察》，載《滿學研究·第七輯》，第 132—157 頁）。
② 牛贍爺，即牛彔章京（參見金啓孮《金啓孮談北京的滿族》，第 25 頁），滿語 nirui janggin 的音譯，漢譯爲佐領（參見故宫博物院藏《五體清文鑒：滿藏蒙回漢對照》，第 357 頁）。

務也。

（三）佐領：亦稱之爲牛瞻爺，司管本旗之關防，如近年之圖書部主任然，精通旗中公事，職務簡潔，惟本旗應用公文及一切呈報，或至首領取錢糧時，請佐領於公事上蓋印也。

（四）領催：又曰"掌事領催"，俗呼之曰"伯什户"①，每旗一人，司管月首時領取及散放錢糧，擔會計調查之責任。

（五）摸及哥②：摸及哥即檔房中總夥計也。旗中官事及其歷史，與本旗各家庭之一切現狀，備悉至詳。故調查或通知事項時，甚爲便利。摸及哥，又戲呼之爲"旗中大了"③，即變相之外勤員也。

（六）夥計：每一檔房中，必設置夥計多名，管理清潔及買辦一切零碎事項，均聽摸及哥一人之指揮。

以上六種人才。摸及哥及夥計至放錢糧時，討賞大家之零錢，足資自給。領催則按月有應得之錢糧。其餘都统至佐領各位，均不吃錢糧，而食俸米（均詳後）。及民國時代之檔房，殆已縮小範圍，一檔房中有分數旗辦事者，概亦經費支絀也。

中華民國十七年十二月八日第五版

【校記】
[1] 栅，底本誤作"棚"，據油印本改。
[2] 緞，底本誤作"鍜"，據油印本改。

---

① 伯什户，即撥什庫，滿語 bošokū 的音譯。漢譯爲領催（參見故宮博物院藏《五體清文鑒：滿藏蒙回漢對照》，第 856 頁）。
② 摸及哥，滿語 mejige 的音譯。漢譯爲傳事人（參見故宮博物院藏《五體清文鑒：滿藏蒙回漢對照》，第 1155 頁）。
③ 旗中大了，大了，俗語。《北平風俗類征》摘録："大了，北幫妓院有之，率爲四五十齡之老婦，管理全院之事，意謂妓與客之交涉，皆可由彼了之，妓欲留客，亦必向其請命，得其同意而後可。"（參見李家瑞編，李誠、董潔整理《北平風俗類征》第 586—587 頁）。文中指摸及哥負責管理傳達旗中大小事，帶有貶義。

錢　糧

錢糧者,即旗族之兵餉也。統稱之爲"錢糧",實則顯然有別,約可得下表之分析:

月餉——(每月一次)

季米——(每年四季)

錢糧之種類,亦分六種:

(一)領催(伯什户)錢糧——五兩。

(二)候補領催(散伯什户)錢糧——四兩。

(三)掰拉錢糧——四兩。

(四)馬甲錢糧——三兩。

(五)二步錢糧——二兩。(此種錢糧,即馬甲之初步,漢派旗人居多。若滿派旗人,自挑養育兵[1]吃錢糧後,及後一越,即可得獲馬甲三兩之錢糧;若漢派旗兵,則須經過二步也。故吃二步錢糧者,以漢派旗人居多數。)

(六)養育兵錢糧(俗稱小錢糧)——一兩五錢。此爲錢糧等級中之最末者。①

錢糧之散放,以每月陰曆初二日爲準。由八旗掌事領催將本旗之總銀數領下。惟須本旗佐領蓋章,故初二日放領錢糧時,先由領催會同佐領辦理手續後,領催乃率諸夥計,乘坐轎車至檔房領

---

① 關於錢糧的種類,芙萍分爲六種,即領催、候補領催、掰拉、馬甲、二步以及養育兵。其中,二步即鄂爾布(又称敖爾布),滿語稱 olbo(參見故宮博物院藏《五體清文鑒:滿藏蒙回漢對照》,第 857 頁)。據光緒朝《欽定大清會典》記載:驍騎校(正六品武職官,滿語 funde bošokū),歲支銀六十兩,折合每月即五兩;領催、護軍(即掰拉),月支銀四兩;馬甲,月支銀三兩;鄂爾布(即二步),月支銀二兩;養育兵,月支銀一兩五錢(參見光緒朝《欽定大清會典》卷二十一,户部陝西清吏司)。芙萍所記之領催和候補領催所發放的餉銀與光緒朝《欽定大清會典》不符。

銀。領下後，本日不能散放，先由領催作一度統計及銀兩之分配。故初二日夜晚，領催家庭車水馬龍，燈火輝煌，極一時之盛！領催[2]雇有夥計，然亦多爲本旗人之無聊而善辦事者，是夜幫同整理，通宵達旦，工作不息。是時，正興洋燭燈台，燭淚斑斑，與銀塊互相暉映也。且是日，領催家庭大排筵宴，喜滿門楣，備有高麗白紙之小袋，按照花名册照查，如某人爲應領何種錢糧（此爲通稱，究錢、糧不容相混合也），即用夾檳榔之夾剪，將銀塊割碎，量以天秤，按包分配。如三兩馬甲銀，即在包上註以三兩之字樣；一兩五養育兵錢糧，即在包上註以兩五之字樣，餘則類推，是爲求散放之便利也。

　　錢糧包之流弊至大，如四兩錢糧包，僅包錢塊不足三兩；三兩錢糧，僅包銀一兩有錢；若一兩錢糧，僅包銀一兩而已。於次日檔房中散放，或其他地點不等。旗兵人等領取，本知銀數不足，然與之計較者不曾多見，概亦"啞子吃黃連——有苦説不出"也。故旗兵領下錢糧後，多有在檔房間謾罵領催，不絕聲者。領催大人則掩耳盜鈴，不之聞也。以領催之地位，本爲一挨罵角色，按其應得錢糧，每月僅銀五兩而已，又何爲替旗衆統計散放之耶？故領催之搜銀，謂之"吃剥拉素"①，殆已積疾[3]成例焉！旗兵人等，雖有不良善者，於領取錢糧時，與領催發生爭執，領催亦爲之好言安慰，或例外加給零錢了事。故散放錢糧，爭吵之聲，達於户外。旗兵等，雖一致憤懣，處於積壓之下，亦不敢告發之，概因領催與誇蘭搭，均有相當之拉攏也。若驟舉發之，不但力爭不爲功，且與自身之錢糧發生影響，故旗兵忍痛者，歷有年所。一旗領催，於每月初二日，統計分配錢糧畢事後，即於翌日初三散放，俗謂"陰曆初三日，下小刀子頂鐵鍋，伸手也來錢糧！"故又稱錢糧[4]爲"鐵桿莊稼老米樹"焉。

---

① 吃剥拉素，吃，漢語動詞，文中指克扣。剥拉素，疑爲滿語 bolosu 的音譯，漢譯爲玻璃（參見故宮博物院藏《五體清文鑒：滿藏蒙回漢對照》，第 3112 頁），文中代指銀兩。吃剥拉素指克扣銀兩。

一旗領催,於每月錢糧之下,除自身銀五兩之外,可搜得銀,數百兩之多,著實可觀矣!然其耗力亦不少,如雇用夥計,當日車資飯費,及夜間工作時鴉片費,揮銀如土,吐霧噴雲,固以爲"多搜些則有之矣"!且本旗佐領知其内幕,於蓋章領銀之時,有夥計、掌櫃之稱,錢糧散放之後,亦同與領催分肥,俗云:"領催吃肉,佐領喝湯"也。

　　　　　　　　　　中華民國十七年十二月九日第五版

【校記】

[1] 養育兵,底本、油印本誤作"養魚兵",據《清史稿・兵志》改,下同。

[2] 領催,底本、油印本誤作"領欸",據上下文改。

[3] 疾,底本、油印本誤作"極",據文意改。

[4] 糧,底本、油印本中"糧"字位於"捍莊稼"之前,據文意改。

　　旗下食錢[1]糧各級兵丁,每至病死,類皆隱匿不報,謂之"吃空缺",又曰"吃空頭"。若援例,旗兵死後,須赴甲喇[2]上(即檔房)呈報,地位較高者,由都統轉呈予賞葬費,多少不定,謂之"白事銀子";地位較次者,則例免,當應領錢糧,則全部取銷焉。旗族家庭視錢糧爲固定收入,一旦呈報,則受影響莫大焉。吃空缺之方法,至陰曆月初領取錢糧時,皆由家人代領。誇蘭搭見旗兵本人至數月不親到甲喇,即下斥問,本人何往,家人編派謊語,或云本人充其他差使,或經營生意,不能脱身,故爲代領也。於是誇蘭搭乃囑令:下月領取錢糧,務須本人親到。家人允許領下錢糧之後,至家乃爲莫大之隱憂!不得已,有"紙中包不住火",遂犧牲呈報者;有運動於本旗領催,代向誇蘭搭疏通者。其實,本旗領催之耳目至爲靈通,知某某死,亦不過掩耳盜鈴,不予呈報,期望有利於己也。遇旗家疏通時,坐食運動費,代向誇蘭搭自圓其説,誇蘭搭則不加深究矣。每月領取錢糧,皆自本旗領催之手,吃空缺者,縱領催尅扣若干,亦毫無怨言,蓋不得已也。此風在旗中謂之"上和下睦""你吃肉我喝湯""誰也不能摀誰的咽喉""水賊不過狗刨"……種種沿用名詞,不可勝記。蓋爲和平風氣,"有飯大家吃"之表現耳。

旗兵死,家無親人者,本旗領催亦不予呈報,乃實行其"獨吞"政策。至錢糧[3]領下時,無人領取,遂入自己腰包焉。故一旗領催手中之空缺,不下數十位。其他旗兵多有悉其根底者,然迫於領催之情面攸關,雖嘖有煩言,亦不願爲之揭穿,以致流弊愈多。領催惡習,揮銀如土,一至窮不可耐,即張羅在本旗中出讓空缺,謂之"賣缺"。旗中知之,以爲厚利可圖,爭相買受,趨之若鶩,此則謂之"買缺"。間亦有爲買缺,先期運動於領催,坐待時機者。以養育兵之錢糧論之,月領銀一兩五錢,買缺時有銀二十兩即可買得,計一年餘即可還本,下則獲厚利焉。惟買缺應領之錢糧,皆非本人姓名。原缺之姓名因死而未報,故刻板不改,以便長期食用,買缺者則可冒名頂替之焉。某人應領某人之錢糧,由領催預告,買缺者須切記之,至呷喇上領取錢糧時,慎勿錯説,上瞞誇蘭搭,下瞞旗衆。或宣稱代領關係人某某(原名)之錢糧,沿月成習,人皆不遑過問。領催手中,則有一本秘帳也。作者家庭中,除芙萍本人係弓射挑缺,得獲"馬甲"錢糧外,以下二弟忠、三弟信,皆係各用銀十五兩,在本旗領催手内買得"養育兵"小錢糧。二弟忠所食之錢糧,原名"德奎";三弟信所食之錢糧,原名"瑞鐸",七八年來如一日焉。又家祖死後,亦未呈報,本旗領催以交情所關,又誇蘭搭念家祖生時有功,故不加過問,每月皆由家父代領,近十幾年之久!直待錢糧破産①,始告唇亡

① 錢糧破産,據《滿族社會歷史調查》記載,京師八旗錢糧停止發放的時間是1924年(參見《民族問題五種叢書》遼寧省編輯委員會、《中國少數民族社會歷史調查資料叢刊》修訂編輯委員會編《滿族社會歷史調查》,第78頁)。芙萍本人也曾於《吃飯問題》一文中提到:"錢糧在黎菩薩(黎元洪——筆者按)的[有飯大家吃]旗幟下,取消焉!俸米在一興[鹽餘],就沒有了。"鹽餘指鹽餘公債(參見芙萍《吃飯問題》,載《京報》1928年11月5日至6日第8版)。

齒寒。錢糧空缺之積弊之深，殆可想見矣。

中華民國十七年十二月十日第五版

【校記】

[1]　底本、油印本“錢”字之後，衍“錢”字，據文意删。

[2]　甲喇，底本、油印本作“呷啦”，據上文改，下同。

[3]　糧，底本、油印本脱“糧”字，據上下文補。

　　一旗兵死，家人爲吃空缺計，故皆臨時實行脱孝。幸旗族之孝制至輕，親生子僅於便帽上綴以白結，腰橫白帶而已。平時，孝子與本旗人相見，由其裝飾方面即知某旗兵已死。而至領取錢糧時，復相見於甲喇上，則所謂孝子帽子之白結，一變而青，而腰上白帶，亦不翼而飛矣。此種把戲，不過瞞哄甲喇上之長官，不使生疑，旗下兵丁互見之，乃相與一笑而罷，亦旗族領錢糧佳話之一。

　　錢糧除買賣空缺之外，尚有一種典缺法。皆以領催困難，爲濟燃眉之急，有以使然。如原有“馬甲”錢糧一額，每月領銀三兩，領催先向承典人（須本旗人）使用銀若干兩，每月以該額“馬甲”錢糧作爲利息，言定以若干月爲限。至時，由領催如數將原使用之銀兩付還，收回原缺。其次，又有一種借缺法，俗謂之曰“掏錢糧”（爲掏窟窿名詞之變相），先由領催向放債人（本旗人居多數）使用銀若干兩，以某項錢糧缺爲抵押，本利綜合，分月歸還，債權人至月由領催手中索取規定之錢糧，至期兩清。如以“養育兵”錢糧一缺，借錢十五兩，該缺每月應領銀一兩五錢，分二十個月歸清，利可謂至厚矣！至期，仍由領催將缺收回。概旗族差官皆不慣感受經濟上之壓迫，爲解急需，雖被受重利盤剥，亦所不惜也。普通旗兵自身食各級小錢糧，亦有實行其“掏錢糧”方法者，亦内容一如上述。惟皆承借於普通人或各種商店，（漢人自動借出銀兩，爲旗人之債權人。蓋見旗人錢糧來路之豐且易，心焉貪之，故漢人混入旗族者，竟不乏人。）尤以放米處之碓房（碓房之説詳後）爲近水樓台，彼等與旗兵人等常相接觸，作種種債利上之交易。放碓房皆由弱小資本家竟致厚富焉！是時，以旗兵之錢糧生產，不次於房樑地土，俗云蓋房有火燒，種地有旱落，不如旗族錢糧之如"鐵桿莊稼老米樹"然。故在環境上，任何人皆不欲使旗兵受何種經濟上之困苦，一云借貸，則奮力借與，且[1]有不勝歡迎之慨。惜旗兵人等，初以小利爲不介意，待諸集腋成裘，經濟上則被受莫大之損失焉！旗兵家庭用度至奢，縱有子輩，亦屬於肩不能擔擔，手不能提籃，嬌生慣養，不知艱難爲何物，月間僅靠有數之錢糧，終至入不敷出，而債台高築，錢糧則有名無實矣。此爲旗兵生活之大部分，爲失敗之主因，亦良可慨也。旗兵食錢糧之外，賣力經營者，實屬鳳毛麟角。間亦有例外充差者，家有餘糧，則每月應領之錢糧，皆存於甲喇上不動。至年節時，共集成若干包，盒盤領取，所得至豐。故同爲旗兵，同食錢糧，善操作與善揮霍者不一，真有天上人間之別也。

中華民國十七年十二月十一日第五版

【校記】
[1] 旦，疑爲"且"字之訛。

　　旗兵死亡，取消錢糧，法以出其缺，沿習有年。惟有二種旗兵，當屬例外。（一）旗兵死後，遺有嫡妻，並無子女，其婦守節。此種錢糧，則依然存在予食，呈報甲喇後，除酌賞"白事銀子"外，遺缺應得之錢糧，絕不少損，每月由其妻親自領取，此種謂之"寡婦錢糧"。（二）旗兵死，遺親生女一人，餘無親丁，此種錢糧，亦照例不能豁免，呈報甲喇後，除酌賞"白事銀子"外，遺缺應得之錢糧，每月由其親女如數領取，不得少虧，此種謂之"孤女錢糧"，形式與上項"寡婦錢糧"相同。概寡婦、孤女,父夫既死,贍養無人,若罷免其錢糧,只有待斃矣。甲喇對於本旗中寡婦、孤女二種錢糧,奉命不得少扣,以剥刮其食。實際上,領催視錢糧形同魚肉,對於寡婦、孤女,亦不過貪剥略輕,以壓公憤耳。久之,寡婦再嫁,亦有赴本旗領取其"寡婦錢糧"者;而孤女出閣,亦尚有赴旗中領取其"孤女錢糧"者。爲貪少數白銀,寡廉鮮恥,旗中人知之,皆大肆聲張,使領催知之,甲喇上之誇蘭搭,固不及聞之也。領催之對付,類皆由消極方面加以裁制。第一月少給銀一錢,第二月再少給銀二錢……促其自醒,以獲空缺。若突然停止其取銀,而旗族[1]百弊叢生,恐招意外。且寡婦、孤女領取錢糧時,類皆禮貌有加,形同乞討,亦大有憐惜之感也。及此,錢糧弊端,吾不欲復言之矣。

旗族長官月領取錢糧,皆爲銀塊或銀錠,分旗裝載以騾駝轎車①,盛銀以銀竅。領催領銀,亦坐騾駝轎車,及各級長官赴甲喇,無不坐騾駝轎車,最高級則乘大轎②。旗族季[2],騾駝轎車正興時,旗中小官皆躍躍欲試,以領錢糧爲大發財源之日,固不在乎區區車費也。故至陰曆月初一、二、三之日,京華道上,蹄聲得得,華貴氣態,昂然不可一世也。八旗全部餉銀,爲數當鉅,京師市面,皆賴之流通,例有初二、三日,紋銀大落行市。錢糧放下後,銀子乃竟不值錢,爲京師奸商操縱,任其漁利,清朝不計小節,故亦不注意及之。其次,至於肉舖,平日肉價,每斤如賣一吊文,逢至旗族錢糧領下後,能增價至一吊五百文之多,商人皆視錢糧爲可口之菜,知其

---

① 騾駝轎車,此種轎車,前後各駕一頭騾子,將轎駕起。馭者通常爲二人,一人徒步,一人騎驢(騾)。此轎比一般較大,可容二人,但實際只供一人乘坐,一日租銀五六元(參見張宗平、呂永和譯,呂永和、湯重南校《清末北京志資料》,第415頁)。
② 大轎,即大車,又名敞車。駕車的馬匹數量,因轎長而定,一至四匹馬不定,亦有使用騾、驢等駕車,一種或數種並用。租金,一頭牲畜一元。大官乘轎時,將轎子放於車上,代替轎夫(參見張宗平、呂永和譯,呂永和、湯重南校《清末北京志資料》,第416頁)。

所需，乃趁火打劫，俗有語云："旗人一關錢糧，涼水都貴三分！"誠非虛語，京師是時之社會，對於旗族錢糧，無不重視，甚至於一小販糖果吃品擔，皆包圍檔房，希圖厚利。東西兩廟（即隆福、護國二寺），則於旗族領下錢糧後，實行添貨，以備旗家婦女之採購；至於要貨攤，亦從新陳列，備旗家子女玩品之需。總期旗家錢糧，右手領來，左手花去，白銀到手快意盡，亦不過過眼繁華而已。下級旗兵，領錢糧於檔房，成羣鵠候，實則寅吃卯糧，錢糧到手，不敷還債，形近貴族，考其精神實乃窮酸。

中華民國十七年十二月十二日第五版

【校記】

[1] 旗族，底本作"族旗"，據油印本改。

[2] 旗族季，疑爲"旗族盛季"。底本、油印本皆作"旗族季"。

　　旗族錢糧，正稱"旗餉"，據兵丁制而云然。八旗長官皆呼旗餉，普級旗兵及婦孺輩謂之"銀子"，領旗餉即曰"關銀子"，然尤以"錢糧"二字爲最普通。所謂錢糧者：錢，即爲每月旗餉之統稱；糧，則旗兵每季（即三個月），尚有領米之舊制焉。當清之盛朝時代，府庫充實，八旗兵丁所得給養，至爲豐厚，除月餉已如上述外，復予給糧米，盛傳"旗人家下有餘糧"者，實由於此也。

　　滿清盛時，設有米倉①，如京師朝陽門內之祿米倉是。地帶寬敞，容量甚大，四方上朝進貢之糧米，尤以四川、鎮江、江西……各

---

① 米倉，京城米倉專爲八旗廩祿、軍糈之用。海運倉，在鞭子胡同北口外。舊太倉，在大萬倉南門。南新倉，在豆瓣胡同。祿米倉，在東城朝陽坊智化寺西。北新倉，在東直門內瓦又兒胡同東口，大興縣地方。興平倉，在扁擔胡同南口，大興縣地方。富新倉，在北小街。太平倉，在朝陽門外逈城之南。本裕倉，在清河地方。萬安倉，在朝陽門外正白旗地方。雍正七年，又設裕豐倉，在東便門外駱駝館；儲濟倉，在東便門外謝聖保園地；豐益倉，在安省橋（參見鄂爾泰等修，李洵、趙德貴主點《八旗通志》，第 472—473 頁）。

地所運爲最多，載以糧車，成年運入，無少停。糧米進京，即入倉收貯。普通所進者，皆爲白色米，入倉後，被受地質及氣帶上之自然涵養，至期復經成熟，米乃變色爲深黃，遂改稱“老米”（亦有云倉米者）。做飯時，米粒澎漲，極呈肥大狀，且發奇香，味高於白色米之上，旗族家庭皆津津得其三味也。是時，旗兵人家，以及於貴式之各級長官，無不大嚼老米，以老米爲上選，他色米則不屑食之也。京師社會，以老米爲正糧中之最可貴者，普級漢人亦間接出其相當代價，故以常食老米飯爲尊榮焉。旗兵領米，亦由各旗檔房，及本旗領催掌其事。每月旗兵應領旗餉者，按花名冊及其缺位，均予糧米。旗兵領米，每年共分四季，每季領米一次，故又謂之“季米”。分旗定期，概有二種，第一種爲“二五八冬”領米期，即二月、五月、八月、十一月（皆以陰曆爲準），爲領米期也；第二種爲“三六九臘”領米期，即三月、六月、九月、十二月爲領米期也。八旗檔房，以事務龐雜，若八旗同時領米，一以米之來源恐有缺乏，二則精神上不足以應付其忙亂，故有此分期放米之調劑方法。如第一期爲放前四旗，第二期爲放後四旗（滿漢旗人均屬之）。至放米之月，因發放旗餉固定於月之初二日，故發放米糧，每在發放旗餉之後，規定日期，傳知應領糧米之各該旗掌事領催，再由領催通知各旗兵。是時，倉前之駱駝大敞車，排列成行，極一時之盛！領催先乘轎車至碓房（碓房之原始詳下），會同碓房之掌櫃（因其熟知米之重量及成分），同至倉上。領催以下之夥計，檔房中之“摸及哥”，是時均隨同領催到倉。衆星捧月，形似一窩蜂然！至倉後，入座領米，本旗旗兵若干，共應領米若干個。是時，倉上備有蔴袋，掌倉、量米之司事（亦旗人），名稱“花虎”①。放米時，由其親自催促，米之高下，重量

① 花虎，即花戶。雍正朝《大清會典》記載：鋪廒、打卷、抱籌、抬斛，京倉名曰花戶，曰鋪軍。通倉名曰甲斗（參見雍正朝《大清會典》卷四十三《戶部漕運四漕糧起剝》）。

之多寡,倉中夥計,惟"花虎"之言是聽!故各旗[1]掌事領催,對於倉上"花虎",皆加以運動,私享以銀錢,名曰"遞手本",期望於放米時,給予豐足,而不加以爲難焉。故倉上"花虎",除自食錢糧外,所得頗豐。

中華民國十七年十二月十三日第五版

【校記】

[1] 各旗,底本、油印本皆作"旗各",據文意改。

　　米之發放,隨同旗餉、缺位,前已言之。旗餉、空缺,弊病甚多(詳上),於是米亦然。空缺之米領下後,皆歸領催一人的"獨吞",領催每季所餘之米甚多,類皆就近出售於碓房,致獲重利。米之空缺,原缺旗餉多有售出或典出者,米則另議,二者不容混爲一談。間亦有單向領催購買米缺者,亦係原缺之冒名頂替法。如每月得米一袋,買米缺人出銀價若干兩[1],盒盤托出,計若干季,約其米之所值,即可還本,餘則長期生利焉。若原買旗餉人,另欲購原名米缺,以相綜合,則須另運動於領催,外加銀若干兩,始能如願也。故領催經放餉米,可謂之"肥上加肥"。惜皆不能長期自守,以資本致富,每被少數金錢之誘惑,致缺位凌亂至於不可收拾。間亦有給漢人(非漢派旗人)以投資獲利之機會,殊違旗族歷往團結之本旨,亦憾事也。

　　倉中所放之老米,皆於米粒上帶有一層硬皮,名曰"粗米",賁之不可食,故須退却其硬皮,始可食用。司管此項工作者,亦爲碓房。碓房中對於此項工作,有莫大之拿手,故倉上領米後,均轉運本旗之碓房,謂之"串米"。經過相當之炮製[2],碓房中之作把戲,此實爲主因。米經串成後,已無硬皮,乃謂之"細米"焉。倉上原領粗米,原袋每個均重在一百六七十斤之譜。經碓房串製[3]後,所餘細米，僅够一百三四十斤而已，旗兵被受莫大之影響。而旗兵領米者，如屬於小家庭，自身差缺所領之米，皆自家吃用，一季可以無虞，殊合皇家恩旨。惟旗族之大家庭，或孤獨之旗兵，所領之米類皆變賣，一部分或全部分不等（大家庭因領米數甚多）。京師社會，米行商店，及漢人家庭，以老米之味高價廉，無不趨之若鶩[4]！米季之先，預備資本，坐待時機，至賣時恐後爭先，視爲投機營業焉。買米者，除一部分漢人家庭爲自食外，餘則皆爲轉賣，致獲厚利。賣米之法，亦有二種，曰賣粗米，曰賣細米。賣粗米，即由倉將應得之米轉售，賣價普通在銀六七兩之譜（約合大洋七八元），買者須持米赴碓房過串，去硬皮，另加工費，所得米在一百五十斤之譜，概碓房對於買米來串者，視同交易，不能與旗兵有同等之剝刮也。賣細米，即在碓房串成之細米領下後，實行變賣，每個在一百三十斤之間，賣價在銀五六兩（約合大[5]洋六七元），每斤合價僅在大洋五六分，可謂便宜也矣。旗兵領米後，食至中途，亦有零星變賣者，賣價愈賤，一般人心焉貪之，共享皇恩。京師社會，民間皆益受豐潤之良好影響！每一旗兵所得一米，折價勝於旗餉，故每逢米季，旗族之大小家庭，萬民騰歡！而尤以掌事領催，每一米季，羅其所得，以自身論，足資一年享用。每屆米季，京師九城①立呈擴大繁榮之景象，車輛叢忙，小販雲集，頗極一時之盛。

　　旗族大家領得之米，平日食用，視米如糞土。乞丐求食，皆賞以大碗老米飯；鄰家無糧，則餽以老米，窮食濫用；且有炙老米飯爲供狗食者，昂貴之氣，不可一世，固以鐵桿老米樹，吃罷又來也。是時旗族人家，每日必餐一飯，規定晚用或早用不等。此風尤以旗兵

---

① 京師九城，北京內城有九門，即東直門、朝陽門（齊化門）、西直門（和義門）、阜成門（平則門）、崇文門（哈德門）、正陽門（前門）、宣武門（順承門、順治門）、安定門、德勝門［參見（日）多田貞一著；張紫晨譯《北京地名志》，第 6 頁］，文中指整個北京城（參見王秉愚《老北京風俗詞典》，第 121 頁）。

所住之營房窗爲最盛行。惟以日必食米，久則生厭，故旗人視老米爲非貴品，以致任意揮用，無少存者。至今，旗族凋敗，老米絶跡。就現市論，買老米每斤價昂在五六角大洋之多，且真正老米，尤屬鳳毛麟角。舊日旗族世家所存之老米，僅爲最細微之小包，傳爲遺物，殆已成風。回憶當年老米之盛，大不勝今昔之感者也。

中華民國十七年十二月十四日第五版

【校記】

[1] 若干兩，底本、油印本誤作"若干銀"，據文意改。

[2] 炮製，底本、油印本誤作"炮治"，據文意改。

[3] 串製，底本、油印本誤作"串治"，據文意改。

[4] 鶩，底本、油印本誤作"鷔"，據文意改。

[5] 大，底本、油印本脱此字，據文意補。

　　量米時，皆用大斗，一旗足數後，裝之大車，載赴碓房。至碓房後，再由領催向各旗共分發。旗兵領米，非同領錢伸手就拿，以米之量至重，放[1]旗兵至放米時，多在家中坐候。至時，由領催派夥計，分路裝車，按户致送。因之，此中弊病叢生，不減於領旗餉焉。未至碓房，由領催從新分配，每名應得一個，領催多爲之破袋，此於碓房中承受領催之主動所做之把戲，希圖漁利。相傳碓房中，有破袋塞黄沙以充補重量者，如近世奸商之破麪粉袋然！碓房與領催狼狽爲奸，苦害旗丁也至慘。縱一部分旗兵，有親赴碓房領米者，窺出其破綻，亦敢怒而不敢言，與旗餉乃竟被受同等之壓迫也。

　　旗兵領米（長官例外），自掌事領催以下，如"掰拉"，"馬甲"，"養育兵"各缺，每兵每季應領米一個，一個即爲一袋，每袋老米約量一百六十斤，實際所得亦不[2]一百四十斤而已。掌事領催援列[3]，亦應得米一個。然領米時，領催所擔負之消耗甚大，且精神上之損失亦劇，故亦盤剝衆兵，收爲己有，以補所虧。旗兵等亦皆知其情，故雖吃苦，亦鮮有與之計較者，弊流其趨勢，概與旗餉相等焉。

中華民國十七年十二月十五日第五版

【校記】

[1] 放，疑爲“故”字之訛。底本、油印本皆作“放”。

[2] 不，此字後疑脱“過”字。底本、油印本同。

[3] 列，底本、油印本皆作“列”，“列”同“例”。

　　領催及碓房扣米，既爲衆悉，深自[1]難圓其説，後期乃加放米賞，以慰衆望，其名曰“米零”。如每兵領米一個，不計原放量數，則外加米零錢幾吊文，亦皆由於碓房與領催之作祟也。當清室最盛時，例年於放米之際，外加隨銀，次數不定，名稱曰“米銀子”；銀數多寡亦不等，每兵領米一個，外加“米銀子”一兩或二兩。以米之量數，足供一兵每季之食用，復加賞以米銀，每月旗餉且不計，皇恩浩蕩，當不愧焉。旗族[2]盛季，養育兵除月領旗餉外，本無領米之例，後經長官體恤，季僅得整個米之四分之一，名謂之“小角米”。概以其皆旗族後起，非滿清功臣也。若復能候補何項差缺時，則餉不增加，季米可呈請通融，變爲整個矣。碓房，俗名米碓房，搗糧販米之舖户也。碓房掌櫃皆爲山東人，盤踞北城一帶，鄰近於八旗檔房。碓房皆無門市，且地多偏胡同，爲旗族下之貴式商店，平日並不交易，專應酬八旗放米之事宜（參上説）。是時碓房甚多，一旗有一旗之碓房。當放米時，碓房與領催合作，盤剝旗兵魚肉，張羅茶水，及升量運米一切瑣碎事宜。事後，除所尅扣分屬應得外，並索地費若干。每季放米，碓房所得之錢米至豐，足資半年食糧焉。故碓房與領催，有“夥計掌櫃”之稱。碓房因米之關係，間亦與旗兵人等，作

種種債利上之交易。如某旗兵先向碓房使用銀若干兩,每季以米
折價償還,限期爲滿,至領米時,碓房中即將其米坐扣之;或借銀若
干兩,以每季應得之米作爲月息,等等不一,筆難盡述。總之,碓房
之於旗兵,作種種經濟上之企圖。及後,領催散放旗餉,亦多就近
集於碓房。故是時碓房皆致厚富,旗族凋敗,碓房亦隨之而破產。
至今,至北城車輪過處,睹碓房舊跡,頗致不堪回首。

中華民國十七年十二月十六日第五版

【校記】

[1] 自,疑爲"知"字之訛。底本、油印本皆作"自"。

[2] 族,底本誤作"旗",油印本作"族",據改。

俸　米

旗兵領取錢糧,已詳上節所述矣。而八旗長官,自"領催"地位
以上,皆不食錢,乃食俸銀。應領俸銀、俸米者,先就各旗甲喇(檔
房)論:小至"佐領",上則"誇蘭搭",以至於各旗之"都統",及旗族
附屬衙門之長官人等,皆食俸米。是時,有俗云:"不吃錢糧吃俸
米"。俸米,分析論之,爲領俸與領米兩種。先談第一種領俸,領俸
即爲領取俸銀,爲旗兵錢糧之變相,領俸銀之日期,每年分爲二次
(俗云兩季),例爲二月、八月兩期。放俸銀之期,清季中葉時,例先
由內閣軍機大臣,繕摺奏請,經聖上批准,轉知軍糧庫備銀。旗族
長官每一缺應得之銀,能超過一旗兵之數十倍,故銀數過鉅,裝載
大車,分旗運送,繁華氣象,高於旗兵領取錢糧焉。俸銀發放,既定
二、八月,因規定例於初二、三日發放旗餉,恐時間與精神上發生衝
突,故發放俸銀,多在二、八月之下旬間。發俸銀之日,各旗領催因
職務所關,且領催於習慣上,皆擅長會計,故[1]亦得隨同都統辦理

發放手續，以盡職責。領俸銀時，由都統領率本旗以下之"佐領"（携帶印信）等各職官，謁見該管大臣，禮節爲"請安"。領下俸銀後，分乘轎車，歸本旗檔房，銀車由都統親信及關係人，又檔房之"摸及哥"（夥計）押運。至檔房時，由旗家將銀窖抬至檔房中之大堂。然後，都統升坐，本檔房自佐領以上之各旗長官，均到大堂請安，候待領俸。是時，由都統將本旗應領俸銀之花名册，交與領催查核。發放時，由都統當堂監視，開啓銀窖，將銀塊分配。其奇零，亦照例用夾剪割碎銀塊。用天秤稱量銀數，亦爲領催之職務，一如發放旗兵之錢糧然。[2]

中華民國十七年十二月十七日第五版

【校記】

[1] 故，底本誤作"放"，油印本作"故"，據改。

[2] 用天秤稱量銀數，亦爲領催之職務，一如發放旗兵之錢糧然，底本、油印本皆作"用天秤稱量，銀數亦爲領催之職務，一如發放旗兵之錢糧然"，據文意改。

旗族長官食領俸銀之數目，皆以銀二十五兩爲俸銀之起碼，佐領等四級長官屬以上，則加倍爲五十兩，[1]再多則銀百兩，漫無一定數。如旗中小官著有功績，則實行"加俸"若干兩，放[2]官職雖居於下，而俸銀數額且有在中級長官以上者。至大，爲都統之俸，以各旗事務繁簡不同，俸銀多寡亦不一，然約數均在數百兩之間也。就中以下級官論之，每季得俸銀二十五兩，全年兩季，共得銀五十兩，則分折之，每月亦合銀四兩五錢餘，加以米糧（詳後），所享已在上等旗兵以上，亦足資自給矣！

各旗領催幫發俸銀時，時有戲言云："清客串"，或曰"玩票的"（即義務戲），皆言領催參與長官發俸，不能從中漁利，與其發放錢糧之

"肥上加肥"，不可同日而語也。實則領催利心盤剝，雖旗族長官（俗云上司，或曰老上司）亦忍心欺騙，而長官等亦無形中受其剝刮焉。領催執掌天秤，分量足虧，由其一手爲轉移，如應得俸銀二十五兩者，大致足數，一經吹毛，乃於量有虧焉。約所差者，雖然無幾，不能與尅扣旗兵之錢糧一視同仁，而集腋成裘，亦成鉅數！發放俸銀畢事後，所餘之銀塊銀渣，綜合之，每次不下數十兩，名爲銀庫[3]間分量特足，故有餘盈，實則皆爲領催一手所剝刮也。所餘之銀數，例爲領催應得，以補其勞，已成習例矣！檔房中"摸及哥"輩知其弊端，則向領催討賞，實亦實行"分肥"也。故身爲一領催，所得之豐，雖長官亦不之敵，大發財源之日，接二連三，時有言曰："旗兵家內搖錢樹，領催手中聚寶盆。"領催家庭中，用度之豐，外表之奢，有由來也。

　　每屆俸季，檔房中之"摸及哥"及衆夥計，皆向誇蘭搭請安討賞，及檔房長官之煙茶伺作，買辦零食及其他用品，所得零錢亦甚多。俸銀每過晚領，檔房中辦事，多有延長至夜深者，則檔房中明燈亮燭，光華燦爛。廊院中，皆懸掛紗燈，太平年間，亦殊點綴繁華不少也。旗族長官有阿芙蓉癖者居多數，每屆俸季夜間，旗官多在檔房中開燈，以補精神上應付之不足，噴雲吐霧，則忙煞檔房之"摸及哥"，應酬周到，唯恭唯謹，言語之間，無不"嘛咋是"[1]（即言唯命是聽也）。然旗族長官，是時則揮銀如土，夥計每一請安，至少賞銀數兩。及長官散去後，堂中地下所拾之銀渣，合之亦足兩數，例爲夥計分分焉。

　　旗官領俸，各家庭中歡笑無既，婦人之粉面油頭，點綴一時之美，旗女紅妝，入眼皆緋！少時，長官領銀歸來，羣迎於門外，抱銀

---

① 嘛咋是，嘛、咋、是三字意思相同。嘛、咋爲滿語 je 的音譯，表示回答急應聲（參見參見故宮博物院藏《五體清文鑒：滿藏蒙回漢對照》，第 1551 頁）。

入櫃，大排家宴。旗官之家庭快樂，至此極矣。此中況味，爲近世災官所夢想不到也。

除第一種"俸銀"已如上説外，以下再談第二種"俸米"。俸米之領取之日期，亦與八旗兵丁領米相同（參看錢糧一節）。俸銀每年兩季，俸米則爲每年四季，即每年分四屆發放，亦稱"二五八冬"（二月、五月、八月、十一月）"三六九臘"（三月、六月、九月、十二月），爲發放俸米時期。故八旗長官至旗兵發放旗餉時，毫無所得，應盡差責。惟至旗兵發放米糧時，長官同時收領，大有與兵同歡之概！八旗長官之領米額數，超過旗兵三倍。自佐領以上，至於都統之間之各項缺額，每缺每季應領米四個（即四大袋），每個重百餘斤，合之當在重量五百斤，所得可謂豐矣！故是時，八旗長官每年兩季俸銀，地位之次者，與旗兵所得旗餉不相上下，惟賴四季俸米，折合銀值，乃成鉅數矣。

旗官領米時之風光，例與旗兵領米相同，倉上之掌車[4]"花虎"，均以各旗領催出頭交涉爲好意，八旗長官之名册，是時亦由本旗領催携帶，代表領米。旗官多數均親至倉携取，"花虎"則惟領催之口報是聽，領催檢查長官名册，如云："本旗甲喇上，佐領（或其他官職）某某一缺，應掀米四個！"於是倉上"花虎"應聲曰："掀四個！"夥計同聲亦喊："掀四個！"即扛下粗米四個，交付原領米旗官。是時，領催即在名册上，領米旗官之名下，加以圈點，作爲領訖之號。"花虎"亦隨時記賬，以免有誤。

中華民國十七年十二月十八日第五版

【校記】

[1]　佐領等四級長官屬以上，則加倍爲五十兩，底本、油印本中此句斷句有誤，皆作"佐領等四級長官屬，以上則加倍爲五十兩"，據文意改。

[2]　放，底本、油印本皆作"放"，疑係"故"字之訛。

[3] 庫,疑爲"庫"字之訛,底本、油印本皆作"庫"。
[4] 掌車,疑爲"掌事"之訛,底本、油印本皆作"掌車"。

　　倉上之米,排列屯集如山,至放米之際,由上而下,次第輪發,倉上夥計,類皆膀闊腰圓,富有力量。所云"掀一個""掀四個"者,即自上往下掀落米袋之云謂也。至分量之多寡,已由倉上裝配妥協(參看錢糧節中),以便於臨時發放,概倉上運卸、整理及發放,無日不在工作中,至掀米時,接受號令。如旗兵應掀米一個,米堆上之夥計即將米袋掀下一個,下有夥計接扛,置於肩頭,百數十斤如無物,運行自如,力氣之大,可以想見。扛米出倉,或交付原領米人,或裝載大車,運輸之靈快,工作之緊湊,旗兵每讚服之不置。倉上夥計賣力至大,每日除供三餐外,月間得錢糧亦甚豐,每屆放米,且得零錢,惟旗族人居少數。

　　旗官領俸米,職位高尚者,皆以身分所在,不便上倉,則畢事時,由領催督催,用車裝送長官之宅第。上官亦得米四個,下級官亦得米四個,而上官之四之分量,能分裝下級官之五個米也。此爲領催巴結上司,對其米量,莫敢少虧,且分量有時竟能超過規定數,原米拆袋,實行加裝,體肥米長,稱之上官之米。每個及一百七八十斤之重,所謂"瞞上不瞞下,吃小不吃大"是也。

　　旗官領米,既多於旗兵三倍,於是販賣之事,更在甚囂塵上,且俸米之賣價較旗兵之米爲多。因領催不能以長官爲魚肉,從中剝刮之把戲,似在有意而無形之間,不使旗官加以指摘。故旗兵領米,每個在一百四五十斤,而旗官領米,每個則在一百六七十斤也。然領催個中亦不無小取,與倉上"花虎"素抱定"你吃肉來我喝湯"之合作秘訣。故雖旗官,亦受領催之細微侵貪,而形式上,絕對使旗兵[1]面子過得去。常在倉上放旗官之米,領催獻其殷勤技倆,裝腔作[2]勢,喝令夥計拆袋加裝,雖懷疑虧量,亦屬於"啞子吃黃連——有苦説不出”也。旗官領米，亦須赴碓房過串，變爲細米，以便食用。碓房對旗官之串米費，亦特加青眼，不忍苛收。上級旗官所領之米，因家道豐足，類多串細之後存放保守，以防不測。而下級旗官之米，亦多數變賣現銀者，以解時需。其販賣之法，亦分“賣粗米”與“賣細米”兩種，價值及情形皆與旗兵賣米同也。一般投機買米，且皆欲購買俸米，概知旗中積弊，旗官之米量較諸旗兵米量爲特重耳。

每屆二、八月，先發旗餉畢，即發放旗兵糧米，又旗官糧米，再加以二、八月之俸銀季，事務繁多，忙煞各旗之領催。因時期所擠，分類發放，以資調劑，例爲先發當月旗兵餉銀，再放旗官俸銀，後再放旗兵糧米，最後放旗官俸米。一月中，勿得少閒，庶時間上，不致發生衝突。是時，旗族長官及兵丁之各級家庭，添銀進米，喜到皆雙，旗丁起舞，社會繁榮，二者關係至爲密切！商舖皆陳列新貨，而倉上販米，亦儼然大交易場所。就八月論：蟹肉正肥，豐潤中秋，固大好昇平氣象也。

中華民國十七年十二月十九日第五版

【校記】

[1] 兵，疑爲“官”字之訛。底本、油印本皆作“兵”。

[2] 作，底本誤作“做”，油印本作“作”，據改。

鬻　價

宗室（即黃帶子貴冑，參看旗族之派別一節）之掌制者，爲“宗人府”。宗人府居東華門內路北。清季初葉，主宰宗人府者，即爲王位，須與皇家爲近枝而熟悉貴冑情形者，後亦沿習之焉。宗人府亦如旗兵之檔房，遠枝派、近枝派宗室人等，皆有花名册，分部管轄,有專司給養一切事宜者,有專司世襲職缺一切事宜者(宗室派皆不挑缺,而重世襲,爲貴胄本色),有專司查辦一切事宜者,概宗室派觸及法律,皆歸宗人府所直轄,不受其他法院之裁制也。

宗室貴胄,亦食糧米,每年亦分四季,每季每名領米四個,概與旗官之俸米相同。惟宗室貴胄男子成丁時,例即有米一個,並不以差缺爲給米之目標也。宗室領米,皆直接由宗人府管轄辦理,絕對與旗中檔房無涉。皇家貴胄,給養至豐,宗人府中之辦事長官,亦沿用"誇蘭搭"爲正稱,其華貴也別出一格。

宗室除食糧外,亦有月餉,不云俸銀,而稱"鶯價"。發放之期,例於陰曆之月初,與旗兵之領銀時間相等,宗室遠近枝各派,皆赴府領取鶯價,無職差者,銀數一視同仁。宗室家生男子,即赴宗人府呈報,即月享鶯價一兩五錢。(宗室生女無鶯價銀,惟亦須赴宗人府呈報,得賜稱"宗室女",貴氣且在男子以上。)至成丁時,即將鶯價銀增爲三兩。宗室無職位者,月領鶯價銀至多以十數兩爲度。如有世襲缺位,或執事缺位者,則鶯價銀,每在自二十五兩至百兩內外爲度。宗室派人額,雖較旗衆爲少,然以給養之豐,每月鶯價銀數,不下於旗餉。宗室之職位,分世襲的、執事的二種。世襲缺,即父傳於子,子傳於孫,代代相連。如"世襲銀麒玉"[1]一缺,傳爲自家所有,輩輩承受,及享用相當之供給。執事缺,即在府中司管某項職務,選拔宗室中之能幹者用之,與其原有世襲等各缺之享受,並不發生任何之關係與其影響。惟此項優待,皆爲宗室之近枝派(即黃帶子)所攫取,遠枝派(即紅帶子)多瞠乎其後也。

宗室貴胄,例無挑缺制,概出兵時,不許宗室負苦,繁華則盡宗室受用也。宗室生男,即給鶯價銀一兩五錢,成丁則三兩,前已言之矣。再觀諸旗兵生男,須先赴檔房呈報掛名。長成後,習滿文,練弓射,遇機挑缺,文武中選,始獲一兩五之養育錢糧。欲得三兩之馬甲錢糧,短時期內殊非易易,而宗室貴胄男子成丁即予三兩,待遇之優劣，亦真別若霄壤^[2]者也。

　　　　　　　中華民國十七年十二月二十日第五版

【校記】

[1] 世襲銀麒玉，疑即"世襲雲騎尉"。底本、油印本皆作"世襲銀麒玉"。

[2] 別若霄壤，底本、油印本誤作"別若霄壞"，據文意改。

　　宗室派領糧米，分量充實。領鶯價錢更不但足數，而成色亦佳。發放長官，無細微流弊於其間，較之旗兵發放錢糧之積弊，不可同日而語。考其原因，約有二端：（一）宗室派之發放糧米、鶯價者，皆爲貴冑長官，己身享用無算，莫計及於小節，乃不忍剝刮宗室人衆。（二）因宗室派勢力所在，皆有宗人府控訴長官權，發放者惟恐因貪小利，致觸衆怒，一旦揭穿，於己不利。概宗室派人之勢力，與被受壓迫之弱小旗兵，大不可以里計矣！

　　宗室派遇喪事，亦呈報宗人府，經長官披閱，酌予治喪費，謂之"白事銀子"。其數目之多寡，皆以該宗室是否近枝，或與皇家有無特別關係而定。少至銀數十兩，多至數百兩不等。長官批准，即刻撥銀使用。其次，宗室男人有婚事者，事先亦呈報宗人府，酌予婚禮費，謂之"紅事銀子"。再次，則"宗室女"出閣時，倘爲近枝貴冑，亦有酌予出嫁費（亦稱紅事銀子）之例，亦真可謂皇恩浩^[1]蕩矣！（此述皇家對待宗室派之優禮，不便另詳，因特附誌於本節鶯價之中。）

節　賞

　　八旗兵衆以有數之錢糧，爲冀仰之資，又不慣於他項經營。故大部分旗兵，數口之家，僅足餬口，無凍餓之虞而已。自此以下，錢糧領下，不敷目前需要，展轉支配者居多。而又以面子所關，不願示弱於人。因之，每屆年節，開銷徒增，皆發生恐慌。庚子^①以前，府庫充實，旗族上官例於年節，呈述旗兵苦狀，請予節賞，照例恩准。如端陽節，五月初二、三間，領當月錢糧，至初四日，即可領節賞，以便過節；中秋節，八月初二、三領當月旗餉，至初十日前後，即可領下節賞。年節之賞，除初二、三日領下臘月之旗餉，皆於中旬間領下年節賞銀。庚子以後，旗族威勢稍挫，端陽、中秋兩節賞銀，雖照例經長官呈請，而皇家亦有時不予批准。及後，乃將端陽、中秋兩度節賞免除，而年節賞銀，雖不經旗官呈請，亦援例發放之，一年一度，旗兵例以此賞爲過關費也。

節賞之數目，概以旗兵應食何種錢糧爲標準，例爲錢糧十分之五。如旗兵食一兩五之養育兵錢糧，則節賞應得銀七錢五分。如旗兵食三兩之馬甲錢糧，則應得節賞銀一兩五錢，餘則類推。惟領節賞，須由各旗領催經手，因之，亦弊端生。

一旗兵所得節賞爲銀無幾，以之度歲，一家數口，何足供點綴之資，而領催竟忍心出此殘忍之手段，俗云："没有宰孩子的心腸，不能當伯什户（即領催）。"信非虛語也。

年節之賞，長官亦有援例呈請，以爲提醒者之時，然呈文中，絕對不敢云爲賞旗兵度歲之資，皆稱時值嚴冬臘月，天氣寒涼，用賞旗衆，以濟時困等語。待諸節賞發下，檔房中之佈告，亦爲同樣之刻板文章，並標明某某項錢糧，應得節賞幾兩幾錢幾分云云。

中華民國十七年十二月二十一日第五版

【校記】

[1] 浩，底本誤作"活"，油印本作"浩"，據改。

---

① 庚子，即光緒二十六年，1900 年。

旗兵之差使

當清國初定,八旗兵丁屯集京師,盡保衛之責。明兵歸降者,日益衆多(即漢軍),儼然成爲一部落,與漢軍混合,共析爲二十四旗焉。[1] 每旗有正號都統一人,總轄兵權;副號都統二人,以協軍事(作者按:清季末葉之檔房,有無副號都統者甚多,蓋軍制瓦解使然也。參看檔房中之組織一節);其次有"參領"五人(檔房衰落,亦會參佐缺額矣);其下爲"佐領",額無定,每一佐領下設"驍騎校"一名,屬隸之。是時,分配差務,派"鑲黃""正黃"二旗之兵丁,紮營於京師之北郊外,以北郊與滿蒙爲來往必由之所,關係較重,故分拱頗嚴。北郊黑黃寺[2]一帶,是時頗呈繁華熱鬧之景像,有由來也。其次"正白""鑲白""正紅""鑲紅""正藍""鑲藍"等六旗兵丁,皆紮隊環拱於紫金城,威風森然![3] 其次各重重衙署及其倉庫,皆以驍騎馬兵,輪流站班,嚴防不測。是時,各旗都統及以下之長官,不時亦下街巡查,不得有怠。下街惟無定時,而尤以嚴冬夜火時爲多。下街時,預先下一通告,於是所經過之街巷,皆增兵崗助威。都統著官服,有差人在前引導,身穿號坎,皆有圓光曰"兵",夜則提

---

① 二十四旗包括滿洲、蒙古、漢軍各八旗。辛丑年(1601年),努爾哈赤在正黃、正紅、正藍、正白四旗的基礎上,添設鑲黃、鑲紅、鑲藍、鑲白四旗,即滿洲八旗。天聰九年(1635年),設蒙古八旗。崇德七年(1642年),設漢軍八旗(參見鄂爾泰等修,李洵、趙德貴主點《八旗通志》,第2—10頁)。至此,二十四旗確立。

② 黑黃寺,指黑寺和黃寺,二者均爲喇嘛廟。黑寺有二:前黑寺和後黑寺。前黑寺正名慈度寺,在德勝門外馬甸迤南。後黑寺在前黑寺之北,又稱察罕喇嘛廟,建於順治二年(1645年)。黃寺位於安定門外鑲黃旗校場北。黃寺亦有二:西黃寺和東黃寺。西黃寺建於順治九年(1652年)。東黃寺舊名普凈襌林(參見常人春《老北京的風俗》,第68—73頁)。

③ 京師八旗分佈,依五行相生相剋的原則而定。正白、鑲白二旗駐東城;正紅、鑲紅二旗駐西城;正黃、鑲黃二旗駐北城;正藍、鑲藍二旗駐南城。又以皇城中線分左、右翼,東部鑲黃、正白、鑲白、正藍四旗爲左翼,西部正黃、正紅、鑲紅、鑲藍四旗爲右翼(參見鄂爾泰等修,李洵、趙德貴主點《八旗通志》,第1頁)。

雙對大"氣死風"燈①，燈紙上亦標以官銜。兵役是時皆呼"嗚啊喂"種種怪聲，以示儆戒，而增威風。惟其所呼喊者，每不使人能以辨聽，有者謂其語氣爲示以"大人到咧"也，其或然歟！是時，街上之崗位，係臨時增添，故謂之"站班"，又云"街堆子"。俟諸大人過去，乃歸營焉。

中華民國十七年十二月二十七日第五版

是時，立有火器營，簡派旗兵幹練充任，內部工作爲製造炮彈槍藥，及其他各種應戰之軍用品。每歲春秋兩季，由兵部大臣奏請，曉諭旗兵，集於德勝門外十里窪村②之曠地，舉行操演，皇上及貴胄御駕"瞧操"（正名大閱）。是時，八旗將士聚集，左右兩翼，旗幟飄揚，壯氣十足。其內部分析之，計有"步兵""長槍手""鳥槍兵""籐牌手""礮車隊"等等；外有馬兵"驍騎校"及"護兵"。操演時之樂器有三，爲銅鑼、皮鼓、海螺，振作之下，聲震四野。將士爲之披甲起舞，分隊操練，各作技擊，及行兵爭鬥之勢。收勢時，有宣令官大呼"收兵"，萬兵歡呼，叩謝皇上，乃告禮成焉。於是皇駕起，翌日必發賞銀。及清季末葉，旗兵操演，乃在安定外迄北五六里之"教場"，以長槍手二兵一槍之俗謂"抬槍桿"者，佔主要部分，勢樣如儀，惟無先期威風之盛大耳。京西之蘆溝橋，亦爲漢軍操演之所，以其地帶寬敞也。是時，旗兵享受，恒有盈餘，除其所食糧餉外，得賞之機會甚夥，且昇平無亂者若干載。每五載，經軍機大臣審定旗兵之紀律、勤務，共分四部分：第一爲操守部分，分"廉""平""貪"三種；第二爲能力部分（如擅滿洲語等特殊才能），分"長""平""短"

---

① 氣死風燈，官府使用的大型紙燈，此燈通身塗桐油，紙糊尤其嚴實，風無法吹滅，故名氣死風（參見蕭乾著，文潔若編《北京城雜憶》，第 27 頁）。
② 德勝門外十里窪村，按《嘯亭雜錄》記載，當作仰山窪村。該村位於德勝門外十里（參見昭槤著，何英芳點校《嘯亭雜錄》，第 337 頁）。

三種;第三爲騎射部分(旗兵固以善騎能射爲本能也),分"優""平""劣"三種;第四爲年齡部分(壯者用,老者退,而餉糧不缺),分"壯""中""老"三種。詳加審定,實行陶汰升補,品質優秀、能力健全者,乘機每得高遷,與後期旗兵制度淩亂流弊,大不可同日而語焉。

中華民國十七年十二月二十八日第五版

　　自定國以來,旗兵只負拱衛、操演之責,從未見於鉅戰。[①] 直至清季末葉,旗兵制度漸次凋零,乃不復見軍容嚴肅整齊,只有旗兵之"抬槍桿"[1],存其舊制耳。日常操演仍在教場。又數年,軍氣愈懈,次第改編,先有"虎神營",次有"萬字隊",而其責務仍爲守城巡街,所執武器,仍尋"抬槍桿"之舊例。舊制年長者之旗兵,多數告老養息,而錢糧以其應得,則如數食用。營隊差使,皆爲旗家壯漢所挑拔,除自身世襲缺,或以騎射應享用之錢糧外,復挑差使,仍有餉項,此俗謂之"吃口份"。各營隊之成立,皆由旗下兵丁補充,願幹者,補名應選,此俗謂之"挑營頭"。旗家子弟之好吃懶作者,皆不肖[2]充之也。庚子後,各營隊次第撤銷,又有"五城練勇"[②]及"遊擊隊"之組織,除大部分漢人外,而八旗子弟參與者,仍不在少數,蓋旗家子弟皆不善經營,以當差爲正宗,謂之"佔身子"。及今日警察中旗人甚夥,存舊習焉。

―――――――――

① 這裏説"自定國以來,旗兵只負拱衛操演之責,從未見於鉅戰",不够準確。康熙帝爲平定准噶爾,曾三次親征噶爾丹。首次親征噶爾丹時,康熙帝親率之中路大軍包括京師八旗滿兵、漢軍火器營兵、盛京兵、黑龍江兵、寧古塔兵等,約四萬多人(參見黑龍《滿蒙關係史論考》,第191頁)。可見,不論是京師八旗還是駐防八旗,自定國以來,均參與過鉅戰。

② 五城練勇,主要協助五城司坊的日常巡查捕盜(參見周勇進《清代五城察院職官吏役構成及其選任》,載《蘭州學刊》2009年第6期)。光緒三十一年(1905年),所有五城練勇,改爲巡捕(參見《清德宗實錄》卷五四七,光緒三十一年七月丙子)。

八旗之教育

八旗最初之教育，始於雍正年間，第一爲"景山官學"①，設於景山北上門內。學子輩，以內務府之員司子弟佔多數。其次爲"咸安官學"②，設於西華門內，學子皆爲八旗子弟中，選其慧聰出色者，納之。以上兩項，爲八旗之高等貴族式之教育機關，有大臣總轄學務。教員皆爲科舉人才，教授法最嚴謹，相傳除教漢文外，並附滿洲文字，時稱之曰"國語"。官學中之八旗子弟，多因其聰慧，見愛於學中貴冑，致獲優缺者。八旗次級教育機關，爲"八旗官學"③，每旗設立官學一，由內務府直轄，官學多設於各旗營房之附近，以應各旗學子就學之便利焉。各旗官學，以其所在旗，因以爲名，曰"藍旗官學"，"白旗官學"等。內部教法，極形複雜，雖有兼教滿洲文字者，佔少數也。此學滿洲、漢軍子弟兼收，先期以十年爲畢業期，畢業後可以挑差，乃除其學名焉。

中華民國十七年十二月二十九日第五版

---

① 景山官學，康熙二十五年(1686年)，建設景山官學於北上門兩旁。雍正元年定制：教習六年期滿，果官學生成就多者，將中書等具題諮送吏部，以應升之缺即用(參見鄂爾泰等修，李洵、趙德貴主點《八旗通志》，第953—954頁)。

② 咸安官學，雍正七年(1729年)，建設咸安宮官學，於景山官學學生及內府佐領下幼童中選取學習者。每五年一考，成績爲一、二等者，予以差缺，三等者繼續留學，其餘予以革退(參見鄂爾泰等修，李洵、趙德貴主點《八旗通志》，第949—953頁)。

③ 八旗官學，八旗各一官學。鑲黃旗官學位於前圓恩寺胡同內；正黃旗官學位於西直門大街新街口公用庫地方；正白旗官學位於東四牌樓南小街新香胡同內；正紅旗官學位於朝天宮西廊下；鑲白旗官學位於朝陽門南小街方家園胡同；鑲紅旗官學位於西單牌樓舊刑部街；正藍旗官學位於崇文門內單牌樓北街東新開路；鑲藍旗官學位於宣武門內乾石橋東口內(參見鄂爾泰等修，李洵、趙德貴主點《八旗通志》，第481—482頁)。

【校記】

[1] 抬槍桿，底本、油印本作"抬桿槍"，據前文改，本篇下同。

[2] 肖，疑爲"屑"字之訛。底本、油印本皆作"肖"。

八旗子弟，年稍長，即送入官學，不納學費。學子以旗族關係，亦富有團結性。後期八旗官學，亦不限定畢業，子弟略通文字後，多數轉入弓房，練習射擊，期得錢糧缺也。後八旗官學，漸次混亂，有取銷者，有秩序不整者，故此旗學子亦可入彼旗之官學，成爲混合制矣。各旗官學通俗稱之曰"八旗學房"，後以餉糈不充，官學遂成凋落，存者僅南城藍旗大營房之官學一家而已，而時勢所趨，遂亦容納漢人之子弟，學制大變。至今，藍旗營房之官學，仍存其舊跡，但已改爲國民小學校矣。

清季之私學，亦有容納八旗子弟者，蓋旗家以爲入官學不能得嚴緊之學規，不若出錢入私學較爲可靠，實則亦不過爾爾。私學中，是時有另加學滿洲文字者，須例外加學費若干。旗家子弟之所學，皆半途而廢。因利禄熏心，年事稍長，即圖謀錢糧，年事長，則以挑差使爲正當營業，對於學問不暇深求，旗家子弟無學問深淵者，有由來矣。

中華民國十七年十二月三十日第五版

鑾　儀　衞

旗族盛朝，有"鑾儀衞"之設，考明代中有"錦衣衞"，除司儀表外，並兼緝捕巡查。而清代之"鑾儀衞"，或存明代"錦衣衞"之舊制也。① "鑾儀衞"中有掌衞者一人，總轄衞中事務。衞中共分七大

---

① 芙萍此説確有依據。據《八旗通志》記載："國初設錦衣衞，後改爲鑾儀衞。"（參見鄂爾泰等修，李洵、趙德貴主點《八旗通志》，第 689 頁）

部，特分説之。第一部分爲"左所"，專管御乘車輔。第二部分爲
"右所"，專管刀槍棍棒，弓矢武器。第三部分爲"中所"，專管旗幟、
標識等項工具。第四部分爲"前所"，專管傘、扇、羽、盒各種鋪張物
品。第五部分爲"後所"，專管"金瓜""鉞斧""朝天蹬"等工具。第
六部分爲"象所"，專管金鼓及一切樂器。第七部分爲"旗守衛"，職
務稍繁，如擊鼓、鳴金等差。各所均有掌事者一人，指揮其所司。
如皇駕出行，傳知鑾儀衛，分所伺候，合組之，五光十色，華貴之氣，
有非言語所能形容者。鑾儀衛員司之餉糈亦極豐，俗云"伺候皇上"
者也。鑾儀衛中之應差者，皆常身穿絳紫色大團花之外衣，戴紅纓
帽，氣概頗雄，世俗亦稱此項差役曰"鑾儀衛"焉。清季末年，鑾儀衛
之組織，亦漸不甚完整，僅混合爲伺候皇輔、皇車之制度。如皇上或
皇后出門時，傳知鑾儀衛，預備皇輔，形式已漸成簡單之儀式，如大
幟旗、金執事①，殆不多見矣！然威風方面，絶不少煞。回憶慈禧太
后乘輔往六爺府②探病時（六爺府時在三座橋迤北），作者尚在兒
時，其情景尤發人迴想，地方上之於來往路途，先實行其"黄土墊
道，净水潑街"，然後衝散行人，斷絶交通，崗位森密，差役揚鞭，只
聽有者頻呼"酬"聲，其聲音壯厲，使人毛髮直立，概知皇家氣派，殆
此極也。時呼[1]"一酬"，又"二酬"，則聞街市之上鴉雀無聲，俗言
有云，"皇駕一過，鳥皆驚走"，但聽兵所乘之馬，蹄作得得之響，音
節井然。待呼"三酬"，則皇輔至矣！至呼"四酬"，皇輔過矣。③　其

① 金執事，即金卧瓜（金瓜）、金月斧（金鉞斧）、金天鐙（朝天鐙）、金拳、金掌、金兵符，共
　七對（參見中國人民政治協商會議北京市委員會文史資料研究委員會編《文史資料
　選編・第14輯》，第218頁）。
② 六爺府，即道光帝第六子奕訢（1832—1898）之府第。
③ 據油印本之"編者的話"一文與周簡段《滿族報人成扶平》一文，芙萍生於1907年。
　但芙萍於文中提到自己兒時曾偶遇慈禧太后（1835—1908），而慈禧太后逝世於
　1908年11月。若將芙萍偶遇慈禧太后之時間下限預設爲1908年，那麼此時的芙萍
　尚不到兩歲，卻對偶遇慈禧太后之場景記憶猶新，令人生疑。故筆者認爲芙萍出生
　於1907年之説，有待進一步核實。

抬轎者及跟班夫役，皆鑾儀衛中之差員也。

　　鑾儀衛中之差員，以漢軍人爲最多，除食餉糈外，復不時得賞銀，事項簡而結[2]與豐，故是時鑾儀衛中差員，皆趾高氣揚，昂然不可一世也。至光緒末年時，本朝已告段落，且其轎輦、幡幢亦爲時勢所厭棄，故至宣統時，鑾儀衛已宣告破産矣。

　　　　　　　　　　　中華民國十七年十二月三十一日第五版

【校記】

[1] 呼，底本、油印本皆誤作"乎"，據文意改。

[2] 結，疑爲"給"字之訛。底本、油印本皆作"結"。

過　枝　子

　　滿洲旗人得取錢糧之易，權佔優先，位高於漢派，已略言之矣。滿洲旗家既獲優缺，而性多貪，因之有"過枝子"之風。普通民間繼子之風，原由於收子者乏嗣，以之繼續香煙爲目的，此俗謂之"過繼兒子"。而旗族家庭之"過枝子"，與此目的完全不然，此乃專以得糧營利爲懷抱，於倫理絕對不發生關係，嗚呼，旗風之濫，殆可見矣！

　　譬如滿洲旗人家庭某氏，膝下本有親生子，經人拉攏，推介某漢人家子弟，認爲義子。入門後，實行改姓，與其親生子排列成名，如其名德瑞，則此"過枝子"即可名曰德俊，縱較之年事稍長，亦須居於弟弟之地位，以便於呈報虛名焉。以其爲滿洲派，挑取錢糧較爲易順，於是或等缺候補，或運動於本旗領催，務使此"過枝子"得獲錢糧缺而後已。形式上，此"過枝子"即爲某某之弟，冒名頂替，而實際上，"過枝子"固漢家子也，而其目的亦在營利。錢糧缺到手後，每月領餉，每季領糧，與其義父、義母乃實行"見面分一半"主義，兩家各有所圖，如此"過枝子"得獲馬甲錢糧三兩銀，每月提出十分之五，計銀一兩五，爲己身之報酬，餘一半由義父、義母收享，至每季領米時亦然。嗣後，此"過枝子"如經提拔，至得優缺時，錢糧增多，亦須履行前有之條約，不得藉口反悔。直待其義父、義母皆去世後，則此項錢糧始可由該"過枝子"食用全部，兄輩不得與爭焉。設老人不死一日，"過枝子"亦一日不得食用錢糧之全部也。

　　此風始自清季中葉，尤以庚子[1]前後爲盛行。因是時錢糧弊端，正在不可收拾之日，遂成爲習例焉。及此可知，滿清時代門羅主義之威勢，及漢軍人等被受壓迫之一斑矣！

　　　　　　　　　　　　中華民國十八年一月一日第五版

【校記】

[1] 子，底本脱此字，據油印本補。

第二章　家庭之部

名分與稱謂

滿清盛朝，旗族之隆貴，實有筆難盡述者，而家庭方面，更活現其繁榮尊貴之美。宗室貴胄婦人，多稱之曰"宗室太太"，姑娘輩則稱[1]之曰"宗室女"，固皆昂然不可一世者。下輩兒郎，不稱少爺，而曰"哥兒"。如大少爺稱之"大哥兒"，二少爺稱之"二哥兒"，餘可類推，表示其嬌貴也。下級旗兵家庭之主婦，當家人有差使者，亦即以"官太太"自居。其次，則以房室爲標準，稱爲"大奶奶""二奶奶"等等。至於旗家女，於打扮方面，自現其貴族姿態，然雅有男兒風，如大紅辮根、紅辮穗子、大紅頭把兒之類，大胭脂、大粉，入眼皆緋。更有頭戴青緞子便帽(亦稱帽頭兒)者，頂有大紅疙疸，下端周圍作嵌金邊(俗稱片金邊)，氣態豪爽，俗語曰："打扮得真像旗家小達兒"！考"小達兒"①，爲滿洲國語，謂旗家女爲"小達兒"也。

其次，談及家庭之稱謂，顯然與漢家有別，父不呼"爹"或"爸爸"，而呼爲"阿媽"②，母不稱娘或媽，而呼爲"奶奶"③(按漢人以祖

---

① 小達兒，"小"爲漢語，"達兒"疑爲滿語 dara 的音譯，漢譯爲腰。
② 阿媽，即滿語 ama 的音譯，漢譯爲爸爸、父親(參見故宮博物院藏《五體清文鑒：滿藏蒙回漢對照》，第 1190 頁)。
③ 奶奶，即滿語 eniye 的口語形式音譯，漢譯爲媽媽、母親(參見故宮博物院藏《五體清文鑒：滿藏蒙回漢對照》，第 1190 頁)。金啓孮認爲，很早滿族就學漢人的稱謂，稱母親爲"奶奶"，並且滿族上下層均如此稱呼母親，大約是學習的比較早，但(轉下頁)

母呼奶奶)。至於祖父,清末葉時亦稱"爺爺",此爲與漢人相同之
點,祖母則稱"太太"。再上一輩,則統稱呼之爲"老祖"焉。妻之父
母,漢人呼爲"慶爹""慶娘"(俗呼丈人,丈母娘),旗族則呼爲"慶阿
媽"與"慶啊拗"(按啊音惡)。旗族家庭以嫂不呼嫂,而呼"姐姐",如
大嫂子呼爲"大姐",二嫂子呼爲"二姐"等。父之姐妹,漢人稱爲"姑
母"或"娘兒",旗人則稱呼爲"姑爸爸",再長一輩則稱爲"姑太太"矣。

　　自旗族凋敗,而"官太太""宗室女"等貴族名分,同時亦爲之破
産焉。下級旗族家庭之稱謂,亦漸就普通漢人之範。此爲時勢所
必然者,如旗人之父亦稱"爸爸"或"爹",母亦呼爲"娘"或"媽",一
洗其貴族氣態。直至今日,旗族家庭之名分與稱謂,更與漢人爲普
遍之規律矣。

中華民國十八年一月六日第五版

【校記】
[1] 則稱,底本、油印本作"稱則",刪節本作"則稱",據改。

旗 家 打 扮

　　此"旗家打扮"爲一名詞,即旗家大脚是也。"旗家打扮"之對象
者,爲"蠻子打扮",即纏小脚之謂也。原南北風俗各異,南方婦女爲
纏足,而南方人有"南蠻子"之號。故喻纏足者,曰"蠻子打扮"。旗家
婦女之出處與原始,爲北番滿地,度其部分接近自然之生活,故婦女
皆不纏足。至於京師,旗家婦女逞貴族風,仍以大足美,因號曰"旗
家打扮"。故當是時滿漢分別,首重頭脚。"旗家打扮"者,譏"蠻子打

(接上頁)是誤將漢人的祖母稱呼學成了母親的稱呼。滿語 eniye,府邸世家訛稱爲額
　　娘。"奶奶"與"額娘"不能並用,"嫡母"稱"奶奶","庶母"稱"額娘"(參見金啓孮《金
　　啓孮談北京的滿族》,第 201 頁)。

扮"者爲"小脚娘";"蠻子打扮"者,笑"旗家打扮"者爲"大脚片"焉!
清室貴胄及王公大臣,不欲漢家婦女有異類之表現,即是於脚的方
面,與旗家有同一之美徵,此舉乃在形式上,得邦下統一之現象,精
神上而得人類自然之利益也。故康熙三年①發有上諭云:"議政王、
貝勒、大臣、九卿、科道官員會議,元年以後所生之女裹足,其禁止之
法,該部議奏等因;禮部題定,元年以後所生之女,若有違法裹足者,
其女父有官,交吏兵二部議處。兵民交刑部者,責四十板,流徙十
年。其失察,枷一個月,責四十板。該管督撫文職官員,有疏忽失有
覺察者,聽吏兵二部議處。"此有一半誥戒旗家,不可再踏裹足之轍,
及朝廷是時之厭惡裹足,可見一斑也。至光緒年間,人心大開,慈禧
后提倡放足尤具熱忱,一若不使漢滿女足成清一色,絕不罷休者。
記有上諭云(光緒二十七年②):"欽奉懿旨:我朝深仁厚澤,浹怡環
區,滿漢臣民,從無歧視。惟舊例不通婚姻,原因入關之初,風俗語
言,或多未喻,是以著爲禁令。今則風同道一,歷二百餘年,自應俯
順人情,開除此禁。所有滿漢官兵人等,著准其一律結婚,毋庸拘
泥,至漢人婦女率多纏足,行之已久,有乖造物之和。此後搢紳之
家,務當婉切勸諭,使之家喻户曉,以期漸除積習。斷不許官中胥
役,藉詞禁令,擾累民間。如遇選秀女,仍由旗民挑取,不得採及漢
人,致蹈前明弊政。以示限制,而卹下情。將此通諭知之,欽此。"③

---

① 康熙三年,即 1664 年。
② 光緒二十七年,即 1901 年。
③ 文中引用之上諭與上諭原文有細微差別,現茲録上諭原文如下:"我朝深仁厚澤,淪
　　浹寰區,滿漢臣民,朝廷從無歧視。惟舊例不通婚姻。原因入關之初,風俗語言,或
　　多未喻,是以著爲禁令。今則風同道一,已歷二百餘年。自應俯順人情,開除此禁。
　　所有滿漢官員人等,著准其彼此結婚,毋庸拘泥。至漢人婦女率多纏足,由來已久,
　　有傷造物之和。嗣後,搢紳之家,務當婉切勸導,使之家喻户曉,以期漸除積習,斷不
　　准官吏胥役,藉詞禁令,擾累民間。如遇選秀女年分,仍由八旗挑取,不得采及漢人,
　　免蹈前明弊政。以示限制,而恤下情,將此通諭知之。"(參見《清德宗實録》卷四九
　　二,光緒二十七年十二月乙卯)

當是時，漢人一部分婦女，亦有實行放足以合時勢者，然以旗族貴氣所侵，互相聯婚者，尚屬鳳毛麟角。至光緒三十年①時，又有勸行放足歌發表，頗覺有趣。而朝廷對於放足之重視可以知矣，而又使吾人知此等平民文學，亦不自今日始也。其歌曰："照得女子纏脚，最爲中華惡俗；幼女甫離提抱，即與緊緊縛束。身體因之羸弱，筋骨竟至斷縮；血氣既未充盈，疾病隨之暗伏。輕者時呼痛苦，重者直成廢篤；舉動極爲不便，行走尤形躑躅。懿旨屢經誡諭，士民尚不覺悟；人孰不愛兒女？微疾亦甚憂鬱。惟當纏足之時，任其日夜號哭；對面置若罔聞，女亦甘受其酷！爲之推原其故，不過扭於世俗；意謂非此不美，且將爲人怨讟。不知德言容工，女誠所最稱述；娶妻惟求淑女，豈可視同玩物？父母於女何人，男子於妻何若？是皆願其賢孝，豈忍摧傷肉骨。美惡況由天賦，何必若此斷剚；現當振興實業，男女事各有屬。各省業已風行，紛紛會談天足；省垣識時紳首，競思返本還樸。聯名稟請示禁，堪爲女子造福；應准通行曉諭，從此亨衢同步。豈惟感召天和，富强於焉拭目；務各互相勸解，切勿再事拘囿。"

中華民國十八年一月七日第五版

觀此，知清季對於放足之雷厲風行。因之，旗家婦女逞大足以自豪，對於足一部分之裝飾，特加注意。一若不修飾脚，不足以揚其貴族風，及表示其爲旗人者。是時，旗家婦女穿厚底鞋，底之高率，自"八分"起碼（中尺），即謂之"八分底"；至於"一寸"底，再厚則爲"寸半"底，至於"二寸"，則成"花盆底"矣。花盆底之式樣，中細而下肥，遠望之，如花盆然。然非穿大鑲大沿②之衣服，及梳"兩把兒"頭，則不能得花盆底平衡之美觀也。鞋面之式樣 ，以"雙臉"式

---

① 光緒三十年，即 1904 年。
② 大鑲大沿，參見"旗袍"一節。

爲最普遍，裏面綴以緞質花裏子，俗即謂之“掛裏子”，以爲美。鞋幫上拉大雲頭，五光十色，質高工精，甚爲美觀。及後，鞋幫上又時興“拉鎖”式，如拉“芝蘭花”、拉“古硌錢”、拉“滿幫萬不斷”（即萬字不到頭）等等，式樣繁瑣，不可勝記。此外，並有在鞋幫上，附以嵌花者。如雪青色面地，嵌以青色花紋；鵝黃色面地，嵌以綠色花紋。顏色配置之新鮮，工質之精巧，漢家婦女每嘆瞠乎其後，此種複式嵌花，謂之“挖墊”。時興約三四載，成一鞋之工價極昂。至清末年，厚底已漸爲旗家婦女所厭棄。及徒步上之種種痛苦，乃解除縛束。又時興薄底緞鞋，鞋面爲青色者，佔大部，樣作尖口，鞋底爲薄皮。青緞鞋幫間，亦有在前後兩端，扎以縮形花樣者。若扎對蝴蝶，或刺繡以各樣花草，此爲旗家婦女愛美心理之表現。鞋底軋軋然作響者，俗謂之“響皮底”，曾盛興一時。穿青緞鞋，配以白襪，緊瘦尖小，務使如“刀條然”而後已。旗袍、背心，梳大兩把兒頭，行來風擺荷葉，輕快飄搖，底聲軋軋，固甚覺得趣也。

復次，論及旗家婦女之襪，則更有窮極其美者。襪質用細柔布，分青、白、竹布、魚白四色。出門時，以白色襪爲上選，平日則隨心所喜，任意穿用焉。手工之奇巧，面積之適合，式樣之美觀，漢家婦女無與倫比。襪身穿上皆講究“抱腳面”，不肥不瘦，以期與鞋子恰合。襪臉（即襪臉中心點之長縫），須用線縫，乃嵌以各種花樣，有“擴縫襪臉”者（俗謂之砌襪臉，即在中間所縫襪臉之直線的兩端，另縫稀針，式樣極美），有“跳三針”縫襪臉者（即襪臉間，三針成一間空，式現討俏焉），種種式樣極夥，而縫襪臉之線色，亦極講求。如魚白色襪，用青線縫襪臉；青色襪，用白色線縫襪臉；魚白及白色襪，用青色[1]襪臉。而尤以白色襪之襪臉線，爲最具花樣，有特用豆青線縫襪臉者，有特用玫瑰紫線縫襪臉者……鈎心鬥角，不勝枚舉。至於處於暗藏狀態下之襪底部分，亦無美不備，以期脫鞋時，呈現其腳下之美。襪底之顏色，有襪與面成清一色者，有特意與襪面色顯然有別,而花色輝映者。若白色襪,用紅色襪底;竹布色襪、魚白色[2],用白色襪底。襪底之工質,皆實行"扎花",有扎滿底"萬字不到頭"者,有扎"芝蘭""海棠",各種花草者(此種位在脚心間),有"扎福在眼前"者(即扎有孔之小錢二,一旁扎蝙蝠一頭),有"扎事事如意"者(即在脚心間扎以一對柿子花,一旁扎如意一把),種種式樣,以脚下所踏,蓋又取吉利耳。

中華民國十八年一月八日第八版

【校記】

[1] 青色,此二字後,疑脱"線縫"二字。底本、油印本、刪節本同。

[2] 魚白色,此三字後,疑脱"襪"字。底本、油印本、刪節本同。

此外,尚有襪口之部分,特有加以花樣者,其式約得亦三[1]種。(一)荷葉邊,即在襪口之周圍,綴以荷葉式之沿邊。(二)鎖狗牙,即在襪口周圍,用針鎖嵌以狗牙式。鎖狗牙又分三針一個的與五針一個的兩種。若白襪鎖以青色之狗牙,最爲時興與美觀也。(三)襪口扎花,即在襪口之部分,用針刺繡以各種花樣,色彩鮮明,旗家少女,多欲爲之。

旗家婦女,多欲穿其小鞋、小襪子,又稱爲"緊鞋緊襪子",以顯現其天足之秀美。以"小旗家"見稱於時,蓋喻旗家婦女天足之規矩得樣也。而旗家婦女,尤於出門或筵會時,對於脚下之裝飾,更特加講究。爲穿緊鞋以顯其脚之瘦小計,故出門之前,有臨時趕縫單襪者,只求一時之瘦美,不顧及絲縷來路之維艱,一穿而棄之,旗家不事儉樸,一味奢侈,可見一斑矣。

後年,漢家以風尚所趨,亦漸解除裹足之束縛者。觀旗家婦女天足之美,亦多羨慕而效顰焉。因之,旗家婦女鞋襪之特點,亦漸傳染及於漢族。旗家婦女之脚裝亦漸漢化,漢家婦女固極趨旗裝。

故旗漢派別,不足以腳之表徵爲標準矣。

兩 把 兒 頭

　　旗家婦女之頭式,與漢家婦女顯然有別,其式爲"兩把頭"[2]。此風爲北番滿蒙之流傳,極貴族之能事,旗族入關後,此風不泯。兩把兒頭之式樣,可分爲二種:即爲"[3]緊翅兩把兒頭"與"拉翅的兩把兒頭"是也。兩把兒頭,其式橫扁,狀若牌坊然。先期之兩把兒頭皆爲緊翅的,此種又名小翅的,又謂爲無翅的。所謂翅者,即兩把兒頭上部兩端擴張下垂之點。緊翅的,即無此放大之部分。旗家盛興時代,兩把兒頭皆以"大拉翅"爲時髦焉。是時之"兩把兒頭——大拉翅",成爲民間諺語。戲台上,觀察"四郎探母"①一劇,表現番邦之美,公主裝爲"兩把兒頭大拉翅",殆旗族古風也! 後期,旗家婦女之兩把兒頭,拉翅與否,乃以年歲爲轉移,年青者皆須梳拉翅的,年長者則皆梳緊翅者矣。慈禧當清末時,亦梳此種緊翅的兩把兒頭,是時亦以"小兩把兒頭"名之。兩把兒頭之構造,皆爲絲緞質,皮放黑光,下有頭座。梳此頭時,須先以髮前後兩分,分前部之髮,使成一髻,備與頭一座互相吻合;後部之髮,須搭以長蓬式,其名曰"燕尾",爲與兩把兒頭上下能得一平衡式之美觀。梳此頭之手續至繁,挽髻後,合以兩把兒頭座,然後洗面,大胭脂、大粉,紅白輝映。後再以線縫連燕尾。最後,在頭上嵌插以種種首飾、花針即成。關於兩把兒頭上之佩飾,約得下列之數種,茲分説之。

中華民國十八年一月九日第八版

---

① 四郎探母,傳統劇碼。亦稱《四盤山》《探母回令》《北天門》。此劇取材於《楊家將演義》第四十一回。情節有所不同。老生、旦角並重。其中《坐宫》一折,常單獨演出。爲譚鑫培代表作,余、馬、楊等諸派亦擅長。鐵鏡公主一角梅蘭芳、張君秋等擅演(參見黃鈞、徐希博主編《京劇文化詞典》,第 372 頁)。

【校記】

[1] 三,底本、油印本、删節本中"三"字位於"特有"二字之前,據文意改。

[2] 兩把頭,"把"字後,疑脱"兒"字。底本、油印本、删節本同。

[3] 爲",底本、油印本、删節本皆作""爲",據文意改。

（一）扁方兒：此物爲銀質,亦有用玉翠質者,體扁而長。銀質者,上鐫以種種花紋,若"獅子滾繡球"等等,不勝枚舉,皆出於首飾匠人之精心巧製,時興種種物色,耀人兩目,以之飾頭,必爲宏美。然旗家婦人善事講究者,多指名預鐫各色物景,山水人物,無美不取。風景最佳之萬壽山,曾活躍於旗頭之扁方兒之上。有指鐫者,必多加工資,一花樣出,則匠人接連製造,以迎合旗婦之心理。扁方[1]之重量,每枝最輕者,亦當以銀一兩許爲率。其飾用之法,係橫插於兩把兒頭之上端。而尤以綠翠質之扁方兒爲貴品。

（二）頭正兒：此爲特大之假花。每枝形與茶壺相等,色彩鮮明,用之插於兩把兒頭下部之中心點,顫動之間,小鈴彈彈有聲。

（三）頭箍兒：兩把兒頭與發頂接銜之處,形凹色窘,表現方面,殊不透美觀,故須纏之以"頭箍兒"。頭箍兒爲一綠緞質之扁形長帶,上嵌之以各式珠花,周圍纏之。

（四）托針兒：此亦銀質者多。每副一對,左右各一,斜插頭際,爲兩把兒頭與下部真髮接銜之作用。托針兒屬於暗藏式,左右壓制,使兩把兒頭不致有轉動之虞。

（五）筒針兒：梳兩把兒頭、挽髻,須先在髮根處束（俗云紮）以頭把兒（即絨線縛髮成絡之作用,線繩之色彩不一）①,青絲之上,

---

① 頭把兒,據日本神户市外國語大學教授太田辰夫所述,"頭把兒"一詞《井上支那語辭典》解釋爲"在婦人的頭上插小笄子"（即古時束髮的小簪子）。但太田教授的中國老師告訴他,頭把兒是腦後紮束絨繩的那部分頭髮（參見太田辰夫《滿族文學史編委會學術年會材料之二十三：滿洲族文學考》,中國滿族文學史編委會發行）。而根據本文解釋,頭把兒即挽髮之絨線,既非小笄子,也非腦後紮束絨繩的那部分頭髮。

以紅色頭把兒爲最漂亮。筒針之上，有銀質或金質之小蝴蝶花，居於頭之後部，斜插於頭把兒之上，每副兩枝合成一對，左右各一。

（六）壓鬢針：此針地位在後部燕尾之旁，爲壓制兩旁頭髮秩序，不至淩亂。每副兩枝，合成一對，左右各插其一。針面有蘭芝花草，亦爲銀質，殊美觀。

中華民國十八年一月十日第八版

【校記】
[1] 扁方，“方”字之後，疑脱“兒”字。底本、油印本、删節本同。

（七）大花籃：兩把兒頭大拉翅，無大花籃，則不足協合其艷美。故青年旗婦出門大裝時，皆在兩把兒頭左端上，配之以大花籃，綴之於大拉翅下。大花籃爲綾緞質，下端垂以長穗，五色輝映，極形好看。

（八）三尖絹子：此絹子比較普通絹子少去一角，形作[1]三尖形。原燕尾之大者，長能過肩，恐背心或[2]長襖受其油染，因之圍以此項三尖絹子，繫扣於前部脖項之間，在後部隱約可見之。是時，曾由此産生歇後語曰：“她兒的絹子——繞脖子”，實本於此也。三尖絹子皆爲綢質，色彩不一，中間繡以大花，周圍邊際鎖以狗牙式，尖端配以銀質或翠綠之墜飾，後心處有一，兩肩有二。若是時旗婦穿雪青旗袍、藍[3]背心，青燕尾而豆青色之三尖絹子，頗得配合上之美觀。惟是時三尖絹子賣價極昂，每一方連同墜飾，須銀數兩，非貴式旗婦，不足以取其美也。

以上八種，爲兩把兒頭上之配飾，窮極奢華。而頭髮上之假花，尚未計及，蓋隨意插帶也。旗家新婦，除上述兩把兒頭上之配飾無美不備外，尚須插帶紅絨花，爲新婦之表現。當旗婦出門歸來卸頭之際，各樣配飾，摘滿一茶盤之內，可見繁複之一斑矣。

　　燕尾之組織，必須多髮，而真能以髮綴成大燕尾者，只屬於青年豐髮。因之，時興假燕尾，以應酬旗家之需要。假燕尾爲馬尾所製成，每副須銀數錢。其狀式與真髮綴成之燕尾，無少差別。旗婦年事稍長，頭髮稍稀者，多採用之。繫之於頭座，抹之以香油，差可亂真，而得同樣之美。是時，東西兩廟（即隆福、護國之寺），賣旗頭飾物攤爲最夥，假花、假燕尾種種，難資勝記。兩廟位北城，爲旗族家庭所鄰近，近水樓台。因之，購買旗頭飾物，皆首講東西兩廟。商販善投機，鈎心鬥角，各出新樣，以迎合旗家婦女之愛美心理，且每屆俸餉發放時，皆添備新貨，旗族興盛，商販亦多大發財源也。

　　自民國成立以來，旗族逐漸凋零。兩把兒頭，亦不爲時勢所需要，且其手續之繁複，消費之重大，無幾錢糧，難敷旗裝之開銷。因之，旗家婦人大部分皆實用改頭。其唯一之式樣，即爲不上兩把兒頭，照舊假燕尾，挽頭髻，前部式作麻花，其名曰"旗人髻"（俗稱旗人揪），插花則隨意。如此，減少許多擔負（分量）及消費。然旗族貴胄，則依然"兩把兒頭大拉翅"也。旗人髻之式樣，亦具有美的成分在，故此頭最稱普遍。至今，旗婦不改本來面目，仍有梳旗人髻者，存舊跡焉。

中華民國十八年一月十一日第八版

【校記】
[1] 作，底本、油印本、刪節本誤作"做"，據文意改。
[2] 或，底本、油印本誤作"成"，刪節本作"或"，據改。
[3] 藍，底本誤作"籃"，油印本、刪節本作"藍"，據改。

演　禮

　　旗族[1]小康之家，豐衣足食，故家庭之禮節，至爲繁複。貴胄之家庭，蓋無論矣。旗婦、旗女，當其出門之際，逢年輩稍長者，至嫂子之於小叔，亦皆行"請安"禮，而歸時亦然。請安爲"雙腿兒安"，以雙手搏大腿根，兩膝前屈，作下蹲之狀，臀部幾觸於地皮間，徐下而徐上。請安講究"四平八穩"，身子不歪，而兩腿不得打顫。請安之際，皆須作大裝，旗袍、背心、厚底鞋而兩把兒頭大拉翅兒，請下安去，只有頭上之蝴蝶花鈴，震蕩作叮噹之響。且請安時，同時須呼叫接受請安者。父呼"阿媽"，然後請下安去。母呼"奶奶"，然後請下安去。嫂子之於小叔，呼爲"兄弟"，然後請下安去。……設請安而不呼應時，即責以"短禮"矣。

　　旗婦之大禮，亦即一跪三叩禮，乃俗謂"磕頭"是也。然其磕頭之法，殊爲特色，盛裝下跪之後，身向前探，頭下低，頭忽向右端，作微側之狀，而同時右手舉起，指砸兩把兒頭之拉翅，少頃，即頭正復原狀，右手亦下垂，即爲一叩，如此有三，禮乃成焉。此種磕頭法，謂之"達兒頭"，蓋亦北風也。家庭之間，舉凡婚喪禮儀，及生辰喜日，令節祭祀，行大禮時，均須磕"達兒頭"。旗家婦女之年青者，逢本身生辰之日，舉家庭歡宴，亦須與長輩行大禮也。

　　旗家新婦，於一月之間，每屆晨起，須先往見翁姑，見面必請"雙腿兒安"，口中並加呼喚，且須面帶笑色。倘面帶愁容，雖前往"請早安"，亦必受呵責，謂清晨早起不加喜歡，於家庭必有不利。新媳早餐後，必須梳頭，家常皆挽旗人髻，大胭脂、大粉，謂之"光梳頭兒，凈洗臉兒。"倘不梳頭時，姑必加以斥責，謂之"撓著毛兒"，將有不利於其女婿也。而其女婿有差使者，尤當講究。直至一月之後，由姑發言，免請早安。至其他家庭禮法，一仍其舊。平時媳婦無坐位，講究在地下滴溜的亂轉，具有"機靈便兒，眼裏見兒"。伺候翁姑煙茶，煙有兩種，爲水煙及旱煙，旱煙須抽一袋裝一袋，引火呈遞，茶則喝一盌倒一盌，直待翁姑發言曰：

“姑娘你坐下歇歇”之時（按旗家多有呼兒媳婦爲姑娘者，謂表示疼愛也），媳婦於是始得覓坐歇腿，且須“站有站像，坐有坐像。”而尤於來人會親之際，爲媳婦者，須應酬周到，無事不敢多言。旗族家庭之好排場，暴擺架子，可見矣。然而，爲人子婦者，不亦難乎？

中華民國十八年一月十三日第八版

【校記】

[1] 旗族，底本、删節本誤作“族旗”，油印本作“旗族”，據改。

吃喝之習慣

　　旗族家庭之生活，重視吃喝，俗云：“吃一點，喝一點，樂一點兒。”晨間梳洗之後，皆喝小葉茶，然後吃早點心，普通爲燒餅、油炸鬼（麻花）、京米粥等等。旗家皆有捧盒，對餑餑舖，每至錢糧無不照顧，加以送禮往還，故盒中餑餑[1]永無或空。每晨，亦有吃餑餑以代其他點心者。主婦分散，每人二、三塊，謂之“人頭份兒”。至吃飯之際，早晚兩餐，普通旗家皆吃燾飯一頓，以所關老米，家有餘糧，長期可享用也。每燾飯時，必加酒肉菜蔬，換菜不換飯，菜之佳者，著謂之“可以下飯”，總期能够“順口兒”爲止。其他一頓，或餅或麵，掉換新鮮。至夜，則瓜果羅列。至於下級旗家，亦嘗携紅果罐，以備年老人之享用。以旗家吃喝，曾有“肥鷄大肉紫老米”之語，喻旗家吃喝之豐足也。

　　舊京俗例：有令節日，必應時而吃。若立春節吃“烙薄餅”“炒合菜”（即菠菜、韭菜、豆芽菜及粉條也）；若頭伏餃子二伏麵三伏烙餅攤鷄蛋；若“冬至烙子夏至麵”等等，旗家無不重視。及時吃喝，以資節令上點綴焉。普通旗家，至清末時，每宴來客，除自備酒飯外，多喜在盒子舖①叫火鍋子，擺在中心，其實固不在吃肉，爲排場之好看耳。

旗婦除講究吃喝外，亦多嗜吸煙。旗族盛朝，尚不時興洋煙（即紙煙也），皆吸旱煙與水煙。且旗家主婦，十九皆有阿芙蓉癖，奉陪老爺噴雲吐霧，旗族之不振，於此有莫大關係焉。

中華民國十八年一月十四日第八版

【校記】
[1] 餑餑，底本字跡不清，油印本、删節本作"餑餑"，據補。

婦　女　帽

每至冬令，旗家婦女，皆戴皮帽，出門時預防寒冷，藉以表示其旗族姿態。此帽爲捲沿式官秋帽，綴以飄帶，頂嵌大紅疙疸，蓋亦滿洲遺風也。冬令，旗婦出門，戴於旗人髻上，以代兩把兒頭，殊爲簡便，此帽名"坤秋帽"。旗家女亦有戴之者，式樣頗美觀。此帽之組織及其式祥，可分爲數部分，兹分述之如左：

（一）帽頂：周圍圓形如西瓜，頂上爲平面，質爲大紅緞子，周圍繡有藍緞子雲頭，及其他各種花樣。且有在帽頂上下，嵌以細金絲者，將帽頂分爲六瓣，樣殊美觀。

（二）帽沿：帽頂之周圍，連以複式之帽沿，明顯帽頂之上半部，帽沿可以翻捲，作窄條形，面作皮質，以黑皮者佔多數。普通旗家婦女，多用黑色貓皮，其價不昂，乃成普遍。高尚者，若水獺、貂

---

① 盒子舖，舊時北京出售生豬肉及以豬、雞、鴨爲原料所制各種熟食品的商店。此類商店一般冬賣火鍋，夏售盒子，故名。所謂盒子指將多種熏、醬肉食攢成一盤，盛於圓盒内出售。盒子中主要有醬肘子絲、小肚絲、熏雞絲、燒鴨絲、威肉絲及叉燒肉等，爲過去吃春餅所必需食品（參見傅立民、賀名侖主編《中國商業文化大辭典》，第173頁）。

皮、灰鼠皮、狼皮、狐皮等等。

（三）帽疙疸：帽疙疸爲紅色，係紅絲線所結而成。其組成式，與時下便帽之疙疸相同。惟體質特大，若酒杯然，地位嵌於帽頂之中心點。

（四）帽帶：帽帶綴於帽後，下垂於背，長約二三尺。下端作寶劍形，兩帶雙疊，合成一對，俗謂之"飄帶"。質亦爲大紅緞子，上繡以各色花樣，若"大花籃"，若"芝蘭花"，若"牡丹花"等等。

（五）帽口：帽口係腦門間之陪襯[1]式樣，體作長條形，質爲硬褙縫以青緞，上有金質（包金者爲最多）之小蝴蝶，或各樣珠花嵌綴於其上。戴帽時，先將此帽口兩端掛於耳際，然後戴帽，前部帽下只顯露帽口，而不見及髮鬐。

以上五部分，爲旗家婦女帽之組織。戴帽之際，須先挽旗人鬐，縫大燕尾，一如梳兩把兒頭然。戴帽之後，除耳墜之外，帽口之兩端，可插以鬢花。惟頭上金銀飾品，不得配戴。故旗家婦女戴帽，較諸梳兩把兒頭，所擔負之分量至輕矣！

旗家婦女以紅爲上選，年青者用之，少女紅裝，自成本色。而旗婦之年老者，出門戴之，殊覺不倫。故是時，旗家老婦所罩藍色緞子頂，繡以青色雲頭；飄帶亦不用紅緞，而改用藍[2]緞；帽頂上之大疙疸，依作紅色。然丈夫已死，或穿長輩孝服者，則亦改用藍[3]色疙疸矣。

此帽之製法繁複，工精質細，加之以皮面銀飾，故爲價頗昂。普通帽一頂，須銀四、五兩，稍上則須銀七、八兩。旗族貴胄婦女，求其繡工精細，質料真純，花色新鮮，則須銀十數兩。若再用上等皮沿，帽口嵌以真金蝴蝶及珠花等，則其爲價可達數十兩，亦漫無限制矣。故下級旗兵之家庭婦女，無此帽者甚夥。故此帽，若謂之"貴族女帽"，當不河漢斯言也。

中華民國十八年一月十六日第八版

【校記】

[1] 襯,底本誤作"櫬",油印本、删節本作"襯",據改。

[2] 藍,底本誤作"籃",油印本、删節本作"藍",據改。

[3] 藍,底本誤作"籃",油印本、删節本作"藍",據改。

旗 袍

　　旗家婦女出門時之服裝,以長爲美觀,普通皆穿"旗袍"。旗袍者,即長衣,與男子長衣樣式相同,惟兩端無開縫而已(開縫,俗謂之開氣兒)。旗袍之穿用,四時皆同,單夾棉皮,式樣一律。旗家婦女,蓋以旗袍爲最普通之常禮服。故於旗袍之上,嚴格講究其式樣,與適合之美觀。旗袍之質料,綢緞不一,是時尚不時興所謂"花絲葛"①等,類多"寧綢""摹本緞"②及"庫緞"之類,此爲高尚之質料。次若粗布,亦可製作旗袍,但限於家庭平時穿用。

　　旗袍之顏色,青年之旗家婦女,類多重視"水紅色"及"雪青色"二種,以其近於漂亮也。旗家新婦則多穿大紅洋皺③旗袍者,認爲"鮮花"之色,殆已成習。至旗家老婦之旗袍,則不出藍青色,蓋只求雅緻不求漂亮耳。

　　旗袍之領子,以窄小爲美,作方形,鑲以異色之邊沿,加以紐扣。至旗袍之袖口,亦以窄瘦爲上選。是時(清季),漢家婦女皆以肥衣、肥袖爲美,而旗家婦女則反是,以爲"瘦小的鞭式"也(按鞭式

---

① 花絲葛,應即"華絲葛",是20世紀20年代中國絲綢業應對舶來品競争而研發的創新型葛類絲織物。這種織物最早由湖州章永綢莊創織。華絲葛物美價廉暢銷全國(參見趙豐主編《中國絲綢史》,第639頁)。

② 摹本緞,簡稱"摹本",提花緞織物,即庫緞。因爲在織造前必須將花紋按原尺寸放樣,然後依樣摹織提花,故名"摹本緞"(參見周汛、高春明編著《中國衣冠服飾大辭典》,第504頁)。

③ 洋皺,從國外進口的起縐絲織品。質地精細,色澤淡雅柔和,多用作男女衣裙。晚清時期較爲看重(參見周汛、高春明編著《中國衣冠服飾大辭典》,第490頁)。

者即美觀之俗謂)。普通旗袍之袖口肥度,類以中尺七寸爲合宜。旗袍之腰部,尤以瘦小能協合腰際之平衡爲美,惟愈下而愈肥,至下襟之部分,尤須放肥,謂之"大底擺"。則此部分之寬肥,與腰部之瘦小,極能陪襯美觀。旗袍之長度,旗家婦女之善事講究者,皆以"垂脚面"爲合度。穿以厚底鞋,則走來若風擺荷葉,隱約間,直似底擺中藏有何種情緒者,一現其貴族精神而無遺矣。旗袍之圍邊,全部皆加以鑲製,即在邊際,另綴以邊沿,有鑲三道寬邊者,亦有在鑲邊中,特嵌"片金"邊者(即金絲邊),極華貴之能事。此處謂之"大鑲大沿"。綢緞質之旗袍,大鑲大沿者佔多數。大鑲大沿之部分,乃爲領邊、袖口邊、大襟邊、前後底襟邊全部。至顏色配置上,亦無非求其鮮明,如藍色旗袍,鑲之以青緞邊;雪青色旗袍,鑲之以藍[1]緞邊。至於"片金"邊之華美,工價甚昂,製一緞質旗袍,工料合之,概可須銀十數兩也。

旗袍穿來,實有豪爽氣魄。於美點上,自有其相當之價值。故近年來,婦女界之穿旗袍者,極一時之盛,復旗家之古風。至於風靡一時之女衣鑲寬邊,殆亦拾旗家之遺美耳。

中華民國十八年一月十七日第八版

【校記】

[1] 藍 ,底本誤作"籃",油印本、删節本作"藍",據改。

馬 褂 與 背 心

旗婦穿旗袍之外,上部尚有外套,以顯現其華貴,共有二種,即"馬褂"與"背心"是也。兹先述馬褂,旗家馬褂之質料,以紅青色之寧綢,藍色摹本緞爲最時興,間亦有用各色洋皺爲之者,然居少數。若藍色旗袍,配以紅青寧綢之馬褂;雪青色旗袍,配以藍緞之馬褂,皆極美觀。馬褂之裏子,面料高者,類皆用藍色小綢子裏兒。若布質之馬褂面料,則皆用粉紅色或豆青色之洋布裏子矣。後庫緞時興,旗家亦多有用作馬褂面料者。馬褂之式樣,概分爲二種:(一)對襟的馬褂:對襟的馬褂,與男子之馬褂式樣相同,惟袖部肥度較旗袍稍短。旗婦穿衣時,曾時興"層袖"者,即外衣之袖口順序,皆較内衣之袖口爲短。較諸時下,外衣袖口皆較内衣之袖口爲長、爲肥者,適得其反。(二)琵琶襟的馬褂:琵琶襟的馬褂,爲大大襟[1]的馬褂(即如小襖之襟式)。惟在大襟之下部,短少三寸,加以底扣,形若懷抱琵琶然,故名曰琵琶襟。旗家馬褂,無論對襟,或琵琶襟者,皆在前後左右之四部分開氣處,鑲以異色(以青緞最外)之大雲頭,周圍亦複鑲以寬邊,亦謂之"大鑲大沿"。馬褂之領子,亦作方形窄條,與旗袍之領子式樣相同(參看旗袍節中)。馬褂之"行線"法(行線,即平面將棉或裏子與面綴連),有特别行成"一炷香"者,其行法極精密,每行空格僅離一手指之地位,謂之"五分行",又謂之"鞭桿香行"①,以此工製爲最時興與好看也。

次談"背心":背心俗名"坎肩",即馬褂之無袖者。旗家青年婦女,類多穿背心,而不重馬褂,以背心形式之俏美也。背心之質料,與上述馬褂相同,式樣亦分對襟的及琵琶襟的兩種。其花樣工製,無不與馬褂相同,亦以大鑲大沿爲美觀。背心之身長,較馬褂稍短,裁法講究"抱身",能現出腰瘦膀圓之美。故背心之質料雖不多,工製亦如馬褂同樣昂貴也。後背心之四圍,時興鑲綴花條,式尤鮮艷絶俗焉。

中華民國十八年一月十八日第八版

【校記】

[1] 大大襟,"大"字疑爲衍文。底本、油印本、删節本同。

---

① 鞭桿香,以榆面爲料特製而成,粗細如拇指,又叫定香(參見孟昭連《中國鳴蟲與葫蘆》,第213頁)。

旗裝之佩飾

旗家婦女盛裝之美，已如前述。衣戴之外，尚有各樣佩飾，類多細巧玲瓏，足資烘托其貴式姿態者。佩飾共約有六種，茲分述之如下：

（一）手絹：手絹爲婦女出門，必携之物品。行路起風，用以避塵，每至發笑，用以掩口。旗家婦女之手絹，尤多講究，各色綢絹之上，皆鎖狗牙於邊際，複繡各色花紋，動物花草，罔不羅致其美，謂之“花絹”。惟旗婦之年老者之手絹，則不繡花，謂之“素絹”。

（二）煙袋荷苞：旗婦出門，有吸煙者，則爲方便計，皆携帶煙袋荷苞。荷苞之顏色，以青緞及藍緞爲最多，綴以“三藍”穗子（三藍色者，爲豆青色，雪青色及藍色）。至於煙袋桿，有二尺長者，有二尺五長者。煙袋嘴兒，以翡翠爲上選。

（三）掛鏡：掛鏡爲一小長方形之鏡子，背面紅緞[1]質，繡以各樣花朵。上下各有長穗，掛於大襟（馬褂或背心）之鈕扣上。旗家青年婦女，多喜帶之，隨時取鏡自照，俗曰：“照照嘴唇紅不紅，照照頭髮爛不爛，照照粉勻不勻，……”殊極有趣。

（四）對子荷苞：對子荷苞爲紅緞繡花之小圓荷苞，每副一[2]對，故曰對子荷苞。綴以花穗，其式甚美。旗家新婦、少女，多皆帶之，取之掛於大襟之下部鈕扣上。對子荷苞，原爲裝檳榔之用，故又謂之“檳榔荷苞”[3]。然至後，絕少以對子荷苞裝檳榔者。故在荷苞盛以小棉花團，只求配置上之美觀也。

（五）錶套：旗家婦女之出門，華貴者類皆帶錶，錶爲長臉式女錶（即錶盤無蓋者）。錶套爲圓形之小荷苞，挖成圓心，裝之可露錶面。錶套亦爲紅緞[4]繡花於背面，綴以長穗，掛之大襟。

（六）三飾兒：三飾兒爲旗家老婦所配帶者。上有銀鎖練，下端一花,綴以三飾。三飾者:一爲剔牙針,二爲耳挖杓,三爲小鑷子,皆爲銀質或包金者,爲求方便也。

旗族佩飾,至後漢家亦有堪羨而效颦之者,然不如旗家華貴本色之爲豐美也。是時,前門有荷苞巷,各商店專製造旗家佩飾。如掛鏡、錶套、荷苞之類,旗家婦女照顧之,大有應接不暇之勢焉。

中華民國十八年一月十九日第八版

【校記】

[1] 緞,底本誤作"鍛",油印本、删節本作"緞",據改。

[2] 一,底本脱此字,油印本、删節本作"一",據補。

[3] 檳榔荷包,底本、删節本作"榔檳荷包",油印本作"檳榔荷包",據改。

[4] 緞,底本誤作"鍛",油印本、删節本作"緞",據改。

大　坎　肩

旗家婦女於盛朝時代,皆穿長衫、長袍,已具前說。長衣除旗袍外,尚有"大坎肩",時興數十載。無論旗族貴胄,及於普遍旗家婦女,皆穿用之。此種大坎肩,俗稱爲"大褂欄兒"(按欄音懶)。蓋此種大坎肩,工質價資,較爲便宜也。大坎肩之質料,可分爲兩種:一爲毛藍布①,一爲月白布②。形爲大褂式,長可達於腿帶間,惟無兩袖。大坎肩皆爲布質,故旗家婦女於家庭平時穿用者爲最多。出門時,亦有隨便穿之者,然居少數,蓋旗族盛會,皆須盛裝爲美

---

① 毛藍布,應即毛青布。毛青布是一種富有毛感的深青色棉布。將上好的棉布放入靛青染缸裏染,染色後不加漿碾,俟乾,塗以加少量膠水的豆漿,再入染缸,稍染即出。織物表面略帶紅色,有吸光效果,色澤柔和(參見周汛、高春明編著《中國衣冠服飾大辭典》,第529頁)。

② 月白布,即月白色布。月白色以靛青水薄染而成,猶今之淺藍色(參見周汛、高春明編著《中國衣冠服飾大辭典》,第570頁)。

也。普通穿大坎肩者，内部多穿以較爲華麗之衣袍，俗謂"肉埋到飯碗裏"，喻繁華之不顯現也。

二年以前[1]，北平婦女穿用之，極盛一時。其與旗家之大坎肩有異者，即在質料上之侈華。長坎肩之質料非綢非葛，且在肩頭及領部與下部，綴以彩繡花邊。至於式樣，則皆與旗家大坎肩相同。年來，長坎肩[1]一物，已不爲時髦婦女所重視。厥後，新式旗袍乃出而代之。故大坎肩有與旗袍之美的復古精神，爲正相同耳。

中華民國十八年一月二十日第八版

【校記】

[1] 長坎肩，底本、油印本作"長嵌肩"，刪節本作"長坎肩"，據改。

旗女之妝束

旗家女子，其裝束與旗婦相同之點，已見上述各節，可參看之。然旗女之裝束，有較爲特異者，故余更作另節，以道其詳也。旗家女子之頭髮，亦皆梳辮子，髮辮之前部，左右兩開，多作分髮式，梳辮皆梳以"大鬆辮"。大鬆辮者，即挽髮之線繩（正名頭把兒），嵌於髮根部之較下之地位。頭把兒以大紅色者爲最多，俗謂曰："大紅的頭把兒"者是。頭把兒多爲線質，出門時間，有換爲絲質者。頭把兒嵌成，長可二寸許。頭把兒以下，即將髮分爲三縷（俗曰三綹兒），分縷挽搭成扣，謂之"辮花兒"。下部留數寸長之髮，不挽辮

---

① 此處未提及任何關於長坎肩的内容，卻在下文突然出現長坎肩，並與大坎肩對比，内容銜接略顯突兀。此處内容與芙萍 1927 年發表於《女朋友》雜誌上的《長嵌肩》一文開頭部分相似。《長嵌肩》一文寫道："長嵌肩是一種美的裝飾品。在兩年前盛極一時，到現在已然成了過去的趨勢。"［參見芙萍《長嵌肩》，載《女朋友（天津）》1927 年第 10 期第 2 頁］將該段内容與本文參照，可知本文"二年以前"四字之前，疑脱"長嵌肩是一種美的裝飾品"一句。

花,謂之"辮梢兒",而綴以大辮穗子。辮穗子之大紅色者居多,長多爲一[1]尺二寸,質爲絲線;間亦有雜以金色線者;亦有在辮穗上,挑以十字花紋者;亦有以綠色線在辮穗上編插者不等。髮之特長者,嘗謂之"一把好頭髮",加以辮穗,長每過腿,將身兒一轉,則辮穗亦隨之飄動。

旗女梳辮,稍形華貴者,即在辮上點綴以"辮花兒"。辮花兒亦爲金或銀質者,其配帶之地位,乃在大紅頭把兒之上。辮花兒之下部,有一扁式之彎針,能插於頭把兒之上,明面露花。辮花之式樣,爲一大蝴蝶,身上嵌以花紋,蝴蝶有一長鬚,旗女頭微動間,則蝴蝶鬚常作亂顫,一形若活蝴蝶。蝴蝶之上下,尚有配花二朵,合成一副"辮花兒"。此種配花,不在兩旁,而居上下者,因頭把兒式爲長形也。

中華民國十八年一月二十一日第八版

【校記】

[1] 一,底本此處空一字,油印本作",",删節本脱此字,據文意補。

旗家女子,類多豐衣足食,閒情逸致,閨中無事,故多養長指甲以自娛者。養指甲者,則須帶"指甲套"。指甲套,亦爲金質或銀質,每單個套於指甲之上,恰與手指之體質互相適合,此可保長指甲不受摧殘。指甲套之尖部,亦形同指甲,遠處觀之,如真的指甲然。指甲套上,亦嵌鑲以各樣細微精美之花草動物,若"小蝴蝶""蘭芝花"等等,名目繁多,不須贅叙。然工質精美,物色奇巧,皆相同也!指甲套之佩帶,類多於出門盛妝之時,若平日配帶之,則舉止上殊多不便耳。指甲套之體質,微現彎鈎式,因旗女之長指甲善於營養者,皆作彎鈎式也。養指甲之法,多於品茶之際,將指甲浸之茶中,使之不枯不滯,漸即作極自然彎鈎形狀。指甲套上面,有一種綴飾，每一指甲套上，嵌以寸餘長之精巧小鎖練。小鎖練之下端，墜以各樣之玩藝，若"小繡球兒"，若"石榴子兒"，若"蓮蓬子兒"等等。總之，皆爲奇巧之縮形可愛之物質。此種墜式玩藝之內部，皆有細小之球子，若小鈴鐺然，將手兒微動，則其墜飾即作響，其聲叮叮然。此種指甲上之墜飾，謂之"帶搭楞兒"。而旗家少女之戒指（亦爲六子）之上，亦有帶"搭楞兒"者，無非旗女愛美重繁之表徵。如是者，指頭之上，配帶繁多，常作"唏啦花啷"之響。如此裝飾，非令人爲完全廢物，不能辦也。

　　旗家女子出門，梳大鬆辮兒，除嚴冬之際，多戴坤秋式帽，已如前述之外，則頭上無物，皆以爲不美不雅。故旗家女有戴青緞小帽之特異俗例。查近年來，青緞小帽爲男子所戴之者，此謂之"便帽"。而舊時，旗女竟以青緞小帽爲美，表現上頗露男性化之精神。青緞小帽，當是時旗女所戴者，以尖頂者爲最多，上下作直，縫六行，形同西瓜皮（故青緞便帽，又稱爲西瓜帽）。帽之下部周圍，普通者皆沿以一寬一窄之金[1]色青緞邊。惟旗女所戴之便帽，則以"片金邊"爲最美。片金邊之式樣，亦如普通便帽之沿邊。惟其邊乃爲金絲質，間並提青色衣紋，若"卍字不到頭"也、若"大拉雲兒"也等等，色彩至爲鮮明。旗女便帽之頂，皆爲紅色大疙疸。有用紅綠線結成者，亦有以用大紅絨球以代疙疸者。旗女出門，若面不抹粉（不搽粉者，謂之青水臉兒），所謂"小小子樣兒的裝束"也。

　　旗家女子稍事年長，約在二十許時，則多改辮而梳頭。旗家梳頭，亦須費若干日之訓練。若先學怎樣挽旗人髻[2]，怎樣縫燕尾（按縫燕尾，亦多他人代縫者）。次學戴兩把兒頭，及插花與各樣首飾之配置。惟以平日伴家庭婦人之盛妝，手眼所觸，實習乃甚易易。

中華民國十八年一月二十二日第八版

【校記】

[1] 金，底本字殘，僅見"人"字頭；油印本空一字，刪節本用"□"表示，據文意補。

[2] 髻，底本、刪節本脱此字，油印本作"髻"，據補。

禮法之練習

旗族之禮節，較漢家甚爲繁多。家庭之間，子女稍及長成，主婦等即對於禮節上，加以相當之訓導，使兒女練習，以免在外"露怯"。當家庭無事之間，首講問答話，俾便在外面應酬之場，得以表示其爲旗人。問答之話，無非本旗之述説，而子女並宜學演。先問："您是那一旗的？"若答曰："我們是鑲白滿的。"（即鑲白旗滿洲[1]也。）又問："您是幾甲喇呢？"若答曰："我們是四甲喇，某某佐領下。"（甲喇，即所屬之第幾檔房也。）再問："您吃什麽錢糧呢？"若答曰："我吃甲"（即三兩之馬甲錢糧是）。如此種種，類皆旗人相見之門面語，不可少者。故於家庭方面，主婦對於子女，皆作實地練習排演，至純熟時而後止。惟旗家女子，則不練習"吃某種錢糧"之語。

問答話之外，則練習請安、磕頭之禮。請安，男子請單腿兒安，右腿作下跪式，右手下垂，而左腿前屈，腰作下彎之狀，轉瞬即起，此即爲請安式。至旗女，所請之雙腿安[2]，四平八穩之狀，已見前節"演禮"中，兹不多贅[3]。請安無論男女，例於春節見面之際，或受安人有喜慶之事，則請複式安（即請安兩次也）。請安之際，尚有口示，先一請安[4]即問好，再一請安則問年禧，答或道喜慶之喜。而受安者，亦必之以雙請安。此種請安法，及請安時之口示，旗家兒女亦常加練習，以備應用。禮法之高要者，爲磕頭禮。旗女之磕頭禮式，已詳"演禮"節中。旗兒之磕頭，亦爲普通之一跪三叩式。

而至拜祖、祭神,則多行三跪九叩之大禮,即普通磕頭達三次之聯
串也。

中華民國十八年一月二十三日第八版

【校記】

[1] 滿洲,底本、油印本、删節本脱"滿"字,據文意補。

[2] 安,底本、油印本、删節本皆脱"安"字,據文意補。

[3] 贅,底本誤作"賛",删節本誤作"替",油印本作"贅",據改。

[4] 請安,底本、油印本、删節本皆作"安請",據文意改。

選 宮 女

滿洲皇族居禁宮,男侍用内監(亦稱太監,俗謂老公),女侍使
用宮女。宮女之定制,每三年一度選擇。遠年,八旗女子之優秀端
莊者,皆有被選之資格。惟清季末葉,選宮女皆重於内務府之旗佐
領管理下之女子。内務府爲皇家唯一之司僕機關,舉凡皇族會筵、
舉禮、御服等等,皆爲内務府[1]所管理,各有專司,大臣掌其事。舉
宮女事,亦爲内務府之專責。選宮女之年度,由内務府造册具奏,
定期引見。入選者,即行留宮服侍;落者,則遣其父母領回擇配。

宮女之選擇,以年在十二歲以上者爲及格。入選者,自進宮
後,直至二十五歲爲滿,分別遣還。至擇配與否,聽其自由。據家
庭瑣語中傳,宮女被選入宮之際,類多嚎啕大哭,不忍舍棄其父母,
蓋禁宮禮節、規矩之嚴,無所不用其極。貴族女之自由(按此自由
非近年女子之所謂自由也)已成習慣,一旦進宮,步步須加尺寸,無
異十載監禁。但一經列選,亦不敢抗命,大多委曲承當。有自進宮
後,憂病交加者,族家乃譏其福薄矣。

宮女之裝束,類多梳大辮,服盛裝,長袍背心,點綴至爲豐美。

旗族婦女見之,莫不羨慕之。宮女之面首,類多大粉紅胭脂,綢緞裹到底,腦前作分髮之形,所謂北地胭脂,與江南兒女不同也。

中華民國十八年一月二十五日第八版

【校記】

[1] 府,底本、油印本、删節本脱“府”字,據文意補。

　　宮女之鞋,類多大紅緞子面質,繡之以滿幫花朵,式樣亦甚多。若“夫子履式”①,若“雙臉”式,若“南壺”式②等等,厚底軟幫,刺扎工質極精美。此鞋上脚後,穿用數次,即棄之。其實,所謂舊鞋者,直與新者無概[1]差別,然既穿用,遂曰爲陳舊不新。此鞋相傳成堆遺出於内務府,再由内務府散漫於接近之旗族家庭。旗家婦女無不愛而把玩,間亦有繼續穿用者,因旗家婦女雖出重資,亦未可得此工精質美之鞋,且此鞋出於禁宫,已帶皇味,穿之可資説鼓(説鼓者,即近年吹牛之意義)。今特述此者,以鞋之一端,可見宮女繁榮奢侈之一斑耳。

　　宮女至娘家省親時,坐“大鞍車”(大鞍車詳後節),盛裝而至,家人逢迎,鄰近旗家有識者,皆過從觀望,認爲“瞧稀罕”。至二十五歲以後出宫時,亦儼然以[2]貴族女自居,擇嫁條件,甚爲嚴格。普級旗家雖托人情説媒撮合,亦每不得結果。宮女平日居宫服侍,除宿膳裝外,另有餑餑費,且至節令,皇家大慶各期,均有賞銀,而宮女居宫中,又無消費。故除供給娘家用度外,善事積蓄者,至出宫時,每成鉅款。且宮女至二十五歲以後出宫,若宫中各位主見

---

① 夫子履式,即福字履。鞋幫前端,飾以鑲色的“福”字或“蝠”紋(參見黄鈞,徐希博主編《京劇文化詞典》,第81頁)。

② 南壺,即南胡。《旗人風俗概略》記載:“一種以細帶絲線拉鎖,爲蟬蝶諸形於鞋尖者,名南胡。胡,乃清語鎖鞋之義,有音無定字。”(參見鮑奉寬《旗人風俗概略》,載《滿族研究》1985年第2期)

愛,多預爲之提親。所遴選者,類多宗室近枝之流,宮女則唯命是從,皇家照例予以奩妝。或由內務府擇配時,亦照例給以奩妝銀,謂之"賠送"。蓋此即爲宮女十載服侍所得最後之報酬也。

中華民國十八年一月二十六日第八版

【校記】

[1] 概,底本、删節本誤作"慨",油印本作"概",據改。

[2] 以,底本、油印本、删節本誤作"亦",據文意改。

宮女居禁宮,既十餘載之久,舉凡皇室之氣派、禮節,無不知之詳盡。至出宮後居家,每以禁宮軼事,爲人講述,備爲酒後茶餘之大好消遣資料。余幼時居北城,偶聞某曾爲宮女者所述:一日,老佛爺(即言慈禧后)至某殿。彼(即該宮女)正前行探路,忽見夾道有某賣玉器者之小徒弟,未及走出。彼乃急向該徒弟曰:老佛爺過來矣。該徒弟驚惶失措,莫可如何。彼見已無可隱藏,乃速示該徒弟曰:速低首跪於牆根處,庶可免死。徒弟乃應言而跪,然面色如紙。霎時老佛爺駕至,顧該徒弟問太監曰:什麼人? 太監答曰:是奴才的蘇嚕①(即伺候太監者),於是始過,告無事焉。即此,可見內廷禮節之嚴謹矣。

花 盆 底 子

旗家婦人穿厚底鞋,已於"旗家打扮"節内,略言之矣。今所述者,乃專爲旗家打扮下之花盆底子。花盆底子,即旗家鞋之特種厚底者。此種花盆底子,以清季末葉爲盛極一時。而是時漢派婦人,

---

① 蘇嚕,滿語 sula 的音譯,漢譯爲閒散(參見故宮博物院藏《五體清文鑒:滿藏蒙回漢對照》,第 1184 頁)。文中指太監手下的隨人。

亦有穿特厚之花盆底子者。惟其花盆底子之形體，較旗家所穿者爲瘦小。以形論之，僅可稱之爲厚底，或係仿旗家之風，別出一格者，亦未可知也。旗家所穿之花盆底子，上部吻鞋底，下部踏地皮，兩端肥大，中間空瘦成凹形，遠處觀望旗家脚下，如踏一對大花盆然，形狀甚爲美觀。加以特長之旗袍，可掩及脚面，脚下僅現露此一對大花盆，輕輕移動。故漢人雖作長衣，裝踏厚底，亦少絶此種美之自然也。

花盆底子内部，爲木質所造而成者，故又稱之曰："木頭底兒"。搆成形如前述後，包以殼褙及白色布皮，上端嵌之以綠色沿條。下部著地之平面，加以殼褙，或布質之軟底，用鈎針縫連其上，謂之"底托兒"。底托兒之作用，在踏於地下可無響音，及便利徒步前進。花盆底子之厚度，約分數種，起碼有"寸半底"者，即一寸五厚；有"二寸底"者，即爲二寸厚；有二寸餘者，則爲特高之花盆底子矣。

中華民國十八年一月二十七日第八版

花盆底子之大小①，可隨意擇選，近人製成之後，陳之市上，任旗家婦女配選。花盆底子之大小，須視鞋之長度爲標準，故採購花盆底子者，多携鞋樣比較，以便尚底之後，無不適之虞。至花盆底子尚配鞋幫之樣式，亦極隨意。然是時以雙臉式之花盆底子鞋爲最多也。花盆底子之價值，每副約在銀二、三錢之間。是時之花兒市集②，東西兩廟會（即隆福寺、護國寺），及各鬧市，皆有陳列販賣花盆底子者。花盆底子之製造所，多爲匠人居家專爲製造，自成一行，以應酬旗家打扮之需求焉。

---

① "花盆底子之大小"一句之前，油印本，删節本均有"花盆底子"之節標題，但本次整理考慮内容連貫性，將此處之節標題略去。

② 花兒市集，位於今哈德門外花市大街，西口接哈德門大街，東口至南北小市口。花市每日都有，而花集逢"四"日子才有（參見陳鴻年《北平風物》，第163頁）。

旗家裝束，首論"四稱"（即平衡之義）。若穿花盆底子，而不梳兩把兒頭，則形同影戲人。因此，旗家女子之梳大辮者，絕少穿花盆底子。而穿花盆底子者，亦須有相當之作工，初穿用之，兩腳顛空，偶一不慎，即有跌倒之虞。故旗家女子於家庭之間，有練習穿花盆底子者，日久成熟，留備出閣爲婦，上頭之後，乃穿用之。

旗 兒 裝

旗家新婦，偶舉一男，闔家慶賀，以婦人生男孩爲"作臉"。娘家來往，頗顯光榮，蓋因旗家有子，既長則可挑缺。若旗族貴冑，或有世襲各缺者，則旗兒之驕貴之氣，更不言而喻矣。因此，故旗家男孩之縱愛，真有如掌上明珠者，俗有歌云："手裏托著怕摔了，口裏含著怕化了，頭上頂著怕掉了。"此表示旗家愛子之無所不至。考諸實際，亦真所謂"要星星不敢給月亮"者也。旗女之裝束已經言之。今特再述及旗兒之裝束，旗兒自襁褓時，其服飾即甚講究，長袍背心（或馬褂）之屬，花團錦簇，雖極細小，其工資亦與大衣相同。足下小靴，或緞或絨，工匠製此靴，概皆"讓大不讓小"，靴雖小，而價格與大靴[1]相同。旗家男裝，以靴、帽、袍、褂爲當先，故旗兒之裝，榜樣仿行，以逞其家庭華貴之姿態，然非家有豐富之糧餉者，不克爲此也。

中華民國十八年一月二十八日第八版

【校記】

[1] 與大靴，底本、油印本、刪節本皆作"大與靴"，據文意改。

旗家小兒之單個者（俗謂之哥兒一個），父母皆恐其壽命不長，迷信頗多。有爲男兒扎以耳朵眼，帶以鉗子圈者（左部之單耳），此謂之“養活得住”，謂之“跑不了”。直至此兒結婚時，始將此鉗子爲其泰水所摘掉。時旗家驕貴之子，十九帶此鉗子圈，亦聊示旗家愛子心切而已。

旗兒稍事年長，裝束爲之一變，而長袍、小馬褂等出門時，亦多有穿用者。平日居家，喜作短裝，袴襖皆致一色，貴冑家庭有爲之製黃緞衣服者。

旗兒幼時，蓄短髮，備養長辮，梳理頗勤，紮以各樣小辮，五花八門，式樣新鮮別致，不可勝記。其紮辮之繩，亦五光十色，紅綠相映。達十餘歲之後，辮子已然成樣，剃前部而留辮頂，順理而梳長辮，辮花之式樣，與旗女之式樣相同（參看旗女之裝束節中），惟無辮把①之花。下部亦綴之以辮穗子，但不加以彩色耳。髮頂之周圍，留有寸許長之短髮，謂之前後的“孩兒髮”。旗兒之出門外裝，此時已甚爲講求，頭帶皮帽或青緞小帽。青緞小帽式樣，亦與旗女所嗜戴者相同（再參看旗女之裝束節中）。惟帽頂之疙疸，絕少用紅色絨球，皆爲線質大疙疸，華貴者則在帽頂前部中端，嵌以珠石玉花之屬。腳下之靴，皆爲青緞質或絨質，薄底而綠色沿條。身上之衣爲長袍，背心以“琵琶襟”者爲時髦。腰間多繫以“搭補”，搭補爲綢質之長帶，繫於腰部。搭補之色，以青色爲夥。洋縐料者，尤爲時髦，故當時所謂“青洋縐的搭補”，盛極一時也。搭補繫於腰際，上爲馬褂或背心之襟所掩飾，僅露兩端，合之垂於後腰，偏左或偏右之下，長盈尺許。好旗兒袍，有緞袍特長，預防身量漸長者穿之，尤須繫以搭補，則可將長袍提高，鬆緊自如云。

中華民國十八年一月二十九日第八版

---

① 辮把，按文義可推斷，辮把應與頭把功能相似，應爲系辮子所用的繩。

大 鞍 車

大鞍車爲騾所套行,乃旗族盛朝下,家庭必備之便利代步工具。惟大鞍車帶有貴族色彩,旗族家庭非有位置者,每不得坐。蓋大鞍車皆爲自用(謂之拴車)者多,殊少以大鞍車營業者也。大鞍車之式樣,可以近年之轎車爲鑒賞之榜樣,高軸大輪,車輪之上,嵌以各樣銅質之大疙疸,車篷[1]之下部,三面包圍之以紅章印花之油色布,正稱謂之"大紅的托呢",爲點綴品之一。車篷之中部兩端,各有小紗窗一,窗作四方形。旗族婦女坐於車内,外觀則甚透明,自外部内視,則模糊不可見也。車篷之上,兩端出窄沿,支以小棚,烘托車篷,此爲大鞍車[2]近世轎車特異之一點。車篷之前部有車簾,旗族貴冑出門乘大鞍車,類多放此簾,此簾亦紗質。車之後部有車尾,亦間能坐人。車之轅及背部之套騾工具,式樣甚多,觀社會上之騾駝轎車[3],則可一目了然,無須贅述。然大鞍車之附帶工具之上,多嵌銅色綴飾,表其華美。大鞍車之騾子,皆肥頭大耳,精神壯健。坐車出門,蹄聲得得,而車輪震蕩,乃作"嘰登格登"之響。趕車者跨沿揚鞭,街市兒童頻呼坐跨車尾。當旗族興盛時,此種昇平現象,日不可勝數。

普級旗家,不得坐大鞍車者,皆思其次,出門乃用轎車。以轎車之形式,樸美而簡便,或大於大鞍車之脱化,亦未可知。大鞍車以其車高騾大,故又名之曰"大騾車"。舊京社會,每屆除夕之日,匠人以紙質仿糊大鞍車,頻呼肥騾熱車,此亦名大騾車。沿街叫賣,兒童購之,燃燭車上,拉之勢成走騾。普級旗家亦一賞大鞍車之美趣也。

中華民國十八年一月三十一日第八版

【校記】

[1] 車篷，底本、删節本誤作“車蓬”，油印本作“車篷”，據改，本節下同。

[2] 車，此字後，疑脱“與”字。底本、油印本、删節本同。

[3] 騾駝轎車，底本、油印本誤作“騾駝轎車”，删節本作“騾駝轎車”，據改。

第三章 禮俗之部

紅事會

紅事會爲婚禮上之一種公益會。旗族人興盛時代,富有團結性。因此會成立,遍地皆是。旗家子之結婚,用度至豐,非素有積蓄,至時不足以資應付。旗家奢侈,家庭章中①,備已道其詳細,白銀到手快意盡。普遍旗家,至難積蓄,蓋亦習慣所使然也。紅事會者,即爲預防不虞之計。旗家子每於未曾結婚之際,自出首面,參加此項紅事會。此錢專爲該旗子結婚時所用,其他用途,概不通融。紅事會之發起人及掌事人,多爲旗中名望較重者。會中人物,尤以本旗子弟爲夥。集腋成裘,屆時可成大事,殊極便利。後漢家子弟,亦有參入其事者。

紅事會之成立,每會稱爲一筒,每筒會有二三十人者,有多至五六十人者。上會人皆爲未結婚者。已結婚者,雖欲加入,亦被拒絕。每會每月上銀,有一兩者,有銅錢幾吊者,謂之"會資"(亦云會份)。定期二年或三年爲完會期。如以銀一兩爲會份計之,二年完會,三十人爲會員,每月共湊銀三十兩,二年合之,統合銀七百二十兩,每人應分會銀二十四兩,此銀二十四兩即爲全會銀之一份。惟上會者非至結婚時,不能使用會銀。如該會員起會二月後,即行結

① 家庭章中,指第二章家庭之部。

婚，雖全會未及上滿，亦得許其提出會銀一份。其後，仍須按月上銀一兩。其未及結婚者，亦一律按月上銀，至年限會滿時，大家公分，此謂之"搬喜贈"，全會告完。其銅錢之辦法，亦如之。

　　旗家子之上紅事會，每月上銀，類多出錢糧項下抵用，間亦有父母代上之者。至某會員結婚時，應提銀之外，全會人員均以私人交誼，前往致賀。故旗家婚禮中之有紅事會者，甚形熱鬧。紅事會之會銀，置之罐中，交可靠之商店，代爲保存。由會長管理其事，誠婚禮中最便利之儲蓄會也。

中華民國十八年二月一日第八版

白 帶 子 會

　　白帶子會爲喪禮下之一種組合，形同上節之紅事會。旗家領取錢糧，類多左手來而右手去，無多積蓄，已如前各章之所述矣。而旗家喪禮，講究極多，用資頗鉅，稍有差缺而支持得住者，排場所關，對於喪禮，絕不願潦草從事，而致示弱於人。因此，爲喪禮臨時之經濟便利計，取集腋成裘之方法（俗謂之零錢作總錢兒），乃又有"白帶子會"之組織。清末葉時，此風尤盛。至漢家子弟與旗族接觸，亦間有參加此項白帶子會者，後竟別樹一幟，自成此會，乃白帶子會遂成旗漢兩派矣。

　　白帶子會之發起人，謂之"會首"（又曰會頭），凡有數人，類多旗中聲望較重者。於是，旗家當事人，始有相當之信任，作一番團結。此會每筒之數目，少者約二、三十人，多至三十餘人爲止，上會者以本旗人爲居多數。每上會一份，謂之一支，會之全部，謂之一筒。上此項白帶子會[1]者，家中皆有年老之人，留備不虞。而旗家子弟之父母俱在，則有上此會雙支者，每期照納會資兩份。如此會單爲母親所上者，或爲父親及其他年長之輩所上者，於起會時，均須有嚴重之聲明及其登記。倘爲父親上白帶子會一支，一旦母親死去，則無論如何，亦不得稍事通融，動用會款。旗家每爲老人上白帶子會後，兒女之輩無不相慶，認爲大事一件，殊減少旗家子弟之擔負也。

中華民國十八年二月二日第八版

【校記】
[1] 白帶子會，底本誤作"白幫子會"，刪節本、油印本作"白帶子會"，據改。

　　白帶子會之會規，均與紅事會相同。如本會一筒，共計全會三十支，每支每月，應上銀一兩，共計三十個月爲滿，合每月共集存銀三十兩，三十個月統計，集銀九百兩。自起會後，無論何時，會員指定人（即預備年老人之將死者）病故，則由該會員（旗家長子或當家之男兒）赴會聲請，謂之"報事"。再由會首通知全部會員，實行提取該會銀一單份，即爲應得之三十兩。若起會後，只及一月，會員有"報事"者，亦照例認許提銀，不得有悞；或起會僅一個月，而會員同時有兩方面"報事"者，則計全會份只存銀三十兩，應提給兩會員六十兩，其缺欠之三十兩，須臨時由全部會員提前徵集，而免悞事，但此事亦屬於"十年九不遇"者也。會員無論已"報事"，或未"報事"者，每月均得照例存銀一兩，非該指定人病故"報事"，不得動用。此種會款之儲存，或交由會首人保管，或按月將此銀交某可靠之商店存放，至有"報事"者，自由提取。旗族家庭之錢糧分少者，以用度所迫，白帶子會以銀兩起碼，大有向隅者。故是時，又有銅錢制之白帶子會，有每支四吊者，有六吊至八吊者不等，而其集徵提取之制，皆與前述之銀兩相同。旗家子弟以遊手賦閒者，有當差應卯者，環境所迫，及精神上之自然團結，故結盟（即俗説拜把子，又謂拜把兄弟或磕頭）之風，盛極一時。此項白帶子會，以盟兄弟之聯合提倡之力爲最多,亦間有"聯盟"者(即甲與乙爲盟兄弟,而乙又與丙爲盟兄弟,則間接之甲與丙乃爲聯盟)。故白帶子會,頗表現一種合羣性,無論某會之父母病故,舉行"報事"後,即由會首通知全部會員,召集喪禮上之應酬,無論是否與該會員爲盟兄弟,及是否認識,均須按照會規,除應提該"報事"者會份外,每會員皆備白色長帶子一條(即孝帶子),並協議弔祭之禮,每人應出錢幾吊(與會中無干),弔祭之禮金,謂之"公益"。

中華民國十八年二月三日第八版

至"接三"(死人之三日祭禮),全部會員均得前往弔祭。各將長白帶子繫於腰際,配以白色紙花,用誌孝意。接三出發時(往送焚化紙車等,故又謂之送三),本白帶子會員,一律排行陪送,前面並有大號"氣死風"燈籠一對,提燈爲雇役,身著白服,燈作白色紙,並綴以藍色"白帶子會"之字樣,十分熱鬧。至"伴宿"(即出殯之前一日,又謂辦事之日子)時,全部會員亦均到場,本日送庫(焚化金橋、銀橋、樓庫),會員亦得排隊隨往,出殯時亦然。惟此兩日皆爲白天之禮節,白帶子會遂無"氣死風"燈也。

白帶子會以銅錢論,若得錢數百吊,喪禮之用度,雖不能充分够用,然以是時之百物價廉,亦可爲極大之補助。另有棺槨,則此會資足供消耗。若銀會之得數十兩者,則喪禮之全部消費,旗族之家,則使用豐盈矣。如該會已屆期滿,自然尚有若干會員,未行"報事"者,則將其已提去"報事"者會金外,所餘者全部提出,按照未"報事"者,大家分散,應得之數,亦爲會資之一份,與已"報事"者之應得相同,使會無非有早晚之別,此則亦謂之"搬喜贈"。旗家老人,對於白帶子會,皆抱有莫大之樂觀與希望,其精神無非顧全兒輩,至舉喪禮時,不致感受何等困難,及謀求形式上之熱鬧。故白帶子會每至提倡起會時,旗[1]家庭主張最力,無不樂與參加,且大多數皆爲家庭長者，至會期親出會資者，然皆以子弟由首爲會員。白帶子會之會期，以月之初旬者爲最多。蓋以月首，正爲領取錢糧之期，出少數會資，自較爲便利耳。

中華民國十八年二月四日第八版

【校記】

[1] 旗，此字後，疑脫"族"字。底本、油印本、删節本同。

祭　板　子

　　滿洲旗人對於祖先之供奉，甚爲重視。旗族原始之近於部落生活，已如前述。自天聰己巳年，文廟攻明以來①，旗兵頻年戰爭，卓[1]著功績。至江山底定，太平告成，故旗族（即一部落）對其祖先，具有相當之追念景仰，供奉之禮極形隆重。自皇家起，大内景運門東，設有"奉先殿"，分前後二殿，合計十有八間，内部周環，供奉列聖、列后之牌位。遇朔望之日，及其他各節令，則均至前殿，舉行祭饗之日，及出入祭告之禮，不須贅述。至於普通之旗族家庭，擇其本族之輩數最長者，使[2]供奉先祖之牌位。凡本族先代之著有戰功者，及聲望較重者，皆有供列。此種牌位，居於家堂中之西牆部位，設一長形板子，上附以牌位，註有某年某氏（即本族姓氏相同也），及名字之字樣。而牌位之式樣亦甚多，相傳先時有鐫木人

---

① 天聰己巳年（即天聰三年，1629 年）文廟攻明，此戰被稱爲"己巳之變"或"後金攻明京畿之戰"。據《滿文老檔》記載，天聰三年（1629 年），後金天聰汗皇太極多次與明議和未果，遂於十月二十六日聯合蒙古科爾沁部、扎賚特部、喀喇沁部等，繞道蒙古伐明，先後攻克大安口城、龍井關口城以及明重鎮遵化城。隨後於北京城下與明將滿桂、袁崇煥等交戰。十一月二十七日，以"入處堅險。若我軍士被傷，雖勝何益。此乃潰散之兵，對於我等又何足爲患"爲由，引兵還（中國第一歷史檔案館編《内閣藏本滿文老檔·太宗朝·漢文譯文》，第 501—516 頁）。此戰後，後金的心腹之患袁崇煥下獄，不久被淩遲處死，爲日後清軍入關奠定了基礎。

子，嵌於板上者，謂之"形如搗蒜之錘"。其不知正乃自罵，亦一禮
俗趣事。至於近代，有供以木匣式樣者，内書姓名，附於板上。有
僅以木牌書寫姓名附於板上者，最爲普通。先祖之牌位，以最尊者
居上，以下次第排列，秩序井然。明面[3]遮[4]之以黃色布簾，並加
青色飄帶。先祖牌位，統稱之曰"板子"。因此，凡供板子者，皆不
得在西牆間，貼以字樣年畫，及其他之點綴品。蓋取字畫不能與先
祖同列之信守也。因此，普通之旗族家庭，亦不得在西牆間貼畫。
時有笑語云："我是你們家西牆的那畫兒"，即言"我是你家祖宗"，
爲謾罵之語，亦大刻薄矣。

　　旗族年輩最長者之家庭，認爲"祖家"。本族旗衆，謂之"當家
子"，蓋"老姓"相同也（參看故事章中①）。本族對於祖家，平日皆
聽從其指導，及經濟上之互助。祖家正稱"長族"，供奉"板子"，於
年節燒香祭拜，供列點心果品。本族旗衆於例年新正，舉行"拜年"
禮。惟須先至長族家中，舉行"拜板子"禮，拜時行三跪九叩大禮
（即下三次跪，磕九個頭），用代表先祖綜合祭拜之至誠。拜板子已
畢，再與長族輩拜年，俱行一跪三叩禮。然後，始得赴旗衆家庭拜
年。以上所述，爲旗家男子拜板子。旗家婦女於新正，赴長族家，
亦須先拜板子，行三跪三叩禮。以次，再與長族舉行拜年禮，後始
得各旗家庭互拜新年（按旗家婦女拜年禮皆行於正月初六日以後
也）。每至新年，旗家長族，以族下旗家均來拜板子，預備周全，打
掃廳堂，地設蒲墊，專爲下跪之用，蒲墊上包以黃包，體作圓形。拜
板子時，長族輩亦垂手欠身，立於一旁，加以"保佑"等乞告之讚禮。
其次，旗家子弟得獲某項差缺，或提得某項錢糧，或世襲某項差缺
時，按舊例，亦均須赴長族家拜祭板子，一一如儀。拜板子又名祭
板子，板子又名曰"西牆兒"。自旗族大挫後，旗家長族能存供板子

① 故事章，即第一章故事之部。

之舊制者，亦屬鳳毛麟角矣。

中華民國十八年二月五日第八版

【校記】

[1] 卓，底本、油印本、删節本皆誤作"著"，據文意改。

[2] 使，底本此字字跡不清，删節本誤作"便"，油印本作"使"，據改。

[3] 面，底本此字字跡不清，删節本誤作"而"，油印本作"面"，據改。

[4] 遮，底本、油印本誤作"庶"，删節本作"遮"，據改。

供　佛

　　旗家歷來之迷信思想甚深，平日家庭有致"飽暖生閒事"者，滴一眼淚，謂之"缸中水必落三分"，可想迷信之多，難以收拾。而對於供佛一道，尤爲講求。貴胄旗家皆有佛堂，如佛堂北房，則佛爺居正，先祖居西牆，一切設備於佛前，極繁華之能事。普通旗家，則供"三龕"佛。三龕佛須供於堂屋（即三間房一明兩暗之明間室），此佛高上一層，懸長板於正面牆端，板上設佛龕凡三，接連排列。此種佛龕，亦大有講求，有用硬木，或其他貴式木質製成者，則鑴刻極工，代價殊昂。普通者，則用下等楊柴之木質製成。佛龕之內部，裱以白銀花紙，外面配掛以黃布遮簾，簾上綴以青色布之對式飄帶，及上部之走水①。上等佛龕，皆有木質紅地黑字之對聯及橫帔[1]，斗方②居上，標以祖[2]或佛之字樣。下等佛龕，則例於新年，貼以紅紙之對聯、橫帔等，謂之"佛前對"。三龕位居中者之龕，比較兩旁之佛龕，形式稍大，所供之佛亦不等，有供"關夫子"（財神

---

① 走水，方言。指帷帳簾幕上方裝飾的短橫幅。
② 斗方，書畫所用的一尺見方的紙。

爺），“南海觀音菩薩”，“王奶奶”者，亦有供五位娘娘者[1]（若眼光娘娘，送子娘娘，痘疹娘娘……等等，舉凡家庭瑣事若娘娘皆有專司者，可謂迷信大全也），分龕供列。財神類多供於中間之大佛龕。佛爺、娘娘等，皆爲神畫，匠人所繪，描以五彩，加以紙裱，懸掛龕中，乃爲家堂佛焉。

　　其次，有供“大佛”者，以旗族之普級家庭供者爲最多，此大佛並不高懸橫板，僅[3]在堂屋明面之案上，設特大之佛龕一座，佛龕之質料，亦高下不等。對聯之制，與三龕者相同，而黃布簾、青飄帶亦照樣設備。所供之佛，位數極夥，亦爲匠人所繪之佛像。此像分層，每層有佛五位，有五層者，有七層者，有九層者不等。若五層者，即爲佛爺二十五位，若七層者，則佛爺共爲三十五位，餘可類推之。至其佛龕小者，則佛像每層有三位者，而全部佛位亦縮減矣。大佛之種類、名目繁多，主要者爲“財神爺”（關夫子），“九位娘娘”[2]，“南海觀音菩薩”，“馬王爺”（傳爲三隻眼），“大肚子彌勒佛”，“山神土地”……等等。以其佛位較高者，居於各層之中心點，若財神爺之一層，中心點爲關公，兩旁配之以周倉、關平，再兩旁則爲馬童等，合爲五位。畫店中，有陳列此項佛像者，購置之者，謂之“請佛像”，或“請大佛”。大佛像以其位多，故又謂之“全佛”。

　　第三，除供三龕及大佛之外，則爲供散佛者。擇供全佛中之一位，若南海觀音菩薩等單位神像。此種佛像，或畫或塑，供於小龕。然旗族家庭，絕少單供財神爺。至於號稱“一家之主”之竈王爺者，旗家供之者，間亦有之，惟不多見耳。

中華民國十八年二月六日第八版

---

① 五位娘娘，即天仙、痘疹、眼光、送子、子孫五位娘娘。
② 九位娘娘，即天仙泰山娘娘、送生娘娘、培姑娘娘、催生娘娘、眼光娘娘、子孫娘娘、乳母娘娘、斑疹娘娘、引蒙娘娘。

【校記】

[1] 横帔,底本誤作"横皮",删節本誤作"黄皮",油印本作"横帔",據改。

[2] 祖,底本此字字跡不清,删節本以□表示,油印本作"祖",據補。

[3] 僅,底本、油印本、删節本誤作"謹",據文意改。

　　佛龕之前,設置香案,供三龕者,則可以高懸之長板,代香案作用。香案陳列"五供",及香爐、對蠟阡、香筒等物。五供多爲錫質,惟香爐則用磁器者多,外有銅磬,旁置磬錘(爲一木棒,裹之黄布)。平日早晚燒香二次,每次燒香,有三炷者,有六炷者,有九炷者。旗家燒香者,以婦女司其事,燃香後,向佛作拜禮,然後插香於爐中,取錘鳴磬三響,乃畢其事。每届舊曆新年,佛前點綴,作擴大之整理。如從新裱糊佛龕之裹面,换掛新黄簾,貼新對聯,擦五供,蠟阡上安新紅蠟燭,黄錢元寶滿案滿龕。至除夕時,五供等香案之陳列品,皆從新展寬其地位,留有餘地,備置供品。供品之講究者,凡有三列。第一列,離佛龕最近者爲蜜供,蜜供爲白麵、蛋、油、糖、蜜之質所製而成,以小細條爲單位,合組之,狀如小樓,體透中空,形式美觀,而食之得味,故爲佛堂之重要供品。舊京之各餑餑店皆有製售,爲點綴舊歲之物。蜜供之高位,至低有半尺餘者(爲竈王爺供),大則尺許至數尺,每供五位(每位又謂之一碗),稱爲一堂。供於佛前,其蜜不化,謂有神意。至上元撤供時,除自家吃用外,常以蜜供贈人,互相酬酢,至今此風尤盛。旗家供佛者,每龕前皆陳列蜜供一堂,托以高足之圓碟,越現蜜供之高。供三龕者,因長板不敷陳列三堂之地位,則有折衷改供九碗者(每龕三碗),亦極可觀。其第二列之供品,地位居於蜜供之前,其物爲"月餅"。月餅亦爲餑餑店中所製售者,例年共有二種,即紅月餅與白月餅二種(正稱紅白套餅)。紅月餅皮色較紅,質爲白糖、香油等,爲素品,故專爲上供之用。白月餅爲葷餡,購之者,乃爲食用也。紅月餅,每堂亦分五碗，每碗計擺月餅五個。最大者，居於最下部，以上皆漸小，至頂作畸形，上頂之月餅上，並加一桃托兒（紅沿、麵質，狀如小碟[1]），桃托兒之上，有一小麵桃，麵桃之尖有紅點，明面並有紅麵條之小壽字。

中華民國十八年二月七日第八版

【校記】

[1] 碟，底本、刪節本誤作"蝶"，油印本作"碟"，據改。

第三列之供品爲"麵鮮"，地位居於月餅之前，每堂五碗，每碗有麵鮮五個或七個者。麵鮮即爲麵質之果品，若石榴、桃兒，種種果品，式樣極多，紅綠相映，其製法與真正鮮果樣頗近似。以上所述三列之佛堂供品之高度，自麵鮮起至月餅，層層較高，最高者則爲蜜供。旗家置供，每年消耗極大。是時，曾有供會之發起，由餑餑店出具會票，計自正月起至十月止，十個月爲滿，每月每會上錢若干，合爲供品一堂（種類以會資爲目標）。至年終，持會票[1]取供品，亦殊便利多矣。第一層蜜供及第二層月餅之上頂，陳列佛案前，外插之供花兒，此爲紙質之小人，若福祿壽三星，劉海戲金蟬……五光十色，爲供前增美不少。

旗家供佛，例於除夕夜，作擴大陳列，燒全股高香，行一跪三叩禮。家庭男女一一拜叩，行禮亦有次序，最末者至旗家小兒，伏地點首，作叩頭狀時，至爲有趣，爲點綴年華至熱鬧之一幕，上供即由此時開始。新正之月，每日燒香，特加延長，此香燃燼，隨之插以新香，晝夜不停。直至正月十五日慶賞元宵二夜爲度。奉擺元宵後，即實行"撤供"，供品每爲家人分食，權作點心，或作送禮，前已言之。蓋此爲新年供佛之一大段落也。

新正旗家來拜年者，例先拜佛。置有蒲墊（參看祭板子節中）。

來客拜佛時，家人擊磬，並作讚詞，如云："保護著順順當當，多多發財……"，無非新年吉羊①之語。拜佛後，應受拜之長輩未在者，亦向佛拜之，謂之"朝上磕"。自舊京旗漢兩派綜合以來，旗族之禮節，多與漢家並駕齊驅，勢成混雜。即供佛事亦然，漢家供佛之制，驟觀之，顯與旗家無多差別，或亦趨勢所自然歟？

中華民國十八年二月八日第八版

【校記】

[1] 票，底本、油印本、刪節本皆脱此字，據文意補。

祭　天

祭天之禮，爲拜祭上天，始於皇室牲俎祭天之禮。旗族多迷信，此風清繁盛興一時。原因旗家人病勢垂危，則許宏願，發誓禱告，謂此病如能保好，則祭天以謝。此言既出，必加緊守。病人死去，固無待論。倘病人告痊，則必履行誓願，舉行祭天禮。祭天之前，備豬一頭，屠殺後，置肉香案，謂之"整豬"（先時祭天，亦間有加用整羊者）。香案設五供、香爐、蠟阡等物，陳"天地紙禡"於案上，許願人焚香祭拜，行叩頭禮，至焚禡而後，宣告禮成，許願還願，大事告完。祭天之日，皆擇黃道吉辰，搭以席棚，形同辦喜事。遠親近友，及鄰居等人，每遇祭天，輒相率觀禮。待禮成後，主祭人家（俗稱本家兒）倘有廚師，乃將豬肉撤供，下鍋煑成"白肉"。其味鮮肥可口，陳列席上，招待來賓坐席，無論是否相識，一律歡迎吃白肉，吃罷抹嘴而去。近親立[1]有携帶茶葉，或其他禮品餽送道賀，但不論是否餽物，坐席絶無軒輊於其間。故每有祭天者，四方婦孺，趨之若鶩，主祭人家以爲大

① 吉羊，同"吉祥"。

喜，親友慶賀，滿堂皆歡，此風至今日尚盛。漢派人家亦多效之者，殊爲禮俗中"有肉大家吃"，最有趣之一幕也。

祭天[2]既爲喜事，故有燃放鞭炮之舉。千萬頭之長鞭，置於香案之旁，舉行祭禮時燃之，乃作"霹靂拍拉"之響。旗族小家舉行祭天，恐賓搭棚辦事，肉食不足來享用，照例多備，則消費無限。故有取折衷之辦法者，祭天以前，買一較小之豬。至祭天之際，將此豬縛於案前，待諸禮成，鞭炮作響，則將此豬推放於門外，任其走脫，有捕而食其肉者，不之計也。

相傳旗族貴冑家之舉行祭天禮時，殺豬不使作吼，先爲豬撓癢，暗藏極利之掐尖刃，至豬之肋條。待豬臥倒，不覺間猛以刀刺之，入則豬立死。[①] 又謂祭天禮，尚有竹竿一根，綴之白綾，非家人不得瞻觀，主祭人行禮後，乃將該竹竿收藏。此風不知守何等迷信之規例云。

中華民國十八年二月九日第八版

【校記】

[1] 立，疑爲"例"字之訛。底本、油印本、删節本皆作"立"。

[2] 天，底本此字字跡不清，油印本、删節本作"天"，據補。

過　新　年

旗族之家，善事吃喝，講究排場禮節，均已詳及前章。而對於

---

① 此種殺豬形式，滿族家譜中有類似記載。《佛滿洲佟佳氏全譜》記載："用木刊子由前腿肘後上方及後邊，各距肘骨尖三寸肋間刺入約三寸許，右手握刊向下壓之，右手握□之，輦內向上拽，俟豬死妥，即刊子拔出，急以秫秸[心]撼塞栓入刊眼，以免出血。"《交羅哈拉佟趙全書》附有此種殺豬形式之圖，可供參考(參見何曉芳主編《清代滿族家譜選輯》，第315—334頁)。按家譜所記，可見此種殺豬形式並非旗家貴冑特有，應是滿洲的傳統禮俗儀式。

歲時節令，更爲重視。極繁華之能事，正好借題吃嘴，維持眼前快樂。每至新年，旗族錢糧雙加，又兼節賞在先，臘月餉銀提前發放（見錢糧節中），所得至豐。俗有云：“盆子、罐子都是錢”。故於過年之消費，毫無嗇咎[1]，罔不擴大鋪張，度此繁華年景，至今思之，尤發人念載迴想。而是時之漢派覩[2]此，亦無往不堪羨者也。每年自入十二月後，臘鼓才敲，旗族家庭對於年事，即有所預備。臘八（初八）之晨，除照例喝粥外，並舉行貯置“臘八醋”及“臘八蒜”。盛醋之器，以旗家人口而定，人口多，則有貯之大紅缸者，或瓶或罐，滿坑滿谷。醋內泡剝光之大蒜頭，嚴封其口，而收藏之。直至除夕，始開封吃用，則蒜頭可變青色而有甜味，醋則發辣味。相傳臘八日之醋蒜，可至多日不腐。亦無非聚百味以鬧年，舉行其“吃點喝點樂點兒”而已。至臘月二十三，旗家供有竈王爺者，例於是晚舉行“祭竈”禮。焚紙禑庭院，播火燒香，供以關東糖，及後則糖瓜、南糖，亦罔不羅備，至“涼水”，“馬草”，“馬料”（謂竈王爺有馬也），極一時之盛。此日一過，則年景大張。二十四日，多有舉行“掃房”者。曾有歌云：“二十三，糖瓜粘；二十四日，掃房日；二十五，蒸白薯；二十六，大燉肉；二十七，宰公鷄；二十八，把麵發；二十九，搬油簍；三十兒晚晌坐一宿；大年初一出來扭一扭。”此歌一以現是時旗族繁榮年景之一般，一以現[3]家人預備年事之紛忙順序；再則現二十四日，例爲“掃房”之期，蓋此日以竈王爺曾大駕昇天矣。間亦有擇定黃道良辰，先掃房之四角以應點，擇日再掃者不等。自掃房後，假事[4]漸形忙碌。佛前用品，先爲備齊，吃喝原料，陸續輸運，至用之器具，旗家資豐派大者，亦皆一律更新去舊，屋中陳列品，亦爲之修飾煥然，漸則桃符未張，先爲紙破，旗兒歡笑。

中華民國十八年二月十日第八版

【校記】

[1] 嗇咎，疑爲"嗇吝"之訛。底本、油印本、刪節本同。

[2] 覯，底本、油印本、刪節本皆誤作"都"，據文意改。

[3] 現，此字後疑脫"旗"字。底本、油印本、刪節本同。

[4] 假事，疑爲"家事"之訛。底本、油印本、刪節本同。

　　此際旗家先多預備年菜，以爲正月光景待客迎賓之用。年菜之種類極多，若概要言之，則可列爲以下多種：（一）燉肉：燉肉爲年菜中之最重要者，切豬肉成塊，調以葱、薑、蒜各作料，油鍋燉[1]之，外加粉條或白菜等以爲陪襯[2]。（二）燉肚絲：此爲合豬肝、肺等肉料，切而燉之，法如燉肉，其味甚鮮美。（三）燉海帶：將海帶泡軟，切成細絲，調肉絲而燉之，數日可以不腐。（四）炒麵筋：麵筋爲麵條所炸製，成細塊，爲舊京粉房之出品，調以肉丁而合炒之。（五）炒醬瓜：醬瓜即淹成之瓜皮，切碎後，亦加肉丁合炒之，其味鹽香，足以下酒，且耐收存。（六）打豆兒醬：豆兒醬爲普通食品，普級旗家類多製作，原料極爲龐雜，若青豆、黄豆、豆腐乾丁、水疙疸丁①等等，合以碎肉，油湯煑之。成熟後，放於器中，置之冷房，隔日即行凝結，若涼粉然，爲新年涼菜之一。（七）鷄魚凍兒：用鷄或魚切成肉塊，調以作料，煑熟後，置之冷房，以其油多而湯少，必至結成凍兒，如豆兒醬，亦爲新涼菜。以上七種皆爲旗家主中饌之，善於操作，而甚普通者。稍上者，則"團子"②"米粉肉"③，吃法稍事講究。至小菜，則"海蜇""龍鬚菜"④"芥末墩兒"⑤等等，無不

---

① 水疙疸丁，即醃制的芥菜。北京稱水疙疸（洪學仁《竹枝三百首》，第 179 頁）。

② 團子，應即菜團子。

③ 米粉肉，以帶皮豬肉和大米爲主要原料的老北京美食。

④ 龍鬚菜，生於東南海邊石上，叢生無枝，葉狀如柳根須，長者餘尺，白色，以醋浸食之，和肉蒸食亦佳。原北京東興樓、致美齋都有一道名菜"糟鴨泥燴龍鬚"（參見梁實秋《雅舍談吃》，第 125—126 頁）。

⑤ 芥末墩兒，以白菜和芥末爲主要原料的老北京傳統風味小菜。

羅臨。若夫貴胄旗族，則年菜已上食譜，其精細無類贅説。普通旗家將年菜備齊後，置藏廚中，除長輩下酒先嘗外，年前不許亂用，静待新正之大嚼矣。

忙完年菜以後，每至二十七、八，則街頭小販頻呼供花、年畫。旗家兒女，每欲主婦呼進，而作一度之展覽。年畫是時共有二種，即大張、小張之分。畫之式樣，除家庭笑話、神話故事之外，多重戲謔；而旗家貼年畫，多不以戲謔，而擇家庭吉祥話者爲上選。若"闔家歡樂過新年"，"肥豬拱門"，"送來大元寶"等等。擇選定者留之，惟不得貼於西牆上，以西牆爲供祖地位也（參看供板子節中①）。至於供花，爲花紅柳綠之小人，亦多吉祥話之流，若"福禄壽三星"，"劉海戲金蟬"（蟬俗亦作錢）等等，身後有細針，插於供品之上，以資點綴（見供佛節中）。尚有"窗户花兒"一種，柳綠花紅，作各式小人、小馬之狀，貼於窗紙之裏面。晝間觀之，以花身配之白窗紙，十分好看，而於夜間，燈光照耀，窗間則現麗影，如影戲然，亦新年一細巧之點綴品也。

中華民國十八年二月十一日第八版

【校記】

[1] 燉，底本字跡不清，油印本作"炸"，删節本作"煑"，據文意改。

[2] 襯，底本誤作"襖"，油印本、删節本作"襯"，據改。

除夕日晚間，旗族聚闔家大小，關門自過太平年，吉祥話不斷道述，若"團團圓圓，一年一季。"是晚，多吃米飯，酒菜羅備，盛極一時，此則謂之"一年到頭有飯吃"。並另賣"年飯"一小鍋，盛之碗中，滿滿蕩蕩，飯面擺以大柿餅一塊，柿餅之周圍，塞之以各樣果

---

① 參看供板子節中，"供板子節"即"祭板子節"。

品，即"生栗子"，"紅棗兒"，"圓圓荔枝"（亦作枚圓麻圓）等等。柿餅中心之孔，插以松枝一棵，上並綴以紅線，拴銅錢五枚，謂之"五子登科"。此松枝則謂之"搖錢樹"，供之佛龕之一旁，乃成年飯。

年飯之外，又有"年糕"。每屆新年，年糕即上市，街頭陳列，五光十色，而小販亦有下街叫賣者，惟不多。年糕之每份疊[1]作兩塊，黃白各一，謂之"金銀"。糕上調有棗栗之屬，兩塊上下合之，置一碟[2]上，糕頂並插之一元寶花，上有小人作舞錢之狀。供之佛前，與年飯互相媲美。此取吉祥話爲"年年兒高"（高糕諧音）。

除夕夜，小兒爲持財神褙沿街大呼"送財神爺來了"，希得銅錢。旗家多欲取此吉利，財神褙不先購置，專待此輩小兒來送時，不勝歡迎。接進財神褙一張，給以銅元數百。待至夜深光景，舉行"接神"禮。旗家多主婦行之，焚紙燒香，自外跪叩而入，即爲迎神，磕頭打磬。是時，佛前供物及點綴品皆已齊備。上香後，自主婦以下，皆向佛前行一跪三叩禮。禮成香盡，是時也爐暖梅香。零食之品，雜拌（百果俱備，乾果店出售）而外，首重"糖墩"（即冰糖葫蘆）。加以臘墜紅斑，燈成走馬（走馬燈爲兒童玩物品）。大騾車、小火球，亦皆燃臘爲燈。旗女紅妝，兒輩新妝。旗家長輩坐上，兒女行磕頭禮，謂之"辭歲"。於是，賞以壓歲錢，兒女則恒敲囊作響。旗女之粉影釵光，通宵待旦，合笑互拜新年。此中況味，至今思之，無限低徊焉！

除夕之夜，旗家婦女皆頭插紙紮紅花，花瓣甚小，上嵌以小黃元寶、小人、綠葉等樣，謂之"石榴花"。除夕以前，小販沿街叫賣，每枝爲值甚微。普通旗家則三朵、五朵，有頭皆插，尤以旗婦之年老者，最爲重視。而旗家少女間或以其不美，而於白天不有插戴者，但至夜間，則須同樣插戴。謂於除夕夜，諸神下界，間有鬼影幢幢，故插石榴花用以"避邪"。以紅之爲色也至俗，獨於除夕夜景，有花俱紅，入眼皆緋，用綴年意。此種石榴花，自除夕夜插戴後，晝夜不摘，凡五日止。至"破五"（即正月初五日）之日，始將石榴花摘

下,棄於街頭,謂之"扔災"。小兒無知,是日多有拾此花携回家中
者,家人謂爲"災",嚴拒之而不納。

中華民國十八年二月十二日第八版

【校記】

[1] 疊,底本、删節本誤作"督",油印本作"疊",據改。
[2] 碟,底本誤作"蝶",油印本、删節本作"碟",據改。

自除夕之夜接神以後,旗家[1]之忌諱甚多。屋中之土,雖頻加
掃除,務使堆集一處,不得外撮,謂土爲財。至於各種穢水,亦同樣
不得潑出。庭中置一大盆,一切應潑之水,完全倒於盆内,此水亦
謂爲財,不能任意外倒,若倒之,即謂之"往外倒財",撮土則謂之
"往外撮財",大不吉祥。直至天明元旦,緊守一日,再至次日,新正
初二晨間,倒水的(即沿户送水者之水販)臨門後,謂之"進財"。始
得將所積存之水土,撮倒於外,爲旗族過新[2]中神話之一(後漢派
家亦多行之者)。

除夕之後半夜,家家户户皆忙煞於素餡餃子。旗族家庭以歲
首"吃素"爲宜,元旦吃素,謂之可當終年吃素。自除夕夜半與元旦
之交,一秒鐘間,即不準家人動食葷味。元旦吃素,類爲"素餡餃
子",其餡雖無肉星,而菜料殊多花樣,治餡之手續甚繁。故素餡須
先預備,以期元旦之晨,闔家團圓,老少團坐,舉箸吃素,各俱素心。
是日之餃子有元寶之號,意謂嚼金咽銀。素餡餃[3]子之吃用,以元
旦日上下兩頓爲足,縱不欲多食,亦僅取饅頭小菜,直待初二[4]始
得開葷。素餡餃子之素餡,式樣極多,概略之,則有"白菜","葫蘿
蔔","香菜","鮮薑丁","麻花"(但用香油炸成的),"凍豆腐丁",
"芝麻粒","黄花","木耳","炸豆腐",以上爲素餡之原料。或切成
丁塊,或切成碎末,以白菜爲主要原料,盛於盆中,白菜居下,其他

樣原料，按格散列，紅綠相映。拌素餡時，調劑以香油。餃子皮亦為白麵質，素餡且拌且包。是時，也因時間緊迫，旗家婦女類多七手八腳，"大家飯大家亂"之語，或由於此，未可知也。素餡餃子，旗家人口不多，講求其式樣，多有在外皮之周圍，掐以種種花邊者。元旦日之食品，講究不動刀切，不許烤物，不許攢火之例。故於除夕夜，除素餡餃子之外，及其他食品，亦多所預備，以便屆期省事，與忌諱無少衝突。是夜，旗族家庭中，燈火輝煌，迎寅待旦，刀杓亂響，叮叮剁餡之聲，不可少停。初二日開葷，亦多有吃豬羊肉餡之餡子者，此餡亦須於除夕夜趕製齊全。忌刀諱烤之例，至初二日，宣告停止。元旦日，舍素餡餃子外，零食之品若"年糕"，"饅首"等，嫌其生硬冰涼，置諸平日，每多烤熱，以慰口腹，獨於是日則須香油炸焦，以守素規，調以白糖，為元旦素食中，旗家所愛吃者也。

中華民國十八年二月十三日第八版

【校記】

[1] 旗家，底本、油印本誤作"旐家"，刪節本作"旗家"，據改。

[2] 新，此字後，疑脫"年"字。底本、油印本、刪節本同。

[3] 餃，底本脫此字，油印本、刪節本作"餃"，據補。

[4] 二，底本、油印本、刪節本皆誤作"三"，據下文改。

　　元旦日之晨，旗族家家皆舉行拜年禮。近枝親屬，亦間有於是日拜年者，往來交謁。惟旗家之講究者，皆以元旦日閉門守歲為宜。至初二日，則拜年者頻來，至家，先拜佛，次擇年長者先拜，以下類推，行一跪三叩禮（供佛節中已略言其狀，可參看之）。受拜者類多謙讓，不肯受禮，年歲或輩數相等者，則一笑而罷，謂之"高見"。他若"不敢當"種種謙遜之語，不須贅述矣。免拜年磕頭禮時，則互相請安，權代磕頭矣！拜年時，受拜者必欠身恭受，口頭加以讚語，無非"一順百順"，"順順當當"，"陞官發財"之各樣吉祥預祝而已。拜年者之來也，類多留飯，享以年菜，以其待客頗省事也。拜年者，若攜帶兒童，則例給以銅錢。而拜年者，亦多給受拜者家庭兒女以銅錢，彼此往還，不可收拾。

旗家婦女拜年，例須過"破五"（即初五日）。蓋因旗家自除夕夜接神，即舉行"忌門"，凡婦女之輩，皆不得來往交謁，至若小女偶入庭中，亦以爲大不吉羊，謂爲婦女有衝散喜慶之嫌。而旗家子弟供差者最多，若旗家主人在旗中有職任者，忌門尤爲嚴格。此例至初六日宣告停止。此等特別門羅主義，一年一度，至今旗族家庭不敗者，尤盛行"忌門"焉。自初六日，婦女放棄閉門自守，行動恢復自由。至各旗家舉行拜年，亦必留飯，共飲春酒，杯箸交錯，或作葉子戲以賭錢，或煑香茗而共話，於貴氣盛裝之下，無限歡娛。

元旦之日，旗家忌諱，尤有足述者。首不許兒輩哭泣，縱哄慰以金錢，亦不許稍流眼淚，務使兒女舞笑，滿庭皆歡。此可期望新年之順利，預兆老爺越級陞官。其次，忌元旦打破器具，亦認爲大不吉祥。故旗家主中餽者，務須謹慎將事，兒輩添亂幫忙，家人多小心加以保守。一日之際，碗具無傷，爲新年中之大慶幸。至若"吉祥話兒"，亦頗多演説者，有語皆吉慶，無言不講歡。許説"整"而不許説"破"，縱物破殘，亦云完整，方爲不負吉祥；可言"多"而不可言"少"，縱物少亦必言多，乃是新年大慶耳。

中華民國十八年二月十四日第八版

至初二日之晨，旗家皆舉行"祭財神"之禮。除夕之夜，小兒有沿户送財神之風，旗家樂於接受，享以銅錢爲報酬（亦間有購財神禡於紙店者，謂之請財神）。於是日（初二），即將此種財神禡請出（財神禡亦有三位者），置於"神夾子"之間（神夾子爲木質之窄板，雙層式。中可夾神禡，下部爲木墩式，立之不倒），立神夾子於供桌之間，或就勢置於佛案之前，陳之以各樣供品，若"豬肉"，"羊肉"（皆作四方塊），"雞肉"，"活鯉魚"等等。尤以活鯉魚一色爲最講究，除夕之前，沿街有小販叫賣，購之置於水碗或水盆。至祭財神時，供於案前。除供品之外，又有酒杯，或三或五，杯中盛滿酒漿，用火質將杯中酒燃著，杯中放出烈綠之焰，高可半尺，加以元寶、錢糧之飾（皆紙質也），成對紅臘，同時點著。此時，可謂酒綠燈紅，繁美至極。中設香爐，燃以成股高香，上祭者必須旗家主人，或長子代表，餘可類推，總以男子上祭爲宜。上祭時，地設蒲墊，上祭者行三跪九叩禮，次則家人按序附帶，俱行三跪九叩禮。禮成香盡，庭院設松枝架子，上祭人舉香並財神，並元寶、錢糧，一併置於松架上焚化。於是，祭財神始告完禮。是時，家人七手八腳，收拾供品，香爐、蠟阡之屬，恢復佛前原位。吃素已過，例於初二日開葷，財神祭罷，家人忙飯，肉菜雜陳，以盡饕餮之慾。又初二日，祭財神之先，多等候"倒水的"的[1]進門，實行倒水後，謂之"進財"。於是始舉行祭財神，用討吉利耳。（祭財神之事，供佛節中，已略言之，然祭財神與過新年，顯有密切關係，因並詳錄於此。）

破五（即初五）之日，旗家多有吃餃子者，然此等餃子，爲葷餡餃子，大油大肉。包餡時，並有吉祥話，謂之"有什麼不是，都包上了"，亦謂之"有什麼不好兒，都包上了"。至初六日，除婦女照例赴各旗家拜年已如前述外，並有接姑奶奶之風。姑奶奶者，即出嫁之女。但初六日接姑奶奶，多限於已娶若干年之老姑奶奶，在家庭中，得有相當之自由。例於新正初六日至娘家省親，骨肉團圓，並留住若干日。故新正光景，旗家閨房類多滿佈歡親，言笑竟日，亦爲樂事。至於出嫁日期不多之新姑奶奶，因家庭新正事務無不紛忙，而往酬酢，新婦責尤繁重。故至初六日不便回娘家省親，則延至正月以後之"龍抬頭"（即二月初二），始接回新姑奶奶留住若干日。

中華民國十八年二月十五日第八版

【校記】

[1] 的,疑爲衍文。底本、油印本、删節本同。

　　查北平舊俗,例於正月初八,並有"祭星"之舉,爲迷信之一種。統而觀之,滿漢於此風並重。不知是否始於旗族,然就經歷所得,旗族亦多盛行之者。因述其概要如下:祭星之先,作綿紙燈花若干個(或謂以主祭者之年歲若干,即作燈花若干個),調以香油,置茶盤中,庭院設香案,置茶盤於中央,俟天上星斗齊全時,即開始祭星。將茶盤中之燈花,一律燃著,主祭人並焚香,行禮跪乞,望星禱告,無非謀己身發福生財而已。香爐燈花滅,乃告禮成,相傳主祭者多環境日非,認爲己身星宿不佳,祭之可轉成順利云。

　　旗族當家人之有職差,掌守印信者(如各旗佐領之類)。例於臘月十九日,舉行封印,印皮多作黃布包裹式,於外面加貼十字封條,以紅紙書"封印大吉"之字樣。自封印後,不得動用,期限舊例爲一個月,至正月十九日起封,開始起用云。

　　正月十五日上元佳節,當旗族興盛時,舊京一歲一度太平年,上元之點綴,尤多繁榮,大街設有燈棚,異樣光彩,爭奇鬥艷,極火燭銀花之能事。市巷互放鞭炮,商店亦齊張燈彩。上元食物惟重元宵,爲團圓佳品。旗族家庭,滿庭俱歡,煮元宵於鍋中,三碗五器,供於佛案之前,主婦上香,香爐撤元宵,並同時撤去年供(即蜜供、月餅、麵鮮之屬)。於是,闔家俱吃元宵,以賞上元。元宵不賣,亦間有用香油炸食之者,別具風味。其他供品,除自食外,亦多以供品送禮者,彼來我往,爲新年殘景矣。自元宵節而後,所謂"年也過了,節也過了。"於是,過新年之一場喜劇,始告落幕。自旗族凋敗以來,年景雖張如舊,然缺旗家盛氣,年華大煞,則每況愈下,頓使旗族後生,迴想舊時年景,於低徊之下,固無限傷懷者也。

中華民國十八年二月十六日第八版

婚　　禮

　　舊京旗家拘於種族，故[1]其婚嫁之禮隆重，顯然有異於漢家者。旗族長官遇有婚嫁，向有得領"紅事銀子"之制，而宗室尤然。相傳乾隆中，宗室遇有婚嫁者，予賜銀一百二十兩，命爲奩妝之資。① 由此可見，旗族對於婚禮一向之鋪張，一切舉動無不從豐，殆亦貴族之本色也。今所述者，爲旗族普通家庭之婚禮。旗家男子成婚時，類皆及冠以後，旗女受聘，則須及笄。及久無人提議婚姻者，多以迷信謂之"婚姻未動"。舊京齊化門（朝陽）外，有東嶽廟，中有神曰"月下老"，相傳旗家子日久不動婚姻者，遂赴東嶽廟月下老前，舉行"掛線"，以求其婚姻早動。然實行此種把戲者，屬於鳳毛鱗角，乃積爲笑話焉。旗家子之成婚之原始，約分兩種：第一種爲以本旗某氏女甚賢淑，自託"冰人"（即大媒）向女家"求親"者；第二種爲大媒自動以某氏子、以某氏女爲婚姻合格，特出頭爲兩造②撮合者。大媒之角色，多爲婦女之輩，而男子亦有見。某家子，女愛惜之，因爲提親者，然居少數也。按迷信論，謂之説成三家美滿婚姻者，大媒死後，可以無罪云。

中華民國十八年二月十九日第八版

【校記】

[1] 故，底本誤作"放"，油印本、删節本作"故"，據改。

---

① 關於乾隆中賞賜宗室婚嫁銀兩之事。據《嘯亭雜録》記載，乾隆中期，"遇有婚嫁者，特賜銀一百二十兩，死喪者特賜銀二百兩"（參見昭槤著，何英芳點校《嘯亭雜録》，第206頁）。

② 造，指用天干地支表示人出生的年、月、日、時合起來的八個字。文中引申爲男女雙方的某一方。

大媒之提親，類多出自裏懷，無往不代爲壹心竭力。有提議中途失敗者，謂之"不是婚姻"；有提議無數，而結果美滿者，謂之"是婚姻棒打不回"。議婚之宗旨，惟一以"門當戶對"爲主。男女兩家皆認爲適可時，各約近枝親屬等協議，各述對方身世、門風，及現時家庭狀況等。如近枝人以種種理由，或其特別關係，多數反對者，每作罷論。如大家商議停當，咸以讚同時，男家即向女家表示其"願意"。於是，女家向大媒索男家之"過門帖"（俗謂之地名條）。過門帖用紅色箋，上書明男家爲某旗幾甲喇某某佐領下人，及男家差使之大略，現在之詳細住址等，交於大媒，轉給女家。女家人持此帖，須加以相當之證明，俗謂之"打聽"。

中華民國十八年二月二十日第八版

旗族身世、差使之證明方法，甚爲簡易。蓋以種族之團結性所關，對於男家素具耳聞者，有之。縱不然，一赴該旗甲喇上探聽，亦必得較詳之消息。女家之打聽，惟恐大媒之吹虛，受其欺騙，傳爲習例，至今此風尤存焉。打聽以後，女家審查與過門帖及媒人之口述完全相符時，即行酌定。但男家在放給"過門帖"以前，有未知女子容顏，取審慎態度者，則須先行"相看"，使[1]能放給"過門帖"。相看之法，不許成婚之男女互相照面（此謂之對相對看）。只得由男家父母，或大姑子、小姑子之輩相看。或預定日期，由女家引女子出某遊藝場，相看者同大媒如期赴約。至時，由大媒向相看者指定，該女子爲被相看者。或乘女子在門外站街（亦謂之賣單兒）時，約時由大媒引導相看者前往。或由大媒引導相看者，直至女家，裝作串門，借題以相看者，此種相看之法，最爲妥當。蓋女兒規矩、禮行、舉止，皆和盤托出也。此種相看之法，總而言之，謂之"暗相"，亦謂之"偷相"。但事前須徵得女家同意，始得相看。而旗家女兒，善嬌多慧，被相看時，亦多掩耳盜鈴，裝爲不知。若夫本旗人作親,悉爲某佐領下某氏之女,或已見過者,則概免相看矣。相看以後,歸男家自述女兒形狀、舉止,認爲合格後,即行宣佈成立。而旗男婚事,概由父母自主,個人毫無意見參加之餘地耳。自放紛"過門帖"後,男家即爲向女家表示完全讚同。於是,女家報"過門帖"調查,業如上述後,即舉行"過小帖"(俗謂之撒小帖)。小帖亦爲紅箋,上書某氏之女,年歲,生日及生時,即俗謂之"生辰八字"者。男家由大媒手中接受小帖後,置於家堂佛龕之上,三日而止,謂之"壓三天"。在此三日之中,男家庭中如不抬槓,不拌嘴,無意外之事件發生,闔家歡喜,平安無事。男家即認爲大喜慶,對於婚姻乃正式宣告成立。三日之後,大媒須來男家,探聽壓小帖之狀況,並承男家款待留餐,各相欣喜,乃定日舉行"合婚"。自此,婚禮即作開始,爲讀者得一婚禮之統系起見,因特分節述之如左。

中華民國十八年二月二十一日第八版

【校記】

[1] 使,疑爲"始"字之訛。底本、油印本、删節本同。

　　(一)合婚:合婚之日,須擇吉辰。持女子小帖,並男兒之生辰八字,赴命館合婚。命館中之合婚者,皆爲星相者流,男家須將男兒八字並女子帖完全交納,並加以相當之囑託,數日後往取。除於紅箋上,加以相當之批示外,當面並有所講述,及各種關於男女命造上之問答。合婚之目的,在兩命相抵,對於任何方面毫無妨礙。第一,須年歲適合,旗族成婚,男兒年歲泰半較女子年歲爲長,如長二歲爲無妨,長四歲無妨,長八歲無妨,若長六歲則犯"六冲",大不相宜,此亦俗例也。第二,須兩命不[1]相尅,若水命尅火命之例,兩命如相衝突,謂之"犯尅",成婚後恐將不吉利也。第三,女命是否有福,蓋男家皆希望子輩成婚後得以發家,俗嘗謂"一人有福,托在滿屋"。如合出女子爲富貴之命,則驚喜交集,謂之"娶來活財神",亦頗可笑。倘證明女命不強,俗云"窮命鬼"者,男家多拒之而不納。第四,須合男女之屬相是否相犯。如男兒屬馬的,女子屬羊的,以此結婚,按例謂之"羊馬比君子",大好姻緣也。若夫男兒爲屬羊的,女的爲屬鼠的,則成"羊鼠一旦休",不宜結合。以次若"豬猴不到頭",若"蛇虎如刀錯"等等,兩命皆不宜配偶。此種屬相之定例,無待合婚者之講述,沿傳所積。旗家婦女善講迷信者,亦多通曉其大概也。第五,須合出男女成婚後,是否有妨人口,惟恐男女成婚,其他家人受其何種影響。若妨翁妨姑,則男家主持婚姻者,自不滿意;如妨泰山泰水,則女家必多不認許。此種妨害,但有日期所限,如妨姑二年,如命象大犯妨礙屬於積極,則謂之"緊妨",如云"緊妨姑二年"者是。以上關於合婚的。[2]

　　　　中華民國十八年二月二十三日第八版

【校記】

[1] 不,底本誤作"下",油印本、删節本作"不",據改。

[2] "以上關於合婚的"一句與2月25日發表内容開頭"五種條件"爲一句話,即"以上關於合婚的五種條件"。應是受排版篇幅所限,一句話被拆成兩句。

　　五種條件,須條條不大衝突,始可正式議婚。但男女兩造,因環境及種種關係之不同,亦有從容一部分者。如妨礙翁一年,則翁以犧牲的精神甘受其妨礙者,亦可議婚。條條不犯不妨者,謂之"上等婚",普通謂之"平等婚"。合婚得圓滿結果後,合婚者並向男家道喜。合婚之價,亦殊不等,或則十吊八吊,貴式家庭則須銀數兩,婚姻美滿,男家喜悦。合婚價則謂之"喜歡錢",無不樂於輸給耳。婚合成後,男家持兩命並女子小帖歸家,聚本枝宗族人等,備述合婚之狀，認爲可成時，即傳知大媒來家。是時，滿堂人等，皆爲翁姑道喜。由大媒即時通知女家，並祝以白頭到老，夫妻和諧之辭。於是，始正式開始議定婚姻上之種種手續。是日，男家以喜慶所關，乃聚盛筵，並款待大媒，滿堂歡笑，盛極一時也。但合婚之內幕，流弊甚多，如妨礙女家或水[1]人，男家聘女取積極態度者，則每多不爲之稱述，隱瞞之期先生枝節也。而男家或女家中途變更態度，亦多藉合婚之某種不洽以相推脫罷婚者，則男家將女子小帖還付，兩告無事。而合婚者根本上亦"多報喜不報憂"者，縱兩命不合，亦謂之上等婚姻，亦圖多得喜賞，俗謂之"嘴上的穢氣"。合婚之大部分，皆以爲男女兩命大像不犯，多差强成婚者。此風日衰，至今不過舊派婚禮之一種手續上之過程而已。合婚後，兩造既經妥協，張筵道喜後，遂擇吉舉行"放小定"。

中華民國十八年二月二十五日第八版

【校記】

[1] 水，疑爲"本"字之訛。底本、删節本作"水"，油印本作"本"。

（二）放小定：放小定者，形近古之"納采"①禮。是日，由男家聚本族親友及大媒，共作歡宴，並有吃"打鹵麵"之風。歡宴畢，男家舉大賓②，並會同大媒及僕婦等，分乘轎車至女家，女家預備招待，享來賓以白糖水，及點心之屬。稍坐叙談，由大媒聲請放小定，即爲定親之禮。自此，女子遂成男家人矣！禮皆爲女子應用之首飾，無非簪佩之屬，置一玻璃匣中，玻璃匣上並綴以紅色喜字，用粉

---

① 納采，《天咫偶聞》記載："既主婦至女家視女，儀禮之納采也。"［參見震鈞《天咫偶聞（10卷）》，第22頁］
② 大賓，即女賓，一般請兩位或四位。女賓需請全福人，俗話叫全口人。就是有丈夫、兒女、公婆、父母者。無公婆、父母者，也叫全口人。但婚禮一般請有公婆、父母者［參見（日）武田昌雄《滿漢禮俗》，第16頁］。

色包袱兜之，例爲僕婦携帶。此時即將此匣打開，交女家收受定婚之禮，大賓並致謙[1]，女家答謝，一一如儀。小定禮物之細目，有予二色者，有予四色者不等。如二色者，類爲戒指一副，指甲套一副（接[2]婚僅重雙，故皆以雙個爲一副）；如四色者，除如上述二色者之外，並加“兜肚練”①一副，“鉗子”一副，或鐲子一副，分成四色。概所謂小定者，其禮不宜過多也。納禮畢，大賓、大媒等辭行，返至男家，述納禮之經過，並齊向主婦等人道喜。是日，男家婦女等，皆作旗派盛妝，歡宴經日始畢。按遠年旗族成婚禮，自放小定以後，須再擇定吉日，男家舉筵，約本族近枝親友，携帶新郎至女家行拜叩禮，謂之“問名”。同時，女家亦會宗族親友，作盛大之歡迎。當時，並由男家方面有年長者起立致詞而曰：“某旗某甲喇某氏子，現在若干歲，應聘婦爲繼續，今聞者，貴旗女賢孝，願聘爲婦云云。”而清季末葉時代之普通旗族成婚，此禮已殺，概從減也。只如上面所述，舉行歡筵，以誌喜慶之意畢，即再擇吉日舉行“放大定”之禮。

　　（三）放大定：放大定禮之舉行期，多較放小定時相距數十日，但亦改月則可。放大定，又爲“過禮”。事前，男家須購白鵝一頭，畜之數日，其鳴聲脆然，常作“啊啊”之聲。至“過禮”日，將鵝之頭上染以紅脂，概以鵝即新婿之代表，用誌喜慶耳。過禮之日，先預約於轎子舖②，謂之“鵝酒幾檯”。其檯式，爲金章彩花之木質攏盒，穿之以紅槓，中央置木質金色紅地之大喜字。二人一檯，抬檯之夫役，皆戴黑毡紅纓，身穿綠色花團架衣③，紫花色外套袴，足下

---

① 兜肚練，女子飾物。爲女子所穿肚兜下方懸掛的金屬鏈。
② 轎子舖，又稱喜轎局，以租花轎爲業。主要經營手段爲租賃和服務，一號買賣，派出轎夫、轎子、鑼鼓、執事、紅毡等謂之“一夥”。清末和民國時期，京城以“合興”和“阜順”兩家轎子舖最有名。其中“合興”轎子舖就是旗人所辦（參見周簡段著，馮大彪編《神州軼聞錄：民俗話舊》，第 312 頁）。
③ 架衣，有清一代，皇家鑾駕服制稱爲“駕衣”。而平民百姓紅白喜事時，執事夫、槓夫等人的服飾稱爲“架衣”，以示區別皇家鑾駕服制，由轎子舖、槓房統一置備［常人春《老北京的穿戴（第 2 版）》，第 79 頁］。

青布靴，裝扮一色，甚爲美觀。以"鵝酒幾檯"之數目，抬檯之夫役
人數多加一倍。若"鵝酒六檯"者之夫役，必爲十二人也無疑，以上
類推，則有"鵝酒八檯"者，最爲普通也。是日，男家置小宴，亦聚宗
族親友，並大媒，舉大賓二位作爲禮官。禮官爲旗婦，其資格須年
貌好，穿戴好，能説會道。於是，在近午時，轎子鋪即進檯。先由男
家將預備過禮之物，衣服、首飾及各樣食品等，爲之擺盤；再由抬夫
將盒盤一一置於檯内，即行抬出，迳赴女家。同時，禮官亦出走，各
乘轎車，每人並跟隨僕婦一位，每一轎車上，鋪有紅毡子一塊。檯
内物品之細目，以一檯[3]鵝、一檯酒爲主，此二檯作圓式。鵝檯内，
罩有紅色木籠，其狀若塔檯；酒檯内，爲一酒罈。行時，鵝檯居首，
酒檯居尾，此二檯鵝酒爲過禮中所必備者。如稱"鵝酒六檯"，除鵝
酒二檯外，其他四檯爲一檯首飾、一檯衣服、二檯食品，此種檯式共
分二種。裝衣服、首飾者，爲無蓋之檯樣，如過嫁妝之檯式然，裝
以衣服、首飾，可在明面顯露，以期誇博而臻美觀。第二種裝食
品之檯式，爲長方大箱，謂之"食盒"。首飾之種類，概略之，爲旗
家兩把頭上之"大扁方"、"筒針"、對"壓鬢針"、對"托針"〔百鼓
（古？）式或蝙蝠式〕、及"耳挖子"（有作[4]花瓶式者）、"茉莉針"、
對"鐲子"、對"耳環"（鉗子）、對"戒指"（六子）等物，或金或銀。
然普通以銀質包金者爲最多，將各色首飾置於玻璃匣内，並綴以
紅喜字。

中華民國十八年三月一日第八版

【校記】

[1] 謙，此字後疑脱"詞"字。底本、油印本、删節本同。

[2] 接，疑爲"結"字之訛。底本、油印本、删節本皆作"接"。

[3] 一檯，底本、油印本、删節本皆作"檯一"，據文意改。

[4] 作，底本、油印本此字後，衍一"作"字，據删節本删。

第二衣服，此皆爲裝新用衣，如紅洋皺棉襖、綠洋皺棉袴、雪青洋皺大棉襖、藍背心及馬褂等（並請參看第二章之旗裝）。將各套衣件，用洋粉色布袱包之，置於檯上。第三，食品之種類，首講"大□□"（漢家云是大餅子，亦有叫爲金錠糕、銀錠糕者）共數十斤，預定於餑餑店，分盛數盤。"豬腿"，"羊腿"，"茶葉"，"白麵"，"山藥"（分爲兩枝，中纏以紅棉紙），"對藕"（亦作兩枝，中纏以紅棉紙，取意吉祥，爲藕斷絲不斷也），"胭脂粉"，"蘋果"（多擺六個，取吉祥意爲平平安安也），"柿子"（亦多擺六個，取吉祥意爲事事如意也，柿事諧音），"圓圓荔枝"（此即雜果，如栗棗之屬）。以上所述，皆作一盤，置於食盒（即檯）。每檯食盒，上下兩層，每層宜擺食盤三色，每檯計食品六盤，兩檯合爲十二盤。如十二盤，不敷擺設時，則可擇其不甚重要者遞減。若夫"鵝酒八檯"，除衣飾鵝酒之外，食盒爲四檯，食品之設置則可從豐也。抬禮成行，至女家，女家主婦接待大賓、大媒如儀，並互道喜。女家備白糖水，並桂元肉，招待來人。此際之新婦，按諸舊禮，須盛妝下地，拜叩大媒等，旗家女子則稱嬌氣，只坐於炕[1]上，面向内並不作語，檯物進院内，由女舉一童子開食盒，挑喜封。

　　　　　　　　　　　　　　　　中華民國十八年三月二日第八版

【校記】

[1] 炕，底本、油印本、删節本皆誤作"坑"，據文意改。

　　該盒開後，内有紅包，拆之爲一跟頭搭連①。内裝錢票幾吊，爲開盒童子所應得者，謂之開不空也。於是，將衣飾食物陳之堂中，並酒罈、鵝置於院中，哈啊啊之叫。此時，大賓向女家致謙詞，

————————

① 跟頭搭連，即跟頭褡褳。參見下文民國十八年八月十七日發表的内容。

女家致答詞，如是者。再大賓等並舉戒指等飾物，爲新婦佩帶，拉其手，並説吉祥話。而帶飾物均須以一對爲主，如帶戒指時，謂之"對對重重"的；帶對鐲子時，謂之"白頭到老"的。飲水畢，大賓並大媒等乃辭行。按舊俗之放大定、通信乃爲兩事。通信之時，須携鵝酒。其儀式，概與放定式相同。通信者，即由男家通報女家以迎娶之期，以便預備奩妝之物件。至後，因通信一事，頗嫌其展轉手續上之麻煩。故放大定、過禮及通信，多有聯成一事者，似較方便。上述"鵝酒幾檯"之儀式，即兼代通信禮者也，並希讀者注意。故過禮、通信相合爲一者，同時（即在過禮期時）並聲明迎娶日期。迎娶之期，類多距通信期個月不相上下，而迎娶日期，男家之於選擇上，亦每多決於命相先生之口。[1]須合出男命於某某月宜成婚，俗謂之"星期月"（通俗皆呼爲此音也）。如男命爲二、八月之"星期月"，則迎娶之期，舍二月即就於八月也無疑。

　　過節[2]時，男家大賓、大媒起行後，女家將該白鵝置窩備食飼養，傳此鵝即新婿之替身，即如新婿來至女家者然。終日啊啊亂叫，用示四鄰以姑娘已有婆家矣！此鵝飼養數日後，即由女家轉賣於市上，謂之"仍作新姑爺去"也。衣服、首飾之品，女家一一檢點收受，並展與新婦觀看，預備妝新①。食物之"豬腿"，"羊腿"二色，另日由女家贈與大媒，聊表謝意。此照例須大媒所應得之報酬，故不謙遜。此種贈肉，爲大媒除吃嘴兒之外之第一種贈禮。爲大媒者，撮合旗家好事，俗常謂：新婦自過門後，夫唱婦隨，不挨打罵，不受翁姑之氣，姻緣美滿，大媒落一個"直棍兒"（即好人之謂）。否則，縱[3]有一點不恰，則大媒須挨罵一輩子也。

　　又有之謂：説媒跑腿兒，吃個嘴兒，此皆形容説媒者之苦痛。旗家男女兩造，每以門風、積習所關，彼此要求之條件，甚爲嚴格。

---

① 妝新，指穿戴結婚時的禮服和飾物。文中指結婚時的禮服和飾物。

縱門當户對，亦糾紛多起，爲大媒者，只得翻其妙舌，得兩造撮合圓滿，其心力亦誠苦者也（大媒之其他報酬詳後）。

　　自過禮以後，各色食品，女家亦多擇之，以贈宗族親友者。主要者爲“大餑餑”，概以此物豐多，且贈爲檔口[①]也。贈人時，將“大餑餑”置於盤中，或三塊、五塊不等。其物品，無非新婦奩妝之所需用者，如掛鏡、頭花、手絹之屬。答謝時，謂之“給姑娘添一點什麼”，女家拜受致謙詞，羅致之用，補奩妝之所不足焉。

中華民國十八年三月三日第八版

【校記】

[1] “迎娶之期，類多距通信期個月不相上下，而迎娶日期，男家之於選擇上，亦每多決於命相先生之口”句，底本、油印本中此句有排版致誤之倒文及斷句之誤，作“迎娶之期個月不相上下，而迎娶日期男類多距通信期家之於選擇上，亦每多決，於命相先生之口”，據文意改。

[2] 節，疑爲“禮”字之訛。底本、油印本作“節”。

[3] 縱，底本誤作“蹤”，油印本作“縱”，據改。

　　過禮之前，新婦即行上頭，生活爲之一變。除講習演禮外，並於家事之操作上，加以相當鍛[1]鍊，概恐一至男家，受環境上之委曲也。自過節[2]以後，吉期日迫一日，女家即張羅嫁妝之購置，或多或寡，則以家計爲轉移。若夫男家過禮之物，特別豐足之時，而女家陪送嫁妝，亦必勉力從豐，爲排場體面計，恐爲親家見笑也。此際之新婦，則亦自行趕作活計，以備應用，最重要者爲鞋與襪子兩種，成作刺繡，皆事講究工美。每一對鞋，必有襪子一對，或三雙，或五對，多則至有十雙鞋、十對襪子者。以次，爲内衣之白色布袴褂，亦必須以幾身爲足。閨中友好，不時前來添忙，笑語常出，每

---

① 檔口，疑爲“擋口”之誤。“擋口”意疑近似“餬口”。

向新婦打趣，新婦則嬌羞至面紅而止。

　　吉期將至，男家掃廳堂[3]，置飾物，搭大喜棚，棚爲蓆棚，謂之"紅棚"，亦辦紅事之棚也。棚之四面，並懸以各樣戲齣大鏡子，結彩懸燈。先期出紅封、紅箋，通知宗族親友，謂之"請人"。但近枝親屬，多"不過帖子"（即紅封、紅箋），則須親自往請。吉期以前，約廚師預備酒席，謂之"辦事"。環棚內之顯明處，皆貼以紅喜字，並在堂屋洞房處，貼以新聯，無非"天作之合"，"喜氣迎楣"之句。大門之外，兩牆頭間，貼之以特大之紅喜字，亦有貼雙喜字一對者。此時，女家之鋪張，亦不多差，華貴者，搭棚辦事，帖子自稱"於歸"，男家則稱"授室"。女家亦張喜筵，備是日接待來賓。新婦則終日不肯下地，刻意保重嬌身，即飲食之品，亦不肯多用，恐至男家拘泥不便也。此時，男家之近枝親族齊聚，吉期之先一日，廚師刀杓亂響，預備席面之菜品，此夜謂之"落作"。回時，庭院之內鑼鼓宣天，舉行"響房"。

　　（四）響房：響房之舉行，在吉期之前一日。是日，男家搭喜棚，結彩懸燈，並請廚師預備喜筵之菜食物品，謂之"落作"，前已言之。是日舉行響房時，皆在下午近夕之間。本族近枝各親友人等，例於是日先行前來致賀，即不去；而尤以女眷爲多，送往迎來，車馬盈門，極一時之盛。至響房時，先由男家推舉女賓之"全靠人"，二位或四位（全輩人者即該婦有夫有子之謂也）。[4]

中華民國十八年三月四日第六版

【校記】

[1] 鍛，底本誤作"鍜"，油印本作"鍛"，據改。

[2] 節，疑爲"禮"字之訛。底本、油印本作"節"。

[3] 廳堂，底本誤作"聽堂"，油印本作"廳堂"，據改。

[4] "至響房時，先由男家推舉女賓之'全靠人'，二位或四位（全輩人者即該

婦有夫有子之謂也)"一句與下文之"至喜房(即預備娶新婦之屋室),設帳,理綴品"一句爲同一句話。即應作"至響房時,先由男家推舉女賓之'全輩人',二位或四位(全輩人者即該婦有夫有子之謂也),至喜房(即預備娶新婦之屋室),設帳,理綴品"。係受排版篇幅所限,一句話被拆分爲兩句,分兩日發表。

　　至喜房(即預備娶新婦之屋室),設帳,理綴品。是時,喜房中皆裱糊以銀花紙,謂之"四白落地",並貼以各式喜字,以資點綴。全輩人等至牀間,將裝新之被褥一一疊理齊整,謂之"鋪牀"(但喜房無牀而有炕[1]者,其式亦如儀,謂之鋪牀)。此時,男家即宣告響房,引導吹鼓手齊至喜房之窗根下,燕翅排開,互作吹打,剎時間鼓樂喧[2]天。吹鼓手中種類,計有大鼓六面至八面,對號及手鑼等,其發聲沉著隆重。臨近者,震人心房,置[3]於旗家,頓呈八面威風之氣概焉。此時,男家來賓、親友人等,皆著盛妝,站排於庭院中觀禮,滿堂歡呼報喜,極形熱鬧。待喜房中之全輩人,鋪牀畢事,於是吹鼓手奏樂一刻,闔圈而止。

　　□[4]自響房後,喜房即閉門,無論任何人,皆不得擅自入內。響房之際,鼓樂發聲甚鉅,藉此可爲辦喜事上之一種號召,亦旗家好排場之有以使然也。遠近鄰家聞鼓樂之聲,則知爲某家舉行響房矣。於是,鄰人有好事前來觀禮者甚多,亦不之禁焉。響房之後,男家集來賓、親友,張喜筵,鑼鼓喧天,笙歌備具,至於逢場作戲,呼盧喝雉,以盡通宵之歡。

中華民國十八年三月五日第八版

【校記】

[1] 炕,底本、油印本、刪節本皆誤作"坑",據文意改。
[2] 喧,底本、油印本誤作"宣",刪節本作"喧",據改。
[3] 置,疑爲"至"字之訛。底本、油印本、刪節本皆作"置"。
[4] □,底本中字殘,油印本、刪節本脱此字。

響房時之吹鼓手,亦爲轎子舖所支派者。男家講花轎、執事於轎子舖,須預先聲明,是否有先吉期響房之舉。以旗家之重視禮節,故免響房者,實不多見。如有響房,則須除迎娶執事、花轎之資費外,另加錢若干,使人用物,消費亦鉅。商量後,轎子舖始屆時派的[1]鼓手,携鼓樂工具前往。吹鼓手皆穿花架衣、黄袴、青靴、横帶及纓帽。旗家特別講究者,對於吹鼓手之外裝,多嚴格檢選,務使一律新裝。至鼓面之金皮,鼓錘之油色,亦要新鮮艷美爲滿意。故旗族盛家婚禮隆重者,其響房之一幕,鋪張亦頗可觀也。

自響房而後,男家即從事"過嫁妝"之預備。按旗族舊俗,有以婚禮之吉期爲兩日者。即前一日除上述響房外,過嫁妝亦於是日舉行之。此不過屬於貴式旗家之少數者府[2]。普通則類多於響房後次日爲正式吉期,男家俟女家來嫁妝後,於是始發轎迎娶之。

(五)過嫁妝:嫁妝者,即娘家賠送新婦之奩妝物品,及家庭陳設,無不羅備齊全,物品之豐寡,皆視家道而爲轉移。嫁妝以"檯"爲率,普通有十二檯者,有十六檯者,有二十四檯者,有三十二檯者;貴族旗家則四十八檯,六十四檯,至多有一百二十檯爲足,然屬於鳳毛麟角矣。且旗家之過嫁妝,有異於漢族者。漢族之過嫁妝,僅賠送以四季衣服,飾奩牀帳,及家常之陳設應用物品而已。而旗族之過嫁妝,並特加賠送居室中之桌椅等項木器,爲特異之點。舊京南城有嫁妝舖,女家於吉期之前,即實行採購,物件之類種,皆以隨新婦之心愛者爲宜。至吉期則完全預備停當,吉時上檯致送。此時,男家酌量爲女家預備屋室,爲之徒空四壁,掃除清潔,以備容納女家之嫁妝物品。嫁妝之種類,以普通旗家論之,則略爲下列所舉。

(甲)關於衣飾的:女兒出閣,首重鞋襪之張羅,前節已略言之。有鞋一對,必配之以襪子一雙,有多備至鞋襪各十雙者。以次爲内襯之袴褂[3],或四身五身,或七身八身不等,但皆以雙數爲準爲吉利。外裝方面之衣飾,若應用者之長坎肩、旗袍、馬褂[4]、背心等等,爲件甚多,俗謂之賠送春秋四季之衣服。如一馬褂,必備單夾棉皮四件,其他可以類推。至旗頭首飾,及應佩帶之金銀鈿飾,除男家過[5]所致送者外,女家亦多另外添置以遂心者,不可勝數。被褥一項,在嫁妝中尤爲講究,從事侈華者,被褥質料皆以閃緞①爲上選,被褥講究幾鋪幾蓋。至一枕頭頂之繡花,亦極工巧美觀,力之所及,無不極華貴之能事。至若新婦脂粉化裝之品,以親屬餽贈者多,羅致之豐,更無待贅述。最有趣者,毛撢之配件上,另以一棍,繫以紙質紅色之裱畫,若魚身然,概取吉祥話,謂之"吉慶有餘"(餘魚諧音)也。

中華民國十八年三月六日第八版

【校記】

[1] 的,此字疑爲衍文。底本、油印本作"的",刪節本脫此字。

[2] 府,疑为衍文。底本、油印本、刪節本皆作"府"。

[3] 褂,底本誤作"掛",油印本、刪節本作"褂",據改。

[4] 褂,底本誤作"掛",油印本、刪節本作"褂",據改。

[5] 過,此字後疑脫"禮"字。底本、油印本、刪節本同。

　　(乙) 關於陳設的:嫁妝中,陳設物品最普通實用者,爲"大座鐘","小座鐘","盆景"(對),"帽筒"(對),"茶葉罐"(對),"帽鏡","臘阡"(對),"魚缸","果盤","茶葉罐"(對)②,"花瓶"(對),"盒子"(對),"鏡支"(即梳妝用者,鏡支有三開者,內裝磁質[1]粉缸等

---

① 閃緞,即閃色緞。具有閃色效果的緞織物。採用對比強烈的異色經緯,以正反緞組織使經緯互爲花地;或在經面緞地上以浮緯顯花。地緯多與經絲同色,花緯與經絲對比。利用本身吸色性能的差異,使織物産生閃色變幻的效果。其中又有花、素之分,素者多用作繡衣坯料,花者則用作婦女衣裙。流行於明清時期(參見周汛、高春明編著《中國衣冠服飾大辭典》,第504頁)。

② ""茶葉罐"(對)"重復出現兩次。係手民之誤,抑或作者之誤,俟考。

配件甚多），“嗽口盂”（對），“小茶盤”（多用小海棠花式者），“蓋碗”（對），“茶壺”，“茶碗”（多對），“茶盤子”，“洗臉盆”，“撣瓶”（對），“毛撣子”（即與吉慶有餘之花祥，合爲一副者）。

中華民國十八年三月七日第八版

【校記】

[1] 質，底本、油印本誤作“貿”，刪節本作“質”，據改。

　　（丙）關於木器的：“箱子”（四隻或六隻，以樟木者爲上選），“飯桌”，“條案”（或架几案），“茶几”（對），“杌凳”（對），“二人凳”（對），“銀櫃”，“八仙桌”，“椅子”（對），“立櫃”，“臉盆架子”，“坐桶”，“馬桶”（按坐桶係爲生産所用者，馬桶則爲便器也）。以上所述，爲普通旗家過嫁妝種類之大概。女家先約定於轎子舖，預備嫁妝若干槓，則所採購之物品，酌量無虧而後可。抬妝費，與轎子舖講定銀若干兩，槓少者必便宜，槓多者可以遞增。是日，轎子舖按照約定之[1]槓數，派肩夫人等並槓具齊至女家上槓。每槓有肩夫二名，並遣肩夫頭目人數名，監督其事，俾免沿途損傷嫁妝。槓具之式樣，亦不若抬首飾者，抬衣服及陳設者之槓樣。因其物質輕貴（首飾皆盛之以玻璃匣子），故槓之沿邊，皆圍以玻璃欄桿，其他抬木器之槓式，多爲平槓，或提樑帶底之槓樣不等。槓下爲一方桌，旁面有木頭，肩夫用二紅檳架其木頭，甚爲吻合。以左右兩手抬之，前後各一人，肩上並繫之以紅繩，抬時輕穩，行走亦甚敏捷。上槓時，女家監視，不許嫁妝稍事損傷。先時由女家請“全靠人”四位，爲之裝箱。所裝者，多爲襯衣、袴褂及鞋襪之屬，並在箱角放以小元寶（銀質），然後蓋箱，並用新鎖嚴固。上槓時，由肩夫頭目率肩夫人等運輸安排。嫁妝上槓之配置，取各槓分配得平衡之美觀，與分量輕重之適宜爲標準。如一槓陳設，爲中間一大座鐘，兩旁配之一對小花瓶，合爲一檯；又如一面帽鏡，兩旁配之以一對魚缸，合爲一檯。此種安排之手腕，肩夫人等以習例所關，已成通俗之規模。故無論嫁妝之繁簡，一經上檯，過有大街，以上表面皆甚隆華可觀。

　　嫁妝安排停當之後，由女家推舉近枝賓親官客，二位或四位，護送嫁妝，俗即謂之"送妝"。送妝人二位乘轎車一輛，跟隨於嫁妝之後尾。車上並鋪紅毡子，對於嫁妝加以相當之保障。嫁妝上檯完畢後，即起行，作單檯排列。最前爲肩夫頭目，人手執嫁妝中之毛撣子，並連帶"吉慶有餘之花樣（參看前文）"，率領行走，謂之"壓嫁妝"者。以次爲嫁妝，其秩序以首飾陳設居前，衣服錦被等居次，最後爲木器，"馬桶""坐桶"作嫁妝尾子。又後，即送妝大賓之轎車。嫁妝沿街過行，以旗家用事豐繁，看熱鬧者甚衆。嫁妝至男家後，由大媒人等通知男家出迎，送妝人至內，入席飲茶，由男家派人款待，互致謙詞，各通姓氏，然後廚師上菜，此不過作一坐席之樣子，實際送妝人並不能舉箸[2]也。

　　嫁妝抬進後，由男家主事者，並督催肩夫安排。肩夫頭目人，撣之責任。安排時，男家並請送妝人起席指導，以送妝有監察嫁妝之責任也。送妝人，或起席挑剔，或起席致謙詞而止者不等。嫁妝安排停當，於是茶師至送妝人席間上湯，即示起席之意。送妝放封兒（紅紙內包錢或票若干），起席告辭而去，肩夫人等亦然。

中華民國十八年三月八日第八版

【校記】

[1] 之，底本此字字跡不清，油印本作"之"，據補。

[2] 箸，底本、油印本誤作"著"，刪節本作"箸"，據改。

　　過嫁妝之日，按普通之禮，以單日爲吉期者，即爲迎娶之日。

是[1]男家結彩懸燈，親友齊集，謂之“行人情”。有“桿兒上的”（即乞丐中之頭目人等）前來捧唱，所賓親時[2]，由桿兒上的高呼。男賓曰：“老爺們到了！”女賓則呼：“太太們到了！”亦有來賓時，高呼“喂啊”之聲者，棚内茶師加以響應，然後男家招待者出迎。男家設禮堂，新郎之父母等輩俱盛裝坐待。來賓迎入後，直奔禮堂，與新郎父母道喜。不受禮者，由招待人相攔，於是請安而罷；受禮者，多近枝宗派，行一跪三叩禮，然後出喜封，交付男家轉於賬房登記。普通來賓例於道喜時，將喜封直接致送賬房登記。喜封又名封套，正稱“份禮”，故“行人情”，又謂之“出份子”。内封禮金若干，如銅錢幾吊，以至於銀票幾兩者不等。賬房之組織，例爲一二人，置小箱或份禮，有司“紅事賬”者一人，負婚禮中全部收入、支出、會計之職責。份禮之末[3]加以登記編號，以備參察統計之職責。親友有本人不到遣介送份禮者，則致給少數之脚力費，謂之“力錢”。來賓致份禮後，入座飲茶，男賓多設座於庭院，女賓則歡聚廳堂，而坐席時亦然。席面有元桌者，有方桌者，擺席之前，招待者讓坐，來賓多謙遜不已，擾嚷一團。而席間之上座，尤多謙讓，多推舉年長者入座。上菜後，男家新郎或其父，至席前請安致謝，謂之“謝席”。坐席者皆起立致謙辭，女席間亦然，不過謝席者亦爲女人耳。席間有酒，坐席者皆作歡談讓酒，及通姓氏，旗派甲喇上之種種叙述。席上之正糧，喜事多爲米飯，菜類謂之“幾大件”，加以喜字饅頭等，不煩贅述。

中華民國十八年三月九日第八版

【校記】

[1] 是，此字後，疑脱“日”字。底本、油印本、删節本同。

[2] “所賓親時”，疑爲“來賓親時”。油印本作“來賓至時”，底本、删節本作“所賓親時”。

[3] 末，底本、油印本、删節本皆誤作“未”，據文意改。

　　（六）迎娶：未登轎以前，轎子舖之轎子執事等，皆在男家門前排列。按漢家之婚禮，轎子例爲三頂，紅一緑二，新婦乘紅轎，其他緑轎二頂，爲娶親太太及送親太太乘坐者。而旗禮則不然，只有紅呢之大轎子[1]一頂，俗謂之“紅官轎”，爲新婦所乘坐，而娶親太太及送親太太，則均乘坐轎車也。執事方面，旗禮以“牛角燈”爲主要，俗謂之“牛角泡子”。自九對多至十餘對，燈用一紅桿舉托，燈上綴以紅色蝙蝠及喜字等花樣。此外，尚有扇傘、鼓樂，鼓或作八面，或十二面；旗家有官職者，外加紅牌若干面。發轎時，以“開道鑼”居前，肩夫擔一大花旗，旗上有“開道”二字，前部旗柄上懸一銅鑼，且敲且行，左右各一。以次爲牛角燈，再次爲鼓樂，再次爲傘扇，後則爲官轎，轎後爲娶親太太之轎車，鑼鼓振作，盛極一時。

　　自發轎後，男家有官職者，令新郎著靴帽袍褂，通人則長袍、馬褂，乘轎車隨轎往娘家。至花轎抬出時，由媒人引導，至泰山泰水跟前，鋪紅毡，呼“阿媽”、“奶奶”，行一跪三叩禮，即退出，登車先轎返家。至娶親太太，由男家推全靠人一位，著鑲五擺、帶大雲頭之長衣，謂之“旗敞衣”①；然後茶師伺候，在正廳上香畢，由僕婦攙扶上轎車，並鋪紅毡子（按漢禮娶親太太皆乘新婦之花轎前往，謂之壓轎，惟不遮轎簾也）。此外，並有娶親官客二位或四位，皆選其外狀優秀、擅長禮節者充之，亦乘車前往，謂之“娶親老爺”。同時，男家並備廚師自製之席面之桌，謂之“離娘飯”，遣肩夫用盒籠，隨轎前往。官轎至女家時，女家聞鼓樂之聲，即行閉門禁入，此時以便新婦作種種之預備。門外娶親官客下車鵠候，門内女家賓親及小兒等，嚴固

---

① 旗敞衣，即氅衣，滿族婦女禮服。清代以江綢爲之，衣長掩足，只露馬蹄底鞋，胯有開衩，雙挽廣袖，袖緣彩繡花卉。新婦及少婦尚朱紫、大紅色；中年婦女尚青蓮色（幕合色，此色較普遍）；行輩較尊者用深紫色；年老或孀婦惟深藍一色（參見孫文良主編《滿族大辭典》，第 869 頁）。另據《金啓孮談北京的滿族》中“外三營詞彙一覽表”指出，營房中一般把女旗袍稱作敞衣（參見金啓孮《金啓孮談北京的滿族》，第 26 頁）。

把守,擾亂一團。小兒在門内,有向門外娶親老爺索包兒,然後始開
放者。於是,娶親官客[2]用紅綿紙之包兒遞進,内包制錢,逾一刻,女
家乃令開放。一開門間,娶親老爺以大把制錢洒扔,嘩啷一聲,謂之
"滿天星",兒童爭拾不休。娶親老爺入門後,由女家亦推選送親老
爺二人或四人,先招待娶親老爺,讓坐擺席,互相叙話。至新婦上轎
後,上湯放封兒,娶親老爺乃起坐告别,乘轎車先官轎返男家。是
時,鼓樂進院,吹打如儀。娶親太太下車,進至禮堂,[3]

中華民國十八年三月十日第八版

【校記】

[1] 子,底本誤作"了",油印本、删節本作"子",據改。

[2] 娶親官客,底本、油印本、删節本作"親官客",據文意補。

[3] "娶親太太下車,進至禮堂"一句與下文之"亦同樣受女家送親太太之招
　　待"一句爲同一句話,即應作"娶親太太下車,進至禮堂,亦同樣受女家送
　　親太太之招待"。係受排版篇幅所限,一句話被拆分爲兩句,分兩日發表。

　　亦同樣受女家送親太太之招待。吃茶畢,由娶親太太至新婦前
慰問,轎臨門口,扶新婦上轎落坐。娶親太太以簪將新婦兩把頭前
之髮挑下,梳一抓髻,並代戴紅絨花等,謂之"上頭"。同時,並用一紅
緞夾方布(轎子舖所備),代新婦遮面,謂之"蓋頭"。女家並備有蘋果
二枚,一交新婦持抱,一置轎底,取吉祥話爲"平平安安","四平八穩"
也。於是轎子落簾,娶親太太再入席少坐,上湯放封即起行,乘車先
官轎返男家,與娶親老爺同。官轎抬出,秩序一如來時,送親老爺[1]
及送親太太,皆乘轎護送,不坐車而步行,謂之"扶轎桿"。①官轎起

---

① 此處"扶轎桿"内容有誤,芙萍於民國十八年三月二十二日發表的内容中指出"三月十
　六日本誌述'婚禮'一則有:'送親老太及送親太太,皆乘轎護送,不坐車而步行,謂之
　(扶轎桿。)'之句。兹察原稿係:'新婦之有弟者皆隨轎護送,不坐車而步行,謂之(扶轎
　桿)。'想係手民誤排所致,恐滋讀者誤會,用特聲明。(芙萍,三月十六日)"

行後，男家之離娘飯即進院致送，女家收受如儀。是時，則由大媒引新郎至"謝妝"①，已如前文所述，可參看之。先是女家備有小號磁碗一對，並紅綠兩色筷子二雙，共縶以紅絨繩，交付送親老爺，名曰"子孫碗"。至男家，由送親老爺交付茶師，以便新郎、新婦吃"子孫餃子"及"長壽麵"之用。

女家於吉期，亦搭棚辦事，下帖請人，宗族親友於吉期聚集，份禮之交納亦如男家，上文已述。惟份禮之紅封套上，書"奩敬"字樣，在男家則書"喜敬"也。坐席言歡，惟形式上，女家不如男家之爲熱鬧耳。女家是時，並自備份禮一兩或數兩，用紅封包之，置於"拜匣"中，由僕婦人等至男家致送，爲新親之份禮。而男家亦同樣備銀兩，致份禮於女家，互相交換，謂之"官份子"。

官轎到男家門首，先燃放花炮，響成一串，然後官轎進院，並鼓樂隨奏，一繞而止。送親太太及送親老爺下車，有大賓出迎，送親太太至禮堂，被受娶親太太之招待敘話。送親老爺至庭院入席，承受娶親老爺之招待敘話，概娶親與送親者，皆婚嫁中之大禮，酬酢往還，較爲便利，已成定例矣。送親老爺交付茶師之"子孫碗"以後，席間少坐，飲茶上湯時，放封兒即起行。娶親老爺及大賓等，送出門外。送親太太見新婦下轎，打點停當，亦入席稍坐，待上湯放封兒即起行，娶親太太及大賓等人，相送至門外。

官轎進院，新郎以弓矢向轎面之下部，連放三箭，實際多作式樣上之一幕，謂之可去煞氣。待新婦下轎時，地下放一紅色之小馬鞍，頭一步即踏於鞍上，以次則鋪紅氈而踏至禮堂。是時，新郎並將新婦之蓋頭布摭下，謂之"抓蓋頭"。禮堂之間，設香案，供大地禡[2]。新婦皆梳兩把頭，著厚底鞋，長袍、背心或馬褂。兩把頭有戴花珠冠者，謂之"鈿子"。戴此者，須穿旗褂子，顯[3]隆盛嚴謹氣。新郎、新婦

① 謝妝，即叩謝女家所給的嫁妝〔參見（日）武田昌雄《滿漢禮俗》，第107頁〕。

上香，共行一跪三叩禮，案設木盞，謂之"交杯盞"。茶師以盞互倒，即爲行"合卺"禮。以次向翁姑叩頭，通家皆行一跪三叩禮，後向新婦獻白糖水，飲罷少坐，即舉行"見禮"。本族迎近枝親屬先見，普通賓親次見，以次爲官客見禮，分輩之大小，以定次先，秩序井然。見禮時，受禮者皆致謙辭，俱行一跪三叩禮，因新郎、新婦並行磕頭，故又謂之"見雙禮"。受禮者於拜畢時，並作請安，爲致答之禮。凡受雙禮，年輩較新郎、新婦爲長者，於受禮之後，均須致紅封套，內包銅錢若干，謂之"拜資"，亦云"拜錢"。授與於禮堂內，致辭曰："給姑娘買枝花兒戴"等等不一。於是翁姑代行請安道謝，將拜錢轉付賬房登記，惟年輕輩小者，概免此例云。

中華民國十八年三月十六日第八版

【校記】

[1] 爺，底本、油印本誤作"太"，刪節本作"爺"，據改。

[2] 大地襪，疑爲"天地襪"之訛。底本、油印本、刪節本皆作"大地襪"。

[3] 顯，底本、油印本誤作"星"，刪節本作"顯"，據改。

　　自見禮畢，少頃，女家舉新婦之姐妹姨嬸之屬共四位，不敷數額，則在來賓中推舉補充，合爲女客四位，隨僕婦二人，分乘轎車兩輛，來男家吃酒。至時通報後，男家出迎，同至新婦屋室中少坐，叙話獻茶。然後入席，吃酒者四人，分席兩桌，舉吃酒者上座，旁座由男家在近枝賓客中推選入席，謂之"陪客"。茶師張羅廚師上菜，陪客人等爲吃酒者斟酒佈菜，然亦不飲，不過作一形式而已。菜上齊後，然後茶師上湯，於是吃酒者各放封（參看上文）起坐，陪客亦隨之起坐，一一如儀。是時，隨吃酒者來之僕婦，向男家翁姑叩頭道喜，男家賞錢，於是吃酒者告辭，男家送至大門而止。

中華民國十八年三月十七日第八版

　　吃酒者既起行,時將近夕,所有近枝親友,皆未離去。於是,張羅晚席,讓座及放封等事,一如早席,已如上文所述矣。惟是時之娶親太太有功,男家感謝若不盡意者,於是乃有"受獨椅"之例,以酬達其往返徒勞之意。受獨椅即因上座方面,原爲椅二把,此時改爲椅子一把,請娶親太太坐之,旁席亦請比較齊整來賓,入席作陪。男家主婦並致謝詞。(編者按,此稿爲手民損壞,情節略有脫落。)

　　吉期中喜筵,凡坐席飲酒者,謂之"喝喜酒"。至夕,普通來賓散去後,近枝宗親再喝喜酒時,並加划拳戲,以誌慶賀。喜房中,自飲交杯盞後,即舉行吃"子孫餃子"。子孫餃子亦與普通餃子相等,不過其質量頗小,如薑豆然,先由廚師備麵皮、肉餡(餡子因時令關係未能一致,概爲韭菜、白菜,或海參等數種也)。包作時,亦須請"全靠人"。至子孫餃子之多寡,亦不等。包成後,更有在餃子皮之沿邊,掐以花樣者,以求其美觀。除子孫餃子之外,同時並包"盒子"四個。盒子者,即用麵皮兩層,上下盒之以肉餡,可煑食之,與餃子同(普通多烙盒子者),形同盒子裝食品然,因得是名。惟婚禮中之盒子形式不取其圓,而近於長方之狀,而沿掐以花邊,恐肉餡之外溢也。包成後,並在盒子上,穿掛以紅絨繩,或若兩對元寶。然後,取出送親老爺致送之娘家喜碗、喜箸[1],令新郎伴新婦,左右入座,就喜碗而吃子孫餃子並盒子,此不過應點俗例。新郎、新娘多咬一口,即吐出而不下咽[2]者。蓋所煑之子孫餃子及盒子,皆開鍋即盛,質尚未十分成熟也。當時,縱咬一口即告中止,並將所吐出之餃子皮餡,置於喜房之炕[3]蓆之下,取意保守。吃時,來賓幼者及各兒輩,在窗外參觀,皆狂呼亂叫,問以"生不生"? 新郎亦答以"生"字(亦有不答者),蓋取吉祥也。是夕,親友[4]散去,新郎、新娘並吃麵條(亦用喜碗),麵條甚細,若一窩絲然,對坐而食,謂之"長壽麵"。吃麵必須以筷箸高挑,家人祝以"高挑長壽"等詞,取吉祥意,蓋與子孫餃子同焉。

中華民國十八年三月十九日第八版

【校記】

[1] 箸,底本、油印本誤作"著",删節本作"箸",據改。

[2] 咽,底本作"嚥"。爲保證文章内容統一,校注者將"嚥"改爲"咽"。

[3] 炕,底本、油印本、删節本皆誤作"坑",據文意改。

[4] 友,底本、删節本誤作"支",油印本作"友",據改。

當新婦見禮之際,於自家尊親長,從形勢上,亦得有相當之鑒識。普通旗家多於見禮後舉行"分大小",而亦有於禮之前,除翁姑受雙禮外,先行"分大小"者,概因情勢、環境種種關係之不同,而有以異也。"分大小",即由主婦指引闔家之長上次幼。如,此爲大伯,此爲小叔,種種年輩次序,使新婦俱得以認識,以便於呼叫敬奉,守持婦道。分大小時,逢尊親長輩,一律次第行一跪三叩禮,以下晚輩(如小叔至姪甥人等),則改行請安禮。是時,新婦以演禮至爲繁劇,分大小後,即少坐休息,僕婦伺候茶水,新婦含羞者,多低首不語。演禮已畢,新婦至喜房休息時,多有開箱更換娘家陪送之衣飾,以誇耀於來賓者。按禮新婦乘轎來家,必須身穿男家所餽之衣飾爲合禮(即放定時致送者),以爲身屬男家之表徵。以後,新婦更換娘家陪送之衣飾,聽其自由,男家不得加以制止。惟月内出門或謝客之際,亦須穿用男家衣飾爲合禮也。

花燭之夜,舊京漢家自新婦小叔以下之晚輩,與新婦纏鬧不休,即變相之"鬧喜房"。而旗族以禮節規矩至爲嚴重,概免此例。惟晚輩與新婦叙話,不之禁焉。

次日天拂曉,男家於大門二户,一律舉行"掛彩子"。彩子爲綢質,形作寬條,亦爲轎子舖所備辦,分紅綠二色,長短不一,於門楣懸處兩端下垂之間,並綴嵌以彩團,如繡球然。建築稍形齊整者,配以彩綢,發無限喜氣,且美觀無比。此種掛彩子,含歡迎之意義(即歡迎娘家之來吃梳頭酒也)。換言之,即表示證明新婦之清白無疵(俗説好姑娘），用告娘家。（按漢禮，女家須候男家之致送喜貼，爲歡迎之表示，意義與掛彩同。）晨間，娘家來人，見門楣已掛彩子，無不喜出望外，認爲"作臉"。於是，舉行吃"梳頭酒"。

（七）梳頭酒：吃梳頭酒者爲新婦之娘，俗呼爲"姑娘的奶奶"。翌晨，同僕婦等同乘轎車至，見男家掛彩子，即通報入内。男家主婦等齊出迎，至禮堂，令新郎向新婦之母叩頭行禮，亦爲一跪三叩。（按漢禮是新婦之母尚須受新婦之禮，旗家女子稱以嬌貴，故例免焉。）新婦之母受新郎禮畢，入喜[1]看新婦，略叙話，即再入禮堂，與男家主婦人等共話，致以囑託之辭，男家謙謝有加，自此兩門即爲好親戚。有頃，乃請新婦之母入席吃酒。是時，男家之廚、茶師等，尚未離棚，梳頭酒以自家食用，故席菜從豐。入席時，舉新婦之母上座，旁座以男家主婦人等相陪，茶師教讚辭。

上菜後，男家主婦爲新婦之母斟酒，亦謂之"喜酒"。新婦之母少飲，略食菜，陪客隨之。至上湯，新婦之母放封起席。於是再往新婦屋稍觀照，並而[2]新婦訓之家道常俗之語，乃向男家告辭，男家人等送至大門外，乘車而去。

中華民國十八年三月二十日第八版

【校記】

[1] 喜，"喜"字後，疑脱"房"字；底本、油印本同。
[2] 而，油印本作"向"，疑當據改。

三日之内，新婦房屋，男家人不得隨意出入。每至餐間，爲新婦作菜作湯。有僕婦者，亦不時間茶問飯。惟新婦以顔面關係，對於飯菜，每置於可有可無之間。新婦箱中，多藏蒲包，内有各樣點心，及上等茶葉等，以便隨時取用。

自吉期三日後，舉行"倒寶瓶"。寶瓶亦爲轎子舖所備者，形如花瓶，爲紅木質。吉期，用茶師裝寶瓶，下級旗家裝以米稃之屬，並各樣戒指飾物；上級旗家則從豐，裝以金銀戒指飾物及小元寶等。裝畢，於瓶口綴以彩繩，置於禮堂而罷。至三日時，舉行倒寶瓶，由男家舉一全靠人（堂客）主其事，先開寶瓶口，使新郎、新婦對面而坐，並用大衣襟作"張兜"式，以接應倒物。於是，全靠人舉寶瓶，左右甩倒，男兜一倒，女兜一倒，刷刷然作響。寶瓶倒淨後，檢察男女兜中，誰接得比較貴重之物品，即認爲"有造化"，"福氣大"。如寶瓶原裝有金銀戒指，而金戒指[1]倒於新郎之兜，銀戒指倒於[2]新婦之兜內，於是即認爲新郎有造化，福氣大焉。

中華民國十八年三月二十一日第八版

【校記】

[1] 金戒指，底本誤作"全銀戒指"，刪節本作"金戒指"，據改。
[2] 於，底本、刪節本此字後，衍"於"字，據油印本刪。

　　又如寶瓶內，原裝有金元寶一錠[1]，而恰[2]倒於新婦兜內，於是即認爲新婦有造化與福氣大焉。倒寶瓶時，男家長幼皆圍坐參觀，一經揭曉，歡笑滿堂，此亦婚禮後之一幕喜劇耳。自倒寶瓶而後，男家禮節已漸告結束，時乃於舉行"接回門"。

　　（八）接回門：即新婦歸寧省親，例於結婚後四日回門，亦有六日回門者。至八日則日子不良（八者謂之巴巴結結的，因爲之忌），至十二日回門，則又嫌其離間太遠。故是時以四日或六日回門者，蓋禮從簡也。回門之前，新婦更換男家之衣飾，新郎亦更換新衣。男家主婦籌有銀塊或銅錢，交付新郎、新婦，共二份，爲分散娘家兒輩之用。回門之先，男女兩家業經酌定日時。至時，女家用轎車一輛，遣新婦之兄及其他親屬，或新婦之母親自乘轎車前來，迎接新婦，俗謂之"接姑娘"，所謂"接回門"者，由於此也。

　　同時，男家將用轎車一輛，使新郎乘坐，隨新婦同往，並互相跟隨僕婦人等起行，直達娘家。娘家聞報，齊迎至門外。入內，新郎照例向新婦之父母（亦呼爲阿媽、奶奶）參拜。先請安，後行一跪三叩禮畢，獻茶。是時，左右鄰家均來參與瞧新姑爺（即新郎）。女家並聚宗族親友歡宴，新郎、新婦即將零碎銀兩，或銅錢各一份，使女家兒輩分散；女家親友或鄰家之兒輩，亦照例各得一份。於是，滿庭道謝之聲，喧嚷一團。少頃，使新郎、新婦入席用飯，席分兩座，新郎與新婦分坐，各擇比較整齊者之賓親作陪，一時杯箸[3]交錯，至形熱鬧。散席後，新郎少坐，即向女家告辭，女家人等齊送至大門外，乘轎車先歸。女家賓親同新婦歡叙家常一刻，亦從新理髮整裝，令之回男家。是時，女家並備有蒲包，槪爲餑餑、茶葉等物，使新婦携至男家，爲破題兒之贈禮。於是新婦之母，加以種種囑咐，乃令上轎車回家；賓親鄰居等，亦相送至大門外而退。女返男家，照例向翁姑請安，並代表女家問候起居。男家乃將禮品照收，致之謙[4]謝之詞。於是，接回門一事告完。以次，女家接連前來男家問候，謂之"瞧姑娘"。以新婦之母來時爲最多，來時並携帶蒲包等禮品數色。男家款洽，置酒飯。此時新婦已漸熟習開通，故今日與娘親歡聚，其爲樂在接回門以上。瞧姑娘之期，如六天頭上，十二天頭上，皆爲瞧姑娘之日期。亦固定之瞧姑娘日期，爲"單九"日（即吉期後之九天），"雙九日"（即吉期後之十八天）。瞧姑娘者，即次第掉換，如單九日爲娘親前往，雙九日或由姑娘之姐妹等前往不等。月內，逢來瞧姑娘，均須買禮而贈男家，以禮品贈男家，爲感情上之交換。次爲"對月"期（即吉期後之一個月），女家又携禮品前來，接新婦歸娘家，謂之"住對月"。新婦作盛妝，單人前往，先向主婦請安告別，並徵求住娘家之日期，謂之"討日子"。若新婦之母前往接新婦時，則由其母直接向親家太太（即新婦之姑）討日子。於是，發言賞日子，新婦遵行。普通以十二天爲最多，十二天自起行之日算起，至十二天頭上，即須返回，去頭尾，僅合住十天而已，且有少至賞六天日子者不等。討日子之後，新婦即携帶隨身衣飾、大小包袱等，坐轎車歸娘家。娘家迎接，當日並聚鄰居親友、女伴等歡敘。新婦有時亦轉往親家居住聯歡，至約定之日期，乃返男家，不得有悮。自此，新婦之裝飾，即變換不定，娘家陪送豐盈者，一日一換，男家不得制止。

　　附芙萍來函

　　三月十六日，本誌述"婚禮"一則有："送親老太及送親太太，皆乘轎護送，不坐車而步行，謂之（扶轎桿）。"之句。兹察原稿係："新婦之有弟者，皆隨轎護送，不坐車而步行，謂之（扶轎桿）。"想係手民誤排所致，恐滋讀者誤會，用特聲明。（芙萍，三月十六日）

中華民國十八年三月二十二日第八版

【校記】

[1] 錠，底本、油印本誤作"定"，刪節本作"錠"，據改。
[2] 恰，底本、油印本皆誤作"洽"，據文意改。
[3] 箸，底本誤作"著"，油印本作"箸"，據改。
[4] 謙，底本、油印本皆誤作"嫌"，據文意改。

　　新婦當接回門以後，住對月以前，由男家主婦引導，舉行謝客（亦謂之拜客）。逢本族遠近枝親友，凡舉婚禮曾經參加盛典者，一律前往謝客。謝客時，新婦作盛妝，頭插喜紅字各色絨花，厚施胭粉，入眼皆緋，嚴然有新娘子之色彩。備有轎車一輛，男家主婦率領，並跟隨僕婦一人，携帶紅毡子預爲行禮之用。分途前往，一日謝客不果，則分爲數日前往。至親友家通報，受謝者出迎入内，僕婦鋪紅毡，擇年輩較長者先致謝，俱行一跪三叩禮。以次年輩小者，或有謙遜，則折衷改行請安禮而罷。行禮畢，加以款待，沏白糖水，並圓圓荔枝等物以享之。新婦略用而止，於是主婦携新婦告辭。受謝者乃取出錢封，或戒指、手絹等飾物，以謝新婦，聊誌答意。出錢封者，謂之"給姑娘買枝花兒帶"；出飾物者，謂之"給姑娘買點什麼"等等俗詞。新婦照例接受，並誌謝語而別。男家之親友，以預測某日新婦必來謝客，則先期置購飾物，以備應贈，若臨時措手不及，則包錢封。逢謝一家客，例爲如此。故新婦謝客於數日之間，所得銀錢、飾物甚夥云。

　　新婦自住對月以後，即開始作針線活計。別一方面，並受主婦家道上之規訓，莫不唯命是聽。刻意操作，伺候翁姑加意周到。關於活計，多開手作袴子，如給女婿（即新郎）做袴子一條，謂之"抱腿"；給主婦（即姑）做袴子一條，亦謂之"抱腿"。此亦爲借吉祥話，用示家庭間精神上之團結也。

　　大媒之報酬，於吉期致送女家之"離娘飯"時，同時並備席一桌，致送大媒，以誌謝悃，媒人收受。自婚後無事，男家並置購蒲包等各色禮品，前往致送大媒，至致謙詞，大媒照例收受。至[1]此，婚禮始告完結。

　　俗語有云"又是東西又是人兒"，概喻旗族男家養兒子之合算；又謂之"養女兒陪錢貨"，則更名符其實。自迎娶以前，預備奩裝之品，耗資至鉅；迎娶而後，接連送禮，而姑娘至男家是否稱心，是否受氣等，尤爲懸疑。且結親之精神上，女家較次於男家，稍有失禮之點，則男家挑眼之事，接連而來。因此，固無怪旗族重生男，而不重生女者也。旗族婚禮，就近年觀察，頗多與漢家相同之點。例如棄紅官轎，改用三頂紅綠轎，而漢家婚禮，亦頗多步旗族之從塵者，概借重其禮節隆重可貴也。憶大凡一地有兩種風俗，久之彼行我效，漸於自然間，演成一種混合制，即旗漢派之婚禮尤然，但就精神方面觀，則各自俱獨立之象徵，此至希讀者諸君注意焉。

中華民國十八年三月二十三日第八版

【校記】

[1] 至,底本、油印本誤作"互",刪節本作"至",據改。

喪　禮

　　旗族喪禮,形式隆重。旗族通家,對於長老,平日有喪費之儲蓄(參看本章白帶子會一節)。且旗族長官,或孤苦無依者,蒙上官體卹,有酌予"白事銀子"之制,名治喪儀;至宗室派遇死喪,則皇賜喪銀尤豐焉。普通旗家,且關於宗族本旗,素具團結互助性。故旗家喪禮無不勉力從隆。貴家以用排場,下家則湊熱鬧耳。今本文所述者,類皆旗族通家之喪制,取折衷之精神,於形式似較爲普遍可觀,若上節婚禮然,而於貴家喪禮上之繁盛,下家喪禮之從簡,或能得一相當之暗示,亦可一目了然矣。

　　旗家老人告終,闔家及近枝宗族圍哭,焚紙錢謂之"送鬼"。於是,呼死者爲"死鬼"。死者之服飾,皆爲新衣,有官制者著靴帽袍褂,普通則穿長袍、馬褂者爲多。死者之服飾,謂之"裝裹",正稱"壽衣"。裝裹之質料,以布質者爲最普遍,具樸素之美,普通旗家多喜用之。上級者服飾華麗,則用綾質,蓋裝裹忌用緞質也,並忌穿緞質鞋,以論迷信爲"斷子"也(緞斷諧音)。此外,忌穿皮衣,若穿之,謂曰"變羊";忌穿青大棉袍,穿之,謂可"變豬"。裝裹上之鈕扣,至臨死時,均須拆下,改用帶子,謂免"結仇結冤"也。凡死人本身及環境上之工具,及禮節上之物質,皆取其單數(與婚禮成反例)。自裝裹始然,裝裹之件數,或五或七,最忌雙數。若內襯白小褂,上則小棉襖,再套大棉袍,再套棉馬褂,共合爲四件爲忌。故必於內部套一適宜之衣飾[1],湊成單數爲止。裝裹中,馬褂、棉袍之袖口,以是時所興馬蹄袖式,故死人裝裹亦多採用馬蹄袖式。馬蹄袖之形狀,即袖口之沿部不作平衡式,前部略尖成畸形,後部縮進,如喇叭口,一若馬蹄之成斜形美也。死者於形勢緊張以前,均須將裝裹穿戴停當,加以瓜皮小帽,雙臉或"福字履"[①]鞋(即是時所興盛者,皆爲布質)。然後,剃頭打辮,修飾若出門然。咽氣以前,家人預置牀鋪,使死者先上臥正,以備不虞。

以上所述,爲旗家男人之裝裹。至旗家女人之裝裹,忌法與上述相同。惟裝裹質料,多用綢質或洋綢質。自內亦爲小白褂、小棉襖,外套大棉袍等件,最外爲馬褂或背心,或青色洋縐,或藍色小綢。(按旗族盛興時,裝裹尚時興一陣醬紫色之大棉袍云。)

脚下爲藍色皺質皂鞋,鞋上扎以蓮花,配以白襪;頭上換髻,嵌紅色頭把兒,加以藍色包頭,上並插紅石榴花(帶否不等);耳帶大鉗子圈。至其他裝裹上之配飾,概與前述男裝裹相同,如"蓮花枕"(壽衣舖中有出賣者),或如蓮花托,凹處與人之脖子相吻合,兩面繡粗質蓮花,色彩甚鮮明可觀。此外,若"大花褥子",皆用之鋪於牀下,質多爲花洋布作面,綢月色布作裏。若女人壽衣之裏面,則以用洋粉布爲美。死者咽氣後,置其口中一茶葉包,包內並裹一個錢,謂之"不空口"。以次,即在死者之身上,蓋以長藍(長與死身整)之布,亦有用綢質者,謂之"青單",蓋爲裝裹之附件也。

中華民國十八年三月二十六日第八版

【校記】

[1] 套一適宜之衣飾,底本、油印本、刪節本皆作"套一適宜衣之飾",據文意改。

死者咽氣後,即居牀不動,謂之"停放"。家人於是炁米飯一碗,置於死者頭前,謂之"倒頭飯"。一面並用麵質,合竹棍,捏成錘

---

① 福字履,又稱蝠字履、夫子履、鑲鞋。鞋幫前端飾以鑲色的"福"字或"蝠"紋(參見黄鈞,徐希博主編:《京劇文化詞典》,第 81 頁)。

狀，謂之"打狗棒"。另用麪質，捏小餅，謂之"打狗餅"。（按迷論[1]，謂死鬼赴冥府，經過惡狗村，乃將打狗餅付諸狗食，狗乃不咬；打狗棒，可備防惡狗來咬，以便過度云。）打狗棒及打狗餅合爲五個或七個，共插置於倒頭飯內。倒頭飯之位置，若死者爲男人，乃置於頭之左面；如死者爲女人，則置於死者頭之右面，謂之"男左女右"。同時並點以香油燈、燃燈草，謂之"悶燈"。務使其長明不滅，言死者可照亮行路也。

　　死者本身部分安排停當後，於是自大門至庭院，凡有張紅結綠處，皆蓋以白紙誌哀，緋色對聯尤然，並在門楣各處懸藍白素彩誌哀。一面通知槓房立旛，爲喪儀上之號召，此幡謂之"倒頭旛"。旛爲紅色，下部爲一大木架子，中心有木孔，嵌以數丈高之木棍，形與旗桿同，愈上而愈細，至頂繫一布質之長條形，綴繡以各色花紋之屬，即爲一旛。立旛之日期，視喪儀之日期爲轉移。如死者停放七天，自死之日，即立旛，直至七日出殯時，始將旛撤去。旛之木座，分量甚重，往返運輸負累，故旗家立旛，槓房索價甚昂焉。（清末葉時立旛七日，單論旛約合銀十兩分外云）。

　　自立旛之後，家人止哭，共作喪禮上之協商。有白帶子會，即赴會中報事領銀；或有近枝宗族，亦多約來磋商。凡在未舉喪禮儀式以前，而入喪家門者，皆爲近枝宗族。故皆撫尸痛哭，家人陪哭，少頃而止，乃行議事。於是分途辦理，各走極端。是時，家人所忙碌者爲孝服，概在報喪以前，皆須穿孝。爲讀者較易明瞭，及得一統系起見，以次特分節述説之。

　　　　　　　　　　　　中華民國十八年三月二十七日第八版

【校記】

[1]　迷論，"迷"字後，疑脱"信"字。底本、油印本作"迷論"，删節本作"迷信論"。

（一）穿孝：旗家之孝服，一因宗族親友衆多，每遇喪禮，皆有相當之穿飾；二因本家以前喪禮之曾經舉行者，故孝服類多齊備，以防不虞。遇喪穿用，極爲方便，不過稍爲形式上整理而已！旗家孝服之質料，多爲白粗布，稍事講求者，爲較細之“白絨花布”，此不過略求形質之美觀也。而喪種[①]之孝服，以最粗最醜，精神上越顯現其孝意之真摯。因是，旗家喪種之穿白絨花布者甚少，恐人加以譏訕也。關於男孝衣，長達脚面，腰橫孝帶。喪種並不帶孝帽，春秋各季，則戴青綢質之俗謂“秋帽”者（又謂之盔子，或作捲沿，上爲畸形之平頂，與旗家婦女所戴之之坤秋帽，式樣相同——參看前章之婦女裝飾節[②]中）。至夏季，則戴“涼帽”（即俗謂“尾連”之無紅纓者，質爲籐草）。此二種喪種帽，形式頗嚴謹。帽皆繫有細繩，套於脖項，則帽子不致被兜落耳。孝衣之領子上，並加以青布之“領衣”，與孝衣領子相齊，質頗厚硬。孝衣以是時滿清正盛，普通衣服亦以“馬蹄袖”爲美，故孝衣之袖口，亦多作馬蹄式。馬蹄袖之式樣，手面之部分奇長，後部退進，周圍仍作圓沿式，斜形與馬蹄狀相等焉。喪種足下穿青布靴子，不穿白鞋。惟普通弔客及宗族親友，孝衣式樣雖相等，但不穿靴子，不戴秋帽或涼帽及領衣，帽鞋皆隨便。然若著緞質帽鞋，穿孝服前往弔祭者，頗現不敬，因不多見，乃以青布質爲適宜焉。以喪家死者之孫子輩穿孝衣，於肩頭上（男左女右）加縫紅色“補丁”。補丁之花樣甚多，若方勝兒[③]、斬驢錢[④]等等。若加縫雙補丁者（謂之重補丁），則爲死者之曾孫。若夫死者之外孫子，則改縫藍色補丁，以用示區分也。死者婿之孝服，除帽

---

①　喪種，即死者的後裔。
②　婦女裝飾節，指第二章“婦女帽”一節。
③　方勝兒，《清稗類鈔》記載：“以兩斜方形互相聯合，謂之方勝。勝本首飾，即今俗所謂之彩結。彩勝有作雙方形者，故名。”（參見徐珂《清稗類鈔》，第6129頁）
④　斬驢錢，驢錢又叫驢鞭、金錢肉。斬驢錢，可能是一種形近金錢肉的紋樣。

子外，與喪種相差不多，亦加領衣，穿青布靴子，並於馬蹄袖上，加綴以藍小綢子之複式袖口，作捲沿狀，謂之"挖行"（行讀喝昂音）。旗家小兒亦有穿大領之孝衣者（即圓領式），式樣頗好看，而不脫並髦[1]之態也。

中華民國十八年三月二十八日第八版

【校記】

[1]　並髦，疑爲"弁髦"之訛。底本、油印本、删節本同。

　　關於女人之孝服：喪家婦人之首飾，律易金爲銀，銀爲白質，穿孝配之，乃成本色。耳帶白鉗子圈，頭部則挽"旗人髻"，不能梳兩把頭。於旗人髻上，橫插小白銀扁方，並由髻上之髮，左右分散兩柳，垂於眉□之間，每柳又分三股，梳成辮子形，故謂之"落辮"。另外，在髻上挽一漂白色之帶子，亦左右下垂，與落辮相合，青白相映，勢頗好看。此種"落辮"，頗嫌其負累，但精神上，似表示極深致之哀意者。俟接三時，落辮之婦人娘家來人時，落辮者跪靈前陪哭畢，該娘家人，即將該婦所落之辮盤起。設落辮之婦，娘家無人時，則至時由他人代理盤起，以求其便利。喪家婦人及來客，亦多加帶"領衣"，與男人相等，死者之女來弔時，亦作"挖行"，以陪襯袖口之美觀。婦人腳下，則穿青布雙臉鞋者多。旗女之孝服，有穿大領花者（即圓領），現洒脫氣，加以頭盤白孝籤①，配以白色花鈿之屬，雅呈素美。死者之近枝親屬，彼此同輩，穿粗布孝較重，而不穿孝又嫌不甚雅觀者，則改穿"漂孝衣"。漂孝衣爲細布，爲質甚薄，色發白亮。而男人亦然。以上所述，爲旗家喪禮中穿孝之制。喪家孝服齊備穿整後，乃於門外貼以"喪條子"（即某日接三，某日伴

---

①　白孝籤，即孝巾。喪事中包頭用的白布，因作長條形包在頭上，故又有稱孝籤者（參見李行健主編《河北方言詞彙編》，第541頁）。

宿,……之字樣)。喪條子以單數爲準,分男左女右。喪條子之作
用,在請人不及者,特明示於門外,以期屆期來弔,及"趕情"者(即
素日不交,頭次行人情)之得以相當之預備。因此,故有"恕報不
周"之字樣。一面搭棚,喪禮從簡者,搭布帳子;喪禮從繁者,搭大
蓆棚,統稱曰"白棚"。搭棚之法,按諸喪禮之議決,如和尚念經欲
在高處者乃添加"焰口台"或樓狀,高可數起。及停靈之部分,台面
之大小,謂之"月台"。一面請廚師、茶師,爲喪儀吃喝上之預備。
同時並印製"訃聞",請親友。訃聞上,印以死者之年譜、職差,死之
經過,及舉喪儀、受祭之日期(如接三、伴宿等日)。惟近枝宗族之
報喪,不便携訃聞,須喪種親自報喪。見本族長上,跪哭述死狀,族
人亦有當時隨來者。普通親友則查看"白事賬",凡遇份禮人情者,
按住址、姓名開列。親友眾多者,則遣他人前往報喪,送訃聞。惟
報喪者,爲喪種之代表,故亦預帶喪種式之官帽,足下青布靴,用
取外表之壯觀也。喪家之喪種,逢遠近親友,均下跪磕喪頭,受
頭者還禮道"煩惱",誌哀戚之意。於是喪家預備裝殮,先張羅
"葫蘆材"。

中華民國十八年三月二十九日第八版

　　(二)[1]葫蘆材:旗族之棺木,皆用"葫蘆材",爲與滿家[2]特異
者,一名"滿材"。故是時棺材舖之匾額,多號召以"滿漢壽材"之字
樣。上級旗家對於老人之葫蘆材,亦多先期預備者,亦稱"壽材"
焉。葫蘆材之式樣,體瘦而高,式如箱櫃,自下而上,越上而越畸。
至蓋部而特畸,作斜線而上,頂部頗窄而平。蓋之前部,有一木質
大葫蘆,厚盈數寸,銜蓋加以鐵荷葉①,運轉自如,向後與棺蓋相
合,向前則與[3]棺頂呈一大葫蘆形。至入殮停放後,在葫蘆上套以

---

① 鐵荷葉,即合葉,又稱合頁、合扇。

花圈,樣極隱重可觀。惟此葫蘆,至出殯下葬時,槓夫乃將此葫蘆自荷葉間起落,爲槓夫所公分,此舉已成習例矣。葫蘆材沿稜沿角,皆嵌以花邊,並綴以金色。入殮後,並在葫蘆材四圍之有縫處,抹以黑色之油膩,爲不透風而結實也。更有在葫蘆材之前面立頂(正稱堵頭)處,畫以金色之團壽字者,如此,則後部立頂處,則必畫以荷葉蓮花,蓋喻爲"頭頂壽字腳踩蓮花"也。葫蘆材之質料,普級旗家多用柳木或榆木者,再上則用杉木或柏木不等。自進葫蘆後,即時舉行"入殮"。入殮以前,近枝宗族有未與死者睹面者,得相候,比較有宗親之關係聚齊後,於是正式舉行。宗族人等,陪哭誌哀,並演禮。是時先遣槓夫若干人參與入殮,喪家齊圍於死者之牀。先痛哭誌哀,後揭開面部所蓋之"青單",家人舉淨水碗,與喪種中之大孝子以新棉花團,命"開眼光"。孝子用棉花團蘸淨水,在死者之兩眼處,略擦即止。然後,由槓夫若干人,以褥子容死屍抬起,惟大孝子須"抱頭",協力抬放葫蘆材中。葫蘆材之底面,先放"七星板",爲一塊薄木,用爲複底,死者位正後,棺之四角有縫子及凹點,以紙包(内包鋸末之屬)塞填停當,務使死者不搖不動,穩重而後已也。

中華民國十八年三月三十日第八版

【校記】

[1] 二,底本誤作"三",據文意改。

[2] 滿家,疑爲"漢家"之訛。底本、油印本、刪節本皆作"滿家"。

[3] 與,底本、刪節本誤作"於",油印本作"與",據改。

於是槓夫將面部揭起之一塊"青單"扯斷,謂之"撕鬼臉"。然後,乃將"打狗棒","打狗餅",齊放於死者之袖口内(男左女右);另一袖口,裝手絹及其他死者心愛物品,亦多隨入殮者,以示敬重。後再由家人，正冠整衣，於是棺材匠於葫蘆材之中部稜口處，加以覆蓋。是時，家人皆痛哭，觀禮之宗族，亦皆陪哭。於是槓夫抬葫蘆材起，赴停棺之正位。停棺之正位，死者爲長上，均居於屋内，堂屋有隔扇或牆壁，一律拆毁，打掃清净。槓夫先於正位處前後放二木凳，謂之"交木"。然後[1]抬葫蘆材放凳上，高低斜正於觀察良久，於是告成，謂之"安位"。安位畢，乃將葫蘆材之蓋抬上，合口插銷。是時，棺材匠並在葫蘆材之蓋上，釘以"壽釘"，亦分男左女右。壽釘爲大銅釘，上端爲一大銅八稜疙疸。釘時，棺材匠以斧子，從容而捶之，喪種撫材痛哭，並呼"躲釘"。釘畢，並在壽釘之銅疙疸上，縫以五色線。事畢，棚帳舖①乃進"傢伙座"，除坐席之板凳桌子外，關於靈前之綴品甚多。如靈前置方桌一面，上供蠟阡、奠酒池、香爐、花瓶、悶燈等件，皆爲錫器。悶燈即時燃點之，使長明，直至發葬而後已。花瓶插以紙素花，蠟阡插對靈前素蠟，方桌前加花布配飾，謂之"圍桌"。葫蘆材前，懸以布帳，謂之"幔帳"。帳作三門，各門皆有雲頭花邊。正門爲葫蘆材位，左門爲男跪靈處，右門爲女跪靈處。惟左右兩門之帳爲活用，可以下垂。上級旗家則改幔帳，用棚舖之"旋門子"，木架玻璃心，上並彩繪花樣，狀極美觀。左右亦作三門式，月台（即在靈之前面）圍以欄桿，底面設席毡。是時，宗親有贈"花圈"者，則懸於葫蘆材之葫蘆上。月台之對面，爲"天合座"（即念經之台），座之外部紮彩子，亦作立門式，若佛龕然。彩子綴以各色紙花點綴，極爲美觀。

---

① 棚帳舖，即棚舖。舊時北京等地專門應承爲人搭席、佈棚的店舖。棚舖始於明代，當時僅有席棚業。清乾隆時出現佈棚業，稱"帳房舖"。自此，棚舖分成席棚舖和佈棚舖。後在競爭中彼此滲透，席、佈棚舖又漸合二爲一，棚舖成爲此類店舖的總稱。棚舖服務，主要是搭各種喜、壽、喪棚及夏天涼棚。當時北京棚匠的搭棚技術全國聞名（參見傅立民、賀名侖主編《中國商業文化大辭典》，第 174 頁）。

接三前一日，喪種多赴墳地打坑，謂之"破土"。是時喪家內部，張羅齊畢，乃於第三日舉行"接三"。

中華民國十八年三月三十一日第八版

【校記】
[1]　後，底本、油印本誤作"於"，刪節本作"後"，據改。

（三）接三：接三之日，喪家先於門前添鼓樂，此亦槓房所分配而來者。有小號金鼓四面，支以鼓架，每鼓一面，有吹鼓手一人，司其職任；號筒二，另有方桌一方，吹喇叭（即嗩吶）者二人，齊置於喪家大門之外，以爲喪禮上之號召。此種吹鼓號，稱曰"門吹兒"。另置板凳若干條，以便於吹鼓手之坐歇，吹喇叭者則常坐板凳上不動，敲鼓者則立坐不定。旗家稍事講究者，喪禮中之接三門吹兒，多添"大鼓鑼架"，則除小鼓而外，另置大鼓一面，較之小鼓，鉅盈數倍。此種大鼓之油皮，或紅或黑，加以金色花紋，形式益臻壯美。鑼架爲與大鼓同色之長高式之木架，有小而且厚之銅鑼一面，惟常不置於架上。有大鼓者，須另向槓房加費若干，概大鼓陳列，且須多加吹鼓手也。此種門吹兒，分"早上"與"午上"二種。午上者，須於午飯後，始來喪家奏打；早上者，自清晨起，即來喪家奏打悉聽喪家之便，惟早上須另給飯資耳。吹鼓手奏哀樂時，以吹喇叭爲正工，委曲宛轉，調至悲戚！調以大鼓，聲發哀壯。吹至節目處，敲大鼓者，另提金鑼鳴奏。惟有大鼓者，則對小鼓於門前不敲，須俟接三出發時，與號筒同於沿街鳴奏也。鼓架之上，皆飾以花圍，吹鼓手穿架衣，形式真有種種之美趣。弔客之來，敲鼓者加以觀察，乃敲鼓以警告喪家，以便預備跪靈、接待等事。弔客爲官客，例敲鼓三響，堂客則敲鼓二響。弔客多者，則按數遞加，如弔客男女各一人，則先敲鼓三響，次再敲二響。弔客再多者（多爲一家人），則鼓聲頻敲，並加吹喇叭，似表歡迎及誌哀之意，使人不可辨認來弔者爲男爲女，然知來弔者，必居多數也。吹鼓手於弔客絡繹之後，即作各種吹打，最後並奏一哀樂，其名曰"拿大餓"，聲極緊湊，委婉動人，故人□喜聽之，成俗例焉！

　　自上"門吹兒"之後，喪家舉"挑喪紙"，懸於大門外，分男左女右。此紙每張作長條形狀，中嵌小錢樣，並綉以花邊，色發奇白。每挑若干張，以死者之年歲爲標準，若死者七十而終，則挑喪紙必用七十張也無疑。此紙束成後，繫以麻繩拴於竹竿之上，與框壁間之喪條互相輝映，同爲飾喪之品。是日，靈前之設備，有"靈前素蠟"一對，上並綴金字，於燃照之下，使人幻想棺內死者之悽涼情狀，光茫慘淡，益增悲戚之意。對瓶中，插大紙花一對，花作大朵，白色綠葉，形呈素美。惟葫蘆材前所套之大花圈，則紅紫相映，五光十色，花圈之精細者，各色各樣與真花無異。關於靈前之食品方面，先有廚師自造之上等席一桌，合爲數碗，供於靈桌之間。普通者，若"紅白丸子"，"肘子"，"米粉肉"等等，悉聽喪家選擇，且有以死者生前好吃何種菜，即照樣成作以貢獻靈者，亦甚多，此菜統稱曰"供席"。廚師加細作成，以求陳列之美觀。供席之外，並有"盒子"一方，此爲盒子舖（舊都又俗曰肉檟，即豬肉舖也），所出售者，專爲靈前供品之用。盒子，爲一大號之花色木盒子。盒中之周圍，置以木塊，約十餘方，每一木塊上，擺以各色之肉片，如"小肚兒"，"爐肉"①，"白肉"，"肘花"等等，皆用刀切成大肉片，成堆式，並在肉上置以香菜等之點綴品。此種盒子，爲"姑奶奶"（即死者已出嫁之女兒）應盡之義務。於接三之日，姑奶奶自附近之肉舖叫來盒子，置於靈桌之中心點，以盒子蓋支盒子底，謂之

———————

① 爐肉，又稱烤肉，傳統豬肉製品，北京市、天津市均有生產。始產於清朝後期（參見《中國商品大辭典》編輯委員會編《中國商品大辭典・肉禽蛋分冊》，第97—98頁）。

"開煙火"。

中華民國十八年四月五日第八版

　　此種盒子除供列外，並預備"裝罐"之用（詳後）。盒子之外，又
有各種果品，皆限於應時者。惟以梨、橘之屬當先，每桌多作五碗，
碗爲高碟子式，每碗置果子五枚，合供爲一排。最後爲一堂"施事
（?）餑餑"（此種餑餑，爲和尚夜間放焰口，散放鬼衆之用，故曰施事
餑餑，但不悉施事二字音是否即施事二字也）①。此種餑餑，爲蒸
食舖之出品，專爲接三作用。施事餑餑每份共作三碗，每碗之餑餑
狀，與饅頭相同。惟在四周有圈縫，爲極小號之饅頭若干所合組而
成。其小饅頭，大如棋子，故又謂之"棋子饅頭"。饅頭之邊並加染
以紅綠顏色，合組成大饅頭，最底者甚大，越高而越小，至頂作畸
狀，並插以黃綠紫各色之三尖旗子，列於靈前，甚爲美觀。至施事
餑餑之外，並有連帶之"江米人"，爲點綴靈前之玩藝。江米人亦爲
蒸食舖之出品，叫買施事餑餑時，如用江米人，即可同時送到。江
米人之式樣，身高可數寸，捏工頗粗，然亦差强可觀，每一份爲一戲
齣，合爲江米人六個或十餘個不等，惟在喪家之選擇也。江米人之
色彩鮮明，下部有長木枝，可插於施事餑餑之旁。尚有成套之江米
人由蒸食舖置靈前一黑包之木城，俗謂之"鬼門關"。所捏之江米
人，皆爲鬼狀，縱橫於木城之上。木城形甚高，上並插各色紙棋子，
呈陰冥之美。惟此等江米人，例於接三出發後，喪家並弔客之兒
輩，相與爭搶，爲喪禮中之一幕喜劇焉。接三自午時起，喪家即穿
帶孝服，預備"跪靈"。跪靈分男左女右式，男居左靈門內，女居右

----

① 施事，二字當作"施食"。據《滿漢禮俗》記載："焰口是梵語的音譯，意思是施食，所以
　和尚念到節骨眼兒上，把供著的爐食餑餑捏碎了，往下扔，是施食給所來的餓鬼之
　意。"（參見武田昌雄《滿漢禮俗》，第 255 頁）施食饽饽，正称斛食饽饽（參見常人春
　《紅白喜事：舊京婚喪禮俗》，第 273 頁）。

靈門内。左門以喪種之長子在最前，以次爲次子、三子……至於孫輩，可以類推。跪靈，喪種之妻在右靈門，與其夫遙作並肩之狀。如左靈門首爲長子跪靈，右靈門首即[1]爲長媳跪靈無疑，互相得平衡之美觀。若夫妻因故不齊，即互相錯差後前，總期左右並肩之男女跪[2]靈者，即爲夫妻。以使來客易於辨認，不得錯亂。惟旗族當家男子死去，其妻並重孝，於右靈門居首位跪靈，但妻死時，夫並不舉行跪靈也。

中華民國十八年四月六日第八版

【校記】

[1] 首即，底本、油印本作"即首"，刪節本作"首即"，據改。

[2] 跪，底本、油印本誤作"跑"，刪節本作"跪"，據改。

接三日之午後，冥衣舖送"燒活"，以備接三焚化之用。燒活有騾車一輛，上套騾子一匹，小箱子四個，死者如爲女人，並加黄牛一頭，箱子爲紅花紙所糊成，並加封鎖，下支以柴木架，與真箱子形式相同。騾車分身，至喪家則可合至套之，亦以柴木架支，遠望之，差可亂真。稍事講求[1]者，令冥衣舖加工細作，騾車形式放大自如，質料上選。舉凡騾身及車上之各種配置物品，無不齊備，並在車沿加裝趕車者一人，揚鞭抬腿，洽與趕轎車之形狀神似。如此箱子亦加細作，並有加塗白馬一匹，有騎跟班者一人，謂之"頂馬"。地位居然[2]騾車之前面，顏色之配置適宜，工質之精巧，足見作俑者之別具匠心焉。燒活送到後，陳列於庭院白棚之下，並在箱子及車棚内，分裝以燒紙、銀錠之各種焚化品。

燒活陳列齊全，時近晚夕，則家族親友即陸續來弔。以本族近枝親屬應先到，亦有接三之前一日，或接三日之上午，即來喪家，以示親近者不等。宗親來時，多在自家先將孝服備妥，穿帶齊整（詳見穿孝節中）。惟遠派親友，因種種關係，亦多在喪家門首，臨時穿孝，然後入門弔祭者。而初交之友輩來弔，則概不穿孝焉。親友入門，門吹敲鼓，内部喪種跪靈，以相應待。靈前爲月台，台面鋪紅氈子一塊，下部並襯以白墊子。親友入門，先至月台前，依次上祭，但本族全家聚弔者，則以輩數之大小，依次先後上祭。喪家是時並遣派二人立月台上，著素服爲靈前招待員，並在月台下面，置供桌上之“奠酒池”，與靈桌相近。親族上月台，乃行“奠酒”禮，一跪四叩（以神三鬼四，故喪禮叩頭禮皆爲四）。祭者先將月台上之紅氈子掀開，乃下跪，招待者加以攙扶。同時，茶師舉一茶盤子，上置水酒四杯，下就上於者，上祭者舉酒杯，將水酒潑灑祭奠酒池中，乃磕一頭，凡四次而止。上祭者如爲女人，則行旗家“達兒頭”禮（參看第二章演禮節中），禮勢頗爲隆貴可觀。是時，靈之左右跪靈之喪種，每見上祭者磕一頭，即伏跪答磕一頭還禮。（女眷跪靈者，因已“落辮”，未梳兩把兒頭，故不能磕達兒頭，即舉手歪頭式者，一則亦與普通之磕頭禮相同。）

中華民國十八年四月七日第八版

【校記】

[1] 求，底本、油印本誤作“來”，刪節本作“求”，據改。

[2] 然，疑爲“於”字之訛。底本、油印本作“然”，刪節本脱此字。

上祭者舉行“奠酒”禮畢，於是伏跪痛哭，跪靈者陪哭；亦有奠酒畢，乃起立，進一步撫棺痛哭者，跪靈者亦陪哭。一時靈前招待者加以婉勸而止。事前不知死者病況者，亦多向喪種問候，互誌哀戚之意，一一如儀。於是退月台，另有招待員獻茶。接三祭品或份禮，交由喪種，轉入賬房登記。於是女眷至庭堂，官客歸庭院，入座敘話。以上所述，爲旗家宗族之來弔。至於普通之親友，至月台上祭奠酒時，靈前招待者多致謙詞，祭者必欲奠酒者聽之，否則作罷。但年輩顯然較死者爲長者，招待者及喪種皆謙遜有加，不許上祭，以示尊敬之意。接三之日，喪家設賬房，遣派數人，司其職守。普通親友於靈前致祭後，即赴賬房投交祭品或份禮。親友有因故不到者，則由役者將祭品送至，投交賬房登記，並回覆以謝帖。祭品之種類，有"籚紙"及"籚錁"，共作兩束，係用竹葉作長包狀。內裝燒紙者，謂之"籚紙"；內裝銀錠小元寶者，謂之"籚錁"。此項祭品形式，甚爲美觀，故祭者多喜用之，但每份皆作一對。其次，以金銀錠（即紙質小元寶）爲最普通，統稱之曰"銀錠"。銀錠，紙店有出售者，或成扁狀。單有自家裝造者，須先赴紙店購買銀錠紙，謂之"金銀薄"。以薄糊圓筒，再捏成小元寶狀，較之紙店出售者，物美而價廉。銀錠之祭品，每一掛通謂之"一萬"，至於"二萬"，再多者至"半兆""一兆"[1]不等。此外，尚有"官弔"之祭品，每份分香燭、紙錠，各樣俱備，爲紙店所備售，然用之者，屬少數焉。旗家近枝親屬，於接三之日，亦有"掛祭帳"者。祭帳俗即曰"帳子"，普通爲灰色布地，上嵌以金字，下綴祭，並以與者之姓名。而親友團結，與祭之時，由首領預備，每人應拿錢若干，謂之"公益"，亦多有掛帳子者。接三之來祭者，本應獻祭品，但有不欲供祭品者，則改以份禮[2]，故謂之"折祭"。司理賬房事務者，按照與[3]祭者祭品之種類，來人之姓名、住址等等，一一[4]詳爲登記無遺，統稱之曰"白事賬"。以備喪家之參考，而爲人情上之作用。賬房別一方面，並司理喪禮上應用物品開支上之賬目等事，不須贅述。

中華民國十八年四月八日第六版

【校記】

[1] 兆，底本、油印本、刪節本誤作"棹"，據文意改。
[2] 份禮，底本"份"字字跡不清，刪節本作"份禮"，據補。

[3] 與，底本此字殘，油印本作"與"，據補。
[4] ——，底本字跡不清，油印本作"——"，據補。

　　旗族盛興時代，其有團結性之"白帶子會"，已見本章專節所述矣。於接三之日，白帶子會員齊來喪家，舉行弔祭，並多有起"公益"掛祭帳者，或個人自由交份禮，或祭品若干。每人腰繫白帶子一條，爲喪禮上添熱鬧者不少。

　　來弔者齊集後，於適宜時間，即由喪家宣告擺席。茶師並幫同張羅一切，男女分席，男客多在庭院白棚坐下，女客則於庭堂，但屋宇狹窄者，則亦移至白棚下分坐。先由茶師及招待者舉行讓坐，每席擇推年輩長者位於上座。坐齊後，由廚師上菜，喪種趨席前，磕頭道謝，茶師並作讚辭。坐席者起立，謙謝乃止。於是，廚師陸續上菜，並備酒，飲否聽坐客之便。貴族旗家之席面，各種菜肉皆臻上選。惟普級旗家，則多以接三爲喪禮中之小部分，故多有具菜數色而外，即爲麵條，不用米飯，藉以減資，即通俗所謂之"接三炒菜麵"①者是。

　　自坐席而後，時近傍晚。於是，所謂之和尚乃上座，事前由喪家講於寺院，預定和尚幾位，或五或七，或九至十一等不一。但以單數爲準，以五位爲起碼，五位和尚謂之"五鐘"，七位者謂之"七鐘"，九位者謂之"九鐘"，以上可以類推。和尚除念經、放焰口而外，尚有吹打音樂，以陪襯念經之美。念經時，如須帶音樂者，則外加費若干，但帶音樂者，須和尚七位以上始可，通稱之曰："七鐘帶音樂"，或"九鐘帶音樂"。至時，先有和尚之僕役一

───────────────

① 炒菜麵，舊時北京城貧苦人家準備的一種極爲簡陋的婚喪宴席。通常只有四個普通的葷素炒菜，最多預備八個菜。主食爲打鹵麵（參見王秉愚《老北京風俗詞典》，第43頁）。

人，肩挑鼓籠①至喪家，此役者謂之“鋪排”。至喪家，就和尚念經地位，有“天合座”者，則置經桌樂器等於天合座上，遍家無天合座者，則在靈之對面，設以方桌，將和尚用品一一安排[1]停當齊整。然後，“鋪排”並留此，以伺候和尚念經之一切事宜。和尚上座後，有首領一人，謂之“正座”，如五鐘和尚，正座坐正位，餘和尚四位，左右相陪。所奏之普通樂器，正座爲銅鈴鐺，搖作念經上之種種指揮，並有一龍頭棒，頭插粗香。其次，和尚奏手鑼者二，打銅鐃者一，擊大鼓者一（按念經及放焰口時，擊大鼓，但在接三出發焚燒活時，則改用小鼓）。若七鐘和尚，則除緣木②專人敲打外，並加鐃鈸等各樣樂器。若九鐘亦如。

中華民國十八年四月九日第八版

【校記】
[1] 一一安排，底本、油印本作“一安排一”，據文意改。

　　加音樂者，與普通念經之樂器不同。須另添“笙”，“管”，“笛”，“簫”等等，或單或雙，視和尚之多寡，以爲分配。和尚就位後，先奏打念經樂器，次即念經，由正座先唱，衆和尚以聲合，然後再吹奏音樂之各種曲調，如此凡三起而止。由和尚向喪家理事者報告，並每和尚一位，由喪家予以白紙燈籠並蠟各一份，以備和尚接三後之提用。是時，張羅接三出發之情形，其爲忙碌。按接三出發，係往遠地焚化車馬，含送死者赴陰之意義，故接三此時亦謂之“送三”。先

---

① 鼓籠，《黃陵文典·民俗卷》闡釋“驢馱籠”時引用一條農家謎語寫道：“兩隻鼓籠對面坐，兩條木腿穿肚過，能裝糞土和水果，磚石煤炭也能攔。”從這條謎語中可見，鼓籠的外觀特點應與驢馱籠極其相似。參照《黃陵文典·民俗卷》中“驢馱籠”一詞的釋文，筆者總結“鼓籠”一物外觀特點如下：用荊條編制而成，口徑約一尺多，深約一尺多，腹部稍鼓（參見曹明周，趙輝遠總編《黃陵文典·民俗卷》，第106—107頁）。
② 緣木，何物，俟考。

由喪家傳"門吹兒"進內，向葫蘆材奏鼓號，謂"參靈"[1]。及其他樂藝，如是風靡一時之子弟"文場會"，旗家子弟多喜組織之。此會具公益樂善使命，分支鼓、堂鼓、對鐃、對鈸、擦官兒……各部分，鳴奏十分緊湊好聽。故是時，旗家舉喪禮者，多喜請之，以湊熱鬧（文場會內幕詳待看本誌第五章藝樂之部中）；及槓房之"鑼喪鼓"（見出殯），均依次參靈，參靈畢，魚貫出，備走行。一方面喪家之普通親友，每人領長香一股，合以燃著，排列外出，若火龍然。役者此時執燒活之騾車、箱、馬等先往，置放於送三日的地方。後摘門前之挑喪紙，交喪種長子執拿，立[2]分男左女右（如死父以左手執挑喪紙者時[3]）。先以紙在葫蘆材旁，作一引導之式樣，即哭叫死者上車。長子以後出，喪種亦隨哭，於是宗親人等，攙扶喪種前行，喪種排列前後，亦甚有次序，後者揪住前者之腰際孝帶子，以免秩序錯亂，隨行隨哭。是時，和尚亦隨喪種起行，前面鼓樂齊奏，於是送三乃出發焉。

中華民國十八年四月十日第八版

【校記】

[1] 參靈，底本、油印本、刪節本皆作"奏靈"，據文意改。

[2] 立，疑爲"亦"字之訛。底本、油印本、刪節本皆作"立"。

[3] 者時，疑爲"者是"之訛。底本、油印本作"者時"，刪節本脱此二字。

送三出發之秩序，以鼓手居最前；次有宗族親友人等，舉長香步行致送；再次爲白帶子會致送，會前並有大氣死風燈一對。如有"文場會"者，居於白帶子會之後，文場會亦有大氣死風燈一對，會員奏樂器，極爲□湊[1]起勁。再次爲喪種，依次排行，皆有本族人攙扶維護。最後爲和尚奏樂鐃鈸等隨行，帶音樂者，有"鋪排"人隨行，接[2]時掉換樂器，即先奏鼓樂鐃鈸一回，次再吹奏音樂一回，極有秩序。音樂中，並雜之以各種小曲，極爲動聽。至焚化場（多在曠地，大院空廠之處舉行之），送三者佇立，喪種下跪。是時有茶房跟隨至前，將燒活燃著，一時火光衝天，飛星四濺。喪種並向紙車、紙騾之燒活叩一頭，茶房向送三者，代表喪種，高呼謝聲，於是送三禮成，鼓手散去。有文場會者，即散去，喪種並叩頭道謝。和尚亦臨時散去。白帶子會亦有臨時散去者，但亦有因交情關係，重返喪家者不等。於是，本族親衆及喪種折回。當送三出發時，喪種中之婦女，及本族來弔之婦女，皆不隨送。惟至大門間，在門坎以內，伏哭致送，時有人宛勸，當時哭止。亦有在月台棺前痛哭者，亦有由門間折回月台棺前，痛哭不止者，一時家人宛勸而止。

當送三出發時，靈前供桌上之江米人，爲衆親友所携帶之小兒等，蜂擁而上，搶奪一空。惟"施事銙銙"，因和尚放焰口[3]時，尚有作用，禁不能動。而江米人爲數有限，不敷兒輩之分配，搶不得者恒以襟抹淚，搶著者則舉之玩耍，意頗自得，此亦喪禮中之一幕喜劇也。

中華民國十八年四月十四日第八版

【校記】

[1]　□湊，疑爲"緊湊"。底本、油印本同，刪節本脫此二字。

[2]　接，疑爲"按"字之訛。底本、油印本、刪節本同。

[3]　口，底本、油印本脫此字，刪節本作"口"，據補。

旗家死老人，謂之"喜喪"①，似於喪禮中，反含慶意者。故於接三之夜，本族近枝親友聚歡，謂之"熬夜"。於是晚，男女親屬，或

---

① 喜喪，《清稗類鈔》記載："人家之有喪，哀事也，方追悼之不暇，何有於喜。而俗所謂喜喪者，則以死者之福壽兼備可喜也。"（參見徐珂《清稗類鈔》，第 3540 頁。）此種習俗至今依然存在。

觀聽放焰口，或團聚暢叙，或合聚數人，共竹戰①及葉子之戲，以盡一夜之歡。而當清季盛年，旗族興旺，尤以接三夜賭[1]風爲最盛，通宵達旦，呼雉喝盧，謂之"耍白棚"。一擲數十金，喧嚷一團，喪家有藉此抽頭斂資者，而其所得，一夜之間，亦甚豐多。及至天明，始決勝負。故旗家接三之夜，泰半成儼然之賭場焉。

此外，有於接三噴雲吐霧者，誠以上級旗家之有阿芙蓉癖者多。故於接三長時間之應酬，勢必不支，故藉此飽過煙癮，芙蓉帳裏，一榻橫陳。總之，旗家接三夜，來客衆多。故三五成羣，各擇其性嗜相類者團聚，以至待旦，加以和尚於台上大放焰口，笙鼓頻敲，鐃鑼亂響，念經聲浪，不絕於耳，其爲熱鬧，儼然若唱戲，喧嚷一[2]團，謂之"喜喪"，於玆益信。待至夜深，和尚上座，乃舉行"放焰口"。

（四）放焰口：放焰口爲接三夜間之和尚戲，當和尚送三之後，即轉回廟寓少息，或赴他處環繞。此一因爲和尚未臨放焰口之時間，和尚等未便於喪家苦守，故[3]乘間在外活動。第二，因喪日送三後，遠派親友皆已散，惟近枝親友團聚，及會計賬目等項事務，與親友等歡叙，似接三禮畢，頓呈一種混亂散漫之狀態。和尚等，因所應佛事，未便轉入此項漩渦，致亂秩序。因此二種原因，故和尚在放焰上座之前，必須在外少作逗留。其使喪家所備之每人一個紙燈籠之作用，即在此也。沿傳已成習例。但和尚在外活動，或二三打夥，或個人行動，不得相干。約在定更以後，和尚乃陸續捲回喪家，臨時入座休息。是時，"鋪排"人將台上放焰口之工具等項，一一預備妥協。至和尚來齊後，乃正式上座，而臨放焰口時間，和尚有未到者，則在座之和尚，常敲鐘鼓作響，聲聞街外，以便使[4]未到和尚之在附近者，聞聲可疾行而來，不致誤卯。和尚到齊後，在

---

① 竹戰，指打麻將（參見黃麗麗、周澍民、錢蓮琴著《港台語詞典》，第 420 頁）。

開始放焰口以前，先寫"例事單子"。"例事單子"爲亡人親屬之姓氏，及本族近枝親屬之姓氏，男女並録，依次排列。如亡人爲旗家當家老者，則"例事單子"，首列亡人之妻氏，妻已死者，則首列長子、長媳等，順序列記，後部爲本族之親屬甚夥，不遑勝載。"例事單子"開列時，由喪種人等報名，和尚之正座記録。完成後，乃開始上天合座[5]，放焰口，以便"召請"之用。

中華民國十八年四月十六日第八版

【校記】

[1] 賭，底本、油印本、删節本皆作"睹"，據文意改，下同。

[2] 一，底本此字字跡不清，油印本、删節本作"一"，據補。

[3] 故，底本、油印本誤作"放"，删節本作"故"，據改。

[4] 使，底本、油印本誤作"便"，據文意改。

[5] 天合座，底本、油印本、删節本皆作"天台座"，據上文改。

　　焰口一開，和尚仍執鑼鼓樂器（送三之小鼓返而更換爲大鼓）。正座和尚，先搖鈴而念，且念且敲。經桌上陳佛像，和尚等左右瞻拜，並至靈前鞠躬參奏，約數巡，乃又上天合座，且念且敲，並掉換音樂。笙管笛簫，發音宛委，藉以凤夜寒風，其聲直若警鬼者。至其所念之詞句，因句快聲喧，一唱衆合做皆不易辨認。若細細注聽，則字句音節，皆合於邏輯，佛家經句，想是必有成本。就其意義觀之，無非超渡鬼魂，爲讖[1]者今生之惡孽，預祝來世之死，德福而已。此等狀態，若樂觀之，則念經直成唱戲，鼓樂以助聲歌，則喪禮中反致歡笑滿庭，令人發喜。但若悲觀之，則於燈心[2]慘綠，鐘磬振蕩之間，幻想死者之陰魂，飄搖千里。僧家經句追隨，或即趨趄門庭，緣木[3]敲處，恍聞鬼哭，陰森之氣，發人無限悲涼，及至睹傷懷，回憶死者生前，頓增孝意。故旗家孝子，每有在放焰口之間，放聲痛哭者,實情感之表現焉。

　　旗族盛興時代,和尚念經之帶音樂者,雖亦於送三之際,在街上吹各種俚歌唱曲(見前說),但於夜間放焰口之際,則頗少此例,誠以旗家禮節之嚴格,有以使然。近年以來,人心日非,乃致風氣大開。和尚放焰口念經時,多有以音樂大吹時調、小曲者,則覺悲壯之氣全銷。素心人處此,大感無聊,譬如彩繪仕女不懸諸嬌屋,反張之於書室,精神上顯其不倫。然近年放焰口者,皆以熱鬧爲能事。故以音樂吹時調、小曲時,凡聽者無往不表示歡迎之狀,而和尚爲此,或謂之迎合潮流也!

　　和尚放焰口之際,種種把戲甚多。若以香菜葉蘸涼水,向台下棺前彈動,謂之"甘露水"。若碟[4]中置米(和尚自帶來者),每念一節,正座和尚即於米數粒,向台下棺前扔擲,次數甚多。此等把戲據云和尚皆施諸於鬼,無外維護死者之亡魂。放焰口至緊要節目時,正座和尚並對鏡自戴帽片於頭上片,帽作蓮花瓣形,敞口而上,如冰盤然;兩旁並綴以飄帶,長可垂胸;每一帽片,皆有彩繪佛身一尊,帽片合爲五個,故謂之"五佛冠",氣概嚴然。自戴"五佛冠"後,把戲漸趨於繁重,主要者爲散放"施事餑餑"(即棋子饅[5]頭)於鬼衆。事前,由茶師將靈前所供之"施事餑餑",交付於"鋪排"人①,轉放經桌,以備散放之用。散放時,正座和尚將"施事餑餑"碎成小塊(即成棋子饅頭六單個),且念且擲於台下,至散放一空爲止。旗家喪禮中,向有"搶施事餑餑"之戲,當之散放時,親衆兒女及年長,亦有參加此種把戲,引以爲樂者。每至台上擲下餑餑施事,即蜂擁而前,搶[6]奪於地下,滾成一團。參觀此戲者,皆爲之發喜,又有以大衣襟做張兜狀,靜待正座和尚擲下"施事餑餑",以合巧得接入兜者。最後得"施事餑餑"最多者,跳於白棚下,意頗自得,兒女所得

---

① 鋪排人,指佈置佛事壇場的人[參見(日)武田昌雄《滿漢禮俗》,第258頁]。

之"施事餑餑"，皆自己食用。相傳接三之夜，小兒等吃"施事餑餑"者，則可免駭怕云。

中華民國十八年四月十七日第八版

【校記】

[1] 識，"識"字後，疑脫"死"字；底本、油印本、删節本同。

[2] 心，底本此字字跡不清，油印本、删節本作"心"，據改。

[3] 緣木，底本、油印本、删節本皆作"木緣"，據文意改。

[4] 碟 ，底本誤作"蝶"，油印本、删節本作"碟"，據改。

[5] 饅，底本、删節本此字後衍"饅"字，據油印本删。

[6] 搶，底本誤作"鎗"，油印本、删節本作"搶"，據改。

旗族盛時，和尚放焰口，尚時興一種帶燈彩者，即謂之"傳燈焰口"。但在講經時，如加演"傳燈焰口"者，須外加錢若干。"傳燈焰口"之設備，有兩條長線，左右各一，繫於天合座與棺前，上下映照。當放焰口念經之際，長線各嵌紙人一個，高可寸許，紙人身上並綴以燈花，遠望之，光焰閃閃。台上正座，爲繩頭之總繫，來往拉動，則燈花紙人，可來往於焰口台及靈前之間，活動自如，紙身顫動，巍巍兩盞蓮燈，如天上飛星，地上火團。正座和尚且念且拉動，此去彼遠，飄飄欲仙，恍若鬼影憧憧，籠罩靈前，其狀美甚。精神上，正座和尚似與棺中之死者靈魂，互通聲氣，死者在陰司種種，和尚洞悉無遺。而和尚代爲超度，死者靈魂，亦能承取其善意者。此實由於紙人傳燈活動，爲此陰冥變幻之場，添生氣者不少。且夫紙人傳燈之顱動，極有條節，形式上作跳動頷首之狀，有時二紙人交錯，若互相致意者。藝術上，則其活動，暗與和尚經句及樂器之音節互相吻合。此皆由於正座和尚之手腕，此種放焰口，或云"添彩"，實增熱鬧，有色有聲，形同影戲。故旗家放焰口之加演"傳燈"者，外來觀友及兒女之輩，無不額手稱慶。每至開演，旗家鄰衆小兒之輩，亦多前來參觀。來客穿孝者，於焰口台下，燕翅排開，形若兩列白鵝然。至表演緊湊處，默然無聲，益顯樂器發音之鏗鏘，和尚經句之清脆。環觀者，眼光集中於紙人傳燈，小兒指手畫脚，婦女悲中含笑，此時此景，一似棺中死者，皆爲之翻身起舞者也。

焰口放至子時以後，正座和尚乃舉行“召請”。此乃亡人親屬，召請其靈魂，致死者以種種慰藉，皆傳達於和尚之口。召請皆有次序，人數以“例事單子”爲標準，限於親屬及本族近人，其它遠派親友則例免。

中華民國十八年四月十八日第八版

和尚自解算盤疙疸①後，乃作其最末之拿手歌唱，謂之“散花”。而帶“散花”者，亦須加“襯錢”若干。“散花”者，爲四季花開曲，中間加以若干之歌詞，先由正座和尚起唱，唱畢，有其他和尚接唱，各唱一陣，陣陣詞句翻新，調門委曲宛轉，甚爲動聽。故於“散花”之際，空氣悽涼悲致，孝子聞之，易動哀情。故“散花”雖亦爲歌唱，而與音樂中之時調、小曲，大不可同日而語也！

當“召請”之際，相傳死者幽魂被大鬼小鬼等，牽伴來家晤親，幻狀令人發怖。然旗家迷信最深，故多認以爲真，於召請時，特於靈前焚化紙錢，喪種跪靈，並依次行四叩禮。焚錢時，親屬人等皆跪哭，極盡哀戚之狀；正座和尚則緊搖鈴散鬼，少間畢哭，亡鬼已携亡魂去矣！此爲放焰口中，最悽慘之一幕，婦女之膽小者，聞聲爲之髮指，並謂是時正座和尚睹鬼至真云云。

和尚放焰口，自“散花”已畢，即行告一段落。是時，約將天明，

————————

① 解算盤疙疸，按《滿漢禮俗》記載，放焰口時“有帶解扣兒的，是由喪家的親友，繫上許多極難解的扣兒，交給和尚，在念經的時侯，把他們（扣兒——筆者注）都解開，説是能把亡人的冤孽解散”〔參見（日）武田昌雄《滿漢禮俗》，第255頁〕。

於是和尚乃宣告"下座"。下座之後，喪家乃"放襯錢"，又謂之"撩襯錢"。襯錢，即和尚放焰口之外賞酒資，如加演"解算盤疙疸"，"散花"，須加襯錢，已如前述。是時，將念經焰口費與襯錢合併交付"鋪排"人，而襯錢亦有喪家之親屬另出若干者。如"姑奶奶"等點"散花"，並首倡解算盤疙疸（及近年之點吹音樂小曲）等，則和尚下座，姑奶奶須外加襯錢若干。是時之"鋪排"人，亦須由喪家外賞酒錢，而亦多與經價講於一起者，較爲省事也。和尚下座後，亦有在喪家吃"柳葉湯"者，傳爲習例。但事先須議定，上級旗家多欲備此，以便和尚放焰口時，多賣力氣。"柳葉湯"即形如柳葉之麵片，舊京之切麵舖出品，至今此風尤盛，即稱之曰"柳葉"。和尚入座，一如坐席，有酒菜之品，飲畢，上"柳葉湯"，吃畢，起席而去。而此項"柳葉湯"，喪家親屬亦多於焰口下座後，合坐食用之者，爲接三夜之便飯。柳葉甚薄且軟，調以熱湯，寒夜助暖，且易消化，即此一端，可見舊京食譜頗多美化者也。

　　自焰口下座，食"柳葉湯"畢，接三夜已成煞景。熬夜者方飲酒，則醉眼朦朧；聚賭[1]者柳葉湯進，則賭興復豪。於是，睡者七橫八豎，賭者團城而戰，疊二連三。直至金雞亂唱，喪種跪靈前，燒"雞鳴紙"，親屬復環棺伏哭。則睡夢者，恍見掛孝淚人，佇立目前，爲之渺茫噩顫；賭錢者，聞哭聲振屋瓦，寄來無限悽涼，頓殺角鬥之心。於是，接三夜景告一閉幕，此間哀緒戚情，亦實禿筆[2]所描摹不盡者也。

中華民國十八年四月十九日第八版

【校記】

[1] 賭，底本、油印本誤作"睹"，刪節本作"賭"，據改，下同。

[2] 禿筆，底本、油印本、刪節本皆誤作"頹筆"，據文意改。

　　接三之夜,尚有"揀罐"之禮一幕(按揀字讀尖音),但只限於喪儀簡單,只停放五日,而不"辦事"者(辦事詳後)。以其是夜宗親齊聚,舉行"揀罐"爲宜也。若夫停放七日或九日者,出殯之前一日舉行"辦事"。宗親齊至,則於是日之晚間,舉行"揀罐",禮節尤見隆重焉。"揀罐"之工具,爲一罐質之小罐,大如茶壺然。先是喪家購於磁器攤或磁器店。此等罐,皮釉多作褐[1]色,工質極粗,且多陳列於街頭,喪家購此罐時,皆不還價錢,以討吉利。以此物既非日常用品,買時甚少;若還價時,倘售者不賣,則須購於他處,引爲忌諱。故賣此罐者,亦皆有定價,不得多索。喪家買罐後,並罐蘋果一個,紅布一方,五色花線若干條一縷,以上爲"揀罐"之工具。此罐簡稱之,即曰"罐兒",俗又謂之"噎食罐子"。當"揀"之際,以在喪棚較爲清靜之候(故多在接三,或伴宿日之晚間,或深夜),以本族親衆皆團聚,於是宣告"揀罐"。先由喪家烙白麵餅一張備用,並將揀罐之工具,齊交付於茶師。茶師捧罐在手,旁有大筷[2]子一雙,爲秫稭桿所製成者。初揀時,先讓本族親衆。是時,親衆人等皆圍立於靈前,著孝服遞揀時,由茶師將大筷子遞於揀罐人。於是揀罐人以筷子將靈前之供菜及盒子等肉菜,隨意揀入罐內,一箸或兩箸,揀肉菜時,多擇其美豐者,或死者生[3]前愛吃者而揀之。揀畢,並伏靈前,行一跪四叩禮,婦女並多跪哭,茶師讚禮,喪家扶勸,一一如儀。每次揀罐,式如此,親衆輪次揀罐畢,後乃輪至本家喪種揀罐,其式與親衆揀罐同,秩序井然。揀罐之分量,由茶師隨時填塞結實,務使其滿滿盈盈。最後揀畢,再由茶師將喪家所烙成之白麵餅舉出,使親衆人等,就麵沿周圍每人咬下一口,次輪流至喪種咬餅,最後由孝子一人咬若干口,留烙餅之中心,取其大小,與罐口吻合爲準。咬畢,交茶師,茶師先以蘋果置於罐口;次再以所咬成之圓烙餅,蓋合之於罐口;然後將紅布疊成四方形,再蓋於罐外,布沿捲於罐下,以五色花線將紅布與罐口下之凹處,互相纏繞結實爲止,置於靈桌。茶師乃將揀罐之大筷子折碎棄之,於是乃告禮成。"揀罐"之意義,相傳係爲死人帶去"飯碗",謂此罐食物,下世該死者托生時,可以變爲乳食。旗家迷信最深,故揀罐在喪禮中,爲最重要之一幕。至出殯時,將此罐埋於棺前焉。

中華民國十八年四月二十四日第八版

【校記】

[1] 褐,底本誤作"蝎",油印本、刪節本作"褐",據改。

[2] 筷,底本此字字跡不清,油印本、刪節本作"筷",據補。

[3] 生,底本、油印本此字脫,據刪節本補。

接三而後,若停放五日,後日出殯。出殯前一日,有減去"伴宿"禮者,然多屬於下級旗家之少數,即謂之"不辦事"。則出葬之前一日,並不聚親友演禮團聚,而親友故多於接三日,將折祭之禮加豐者,有將份禮於接三日一齊交出者不等。但旗家重視禮節,又兼本旗中親友聚[1]多,稍有力者,亦必舉行"伴宿"辦事。停放五日,計第四日"伴宿"辦事;停放七天者,計第六日"伴宿"辦事(停放七天者必爲辦事也無疑)。——以下述談經伴宿。

(五) 談經伴宿:談經伴宿(按談經即念經之正稱)亦爲兩事,亦爲一事。兩事者,旗家喪禮有停放九天者,因自接三至伴宿(即出殯之前一日),距離五日之遠,則於喪禮中頗嫌其寂悶。故停放期中,至五日或七日之間,加"談經"一日,喪禮得以調節,形式頗顯熱鬧矣。至"伴宿"之日,仍照例舉行"談經伴宿",故爲兩事。

中華民國十八年四月二十六日第八版

【校記】

[1] 聚,疑爲"衆"字之訛。底本、油印本、刪節本皆作"聚"。

一事者，若停放七日者，於接三後，至第六日舉行"談經伴宿"者甚多，中間並不單獨談經式，形式亦甚火熾；但下級旗家之喪禮，雖停放七日伴宿（辦事），亦多有不舉行談經者。晚近年來，此風大盛。愚謂禮節之最普通者，則爲風俗整個之代表。本節談經伴宿，可以視同一事（因伴宿談經中，亦包括單獨談經之儀式）。兹擇旗族通家喪禮伴宿之帶談經者，述説之如下。

談經之種類，計有"和尚經"，"老道經"，"喇嘛經"（即番經），但此種喇嘛經，窮極奢華。旗家非踞有高位者，不敢使用。故於此喇嘛經，姑從略。至道經亦頗繁麗，間具嚴謹之氣，且經價甚昂，旗家用之者亦甚鮮。最普遍者爲和尚經，凡喪禮中之帶談經者，莫不以和尚經當先。每經一種，謂之"一棚"，亦有加棚者，如念兩棚經，則爲一棚和尚經，一棚喇嘛經也無疑。然就旗家普遍之喪禮現象觀之，談經皆以和尚爲最普通也。喪家談經，亦必有天花（亦作合？）座。和尚於接三放焰口之天花座，談經時亦並借用之。（有談經三棚者，必多搭天花座，每經一種，搭台一座，不容混亂，故旗家貴族喪禮談經時之天花座，縱橫房廊之周圍，若轉角之戲樓然。）天花座之前，懸以花彩旛幢之飾，益現美觀。喪家是時，光講經於寺院（亦多與接三放焰口連爲一事者）。以談經之局勢隆重，雖與接三放焰口賣力相同，而經價亦奇昂，且須由喪家備飯食。和尚念經，亦分"七鐘"，"九鐘"，多至"十三鐘"爲止（皆帶音樂與否亦聽便），與接三之念經同。清季末葉，此等和尚經，每棚約銀十餘兩。至今，談經之風未泯，而增價奇高焉。

中華民國十八年四月二十七日第八版

旗家喪禮，舉談經伴宿，則於喪條及訃聞中，具有"某日談經伴宿"之字樣，於是親友即認爲"辦事"。除宗親自接三留住守喪外，普通親友則亦預備是日前來弔祭，交換份禮（亦謂之行人情）。喪家是日之預備，甚爲豐富，除聘請茶師於是日張羅讚禮等儀節外，並延廚師於伴宿之前一日即舉行"落作"。運糧、秤肉，預算親友之多寡，核計可備席若干桌。菜色之種類豐簡，皆由喪家自定，既云備席，則其正糧用飯者最多（尤以是時旗家所領之老米，在喪禮食用中躬逢其盛焉）。肉菜中，成分之真假，質料之粗細，調和之濃淡，悉由廚師之手腕操縱之。伴宿日於喪禮中，認爲大典。故來客衆多，份禮數廣，則喪家備席，亦必能維持體面，與接三日之多以"炒菜麵"潦[1]草從事者，實不可同日而語也。是日，賬房之事務，亦極龐雜，組織於另室（與大門附近爲宜，以便於來客，交付份禮），遣數人司其職守。旗家接三禮，通俗皆收受祭品，有致祭以份禮者，亦不多。獨於伴宿之日，一律收受份禮。份禮現金，自二吊文起碼，多至四吊文、陸吊文、八吊文，宗親至銀幾兩不等。此種份禮，以黃色紙封套包封，中綴藍色紙籤，上書"奠敬"字樣，下附份禮之數目，旁邊並綴出納份禮之身分、姓名、住址等，以便於賬房登記。旗家喪禮之行人情，皆以登記賬房之賬目爲標準。如甲家舉喪禮，乙家納四千文，後乙家又舉喪禮，甲家查賬認爲四千文，於是亦備四千文納之於乙。彼此往還，互相交換。晚近年來，食物奇昂，份禮翻查舊帳，則喪家必大虧本。故旗家行人情，已不足以舊賬云。

　　談經日之焚化物品爲"樓庫"，爲冥衣舖之出品，製造極精，旗家於伴宿日之前，即與冥衣舖預約，糊製停妥。質粗者約銀數兩，約分三等，有中等者，式樣已極可觀，有最精者，約須銀十數兩始成。"樓庫"之式祥，共分三座。中座比較最高，故爲兩層，高蛾[1]如皇宮鉅殿，頂瓦之排列，與真者無異；中間有樓門，隔扇窗板，並立有金童玉女之輩；下部爲石欄台階，層層而上，上下二層，可以隨

---

① 高蛾，應即高峨。

意取下或插和，接交處極爲吻合。餘二座，左右各一[2]，式樣概與正座相同，惟形勢稍底小而已。

中華民國十八年四月二十八日第八版

【校記】

[1] 潦，底本、油印本、删節本皆誤作"了"，據文意改。

[2] 一，底本誤作"!"，删節本作"一"，據改。

"樓庫"係以秫稭桿插架子，運用之巧合，仿摹之逼真，紙張之潔麗，顏色之配置，作俑者藝術之手腕，嘆觀止矣！而樓庫之外，亦有另加四隻箱子者（參看接三中箱子之式樣）。箱子中，滿裝燒紙元寶錠子之類。而樓庫之中，亦滿裝燒紙元寶錠子。此爲談經中，樓庫之大概形式。於伴宿之日，即將樓庫陳列於喪家門首或庭院之中，爲伴宿談經之號召不小。

伴宿之日晨間，上"吹鼓手"（即接三中俗謂之門吹兒者），亦分"大鼓鑼架"與"普通鼓鑼"兩種（參看接三節中），但旗家喪禮之有談經伴宿者，無不設備"大鼓鑼架"者也。自上"門吹兒"後，齊作吹打，親衆來弔時，男者擊鼓三響，女者擊鼓二響，與接三來弔之儀式同。然此種樂器警告法，皆限於外城。舊京之旗族盛家，充滿內城，則改例爲男弔客至門，擊鼓六響，女弔客至門[1]，擊鼓四響，一以弔客單個計算。

中華民國十八年四月二十九日第八版

【校記】

[1] 門，底本、删節本脫此字，油印本作"門"，據補。

而大門距靈前特遠者，雖門吹擊鼓，亦每不聞。故亦有外加

“二報”鼓者，即在二門加一較小之鼓，一人司擊鳴之任。自大門擊鼓後，即隨聲響應，然後再傳於“三報”鼓。此“三報”，又較“二報”鼓接近靈前，同樣響應擊奏。至貴族旗家，亦有在靈前特加“梆”“點”二器者。司擊者著駕衣，當男客來弔，自大門擊報，傳至“二報”鼓，及“三報”鼓直達靈前，則更擊“點”一響（點爲金器之可懸掛者，擊之作響噹噹然）。[1]向喪種作直接之警告，以便於上祭招待之盛。若女弔[2]至，自大門擊鼓，傳至“二報”鼓，“三報”鼓後，直達靈前，更擊“梆”子響。如此，以聲器作來客之響導，禮節之隆重，可見一斑。

　　旗家多好排場，故既能念經，不妨擴大熱鬧。因是，伴宿日之帶夜經（亦稱放焰口）者甚多，則於送庫之後，和尚等仍奏樂器返白棚，先行休息用飯，以便夜間表演。伴宿之夜，和尚表演經樂之式樣，除無“召請”之一節，餘大致與接三夜之放焰口相同，及至天未明時，即下座用飯而散。是夜，喪家風光亦甚形熱鬧，親友人等之未去者，皆作俱樂熬夜，喧嚷一團。燈火照如白晝，及天明出殯之種種預備，亦煞須張羅。故於是晚，又謂之“作夜”。是夜，靈前之禮節，除“揀罐”一節，因亦有於接三夜舉行者，業如前文詳述外，尚有兩種禮節。第一爲“見棺”，見棺時，備有一銅錢，擇白棚之力大者舉行，並非限定爲喪種。見時，將[3]蘆材略爲推起，即將銅錢壓之於棺下交木（即支棺之凳子）之上；同時，並向葫蘆材稱呼：“活動，將行矣！”之語。此種禮節，實近於迷信，以死者安臥，出殯移材，則必驚動。故事前，加以“見棺”之慰告。第二爲“掃材”，掃材須預備新笤帚及新簸箕二物。掃材時，亦不限定何許人。

　　　中華民國十八年五月四日第八版

【校記】

[1] 底本、油印本、刪節本中“報，鼓直達靈前，……擊之作響噹噹然）。”45 字，

位於"更擊'梆'子響"7字之後，據文意改。

[2] 弔，底本、油印本此字後，疑脱"客"字；刪節本"弔"作"客"。

[3] 將，底本、油印本此字後，疑脱"葫"字；刪節本此字後作"葫"。

　　凡親友人等皆可舉行之。掃材時，用笤帚自材首至材尾，以一
氣掃下，不許間接或多掃，將乃葫蘆材上之塵土掃下，並用新簸箕
接盛保存。此種材上之土，甚爲寶貴，以"材"諧音作"財"，於材上
之土，亦認爲"財"。或洒[1]於喪家之炕[2]蓆下，或[3]作其他方法貯
藏，慰爲吉利。此種禮節與第一項同屬於迷信之流。當旗族上家
伴宿之夜，舉行各種禮節，皆設有"堂祭"之清音班，演禮即由清音
班加奏細樂①。清音班之組織，已見上文所述，可參看之。②

　　伴宿之日，喪家門前，多舉行"亮槓"之儀式。次日出殯，已議
用何種槓式。此日，即將預定之槓式大概形狀，由槓房在喪家門
首，陳列一日，爲次日出殯，棺部[4]之縮影，可與門前立旛互相媲
美，紅綠輝映，發莊嚴繁麗之氣，爲白棚添色者不少。"亮槓"之式
樣，在三十二人槓以下者，皆無"棺罩"(正稱欄桿)，則所亮者，爲槓
部之底盤，以主要之槓棍，左右各一，合之抬棍，並擰紅繩，一如次
日舉抬之式樣。惟不加單個之抬桿，置於金油色之木墩之上，一旁
並安插亮牌四面，槓牌即槓房幌子式，以長桿挑四方小旗，上綴某
某槓房之字樣，此即爲牌。亮槓之際，用資號召，故亮槓又謂之"槓
牌"。自三十二人槓以上者，多加"棺罩"。槓式之組織，大小不同，
而局部則一。底盤之上，加以"棺罩"，棺罩式如雞籠，下部擴大而
區平敞口，至上作"冰盤沿"倒掛之式樣，而愈上而愈畸，及頂而尖，

---

① 細樂，用簫管、笙、纂、嵇琴、方響等樂器合奏的音樂(參見楊蔭瀏《中國古代音樂史
　稿》，第374頁)。

② 清音班，即絲竹細樂。其組織情況，請參見前文民國十八年四月九日、十日發表內容
　中，有關和尚放焰口帶音樂的情況，以及"笙管笛簫"等等絲竹樂器數量情況。

身爲木質，頂部並嵌以大號之櫬項，金色耀目，如金塔然。棺罩之上，蓋以罩片，皆用彩繡，花團錦簇，窮極奢華，花樣甚多。此爲"亮櫬"之重要部分，故又謂之"亮罩"。旁面亦亮櫬牌四面，與小櫬式同。至次日，遂舉行出殯。

中華民國十八年五月五日第八版

【校記】

[1] 洒，底本誤作"酒"，油印本、刪節本作"洒"，據改。

[2] 炕，底本、刪節本誤作"坑"，油印本作"炕"，據改。

[3] 或，底本誤作"成"，油印本、刪節本作"或"，據改。

[4] 棺部，疑爲"櫬部"之訛。底本、油印本、刪節本同。

　　"抱罐"一事，於出殯時舉行之。任罐之人，爲喪種名分上居長之婦女任之。若死者爲男子，則由其妻抱罐，死者爲婦，則由長兒媳抱罐，無長媳，即可由次媳代表，以次類推。□[1]棺之前，送殯之婦女，即全部上轎車待發。抱罐者上第一輛白車後，即由跟隨從僕輩捧"罐"奉上，抱罐者接受之，以手抱於懷中，死者爲男，抱以左手，死者爲女，抱以右手（分男左女右）。於是，靜待起行，哭泣舉哀。

　　（六）出殯之儀式，出殯之時間，通在是日清晨或近午。皆以執事送殯之多寡，及墳地之遠近爲標準。送殯之婦女，皆不能步行，旗家殯儀坐轎子者，甚少此例。故最講究坐轎車，於出殯出發之前，均須雇備[2]停妥。轎車又分兩種，一爲白車，二爲藍車。白車，限於本家喪種婦女之身穿重孝者，乘坐之，且須數目以單個爲標準，若三輛五輛，多可類推，最少者一輛。白車之骨子，亦皆爲青藍之色，欲變白時，則於車身添掛白團子即可。二爲藍車，或爲青車（車圍之顏色），數目亦不限定，乘坐者近枝[3]宗族，及親友之婦友人等。轎車之次序，以白車居前，青車、藍車居後。首輛白車，非死者之妻，即死者兒婦，爲喪種婦女中之主要人物，且此車中之喪種，必爲"抱罐"者（详下[4]），以次按名分之大小，定先後次序矣。上級旗家出殯行程中，隆儀鉅典，聲勢浩大，關於開銷沿路資費甚多。故於車尾另設一輛車，書以"賬房"字樣，車內有分派之司賬人管理開支之事。

　　　　　　　　　　　　　　　中華民國十八年五月六日第六版

【校記】

[1] □，以義揆之，此處應有一字，疑爲"起"字。底本、删節本脱此字。

[2] 備，底本此字字跡不清，删節本作"備"，據改。

[3] 枝，底本、删節本誤作"投"，據文意改。

[4] 下，疑爲"上"字之訛。底本、删節本皆作"下"。

　　旗家之出殯儀，繁簡不一，各創一格。因特分別誌之，以紀其詳。可分爲平民的旗家殯儀，與貴族的旗家殯儀兩種述説。

　　（甲）平民的旗家殯儀。此種殯儀，可爲舊京普通旗家殯儀最普遍之現象。至出殯日之早間，喪家舉行早餐，或因時間關係，不能趕作時，亦須以各樣茶點奉親友人等，謂之"不空口"。至時門外之槓夫、鼓樂、車輛等事，均經齊備，即由喪家傳告舉殯。先由鼓手等分班至棺前，舉行"參靈"，排列極有次序。先參靈者，少時，殯出發時，即居首，以下類排普通鼓樂。（一）鼓手（即接三伴宿之門司樂，俗謂之門吹兒者，外城取雙數，內城取單數）：至靈前，排列齊整後，即鳴鑼一響，起樂，鼓號齊作，寄奏各種曲調，聲音隆壯。是時，喪種包圍靈前，爲白棚中最後之一幕。一刻，又鳴鑼止音，即退出。據適宜之地點，排列待發。（二）清音班：此種樂器，重笛、笙及九音鑼，多則改"七夫班"，至"九夫班"，其組織之方法，已見上文所述。出殯之日，本班著白色官衣、青靴，若孝服然。至靈前，起奏一調，止樂後，亦退出排列。（三）文場會：此種文場會之組織，係"耗財買臉"，樂善愛好之性質，專表演擴大之樂器。旗家子弟游手好閒，故多喜組織此種會樂，遇有喪儀出殯之際，凡接受請柬者，概盡純粹之義務。故普級旗家於盛年殯儀中，多有此種文場會之助興。本會之組織，爲"支鼓"一面（即綴飾甚多之小號皮鼓，又名嗩鼓），擊音梆梆然，爲本會之樂官，全會聽其響導。餘者有"堂鼓"一面，其聲咚咚。又有"鐃"與"鈸"各兩副（即每副作兩面之銅片，鐃鈸之分析，在銅片之中心，有無疙疸，俗即謂之銅擦），式樣極大，發音宏亮。又有一副"擦官兒"（即兩面厚銅合成之擦），[1]

中華民國十八年五月七日第八版

【校記】

[1] "又有一副'擦官兒'（即兩面厚銅，合成之擦）"一句與下文"聲音極尖脆動聽"一句實爲一句話，即應作："又有一副'擦官兒'（即兩面厚銅，合成之擦），聲音極尖脆動聽。"係受排版篇幅所限，一句話被拆分爲兩句，分兩日發表。

　聲音極尖脆動聽。以上共七部分，合組成這一個文場會。參靈時合奏一起，音調有一定之規律，來往循環。出殯中有此種文場，因其樂聲特大，爲出殯之號召，則觀者必衆，增添無限之熱鬧。參靈畢，退出排班待發。（四）"鑼鼓喪鼓"：鑼鼓、喪鼓原爲兩種組織。鑼鼓之組織有"掌鼓"，"銅擦"，"大鑼"，"皮鼓"約分七部分，奏時鑼鼓齊鳴，若戲台上之場面。一面並有大牛喇叭，正名"尖子"，每奏至一節吹一次，如戲台後之"鳴嘟嘟"。此器最講究者，爲吹"馬喚"一節，聲音之激越，有如真馬叫喚。全部所奏者，惟重勢之熱鬧，調門並不多。此種樂器與文場會形式方面，雖有相同之點，但所表現者，則大不相同。故旗家出殯，除文場會外，亦有另加此項"鑼鼓"者。此種樂台，自參靈畢，即退出，並支起花圍之布棚，棚之四角有四桿，四童子各執一角。此種"鑼鼓"之角色，偏重兒童，自創一班，附屬於槓房之下。童子等皆戴公子巾①，上並綴花鈿掛珠，身穿各色彩衣。

中華民國十八年五月八日第八版

惟吹"尖子"者一人，爲此樂之指揮，則穿便服，戴官帽。第二部分爲"喪鼓"，其組織按舊京時代觀之，與"鑼鼓"分爲兩部，地位在喪種頂靈之前面，角色亦皆以童子爲多，皆身穿白色孝衣，頭戴掛青色穗子之公子式帽子。前排四人，各舉長筒式之紅色小傘。第二排，亦童子四人，身背小圓鼓各一面，鼓作金色。第三排，亦有童子四人，各執雙鼓，插在第二排之後面，雜作叮咚之聲。旁有擊銅擦者一人，爲樂官，鼓擦合作，聲音亦甚緊湊，謂作喪鼓。

近年亦有縮小範圍，改用童子八個者，則是由三排變爲兩排，而第一排之執小紅傘者，須附帶背鼓矣。進一步，喪鼓有時亦有附屬於鑼鼓局面之內。則前後分部，樂調參差，喪鼓之小紅傘移至前部，全班亦附屬於鑼鼓彩帳之下。故近年"鑼鼓喪鼓"呼爲一事，皆在槓房支配之下。晚近年來，以"鑼鼓喪鼓"，無典雅之氣。故旗家出殯，已少用者矣。以上各部分之樂器，依次參靈畢。門前之槓夫一部分入門，鳴尺（尺名響尺②）者爲槓夫之領袖，槓夫聞尺進內，用繩布之屬即舉行移棺。是時，使喪家女眷人等，分別上車，在外

---

① 公子巾，即文生巾。軟胎，前低後高，前片可折疊，後片爲半圓形硬片，連接兩側如意頭，下垂流蘇，背下端垂兩條繡花長飄帶，緞制面，繡花圖案，顏色繁多，與衣服配用（參見黃鈞、徐希博主編《京劇文化詞典》，第76頁）。

② 響尺，爲兩根響木。是槓夫首領指揮杠夫行動的重要工具（參見中國人民政治協商會議北京市朝陽區委員會學習文史委員會編《朝陽文史·第4輯》，第185頁）。

坐候，並隨行隨哭（抱罐事已詳上）。孝子人等在靈前伏跪正面，槓夫將葫蘆材繞繞畢，響尺一聲即起材，徐徐外移。是時，孝子起跪，呼死者，且呼且哭，不可仰止，孝子有人攙扶，在材前作引導。

中華民國十八年五月十日第八版

材出大門後，落於已繫妥當之大槓上。是時，孝子人等，依次跪於材前，地鋪白毡，並紙錢元寶錠子等焚化物品一堆，即時燃燒，向死者送行獻錢。槓夫繫材，並加綴以“過棍”（即彩繡之錦條，鋪張材上之美麗者），並挽繫此至分之抬桿。槓之數而三十六槓，或二十四槓，或多各部十二槓。平民旗家殯儀，至目或足，旁面並行，立四人分於四角，手執“亮槓”之旗幟，謂之“四角跟夫”，便於中途替換槓夫。司響尺者，穿白色衣、官靴、官帽；槓夫皆穿綠花駕衣、黃袴、青靴、黑毡帽，帶紅綴，式極整齊。司槓響尺，自十六人爲一份，至二十四人爲二份，三十二人槓於二份。槓部預備停妥，並將花圈照例裝於葫蘆材之葫蘆上，亦是司響尺者，傳知爲首之孝子，舉行“摔盆”起槓。

中華民國十八年五月十一日第八版

“摔盆”之禮，傳古代旗族並無此例。無盆無幡（即孝子所執之引魂幡），此爲旗家與漢禮之特異處。考“幡”一物，旗家因在門前立大幡，可爲“引魂幡”之代表。故出葬時，無論貴胄或普級旗家，孝子□[1]不執幡。惟“摔盆”一事，則於清季末葉時，極爲重視，舉行一如漢禮然。就形式觀之，“摔盆”爲起棺最重要之一幕。盆碎槓起，孝子就勢而哭。摔盆之式樣，有一白色之瓦盆，作扁狀，大若菜盤，底下中心點有一[2]孔，購於磁器攤或磁器店（不還價之講究，與買罐相等，見前述）。另由冥衣舖以長方之磚頭一塊，外皮包以彩紙，形同書套，就稜觀之，顯然套內有書，封面並有書條（惟應作何字不可考）。出殯時，即將此磚書置於棺前，以盆置磚書之上，孝子向棺伏跪，與盆處臨近。槓部請“摔盆”時，則居首之孝子舉手（分男左女右，如父死以左手摔之，母死則以右手摔之），取盆猛力向磚書衝擊，瓦盆摔處，其聲叭啦，瞬身粹碎，則孝子之哭聲，隨之而起。同時，有人扶攪起跪，轉面引棺前行。是時，棺後之白轎車內之親屬，聞摔盆之聲，亦從新合之以哭。加以前部各種音樂亦放，摔盆後，齊聲起樂，鑼鼓龐雜，鑔笛亂作，其聲振天。

中華民國十八年五月十五日第八版

【校記】
[1] □，底本此字字跡不清，油印本、刪節本脫此字。該字無法釋讀，暫以“□”表示。
[2] 一，底本此字字跡不清，油印本作“一”，據補。

　　孝子摔盆之際，槓部即以輕脆敏捷之手腕，同時起槓。起槓後，並不即時前進。擊響尺者，乃對槓夫等舉行“喊加錢”，以資鼓勵。加錢爲喪家除槓費外，所賞之酒資，而喪家宗親，亦多另賞加錢，是求門前叫喊，不特槓夫等感激，聞者亦無不羨慕。加錢之喊法，多大張其聲勢。以錢論，賞兩吊喊爲二十吊，賞五吊喊爲五十吊，賞十吊喊爲一百吊。按次可以類推，勢成進十位之方法，以此呼喊較爲動聽，故此等加錢，又謂之“虛錢”。喊時，先喊本家（即喪家）之賞錢，依次再喊親家之賞錢。由擊響尺者先呼：“四角的跟夫！喂！”於是槓夫齊聲答以“噯！”之答應語氣；於是擊響尺者又喊：“本家賞錢若干吊！”槓夫齊聲答應：“啊！”字而止。以次，又如本家大姑奶奶賞錢若干吊，即至親屬之加錢，待全部加錢喊畢，始抬槓前行。當昔年旗族正盛時，使用大個銅錢，以麻繩之屬結連成串，則於出殯之際，喊加錢後，即將此項加錢，以繩穿鎖，搭陳棺上。

下葬之後，槓夫人等解錢串公分。近年則用銅元，已無此美徵矣。

　　殯出發後，關於鼓手音樂之排列[1]，可略述之。各種音樂與殯儀之執事，前後參差，成□[2]混合形式，此種調劑，不枯不滯，可觀可聽。除旗家之特種執事（見後説），應居最首外，鼓樂中之居首者，仍爲普通之"鼓手"（即接三伴宿之門吹部分者），鑼號俱全，發前引樸[3]美之聲色；以次，有"文場會"者（參看前文），即排列於此，再次則爲"清音班"，再次則爲"鑼鼓""喪鼓"等鼓樂，排列極有秩序，各發特異之聲，毫無紊亂之弊。

中華民國十八年五月十七日第八版

【校記】

[1] 列，底本誤作"例"，油印本、删節本作"列"，據改。

[2] □，疑爲"一"字。底本此字字跡不清，油印本、删節本脱此字。

[3] 樸，底本、油印本、删節本皆誤作"撲"，據文意改。

　　關於執事之排列及其種類，旗家殯儀中所用者，多爲"滿執事"（即滿洲執事，是時之槓房，因旗族據勢，與漢派並駕齊驅，故於執事方面不得不兼備，以迎合趨勢，因此槓房門前之匾額，皆標以滿漢執事之字樣）。以"門纛"一對居於最前，形如長旗，質爲錦繡、絲錦之屬，周圍凸凹有尖，謂之"火沿兒"。中心亦有繡以金[1]龍者，及其他種種花樣，不一而足，且有以門纛中心之色彩，以示該喪家爲何旗之標幟者。相傳舊京之槓房中，皆有所預備[2]，旗家有殯儀，須問明屬於何旗，以便分別使用。如"鑲藍旗人"，則所用之門纛中心作"藍"色，外加鑲青色邊，以爲"鑲藍"之標榜，此舉其一例，其他概可想見。惟此説漫無可考，惜余生也晚，不睹昔年之盛況。雖徵求槓房，亦罕得美滿之答案，以今日之槓房執事等，皆以繁華趨時爲能事，對於舊年滿執事所遺留之美徵，毫不注意，故絶少知者。但就余近年目睹者觀之，旗家出殯中之門纛，花團簇錦，心邊異色，或紅或紫，或青或綠，且中心部重視繡工，又似無標色示旗之性質存在其間，姑錄之，以待證可耳。門纛之背後，有一長桿，隔結扣帶，嵌於長桿上，即成長方大旗式，桿間爲一槍頭，並綴以紅纓。打執人穿花駕衣舉之，左右各一，勢極威武。第二部執事亦爲旗子，質式皆與門纛同。惟較小，俗謂之"曲利"①（譯音）者是。全班共作八面，列於門纛之後，左右各四面，合以一對門纛，旗旛飄揚，益發壯美。據云，此種"曲利"於頂間，有加掛紅色小荷苞者，爲蒙古旗人之表示。

中華民國十八年五月十九日第八版

【校記】

[1] 金，底本此字字跡不清，油印本作"金"，據改。

[2] 備，底本、删節本中此字位於下文之"何"字之後，據油印本改。

無荷苞者，爲滿洲旗人。就晚年旗家之殯儀觀之，實亦有有荷苞者，亦有無荷苞者，則此説似可成立。旗殯中之門纛、曲利（譯音）之意義，爲表演古代戰爭之式樣。以此，故旗殯中此種執事，儼然與戲台上，戲劇中之旗幟相同，劇場上表演蒙古北番之戲目甚夥，其有美有香，無一遺漏，則以考據眼光，查諸戲台上蒙古北番兵士之旗幟上之紅色荷苞，其説或可得相當之印證也。

旗家殯儀之氣勢，即就門纛、曲利（譯音）二種觀之，其精神在不脱旗族原本，勢若出兵然！

中華民國十八年五月二十四日第八版

---

① 曲利，滿語 kiru 的音譯，漢譯爲"旗，小旗"（參見故宮博物院藏《五體清文鑒：滿藏蒙回漢對照》，第 1084 頁）。

　　愚嘗謂旗族之原始，所歷苦痛，惟於出殯中之執事中，能表演出來。使我人睹此，即可想見滿清昔年，旗兵之戎馬惶惶[1]，身羅百戰，始獲奠定前朝，得以樂業安居。並非吃喝樂老三點，鐵桿搖錢樹子徧生旗家焉！

　　第三部之執事爲"營兒傘"（又名歪脖傘），共作一振，傘作扁式，質爲紅色呢子，邊際加綴青色沿子（如雲頭式等），上爲木質[2]金頂，中雕花樣。傘桿爲形同茶盞粗細之木棍，上掛紅色漆，近傘之部分，凸斜而上，約一尺許，又直衝而達傘頂，此即爲所謂"歪脖"之部分，宛轉曲上，若龍脖然。此"歪脖"部分之木桿，加雕金漆龍身花樣。下部桿頭，由打執事者，穿駕衣而舉之。此傘於精神[3]方面觀之，即爲死人所打者。

　　第四部分之執事爲一頂無頂小轎。無頂小轎之座位爲羅圈椅子一把（即形式極小之椅子，而後背奇圓，人坐其上，與臂背頗吻合之），於下部穿以轎桿，兩端加嵌抬棍，打執事者四人，穿駕衣，共抬之。居於歪脖小傘之後，亦恍如死後，坐於小轎之上。打執事者，形同役人。概執事之局部拱托[4]死者皆重精神存在，而實際無物者也。

　　除以上四種爲旗族殯儀之特種執事外，並"旛"，"傘"以爲執事上之調節，而益臻形勢之美觀。旛、傘各取其半，每旛六把及傘六把，合而謂之"半堂"。每一"半堂"，旛、傘之顏色形質及繡工，皆須一致。倘再加旛、傘各六把，爲多加"半堂"，合之共爲"兩半堂"，但後半堂之形質、顏色，須與前半堂不同，得應換色變質，以期旛、傘互相輝映。此種旛、傘，普通旗家以用"三半堂"者居多，以上可以類推，多至"五半堂"爲止，則旛、傘飄揚，形勢已極熱鬧可觀矣！

　　　　　　　　　　　　中華民國十八年五月二十五日第八版

【校記】

[1] 惶，底本、油印本誤作"惺"，刪節本作"惶"，據改。

[2] 質,底本誤作"貿",油印本、删節本作"質",據改。
[3] 神,底本、油印本誤作"精",删節本作"神",據改。
[4] 拱托,疑爲"烘托"之訛。底本、油印本、删節本同。

　　"旛"之式樣,有以紅色之長木桿,上有鐵鈎,上掛繡質呢或緞之彩色旛條,三條並連,合爲旛式,上下共分兩截,中有綠色結帶橫綴,並嵌三朵白蓮花樣,打執事者舉之而行,亦含"引魂"之作用。旗族孝子無旛,或以此旛代表歟?第二"傘"之式樣,與前述之歪脖小傘絶不相同。此種傘身極大,傘桿立[1]爲紅色,形甚粗,直[2]衝而上。傘罩爲長筒形,面積極寬,綴以花穗,微風吹動,傘沿翻捲,其動飄飄然,實爲殯儀添色。以上所述,即爲普級旗家殯儀中,較爲滿美之執事,與各種音樂參合,相得益彰。[3]鼓樂及執事排列之次,即爲送殯者。喪家之親枝男賓,皆隨棺而出,襟配白花及穿白孝服者,依然排行,謂之"送殯"。全部浩蕩而進,沿途與喪家有交誼者,擺設"茶桌",以備需要。此種茶桌,以商店組織時,爲最多。路旁設方桌一面,掛素色桌圍,桌上擺茶盤,並茶壺(錫質的)數把,及茶碗若干個,例外置香煙,備送殯中人等之燃煙。茶桌一旁有人招待,殯至時,孝子近材,齊行至茶桌前,跟隨人等即鋪白墊子,孝子乃下跪,棺暫停行。是時,茶桌之招待員,即以茶盤置茶數碗,捧至孝子面前,孝子多者,依次獻茶,或另由招待者一人,分別獻茶。飲時取一碗,喝一口而止,不飲可聽便。少頃,茶桌招待員即退,攙扶孝子者,請孝子叩首,即就地行□[4]叩禮,致謝而起,前行。同時,送殯人等及棺後之青白送殯車女客,亦皆承受茶桌之招待飲茶,殊爲便利。是時,槓夫尚有索"加錢"之例,其原因以每遇茶桌,必須止槓,不免於時間上及負累上均感受苦痛。故定加錢,例以抵償之,通例以每一茶桌叫[5]加銅錢一吊文,或兩吊文,皆由本家擔負,末後結算。

中華民國十八年五月二十八日第八版

【校記】

[1] 立,疑爲"亦"字之訛,底本、油印本、删節本皆作"立"。

[2] 直,底本此字字體殘缺,油印本作"直",據補。

[3] "即爲普級旗家殯儀中,較爲滿美之執事,與各種音樂參合,相得益彰"句,底本、油印本、删節本皆作"即爲普級旗家較爲滿美之殯儀中執事,與各種音樂參合,相得益彰",據文意訂正。

[4] □,疑爲"一"字。底本此字字跡不清,油印本脱此字,删節本誤作","。

[5] 叫,底本此字字跡不清,油印本作"叫",據補。

　　至一茶桌起行時,槓夫中之司擊響尺者,照例呼喊"加錢",其進位之喊法,與起槓時相同(見上文所述)。槓夫喊加錢,同時棺前有役者,有提紙籃者,中滿裝紙錢、元寶、靈花種種零星焚化之品,並持香火,除每隔數武,即[1]焚化紙錢一張外,每遇一茶桌喊畢,加洒紙錢一把。紙錢之式樣作圓形,中心有孔,大若烙餅,狀與銅錢近似。洒紙錢之把戲,亦極拿手,擅此術者,手持紙錢一把,輕脆抖捋而上,借風騰起,直入凌霄,滿天白點如飛鵝然。加以槓夫喊叫加錢,則聲色皆備,一似對人遇鬼給與俱豐者。紙錢購於紙店及舊京蔴刀舖①,購時論斤,爲殯儀中最重要之點綴品。旗族盛時,最好排場,對於紙錢固毫不嗇吝。故旗殯中之沿途不斷,貧家小兒,成羣結隊,追隨洒紙錢者,一俟紙錢由空墮地,則蜂擁而前,搶奪一散,形同花子拾金。故每致二人爭掇,錢未到手,先爲紙破。送殯者每作笑而觀,幻想中,此輩小兒直同陽世三間之活鬼,表演殯儀中之一幕活劇。兒輩拾紙錢,集腋成裘,串以繩索,復售於磚瓦舖②,換來真正銅錢而止。則磚瓦舖,再以此舊紙錢從新修理,攙

────────────────

① 蔴刀舖,經營蓋房所用的磚、瓦、石灰、蔴刀、青灰等物[參見李金龍主編《北京民俗文化考(下)》,第154頁]。

② 磚瓦舖,舊京一些磚瓦舖賣"倒頭三件"——吉祥盆、磚、焰食罐,所以也代賣紙錢,多係一些回收的紙錢(參見常人春《紅白喜事:舊京婚喪禮俗》,第429頁)。

雜出售。故此種紙錢謂之"回籠"者云。

中華民國十八年五月二十九日第八版

【校記】

[1] 即，底本字跡不清，刪節本作"即"，據改。

　　旗家之墳地，有較居寓特近者，行不遠可達，則鼓樂、執事在街上，殊不足以誇張其美，故有繞道之舉。至距墳地之特遠者，則直接而行。尚有至城門，一部分執事撤退者，謂之"打留"。惟鼓樂中之"鼓手"，"清音班"等，均須隨至墳地，以便下葬時，加以奏樂，而臻禮之周詳。殯中送殯之男客，因徒步關係，多有至城門捲回者。惟近枝宗親，則非隨行至墳地，不足以示精神欽敬。送殯之轎車，因城郊殯儀已不拘形式，頓覺散漫，則恒先繞道越棺前，趕至墳地，休息守候。殯達墳地後，執事之隨至者，全班收拾捲回。鼓樂至墳旁，排列待奏。槓部直達墳地，舉行"落槓"，即撤換槓棍，以其輕細易舉者，紮棺而至坑間，以兩槓相架，兩端搭於坑口，乃鬆棺繩，繫之而下。司擊響尺者蹲於一端，以左右兩尺敲槓棍，以爲四角繫繩者之指揮，務使葫蘆材平穩而下，毫無搖動之患。葫蘆材上之花圈摘下，與各種零星燒活同堆一起待焚。葫蘆材落坑，著實地後，材下仍有兩端之繫繩，端相左右，謂之"播正"。應面向何方，務使毫無偏歪而後止。旗家對於陰宅（即墳地），因迷信風鑑極深，故甚爲重視。至有下葬時，特請風鑑家隨至，當場鑑定者甚多。擇地安葬，點穴尋龍之把戲，不一而足。喪家則唯命是聽，不得稍背，致傷陰宅。自"播正"後（有風鑑家則聽從其指揮），槓夫即將葫蘆材上之木葫蘆，自荷葉接簡處拆下，任槓夫等之變賣，換銅錢，分作酒資，喪家聽其自便。此因材上葫蘆，只重於陳列之美觀。[1]

中華民國十八年五月三十一日第八版

【校記】

[1] 校注者根據芙萍所記喪禮之時間邏輯性,將五月三十一日發表内容調整
　　至五月三十日發表内容之前。

　　下葬時,實有種種之不便。故下葬時,須由槓夫處分葫蘆,已
成定例。同時,並將妻媳所抱之"罐",由槓夫置於棺前,分男左女
右,然後撤繩收槓報齊。是時先以紙錢洒於坑下,俗謂之"不空
坑"。後逢喪種親屬,無論男女,皆得手土一把,洒於材上,謂之"抓
把土埋一埋",以盡最後之孝意。

　　抓土畢事,槓退。孝子並女眷等,依形式跪列墳前,同時燃著
紙錢、靈花等各項燒活。孝子等叩首,隨之而哭,槓夫全退。由墳
地夫役齊手,以鐵器埋材,一旁鼓樂齊聲奏起,其聲死曲,藉以郊外
風景,最易引起悲思。嘗感即此五分鐘,一層黄沙,撫棺已成夢事!
故旗家孝子,於先輩殯殮之際,其哭也哀。旗族墳地以宗族關係,
故皆爲本族綜合之葬埋性,俗謂之"老墳地",本族人等皆可入葬。
因此,旗家墳地一遍堆塚,皆本族長上之骷髏,孝子睹之,尤增追
念。至今,旗族如洗,每於郊野過處,偶至旗族墳墓,一片淒凉,幾
堆焦土,活現憔悴、委曲之狀,實使吾輩旗族子弟,不堪回首者也。

　　下葬之後,由役人將坑口疊成一凸堆,即爲墳頭。倘夫早死,
而妻次之,下葬時須以新材合併舊材埋之,"合堆"墳頭,謂之"併
葬"。當刨坑之時,頭剗所剗得之土,最爲重視。下葬之後須由役
者交付孝子,携回至家,藏之炕席下,謂之"財",此爲殯禮中迷信之
一。自下葬之後,喪種無論男女,逢穿孝服者,即須腰際之帶子抄
之而上,搭於肩膀,死父搭於左肩膀上,死母則搭於右肩膀上(分男
左女右),下端之帶子頭,掖於腰間,此名名[1]稱謂之"背帶子",爲
"靈出"後之表示。孝子頭則摘下喪種之帽(即秋帽或凉帽),改戴
青布便帽,並嵌白結子。旗家之講究者,事前皆有預備,至葬地則

更換一新，返家瞬然變態。旗家墳地，皆設有看墳者，則設備招待喪家及親支人等，作休息之所，並備茶點食用。後由喪家出資，賞看墳人，始各乘轎車而返。[2]

中華民國十八年五月三十日第八版

【校記】

[1] 名，疑爲衍字。底本、油印本、删節本同。

[2] 原文可分成如下三部分：① "抓土畢事，……不堪回首者也。"② "下葬之後，……始各乘轎車而返。"③ "下葬時，……以盡最後之孝意。"底本、油印本中，該部分内容順序爲①②③。删節本調整原文順序爲②③①。校注者根據芙萍所記喪禮之時間邏輯性，將原文順序調整爲③①②。

喪種返家後，先由家人預備水盆，並於盆旁置切菜刀一把。喪種下車，依次手舉刀，在水盆沿間磨三下，即止。後由預備人，予冰糖一塊，口含之，而始得入門，輪流而止，老幼俱同。按此禮，不但旗族重視，漢家於喪禮中，亦有如此之一幕，事近迷信，姑述於此。

下葬三日後，有 "叫鬼門關" 之舉。是日拂曉之間，孝子須至墳地，備有火燒，中夾豬肉店所售之 "盒子菜"（即成熟之肉片），並有 "黃花"，"木耳" 諸乾菜，合而供於墳前。另以秫稭桿插製一門圈，居墳頭之上，一面焚化紙錢，孝子跪於墳前，叩頭行禮，於是禮成。是日，墳地有看墳者，預備招待孝子，墳前所供之肉食，亦多爲看墳者於禮成時，掇取分食。

中華民國十八年六月十四日第八版

"叫鬼門關" 者，亦喪禮中迷信把戲之一。相傳死鬼至三日，必經過鬼門關，小鬼不予開放，則死鬼不得經過，爲陰冥之阻難。故生人知其故，必代爲叫鬼門關，使予順利開放。然所謂 "叫鬼門關"

者,多呼死者之名,旗家達時務者,皆知此舉實爲虛玄。然迷信所關,勢不得不試舉舊例,以迎合生人之眼目者耳。當於叫鬼門關之際,正值拂曉,寒風颼颼,白楊樹下,厥盡悲戚,陰森之氣,活現於墳間,恍若鬼門關中魔影幢幢,亡人則披頭散髮,雜於其間,與叫鬼門關者,暗自對照,好不怕人。旗家子弟甚於迷信,多能於迷信把戲之中,牽强附會,即如叫鬼門關者,信爲真事,此其一證。

以上爲旗族平等的普通的殯儀之禮節的大概,至於旗家貴冑殯儀之禮,隆貴繁美之氣,別出一格。特擇要述之,以臻完美。

中華民國十八年六月十五日第八版

貴冑殯儀之特徵甚多。如第一之"鷹狗",鷹爲鳥類中之一霸,善掇食各鳥,目銳爪尖。旗族子弟多以養鷹爲戲(詳待看藝樂一章中),尤其旗家貴冑,以架鷹爲常事。故於殯儀之中,特設架鷹者一人,排行在前,以身搖幌,形同出野放鷹,以鷹色黃者爲善,故俗又謂之"黃鷹"。以次"狗",狗爲"貛狗"。此等狗體格健壯、肥美,經過相當之訓練,禿耳捲尾,善於捕貛,故謂之"貛狗"。此等狗爲普通狗中之錚錚者,爲行獵尋趣之一種。故亦設置於貴冑殯儀中,與"黃鷹"並列,役者手執狗繩,狗善於前奔,役者特墜累之,從容而走,實爲繁麗殯儀中增添美色! 此等狗在殯儀中稱爲"戲狗",與前者之黃鷹,則通稱爲"黃鷹戲狗"。

第三爲"駱駝",駱駝有作一對者,身披紅色呢片,役者牽之而行,極繁華之大觀。考駱駝之爲物,於昔年塞北戰爭,利用駱駝,權當戎馬。清朝底定,於表現演禮之間,對於古美古香,不稍遺忘。故於殯儀之中,其形式直若出爭,若以劇藝之眼光觀之,則又若行獵。此爲旗族貴冑特徵之點。駱駝合以前項之"黃鷹"與"戲狗",俗又簡稱之曰"鷹狗駱駝"。第四爲"馬",此種馬爲單個式及對子式兩種,馬以白色者居多。馬身之附帶工具都無,故謂之"葳馬"①。只在頭部繫韁繩一根,役者拉之而行;役者另一手並執大鐵鈎一具,合而謂之"葳馬單鈎"焉! 以上旗族貴冑之殯式特徵,共分爲四部分。役此事者,皆相貌魁梧、體格雄壯之大漢,挽髮辮,包頭巾,身著藍色號坎,加嵌紅色沿邊,前後心之部分,有圓光作白色,中綴黑字,曰"勇"。

中華民國十八年六月十六日第八版

以次,爲貴式執事之排列。執事方面,除無"曲利"(譯音),"門纛","營傘","小轎"(即普通旗家所使用者)之外,"旛"及"傘"亦如是排列。每旛、傘各六個作一色者,爲"半堂",或紅或白,或藍或花,色彩輝映。貴冑殯儀有用至"五半堂"者,則旛傘結隊飄揚,已蔚繁美之大觀矣! 以次有官銜牌,牌作紅色,上書被封之職銜,打執事者負於肩上,作死者地位之號召。彩亭之製造,自旗族盛時,已大時興。亭質端賴彩綢所結而成,雜以紅綠之點綴,烘[1]托素色,尤臻美觀。亭中穿抬桿,形若負轎,役者四人,前後抬之。亭之四角,有彩圍[2]綴飾,於搖動之間,則彩圍飄蕩。亭供死者遺像,俗謂之"影",此亦爲貴式旗家殯儀中,所最重視者也。

貴冑旗家殯儀中之鼓樂,因爲壯出殯之聲勢,無不羅致齊全,其種類已詳前文,兹不多贅。惟在鼓樂之中,皆取其繁複,而不取其簡略,沿路所表奏者,皆爲大曲子②;每一段落,甚有長至一里許地者,而清音中之"七夫"或"九夫"班,則加奏細樂,共穿插於執事之間,聲勢浩大。故此種貴冑殯儀,遠聞笙管鼓鑼之聲,一時觀者塞途焉。(但貴冑殯儀,不取下級旗家最普通之"鑼鼓""喪鼓"之樂班。)

中華民國十八年六月十七日第六版

---

① 葳馬,即騍馬,指沒有鞍具的乘馬。
② 大曲子,指結構龐大的曲子。例如唐代大曲、宋代大曲等(參見楊蔭瀏《中國古代音樂史稿》,第 334 頁)。

【校記】
　[1]　烘，底本、油印本、删節本誤作"拱"，據文意改。
　[2]　圍，底本、油印本、删節本皆誤作"團"，據文意改。

　　此外注重者，有"燒活"及"松活"。燒活爲舊京冥衣舖之絶巧
技能，以其能蔚[1]人獻鬼，在迷信上據絶大之勢力。故至今其營業
如昔，富者一仍取其繁美之成績，增殯儀之熱鬧。小至接三之車、
馬燒活，大至出殯焚化之異樣燒活，忽簡忽繁，漫無限制。昔年貴
胄旗家，排場所圍[2]，迷信誘惑，對於出殯之異樣燒活，頗爲倚重。
至爲漢家所欣羨，故現行漢家之擴大殯儀，仍存異樣燒活之舊跡。
然近年以來，物價騰高，匠人工資奇昂，今昔相較，代價别若霄壤。
故雖存其美徵，然嘗不若昔年旗族所用之盛矣！昔年貴胄旗家，取
異樣燒活之意義，乃在死者生前所愛好者，舉凡物質上一切，應享
用者，死後出殯，皆以紙質燒活表而出之。生人意中，使死者於冥
間，仍可得生前之同樣的物質享用。智者雖謂予活人以眼目，奈旗
家崇拜迷信何！加以作俑者心裁別出，時翻花樣，以迎合貴胄之心
理，一似非如此不足以表現孝意。燒活之種類至繁，概略之，可分
"人物"與"品質"二種。關於人物，或男或女，多取傭僕之式，趕車
之張三，跟班之李四，及女僕之崔趙各媽，俱以靈巧之手腕糊成紙
人，硬紙面目多含笑容，衣服之配置，顔色之點綴，俱與真人無異。
人皆立於木墩[3]之上，外亦裱以紙皮，以便於出殯中之役者執行。
男女僕人手中，俱執其伺候式之工具，若老媽手執煙袋，各種配扮，
極形停當可觀。役者舉之，直送墳地，意使此等人皆跟死者赴陰，
誠貴族之本色。第二之"品質"，關於死者生前所把玩之器具、藝
品，無不供獻齊全。擴大至屋中一切古玩陳設，名人字畫，凡陽世
之物質，無論粗細精略，皆能以紙質，以脱其形，差可亂真。即以
"蟈蟈"一物言之，死者如生前愛養蟈蟈者，則以紙質造成蟈蟈葫蘆

（即裝蝛蝛者）；葫蘆套及碧綠之蝛蝛，伏於葫蘆之上，葫蘆蓋置於一旁，色彩鮮明，組合成套。即以此一例觀之，即可見彼冥衣舖之製作俑者（昔年俗語諷之爲哄人攢鬼云），藝術之精巧，手腕之靈敏，嘆爲觀止矣。

中華民國十八年六月十八日第八版

【校記】

[1] 蔚，疑爲“慰”字之訛。底本、油印本、刪節本皆作“蔚”。

[2] 閾，疑爲“闌”字之訛。底本、油印本、刪節本皆作“閾”。

[3] 墩，底本、刪節本誤作“礅”，油印本作“墩”，據改。

　　殯中以品質，共組成燒活若干抬。抬桌上，有花紙之欄桿，中置各種品質，桌下穿槓，二役者前後以繩繫肩，抬之而行，形同婚禮中之過嫁妝者然！抬式燒活之種類，概觀之，則有“金山”、“銀山”、“尺頭”（即捲狀之布疋）、“煙具”、“鐘錶”、“衣服”（成套）、“各樣玩品”、“各樣陳設”各項，或八抬或十六抬（按抬亦作台）。此外，又如“大鞍車”，輪加木質，可以自由轉動。有趕車者，坐車沿，搖長鞭，似死者坐於車中。舉凡車上之附件，無不安插停妥。遠望之，直似真車，近睹則爲冥物，於殯儀中最備美色。至“跟馬”“頂馬”，及“童女”“童男”，前後蜂擁，盡繁麗之能事。

　　松活之較燒活，別具壯美，然不若燒活繁麗自如。貴胄旗家多[1]有用燒活兼取松活。松活，爲松枝所綮而成。另有松人匠，應付此種技巧。松枝之本色，碧綠而發青，具有鮮艷之美。松活之種類：（一）松獅子，此爲松活中最重要之部分。狀爲半臥式，類似舊京廟門前之雙獅子然，下部作松質墩子，獅子頭部之雙眼，有以玻璃泡子添綴者，項圍彩質花帶，並嵌大銅鈴鐺，於行走搖幌之間，其聲唧唧然。役者穿槓子於墩間，肩抬之而行，左右共成一對。

（二）松鶴松鹿，以松質紮成仙鶴及花鹿之式，狀極神似，並在身間綴以花帶之屬，左右各一，俗謂之"鶴鹿向春"。（三）松亭子，以松質紮成各樣大小之亭子，沿綴彩圍[2]，役者抬行亦如松獅。此外若松人子、松轎子、松傘等等，共配置成堂，一片碧綠，窮極繁麗，目不暇給。松活合以前項所述之"燒活"，以紙松各具美氣，共抬至墳地間，合併焚化。喪家金錢，作俑[3]之匠心，共作焚燒，烈焰飛騰，微風吹處，各種巧作物質，於紙松之間亂滾，隨死者赴諸陰冥，轉瞬化爲灰土。此等繁舉，爲普級旗家所不敢追隨其什一者也。

　　貴冑旗家之送殯者，每至冬令，則有"反穿皮襖"之儀式。此種穿皮襖法，皆取羊皮，一白如玉，於自然間，含有孝之意。顧此等反穿皮襖者，係以其面貌團團之老者居多，或爲身居貴官，不便穿孝衣，乃反穿皮襖以誌哀忱耶？此種穿法，甚爲罕睹。殯中有此者，觀者塞途，認爲奇觀。概其形勢上，具有繁麗、嚴肅之氣象，俗謂之"反穿皮襖，毛兒朝外"云。

中華民國十八年六月十九日第八版

【校記】

[1] 旗家多，底本、油印本、删節本皆作"旗多家"，據文意改。

[2] 圍，底本、油印本、删節本皆誤作"團"，據文意改。

[3] 作俑，"俑"字後，疑脱"者"字。底本、油印本、删節本同。

　　貴冑殯儀之行程上，尚有一趣事，即"洒紙錢"之講究。每出一殯，須紙錢若干斤，裝於轎車之上，隨用隨取。屆茶桌處，槓夫照例呼喊加錢，即將零星燒活，擇地焚化。紙偶花鳥，滾於紅綠之中，焰高十丈，藉以微風吹動，火勢益鉅，則洒紙錢者，就勢仰高一拋，紙錢至半空，若翻花之蓮瓣，散落變幻，趁火勢而飛騰，達天空際，一片白光，遮雲蔽日。是時之送殯者及看熱鬧者，無不仰面朝天，觀此美景。此爲貴胄殯儀，帶有藝術色彩之一幕。此種絕技，旗家最爲重視，若夫不擅此技者，以紙錢洒之，高達二丈，紙錢若軟軟無力氣，霎時飄搖而墜，毫無火熾、美觀之可言，與擅此技者，兩相比較，別若霄壤。舊京有"紙錢德子"者（混號，其姓德也），旗族人，以善洒紙錢聞於帝都。起始，渠不過一街市中混飯者，然渠擅洒紙錢術，運用之活潑，拋洒之輕脆，嘆觀止焉！以是，是時旗族貴胄，多倚重之。每遇殯禮，即請"紙錢德子"表演此術，而餉予甚豐。因此，"紙錢德子"竟一躍而爲小康門户。至今，聞德君尚在世，所享受者，皆當年紙錢之所致者也。旗族之重視排場，於斯益信。

中華民國十八年六月二十一日第八版

貴族殯儀之槓部組織，極爲隆貴可觀。所謂"大殯"者，率多以槓部爲主體，自"三十二"槓（即三十二人抬）以上，即合大殯資格。三十二槓以上，又分"四十八"槓、"六十四"槓、"八十人"槓等等（自八十人槓以上，即爲皇家之禮，旗家雖稱貴胄，用之者亦鮮）。普通貴式殯，以三十二、四十八槓者居多。槓分四部，合成四角之形式，如三十二槓，每角計八人，合爲三十二，餘者可類推。旗家雖爲葫蘆材，而貴式殯，亦照例蓋"棺罩"，以資美觀。棺罩一名"欄杆"，以竹板紮成，形若雞籠然，式作長方形，扁沿平頂，頂上作畸狀，樣頗美觀。蓋棺罩後，面披彩繡之"罩片"，左右前後，共四片合組而成，肥瘦寬窄，極稱吻合。罩片之上，彩繡各樣花團，簇錦爭光，雲蟒輝美，加以罩蓋之黃皮"金頂"，狀如小塔，總係棺部之美點。槓前司擊"響尺"[1]者，自二人以上至四人不等。身穿孝服，官靴、官帽。響尺響處，其聲鎗鎗然，音聲常響，以爲指揮槓夫之警告。槓夫官帽紅纓，身穿綠色駕衣，上繪團花，黃袴青靴，色成一律。每於換肩之際，摘纓而掉肩，要抬桿如武劇伶工之舞刀槍，其輕脆可見。槓之四角，另有舉槓旗[2]者各一人，旗作四方式，紅地白光，上綴四字,如某某槓房,及開設地點,以爲槓部美點上之號召。此種執旗者,謂之"跟夫"。槓之後部,另有隨從之槓夫若干人,以爲槓夫輪流休息之需要。但旗族貴家殯儀,多以槓部平穩得體、現象隆重爲美,故有"換班"之例。如"四十八"人槓,另有隨從之槓夫二十四人(全部十分之五)。此種小換班,謂之"倒三兒"。蓋全體分爲三部,以二部作槓部應用,以一部作槓部之更換槓夫之預備,則用"四十八"槓者,全體已合槓夫七十二人。進一步,爲正式換班,即如四十八[3]槓,成槓部一班,槓部之外,另有四十八人一班隨從,按時掉換,足蔚槓部之美觀,及槓夫精神上之調劑。甚至有另加槓夫合爲三班者,如四十八槓爲一部分,作槓部之應用,餘另有兩班,每班四十八人,以待掉換。此種槓部組織,槓夫用力少,而休息時間甚長,在槓部能表現一種靈活之精神,隆貴已達極點,俗謂之"三班子"。

中華民國十八年六月二十三日第八版

【校記】

[1] 響尺:底本、油印本誤作"香尺",據前文改,下同。
[2] 旗,底本此字字跡不清,删節本誤作"夫",油印本作"旗",據補。
[3] 八,底本、删節本誤作"人",油印本作"八",據改。

　　貴式殯儀起槓之際,因所住胡同較窄,不敷大槓之行動運轉,故於胡同内,多臨時用小棺罩(正稱小欄桿),則槓部司抬者,亦臨時將槓夫縮少。至大街後,正式改換大槓,事前之大棺罩及應用物品,皆相候於大街。槓部抬出後,另一部分槓夫將大號棺罩收拾停當、抬起,與有棺之小槓,走成碰頭之狀,前後對門。棺之内部,有槓夫一起將棺携扶而過,以輕便之手腕,抬至大棺罩之下,即時安插一切。然槓部並不停止前行,外面亦絶不得瞥見棺木,一秒鐘間,棺木移過。於是,小棺罩收拾作廢,變幻之精,運轉之巧,若魔術之虚渺，而翻新實質也。

　　清季旗族殯禮中，相傳於出堂之際（按出堂即棺木出動時），由槓房支配一人，以背背棺而出，不得搖動，及傷死者毫髮。此種專門人材，具有絶技，意存冒險，聞者爲之吃驚。以旗族貴胄之棺，以無謂排場，致踏涉險之途，偶有不慎，則棺木墜落，悔無及矣！愚於此事甚爲疑惑，然考之故實，蓋出堂之際，材部移動，實有背棺者一人，卧於棺下，以背負棺，匍匐而行。然此不過借其主力於一部分，上部則照例以繩縶棺，數人前後携扶，擁護而行。司擎"響尺"者一人，隨時指示作爲前導。吾人仔細觀察，則棺下之人以背的力量，協合棺部上下活動之作用，勢所必備，絶非如社會傳該背棺之近於神話也。此關舊京旗族掌故，姑録之，以待實證。

中華民國十八年六月二十四日第六版

　　舊京之槓房，於昔年旗族盛時，以旗家生意爲主要部分。故槓房之匾額，多有書"滿漢執事"者。凡百設備，皆偏重旗家喪禮應用合宜者，以迎合旗族之眼光。執事之緊湊，繡工之繁麗，勾心鬥角，至形壯美。至於槓部之組織，尤形講求，行動之穩健，局部之巧合，掉換之靈敏，實具有科學性之表現。故舊京槓房之技藝，尤[1]稱一絶，爲他埠望塵莫及。至今，外埠隆重殯禮，猶有特約本地槓房者焉。

中華民國十八年六月二十五日第六版

【校記】

[1] 尤，底本、油印本誤作"允"，删節本作"尤"，據改。

　　殯達墳地後，下葬之儀，别於形式之大小，氣象之繁簡，與旗族通家之大概式樣相似。是時各種鼓樂，輪奏或合奏，表演最後之悲曲。棺至坑部，以穩重嚴肅，及不偏不倚爲上乘。旗族貴家對於墳地，即所謂"陰宅"上之迷信甚深。開坑及出殯下葬之際，多携同風鑑監督槓夫。是時，風鑑先生置地下以羅盤，逞其"尋龍點穴"之奇技。喪家及槓夫對於棺材之位置等項，惟風鑑先生之命是聽。下葬之際，一切形式上之迷信（如置罐等），悉與旗族通家相同。是時，將各樣燒活、松活及靈花等各項應行焚化之物品，分類成堆，於鼓樂互奏悲曲之間，舉火而焚，烈焰飛騰，直衝霄漢。松活之屬，被焚之間，作聲軋軋。匠人心血，喪家金銀，兩者結晶，化爲美好可觀之物質，人魚花鳥，轉瞬之間，化成飛灰。灰片起處，恍如樸美烏鴉，騰空而散，人死財亡，意存傷感。此種貴式殯儀最後之一幕，雖云熱鬧，嚼其三味，則慘不忍睹焉。

旗家殯儀，自下葬返家以後，尚有保守"首七"及"三七"等日之禮。若旗族貴家，因在此首七、二七之內，尚在未經下葬，停放較久，因免此例。然旗族通家對於此種葬後之節日，甚爲重視。首七即距死日七天，雖旗族通家停放七天者居多，故亦例免首七之儀。二七即距死時十四天，因屬於雙數，亦豁免之。在此二七之內，多注意死者之"出殃"。相傳殃者，即死人之怨氣，於死時，此怨氣一出，不知藏於何處。至出殃之日時（係由陰陽開殃榜者，推出明示），始移動出屋。至外，化爲某色氣體，至某方而去。旗族對於此類迷信，極形注意。至出殃之日時，於死者住室，打掃清潔；於牀上，設洗臉盆手巾，內並有水，以備死者[1]净面之用。一旁並備煙茶點心，意含歡送。是時，家人躲避，過時而聚，出殃之意會，始告完成。於是，觀察臉盆、茶點有無移動，牽强附會。如點心稍具轉動之影痕，即云，此死者取食之遺跡也。令人聞之，作三日嘔。自出殃之後，即張羅"三七"日之禮。

中華民國十八年六月二十六日第六版

【校記】

[1] 者,底本誤作"杳",油印本作"者",據改。

　　至三七、五七日[1],喪家於是日設祭堂,通家則於堂屋或净室中,舉行"燒包"之禮。三七計供包紙三包,以紙錢、金銀錠之屬,合而作四方包袱,外皮爲白紙。於紙包角上,插紅色石榴花,分男左女右,死者爲男,插於左角上,死者爲女,則插於右角上。包面上,書死者姓名,及孝男姓名,並"某某日爲三七之期恭祭焚化"字樣,合供於桌上。包前供品,有煙茶酒果。擇時,闔家向包袱舉行四跪四叩禮,輪流舉行。至孝子有偶觸悲思者,亦泣哭不止。至晚,將包焚化。五七紅傘一柄[2],此傘爲紙質,糊於冥衣店,傘之質料,精粗不同,而厥狀則一。傘作圓式,紅地上繪白色花紋,中作綠色頂,周圍黑色傘沿,花桿下部綠色傘座,其狀甚形美觀,糊成後,置於庭院之中。按五七之傘,旗家有出閣女兒者,謂之姑奶奶,此傘例爲姑奶奶應盡之義務。事前通知,至期由姑奶奶送到。另外,亦有紙包袱,如三七之用者,惟五七爲包袱五個,亦插紅石榴花。是時,旗家近枝宗親,聚會舉哀,行禮畢。至時應携傘並紙包袱,赴墳地焚燒,但旗家有距離墳地太遠者,則改於街門舉行之,或携傘並包袱至野地焚化。此種焚化,通俗即謂之"燒傘"。燒時,孝子下跪,行禮如儀。按三七、五七之禮,就迷信論之,謂死者至此項節日,得如許之安慰。如得插紅石榴花,一發喜,二美觀;至五七之傘,謂死者遮掩於傘下,得有相當利益焉。

中華民國十八年六月二十七日第六版

【校記】

[1] "至三七、五七日",底本、油印本、删節本皆作"至三七五日",據文意補。

[2] 柄,底本、删節本誤作"炳",油印本作"柄",據改。

　　過五七而後之節日，即爲"六十日"之期，俗稱爲"六十天"。是日，亦聚會近支親屬，舉行家祭。而旗族貴冑，亦間有於是日舉行念經者，然居少數。而旗族通家，頗少此例。惟六十日，燒船、橋之舉，無論貴族、通家，須一律焚化。船、橋亦冥衣店之出品，計船一橋二。船部，頭作虎頭狀，尾間有撐船者一人；船幫作彩繪之海水江芽圖，支以秫稭桿，一似此船處於水中者；船艙之內，備有牀鋪，及各樣陳設，並僕婦使喚人等，皆以紙質紮成，形式差可亂真；細質之船，工精無媲，並在船艙之牀上，設有煙具，及種種細巧之陳設，品質極形美觀；船身之顏色配置，紅紫相映，黃綠輝照，遠望之，若真船陳列旱地。船之兩旁，有二橋，金銀各一，俗謂左金橋、右銀橋者是。金橋之色彩以黃爲主體，銀橋之色彩以白爲主體，以顯現金銀之別。橋有白石色橋欄，並左右之金童玉女，燕翅排列（亦有執旛者）。

中華民國十八年六月二十八日第六版

　　過六十日後，即爲"一百天"之期。此爲喪後之具有相當價值之一日。原旗家穿孝，自葬後，背帶子後（見本節前說），孝袍仍不脫去，晝穿夜脫，不嫌熱燥不潔，俗謂之"拉踏孝"。女人除穿孝外，並加包頭，直至一百天之期，始將此項"拉踏孝"解脫。據世俗謂，旗家孝服至輕，若以其不穿白鞋論斷，則爲孝輕。但以"拉踏孝"之特點觀之，則又爲孝重矣。至百日之期，男女除去孝袍、孝帶，女人去包頭，恢復原來頭樣。以後，穿衣以布質，樸素當先，隱存孝意。至二十七個月爲滿（自死日起算）。百日之期，除脫孝服外，並無若何形式上之設備。至此，旗族喪禮已告一段落矣。

中華民國十八年六月三十日第六版

燒 包 袱

旗家對於已死長輩，有念其昔年戎馬勞苦，爲旗族爭功蔭後者；有念其遺留錢糧缺，及豐富之家資事業者；……故極爲追念。而旗族禮教思想，極爲深刻，加以迷信所趨，對於亡人無往不嘗加默禱。以此，每年四届，有焚化紙錢之禮。此種焚化紙錢，俗謂之“燒包袱”，其類別有二。關於(甲)類：遠年死去之人，燒包袱之日期，歷年爲(一)清明佳節、(二)中元佳節(夏曆七月十五日)、(三)十月初一日、(四)除夕。旗家皆備有“包袱單子”，以作届期焚化之目標，除開列應焚化之期日外，並註明死者[1]名字。男者，如“某府君諱某某之位”(府君上之“某”[2]字，即其姓氏——本族的總姓)的字樣；女者，如“某門某氏之位”的字樣(在女者應隨夫氏之本姓，而不從總姓，下“某”字爲其娘家之姓氏)。而夫婦先後死之者，則將所燒之包袱合爲一整個，表現一種團結之精神，頗具美觀。自祖上至近輩，按照秩序排列人名，夫妻合併之。每一人名之下，註有焚化人之身分，如“重孫”[3]“孫”“兒”等等年輩上之稱謂。上面並加綴一“孝”字，及焚化人之姓名。此焚化人，舉旗家之年長、當家者爲合格。每至焚化日期，按照包袱單子之主人名數目，購焚化品於紙店中。舊京之大小紙店，至焚化包袱日期，即作焚化物品之投機生涯，以各種精白紙，置於木墩[4]之上，以鐵鈎刀按其上，按照次序，用木錘頻擊，其響梆梆然，即作紙錢之狀。

中華民國十八年七月八日第六版

【校記】

[1] 者，底本誤作“些”，油印本、删節本作“者”，據改。

［2］某,底本、油印本、删節本此字後衍"某"字,據文意删。

［3］重孫,底本、油印本誤作"崇孫",删節本作"重孫",據改。

［4］墩,底本、删節本誤作"礅",油印本作"墩",據改。

　　合爲百余張,謂之"一刀"。此等燒紙,就形式觀,分大小兩種。錢樣大者,謂之"大燒紙";紙錢之小者,謂之"小燒紙"。紙錢之外,主要部分即包袱,包袱亦係白紙質,以石印治成,形式爲四方之口袋。正面周圍作花邊,内層環繞以咒句,以單字擺列成行,心内正中爲一長形封籤式,内留空格,以便焚化時,按照包袱單子,填寫死者之姓名。左面另有一較小之封籤式,内亦留空格,備留填寫"某年某日焚化"之字樣。右端爲封籤印,就錢糧貢獻之句,下部並有繢花,如童子捧旛,及聚寶盆等式樣。左方下部,印有一"孝"字。以下,即填寫焚化人之姓名。填寫包袱畢,將紙錢揭開,填滿封皮,背面特繢"封"字者。包袱以内,除封紙錢爲最普遍外,旗家對於敬神供鬼,無往不從事豐美,故多有另裝銀錠者。銀錠質料亦購於紙店,俗謂之"金銀簿"(即掛金銀皮之薄紙)。每塊合併者,可謂之"金銀錠"。旗族盛時,舊京之各紙店,備有自造之小錠,以淡黄色軟製小元寶之形狀,中綴金銀之花紋,名曰"小錁子",亦爲備裝包袱用者。及近晚年來,小錁子已不稱時髦。大掛之金銀錠,紙店中亦皆自造出售,爲裝包袱之華貴物品焉。

　　歷年四届焚化包袱,裝法一致。惟至十月初一日一届,除應裝燒紙、金銀錠或小錁子之外,主要者應另裝"寒衣"。此金銀互雜,黄白,每媲美紙簿一張,可疊成小錠子一個,黄白届[1]包袱中之寒衣,比較普通之紙錢尤重要。每至此節,舊京中有俗語云:"十月一,鬼穿衣。"值斯深冬,世人早换暖服,以陽世陰間物質享用相同。故同時應爲亡人送衣,迷信思想之深,可見一斑。當是時紙店中,特製大批寒衣,以備需要。寒衣爲花紙製成,或紅或紫，或黃或綠，剪裁成衣狀。前後單摺、雙摺者不等。衣上並以白粉繪印各種花紋，形同小兒玩品然。除却花色衣裳，尚有素色衣裳，如一面黑色而無花紋者是。衣分男女兩種，男子衣裳，即作普通衣裘式樣；女者衣裳，除普通式樣外，並在衣下部，加連裙子式，合爲一整個，即爲女衣。此種男女衣裳，通即謂之"寒衣"，至焚化之日，每包袱一個，裝一張或數張者不等，男女不得紊亂，致不合用。

包袱裝成後，即成一位。睹包袱之姓名，即可幻想死者長輩之冥影，敬鬼者如鬼在。是日，舉行哀默，將包袱按照局位，供於炕上或牀上，或供於方桌上。惟旗家以牀、炕爲貴，普通旗家則將包袱供於炕上者居多數。（按漢禮之燒包袱多供於桌上也。）此時謂之"供包袱"，排列齊整後，即獻供品，如肉菜、饅首之類，及點心，至除夕則爲供餃子，另外供菜並酒若干杯，死者如會吸煙，則裝煙備火，供獻至爲周到。

中華民國十八年七月九日第六版

【校記】

[1] 按上下文義，"此金銀互雜，黃白，每媲美紙簿一張可疊成小錠子一個，黃白屆"28字疑應位於前一自然段中"俗謂之'金銀簿'（即掛金銀皮之薄紙）。"一句與"每塊合併者，可謂之'金銀錠'。"一句之間。但即便置於二者之間，語義仍些許不通。校注者嘗試調整如下："俗謂之'金銀簿'（即掛金銀皮之薄紙）。此紙簿金銀互雜，黃白媲美，一張可疊成小錠子一個，黃白每塊合併者，可謂之'金銀錠'。"而"每屆"二字或應置於"包袱中之寒衣"之前。底本、油印本、刪節本同。

旗家子女對於先輩熱烈懷感，且有將杯中酒漿洒於包袱之上者，則認爲先輩已飲酒。上供畢，輪流按神三鬼四之例，舉行一跪四叩禮。竟日默守，待至夕間，則將包袱携諸門庭以外。另有紙錢數張,先行燃著,謂之"外祟"。防有外鬼搶錢,特備零星紙錢送祟。於是藉外祟紙錢之火焰,將包袱燃著,火焰騰起,轉瞬化成飛灰。焚化者伏首,呼包袱上之死者,頻請"拿錢",於火焰翻騰之下,並將供茶洒於地,謂藉此水氣,以便死鬼携錢赴冥府。所燃燒之黑灰,有不甚散落者,嘗謂之"抱團",言其死鬼抱錢不放,迷信之語,不一而足也。

以上爲關於(甲)類的燒包袱的種種,以其形式,謂之"花包袱"。至於(乙)類的燒包袱,謂之素包袱。其質量皆與花包袱相同。惟所用之包袱並無印花,係用潔白紙之包袱,中間加藍紙條,上書死者之名,此種爲新死之長輩所用者,(如過六十日以後,至焚化期中照例用素包袱),其供奉之法,皆與供花包袱相同。素包袱之限期爲一年,至距死期一年之後,則亦改用普通之花包袱矣。

禮俗的尾談

我們在本章中,叙述旗家的婚喪禮是很詳盡的。以次,尚有慶壽禮、小兒滿月①等各項的演禮。但此等禮節,漢家和旗家有同一的趨勢,而旗家並沒有什麼特徵。並且這些禮在事實上,和風俗都沒有什麼重要,那麼我們就要從簡了。例如漢家演此等禮時,皆重磕頭,不重請安,而旗家則以請安爲當先。漢家婦女磕頭是普通低頭,而旗家婦女就要磕舉手式的達兒頭。這樣我們從整個的旗族風俗,都可以理會得到的。總之,我們要理會旗家一切的演禮時,

---

① 小兒滿月,嬰兒誕彌厥月,謂之滿月。戚友多以饅首,及小兒衣飾餽遺。女客來者,以饅首兩枚相合,持令產婦咬一口,謂之滿口(借饅子音)。蓋生產既匝月,體當復原,令其努力加餐之意(參見鮑奉寬遺著《旗人風俗概略》,載《滿族研究》1985 年第 2 期)。

耳朵應當常掛著他們貴族式的官話，眼睛應當常掃著他們的請安和特種的婦女磕頭法，和想著他們迷信的深刻，這樣自然就對於旗家的整個演禮有澈底的鑒賞了。

中華民國十八年七月十一日第八版

第四章　土習之部

在這一章上講到旗家的土習，是偏重於男子一方面的。關於旗家婦女的種種表徵，在第二章家庭之部中已然叙過了。在本章上的土習，表現出旗族子弟的一種雄糾糾的精神，可以表現出旗族的特徵。例如種種的裝飾，直接的可以表現出來旗族的華貴的精神來。旗家子弟，因爲錢糧的豐富，所以都養成一種遊手好閒的習慣。因爲遊手好閒，沒有事做，所以才影響出來種種不良的風尚。一即是旗族的土習，例如裝飾，他們不顧到質料內的精粗，或式樣的美醜，只求標新取異，作他們精神上的安慰，此風一播，滋蔓難圖。由於一點好奇的表現，以致養成了[1]習慣、壞風尚。我們的叙述，是擇他普遍的、和旗族貴式化有關係的貢獻。

髮 辮 的 美

舊京民間相傳，滿清未進關以前，明季之世，士人之髮辮，皆係留全部，謂之"攏髮包巾"，如道士之髮式然。至清[2]之世，則改頭換面，令世人將髮辮放落，四圍剃去，留存辮頂之一部分，名謂之"剃四外，留中原。"中國頭髮史，爲一極大之變動，意以頭髮之表徵有關於國家大勢者，迷信思想之深，可笑更復可憐也。

中華民國十八年七月十六日第八版

【校記】

[1] 了，該字後，疑脱"壞"字。底本、油印本、删節本同。

[2] 清，底本、删節本誤作"滿"，油印本作"清"，據改。

　　旗族人士對於髮辮，極爲講究。辮頂以下，留長辮，共分三股，左右合而編之，謂之"辮花兒"。此種編法，通稱"三股柳"。亦間有仿照明代舊例，分髮五股作"三編"成六花者，然居少數。旗家子弟之髮辮，分"鬆辮"與"緊辮"二種。編鬆辮者，多旗族文士，或身有差缺者。鬆辮，俗謂之"大鬆辮"，鬆辮之形式，即髮際之首個辮花，不紮有辮根，必從容留餘一部分，再開始紮首個辮[1]花。通常此種辮花起始於脖際之下部。自首個辮花以下，排列而下，至適中之部分爲齊，以下部分則爲"辮梢"。而有嫌髮短者，則於髮之中部，加以續假頭髮，順序而下編，謂之"辮簾子"。編髮匠具有種種手腕，編成後，辮簾子並不露任何痕跡，差可亂真。辮梢者，即髮辮之底尾，旗家子弟之講求外觀者，每加綴辮穗子，互相陪襯。辮穗子多青絲線製成，爲對穗子之式樣，加綴於辮梢之上，形同與髮辮相合而一者。辮穗通長，約半尺許，購於舊京之縧帶店。太平年間，須銀數兩，爲旗族盛時，時髦物品之銷路最豐者。綴於辮尾，行履之間，則辮穗前後左右往來飄動，以爲美觀。故是時旗家文士之髮辮，自天然頭髮，加續辮簾子及尾部之辮穗子，上下聯合，則髮辮通長，每盈脚踵，謂爲"大鬆辮"。考諸實際，信爲得體焉。

中華民國十八年七月十七日第八版

【校記】

[1] 辮，底本、油印本、删節本皆誤作"髮"，據上下文意改。

　　除文士之大鬆辮外，大一部分之旗家子弟，多喜外狀雄壯，威風八面，俗謂之“士氣”。實則此種空虛的尚武精神，可表現其遊手好閒，貴族的氣派。此種髮辮，合與旗家文士之髮辮成反例，即“緊辮”是，通俗則謂之“小辮打緊”。考其原始，實由於少數好閒、無事之徒，對於髮辮標新立異，作出種種滑稽不倫之醜狀態，而反認爲美。於是旗家子弟之益羣摹仿者，接踵而來，滋蔓難圖，致成不挽之頹風。緊辮子之式樣，即自髮頂以下，即挽緊辮花，愈上而愈緊，愈爲美觀；中部之辮花，亦緊無隙地，至下部之辮梢，亦緊小至極，綴以細長之辮繩，髮辮編成後，或直或曲，毫不自然。而旗家子弟，大凡帶有尚武表現者，莫不以此種辮式爲美。且夫頭上之髮部，而有種種之花樣，有自頂部掇髮一縷，轉擰成條，橫嵌於髮頂之周圍，謂之“鍋圈兒”。新剃之頭邊，以短髮擰鍋圈兒於其上，形同彩箍，而色發青白。

中華民國十八年七月十九日第八版

　　其次，又有留“孩兒髮”者，即在辮頂之四圍，另留短髮，長約寸許，形同一篷涼傘，不倚不倒，直生頭邊，與後部緊辮互相輝映比美，此謂之“孩兒髮”。而孩兒髮有只留前半部者，有連同後部（近於脖項）合而留之，成周圍之形式者，則後部緊辮之下，隱約少許短髮，謂之“前後孩兒髮”。

　　擰鍋圈與留孩兒髮，舊京之剃頭棚裏，剃頭匠皆擅此術。旗家子弟，對於髮之維護，既若是之重視，故修理髮辮乃爲常事。每至修理之際，俗謂之“剃頭打辮子”。若夫擰鍋圈、留孩兒髮之類，則向須外加酒資若干。旗族文士及其攫有職差者，對於髮辮之花樣甚少；但閒雅者，亦有留孩兒髮以陪襯大鬆辮之美者，但鍋圈者，殊爲罕睹。

中華民國十八年七月二十日第八版

普 遍 的 服 裝

旗家子弟之服裝,每有特異之表徵,以示其貴族氣派。舊京時代,謂旗家子弟普通的特異服裝"匣衣",然氣焰所在,剷除實爲難事,遺毒舊京社會,此行彼效,演成不良的土習,茲擇要述之。當夏秋之季,旗家子弟之衣服,以"紫花"色的袴褂爲最美與最普通。(俗稱爲紫花袴子,紫花汗衫。)紫花,爲形容其顏色,其色近於淡黃,著身形近肉色,文雅之士,目爲不倫,好閒子弟,則認爲美矣。其質料多爲硬質之布,極爲結實。穿此衣者,多少壯之漢,於行路之間,一步三搖其臂。穿紫花布袴子者,其袴腿皆甚長,下部以窄布條紮腿,袴脚之部下垂。每屆夏季,旗家男裝喜穿青洋縐袴、白汗衫。青色洋縐袴,襯之上身白布汗衫,青白互照。旗家子弟,遊手好閒之輩,多以此種裝飾爲最時髦。舊京民間詞曲,將"青洋縐的袴子、白汗衫",納入爲通俗之歌唱者不少。至今,旗族凋敗,此種裝飾美,已成鳳毛麟角矣。

旗家子弟之愛好武工者,如舞石鎖、練雙石頭、扔鐵砂口袋……種種身體上的鍛[1]鍊,及進一步之公開式的舞叉、練刀槍、摔跤等等把戲。則其由裝飾之中,另具尚武色彩。最重要者,爲"多虎帶子"①(譯音)。此種帶子,爲多層的厚布質合組而成,寬五寸許,長數尺,周身以線實嵌,頗爲堅固耐久。顏色,或白、或青、或藍不等。兩端並無環扣兜帶,圍於腰間,左右以帶頭穿插,鬆緊自如,繫於小衣之外。因其質料堅硬,故繫此帶子者,能鍛鍊直挺腰板。每一行路,借帶子縛束之力,身軀幌動,搖搖自得,尚武精神,

---

① 多虎帶子,多虎即滿語 gohon 的音譯,漢譯爲鈎子,係摔跤用語;帶子,係漢語。故多虎帶子,指摔跤或健身時,腰間所繫之帶子。

一表而出。及其後，有身體過瘦，嫌其帶子過寬者。故又有折衷之
"板帶子"興出，質料與形式，皆與"多虎帶子"相同，惟比較稍窄短
與稍柔軟而已。

中華民國十八年七月二十二日第六版

【校記】
［1］鍛，底本誤作"鍜"，油印本、删節本作"鍛"，據改，下同。

　　近年來，舊京縧帶局出品，有名"腰裏硬"者，實爲以上兩種帶
子脱胎而來者，但其形式稍有美化，以供晚年人士之應用。此種帶
子，中部寬且硬厚，兩端因環繞作用，稍窄小、柔軟，兩者調和，頗合
應用。至今，此種腰裏硬而於一般紈袴公子腰際，逞其雄美。世人
又誰知，其爲旗族盛朝下之産兒歟？
　　旗家男裝有附屬之品一，爲"褡補"是。褡補者，即爲綢質之長
帶子，寬處數寸，就其自疊於一起，長達數尺。此種褡補之質料，推
青色洋縐者爲美。"青洋縐的褡補"一語，已成習例。旗家文雅之
士，及子弟之由尚武具愛美討俏精神者，皆以繫洋縐褡補爲得色。
此種褡補具有腰帶之作用，繫此者，多掩衣襟而不扣紐絆，用褡補
束攏而繫之。於左右胯間，將褡補餘頭綴墮於下，尤爲壯者添彩。
褡補之前部，文雅之士，則多附帶配飾，如"表絹""褡連"及"扇套"
"香袋"之屬。
　　旗族盛時，上等衣料，文士則取素緞、幢絨之類。如幢絨或幢
緞之馬褂、背心及套袴等件，質精而料實，不但美觀，且極耐久。尤
以套袴一物，爲旗家之最講究衣飾。以其袴只套兩條，成單個式，
當出門之際，套於腿間，身著長衣，外觀套袴腿，與長袴不辨，於穿
用脱下之間，極爲方便。至於冬令，每屆嚴冷，則於原有長袴外，隨
時可加穿套袴，運用自如。至今，裝飾進化，套袴一物已認爲腐化，

穿用者頗罕睹焉。

中華民國十八年七月二十四日第八版

　　毲毲^①一物，爲特種衣料之一。旗家子弟吃穿無憂，對於裝飾，多有欲標新取異，逞其華貴氣勢者。於是，毲毲乃大興暢，毲毲質柔而剛，以淡黃色者居多，料上滿染紅藍紫綠各色之花點，亦有純一色無花點者不等，質甚厚，價極昂，大概用以製作馬褂、套袴之屬。穿此衣者，或嗜好登山跋獵，或好騎驢賽車，則身穿毲毲，不畏摩擦，間亦保護皮肉。自旗族凋敗以來，毲毲一物已不爲世人所重視。舊京之毲毲店，僅存者，寥寥兩三家而已。

　　旗族人士之穿鞋，亦頗有講求之者。文雅之士，以穿"福字履"者爲最多。鞋上加拉鎖子，共分三層，鎖線繚繞，以一"福字"爲歸宿。作旗官者，穿靴外，而亦以穿福字履者爲最多，質以青緞者爲上選。第二爲普通的雙臉鞋，鞋之前部有二皮臉直衝鞋尖。至後，有長絨雙臉鞋出，謂之"南琴"。旗家壯士，亦多取而穿用之者。壯武之士穿鞋，舍南琴外，式樣之最普遍者，尚有二種：一、青緞或青布鞋，上臉圓而底尖，皮跟緞口，臉部有一皮尖，曲彎而上，與鷹嘴式樣無異，皮作純綠色，俗謂之"鸚哥嘴"。二、鞋臉處有綠皮鑲嵌，並絲雲頭等各種花樣，成一圓蓋式，謂之"勿拉蓋"^②（譯音）。舊京小兒摹彷此種鞋穿用者，亦甚多。至今，此種鞋式，已成旗族上之歷史名詞矣。

中華民國十八年七月二十六日第八版

---

① 毲毲，亦作"毲魯""普羅"，又稱"霞""多羅絨"，藏語音譯，係一種斜紋絨毛織物。其質地細密，外表起絨，適宜於製作暖帽、冬衣。產於西藏、四川、甘肅、陝西等地（參見周汛、高春明編著《中國衣冠服飾大辭典》，第535頁）。
② 勿拉蓋，勿拉，滿語gūlha的音譯，指東北地區一種防寒鞋，用皮做幫底，布做勒，內墊烏拉草；蓋，應爲漢語。據此，勿拉蓋應指覆蓋在鞋面上的蓋簾。

靴子具嚴緊氣，旗族人士最講穿用，有職差者，尤喜穿用之。普通旗族文士，亦嘗以穿靴爲美。靴子之質料有三種，即布質的、絨質的、緞質的，皆以青色爲準。粉底、綠沿、條板、頭尖而跟圓，上部作長筒式，與下部接聯。靴樣共分兩種，以上所述，爲普通之靴樣。穿用者，以文雅之士及有職差者居多，通稱爲"高筒靴子"。其次爲"螳螂肚的靴子"，靴幫及靴底，比較上述之普通的靴子略肥，至上端筒處，前後隆凸，直起成兜肚之狀，恰似螳螂腹部之形像，故名。此種靴子上之皮臉，除青色外，亦間有用綠色皮者。穿此靴子者，皆旗家子弟中之愛好武工者，人皆以其近於土氣，然穿之者，則傲然自得。至螳螂肚之作用，意在護腿。如摔跤之際，對方以足踢腿，必先以螳螂肚迎衝，則對方踢於虛空之處，腿部不致受傷，此其一例。至螳螂肚靴子，尚有特加縫皮質各種花樣，以作點染者，舊京之縫鞋皮匠，皆擅此術。

旗族男子之襪子，亦甚講究。普通襪質，爲漂白色布、魚白色布、紫花色布及青色布或緞數種。文雅之士，皆取白色布襪。至魚白、紫花及青色各樣襪子，皆爲土習之時髦物質。穿襪以瘦小爲要道，並須襪臉緊對鞋臉，不得稍有紊亂。襪臉爲彩線所縫而成，顏色之配置，亦極嚴格。如魚白襪，用青色襪臉；紫花色襪，用玫瑰紫色襪臉；青襪，用白色襪臉，務求配置漂亮，工夫之消耗，概不計及也。

旗裝中之帽子，文士於秋冬之季，常戴緞質瓜皮帽（亦稱便帽），頂極尖作畸形，沿部且有特嵌以珠石者。二年以前，此種小帽復興，爲海上①一部分貴族人士所垂青，傳播各地。至今，此帽已在打倒之列。除小帽而外，冬令最普遍者爲毡帽。毡質或黑或白，亦有紫色者。帽上以花皮質綴成各種花樣，更有在帽沿之周圍，特

---

① 海上，即上海市。

嵌金邊者。邊上作"萬字不到頭"，或"盤長"①，"雲頭"之式。裏部有帽片，左右各一，可藏於內，亦可捲出以護耳，更有將此帽片掛皮裏者。貴冑則亦在帽頂上嵌珠花之屬。此帽文人武士，皆可採戴。惟文士多在帽頂繨紅絲疙瘩，壯武者免此，其形象具有滿洲古風。至夏季之草帽，圓頂寬沿，式樣之偉大，如小汁傘然，裏部多掛藍色小綢子。文武之士，兼可戴之，沿部[1]綴藍色綢帶，長達二尺，迎風吹動飄飄然，"馬連波"②式。旗家子弟多喜戴之。（按此草帽至後，舊京漢家亦多戴之者）。

中華民國十八年七月二十七日第八版

【校記】

[1] 部，底本、刪節本誤作"都"，油印本作"部"，據改。

旗 裝 之 佩 飾

旗族人士，除具有特徵之普遍的裝飾，如上節所述外，尚有旗裝佩飾多種。此種佩飾，通俗稱作"佩帶兒"。用以協調裝飾之美者，藉能表示其貴族姿勢。但此種佩飾，皆屬於男子之佩帶。至關於旗家婦女之種種佩飾，已詳於第二章家庭之部中。至旗家男裝之佩飾，因其與土俗上發生關係，故列在本章中。此種佩飾，上自貴冑，下至通家，無往不特重視而羅致之。貴冑之用物取質，窮極奢華。此種佩飾，當多列爲珍品。貴重價值千萬，乃爲常事。至旗

① 盤長，又名吉祥結，象徵莊嚴吉祥。佛教八寶之一。得名與其形狀有關。"盤"有打結的意思，"長"指回環往復的繩結連綿不斷，沒有開頭和結尾，故名（參見郝銘鑒，孫歡主編《中華探名典》，第 813 頁）。

② 馬連波，據《鄉言解頤》中"草帽工"一篇記載："圓屋寬簷者，謂之馬連波。"［參見（清）李光庭《鄉言解頤》，第 44 頁］

族[1]通家，對於種種佩飾，雖勉力維艱，亦必佩帶，以顯其繁美，藉可表示其爲旗族之色彩者。關於旗裝佩飾之種類，茲分節詳述之：

（一）跟頭褡褳：褡褳者，即錢袋。舊都時代，手袋皮夾之品，尚爲物質文明進步中理想之産兒。無論旗族、漢家人士，其盛錢器，惟以褡褳爲最普遍。褡褳爲布質或緞質所製成，中間有口，爲盛錢取錢必由之所。兩端爲布兜，内裝錢鈔之屬，左右平衡墜合，繫於腰際，於酬酢之間，極爲方便。故舊京人士，多喜用之。而旗族之褡褳，於工製上，於質料上，無不力求高尚以爲美，此似爲其虚榮心所使然。褡褳之中，惟推"跟頭褡褳"在旗裝中爲最重要，欲知跟頭褡褳之式樣，須先説明普通褡褳之構造。普通褡褳，長不盈尺，寬三、四寸之間，以布質或綢緞之料合組而成，分裏面兩層。

中華民國十八年八月十七日第八版

【校記】

[1] 族，底本、删節本誤作"旅"，油印本作"族"，據改。

褡褳多爲布質，中間留一長口，兩端打結子，則由口部自由出入，裝錢鈔之屬。更有單調硬裏，面部前後作兩口者，合之爲兩，袋可分，可裝錢鈔，極爲方便，謂之"兩面褡褳"。舊京旗族人士，普通以使用此項兩面褡褳者爲最多。老幼尊卑，人必手一，可裏可捲，亦可以懸於腰帶之間，内裝銅錢。行路之間，錢置褡褳中，作唧唧響，不云壯氣，是爲添彩焉！而跟頭褡褳者，即以此種美趣，進一步作爲旗裝佩飾之一。跟頭褡褳之製造，以普通褡褳爲胎骨，另用硬質之褡褳蓋一對，覆於其間。褡褳蓋皆緞質製成，内裏袼褙厚布，於緞面上，並繡以各樣花草，如"牡丹花"，如"大盤長"，如"蘭芝花"等等，皆由於心之所喜而刺繡之。

中華民國十八年八月十八日第八版

　　此種扎花，以旗族女工爲多數。因旗族婦女，每於茶飯之餘，閒暇無事，常用功於刺繡。褡褳蓋之大小，恰與構合褡褳下部之寬窄相合。形作四方，除於中心刺繡花朵外，四圍皆加以彩線鎖子，益增美色。如紅色褡褳蓋，藍花朵，鎖白色邊；又如青色褡褳蓋，刺豆青色花朵，鎖白色邊。顏色之配置，運用之巧合，實含有若許之藝術意思。形質漂亮，鮮艷奪目。褡褳蓋製成後，即嵌合於褡褳之底部，三面加以縫連，上面留口，成圓兜之狀。惟一對褡褳蓋，並不嵌於褡褳之一面，左面嵌於上部，右面必嵌於下部，相與錯差，呈犬牙之狀。因此種錯差法，有惟一之作用，所以跟頭褡褳之把玩，必懸掛於腰間，以示其美。褡褳翻捲，由上至下，則前部之褡褳蓋，勢必與後部之褡褳蓋，上下應接，巧合成雙，乃爲繁麗本色。此爲跟頭褡褳製造之作用，以其褡褳蓋前後距離交錯，若爲硬質玩品，懸於木楨之間，則此凸處（即褡褳蓋部分）促動彼凸處，相與盤旋，亂轉無已焉。[1]

中華民國十八年八月二十日第六版

【校記】

[1] 底本、油印本、刪節本"亂轉無已焉"之後，皆衍"褡褳多爲布質，……謂之'兩面褡褳'。"一段內容，共 80 字。該段內容已於民國十八年八月十八日發表。

　　此種物質原理上之活動把戲，於舊京俚句，謂之"打跟頭"。故此覆蓋褡褳，謂之"跟頭褡褳"。跟頭褡褳之中間長口，亦有用單面口者，亦有用雙面口者不等。褡褳蓋與原褡褳之顏色配置，亦非常得體。普通褡褳，皆用洋縐質；褡褳蓋，多用緞質。如青洋縐褡褳，青緞子褡褳，一團樸美，蔚爲素色；亦有用葡萄灰色洋皺褡褳，藍色或紫色之褡褳蓋，亦極得色；至花色洋皺褡褳，大紅緞子褡褳蓋，上刺牡丹花,此爲繁華之極者。旗族新婚兒郎,多玩用之,懸於腰間。譬如,彩繪文鴛懸於洞房,錦光喜氣,溢於言表。至跟頭褡褳之作用,則以佩帶好看當先,懸繫於褡補之上(褡補已見説於普遍的服裝節中)①,故意顯現於外部,誇張其錦樣繁華,揭揚其貴族氣勢。至跟頭褡褳内,間有裝盛玩品者,如鼻煙壺之屬。然重要錢物,絶少裝於跟頭褡褳中者。又有一種特殊之跟頭褡褳者,即佩帶此物,專爲裝錶之作用,則跟頭褡褳下部之硬蓋,除刺繡顏色一仍上述外,特在中心挖以圓洞,大小恰與錶之圓式相均合,周圍加嵌以白珠花,尤爲美觀。其錶樣,皆爲"長臉"式(即盤面無殼蓋者)。將錶裝於跟頭褡褳之中,由其洞口恰能將錶之表盤面,整個揭露於外部,懸繫於腰際。旗家中年以上之士,多喜玩之。因是,舊京曾産生俗語曰:"跟頭褡褳子兒褳。"但此種跟頭褡褳與錶合爲整個,必須有錶之陪襯,乃爲藝品。倘錶間離之,則成缺點。普通跟頭褡褳之質料講究者,其刺繡之工,亦必繁複,加以珠花添綴,耗資甚鉅。然旗族人士虛榮之心甚盛,愛好之者,縱多資消縻,亦無嗇吝之者,必達到錦光環繞,異樣繁美之目的而後已焉。

中華民國十八年八月二十二日第六版

　　(二)扇絡:旗族人士,夏日持扇子,惟桑皮紙②、醬紫色面之大扇子,爲最普遍。因求便於收藏計,故有扇絡之製造。此種扇絡即爲扇囊,或云扇袋,於夏日炎熱之際,不用扇子,即可藏之扇絡,熱時可以隨時取用,用意甚佳。然旗族虛榮心至盛,扇絡之製造,罔不求其奢麗,值價常在扇子以上,因此又創造一旗裝之佩飾。扇絡爲絲線製成,上部作提之式,中部爲絲線凝結之花扣,合爲蜻蜓

---

① 即民國十八年七月二十四日發表之内容。
② 桑皮紙,有黃色、白色兩種。質地堅韌,因製造原料有桑皮成分,故名(參見瞿冕良編《中國古籍版刻辭典》,第 755 頁)。

網狀,然式頗緊合,形作長筒,式若蛇皮。然扇絡網之結扣,亦分各
種,如"方空式"①,如"三角式",於結扣之間,含有若許之花樣。其
長度約一尺內外,與普通扇之長度不相上下,以便於裝帶。且此種
扇絡,能屈能伸,長短自如。下部爲絲線之花穗綴飾,上下共合爲
三結,合組之間,狀頗美麗。絲線之色彩亦不等,若青色者,若白色
者,若雪青者,任意取用,俗謂"隨心草"②者是。扇絡亦繫於腰際,
至扇絡裝扇與否,皆能陪襯全部裝飾之雅觀,如懸涼網然。此種扇
絡爲普通的扇絡,旗族人士多喜佩帶之。舊京之荷苞巷商店,有專
製作出售之者。每於夏季,銷路暢達。旗族紈袴少年,趨之若鶩
焉。及後,旗族凋敗,荷苞巷亦遭回祿之災,不睹昔年之盛況。然
以扇絡一物,於形質上,於實用上,頗具有種類優美之點,因此其生
命至以不死。近日之遊手好閒之輩,荷花大少,愛美之心情不泯,
尚多有於夏天,取扇絡構合扇子以把玩之者。故至今各縧帶局,尚
有製織扇絡,以備主顧應用者。當旗族盛時,尚有一種貴族的扇
絡,嘗列於"拜阡"之內。(按拜阡者,即旗族昔年婚禮中,賀客受禮
以答贈之品質,中多扇絡、荷包種種佩飾。)此種扇絡,爲硬質的扇
絡,取質綢緞,內裏袼褙厚布,外表觀之,成長筒之式,往下而作畸
形,狀如劍竅然。上端口部,亦有提繩綴帶,扇絡面上彩繡各種花
朵,邊際更加以鑲鎖工夫,底部加雲頭之飾。緞面顏色,有大紅者
居多,餘則或青或紫不等。中間繡花顏色之配置,亦頗具有藝術之
手腕,務求全部配合,綺錦輝光。此種扇絡之佩帶,平民用之,頗嫌
不配。帶此者,類皆旗族官長,或在朝內據有任何職官者,或普通

---

① 方空式,一般指方孔紗。方孔紗,是顯有細小方孔的平紋絲織物(參見參見周汛、高
　春明編著《中國衣冠服飾大辭典》,第 489 頁)。文中方空式指方形孔形式。
② 隨心草,指其價值無客觀標準,全憑人們好惡而定的物件,一般用來說玩物(參見俞
　沖《京腔兒的前世今生：150 年來的北京話》,第 888 頁)。文中指扇絡的絲線顏色,
　隨個人喜好而定。

地方長官,或旗族貴胄,身著官服、凉帽,則佩帶此種貴族扇絡,乃成貴族之本色矣。

中華民國十八年八月二十三日第六版

（三）錶絹：錶絹亦旗裝佩飾中之重要者之一。換言之,即爲錶袋。上述跟頭褡褳中之裝錶者,爲錶袋之一部分。此種錶絹,爲純粹裝錶之器,錶絹之構造,其質料多爲緞質者,内掛布裏,合爲兩層,縫合一起,呈煙荷苞之狀。上部作尖式,以下而寬肥,轉作畸形,如三尖寶劍然。下部作敞口式,兩面尖部,剪分爲四瓣,各鑲結扣,周圍鑲嵌彩緞花邊,或刺鎖子、雲頭之各種花樣。錶絹之上部加結扣並掛繩套,以爲提携套掛之用。錶絹之中心處爲線縫,並前後作兩活口。口際結彩扣,上部活口之下沿,與下部尖縫之上部,互相銜接;由兩端之結扣之點,暗相吻合成一圓兜,即爲裝錶之用。此口直通錶兜,内部以一布隔之,致兩口交錯,不能漏通,由任何邊際,或左或右,入手皆可直接通達於兜之間。觀其全部構造,甚爲敏巧,且在形勢上,具有相當之美點。錶絹之緞質,前後更有分爲兩色者,如前爲藍緞,後爲紫緞,於佩掛之間,搖蕩變幻,輝映彩色之美。錶絹之作用,以其提套,掛於大衣襟,藏於衣内,將錶裝於圓兜之内,則錶不致有所損壞。且錶絹表露於衣外者,則隨時監視,尤免遺失之患。錶之具有錶練者,則可與絹之提套互相銜接,尤爲結實牢固。以後有將錶絹改用者,以其提套拴錶,並不將錶置於兜内,翻成錶墮[1],失其本能作用矣。

中華民國十八年八月二十四日第八版

【校記】

[1] 錶墮,疑爲"錶墜"之訛。底本、油印本作"錶墮"。

　　錶絹之佩帶，以旗族之紈袴子弟最夥，顏色、質料無往不特別講究。至旗族中年，則有錶者，亦不乏連帶而佩帶錶絹。錶絹，亦荷苞店出品之一，然質次而工粗，不如家造者之美麗結實。以一錶絹小物，製於旗族婦女手中，手續亦極繁複，加以刺繡、組織之工，其消耗不在衣飾以下，然愛好者之所需，雖有費周折所不惜焉。

　　（四）班指：班指之爲物至怪，於手之大指上，帶以翠玉厚笨之圓圈，以爲貴族之美，不但形勢醜怪，而一舉一動之間，至爲不便，笨伯奇醜，曷勝此極？然旗族人士，多以此爲美[1]。生活上，稍上乘者，無往不取班指佩帶之。因其表示上，處顯明地位，故藉此可誇長其貴氣。考班指一物，原其有相當之作用。旗家子弟於成人期，例須赴本旗弓房鍛[2]鍊拉弓（見第一章故事之説），以爲攫得差缺之預備。班指若可以佩帶，彈取弓弦，藉省手指之運用力量。昔年之旗家子弟，因拉弓關係，故對於班指甚爲重視，人手一枚，因而成習。加以旗族欣羨，效顰者多，於是此行彼效，班指竟成佩飾上重要之品。班指之式樣，爲一粗厚圓圈，寬窄肥瘦不一。惟與大指之積量不相上下，以便套帶。班指面上，亦有作一四方之凸點者，則其式形同放大之戒指。班指之質，普通分爲二種，一爲白玉質，比較普通；二爲翡翠質，則成貴品。普通旗人之佩帶班指，以白玉者爲最夥。然一白玉，骨子裏之分析至繁。輕者，值銀數兩至數十兩；較佳者，值銀達百兩內外。然佳者與粗者相較，驟觀之，並不相上下，而骨子裏竟有如許之分差，值價別若霄壤矣。貴族班指，以翡翠質者爲上選，其面淺綠色，渾澄不一，花斑各異。最佳者，其值成千累萬，列爲珍品，然非旗族貴冑，固不能輕易佩帶也。班指之佩帶，按原來拉弓遺樣，應套於右手之大指上，及後則佩帶自如，多有帶於左手之大指上者。當旗族盛時，吾人睹一般旗族人士之手指，雖尊卑不同，亦必套班指於手上，只爲逞貴麗之姿態，不昔作事笨伯，筋肉苦痛，致養成惡習，日久不能摘下。近年以來，旗族百事凋零，已不復見班指輝映於手指矣。

中華民國十八年八月二十五日第八版

【校記】

[1] 爲美，底本、油印本作"美爲"，據文意改。

[2] 鍛，底本誤作"鍜"，據油印本改。

　　（五）三飾：三飾一物，在家庭之部中，曾略言之。然係關於旗家婦人佩帶之者，而旗族男士亦有佩帶三飾之例，故在本節略述之。三飾之製造，爲舊京首飾店之出品。質分二種，普通者爲銀質，貴族者爲金質（按昔年尚有一種銅質之三飾，由小販陳列[1]於市上求售者）。其式樣甚爲繁複，上部爲提鉤，至下有小橫□[2]墜鎖，下拴三飾。三飾者，普通爲：一、耳挖杓（爲掏耳朵之用），二、剔牙針（爲飯後剔牙之用），三、小躡子（爲取拿物質之用）。旗家因尚事排場，在環境無往不求其舒通安全。故三飾一物，亦爲旗家所重視，列爲佩飾之一種。除旗家婦人日常有佩帶者外，而旗家中年之男人，亦視爲必需之物。因此種佩飾在生活上，含有相當之作用。而尤以年老者，爲不可須臾離之應用物品。取三飾佩帶於大衣襟上，隨時掇取作用，甚爲方便。觀旗族貴胄，則例用金質三飾，掛於大衣襟，形勢亦頗美觀。及後年，首飾店以時勢所趨，翻新花樣，運用匠心，以迎合旗族之眼光。因此，有五飾之製造。五飾者，即在原樣三飾上，另加以二飾之配合。增加之器具，亦不外針鉤之屬，爲配置上之好看。至今，三飾、五飾之物，同列爲腐化物質，市井不見，首飾店更絕少製造，乃消滅於無形矣！

中華民國十八年八月二十六日第六版

【校記】

[1] 列，底本誤作"例"，油印本、刪節本作"列"，據改。

[2] □，底本此字字跡不清，油印本脫此字，刪節本作"棍"，暫以"□"表示。

（六）戒指：戒指即手指上之金銀佩飾，俗稱爲“六子”。當旗族盛年，旗家多喜帶此物。戒指之式樣甚夥。按舊京旗族盛代，以光面之戒指爲最普通（即無花者），或作扁圈式，或作圓筒式，或作面部（即指蓋部）之凸起式者不等。上有鐫字者，如“福壽綿[1]長”，或單個的福字或壽字。旗家子弟與有其友朋之投機者，於戒指一物，多有表示其團結精神。彼此各帶一枚，皆鐫有“二人平心”之字樣。（惟後年男女間，亦有借用此項戒指，以表示心地無二者，頗覺無聊之至。）旗族[2]貴胄，對於戒指視爲重要，與搬指同。若以寶珠玉石，鑲嵌於金質之戒指托上，帶於指上燦爛奪目，然價值成千纍萬，非貴胄不敢如是誇張也。至旗家子弟最普通之戒指，多以鐫有自己之姓名者，此風直至今日不泯。按戒指之意義，係於平指之佩帶上，含有警戒之告示。故清季末葉，旗族人士，嘗見手帶戒指，上鐫有“戒煙”“戒酒”之字樣，帶於指上，以爲警示。及後，漢家人士亦多效此風。凡勸人禁煙、戒酒者，聚資爲之鐫一戒指，贈之。關於戒指之質料，旗族貴胄有翡翠質者，蔚爲貴品，以次金質鑲嵌珠石者，至普通者則爲金銀二質，就中尤以銀質者爲最普通。有在銀質戒指上，加以包金者（即包以黃色金葉子），與金質戒指魚目混珠，不可辨認。至戒指之佩帶，則以左手四指爲最多也。

中華民國十八年九月四日第八版

【校記】

[1] 綿，底本、油印本誤作“錦”，刪節本作“綿”，據改。

[2] 族，底本、刪節本脫此字，油印本作“族”，據補。

（七）煙荷苞墜：旗族於吸煙一事，尤爲通俗。普通吸關東潮煙①

---

① 關東潮煙，即關東煙。我國東北部煙區曬煙品種的統稱。有曬紅煙和曬黃煙之分（參見張寶振、李嵩震主編《中國煙草大辭典》，第38頁）。

或蘭花煙①者，通謂之"旱煙"，則必有煙袋及煙袋荷苞之設置。有煙袋荷苞，則對於煙荷苞墜，必事講究。煙荷苞之上部抽口者，繫以綱繩，綱繩之一端，即爲煙荷苞墜。在作用上，因將煙袋荷苞跨於腰際（如搭補之上），穿以綱繩；另一端，有相當之重體，以與荷苞部分互相平衡，而便於佩帶。第二，有時荷苞及煙袋拖落於腰下，僅靠煙荷苞墜，掖於腰際，因其體質隆起，故不致遺失。第三，煙袋荷苞及煙袋，皆爲布質及銅質與木質，無相當之趣味，佩以煙袋荷苞墜，則較爲添色。煙袋荷苞墜，有翡翠質者，然甚屬罕見。其次，以玉質者爲較多，其值有在銀數兩以上者，十兩之間者，及數十兩者不等。其質體爲純白色，故又謂之"子兒玉"，爲一圓塊，經匠人雕一圓孔，以爲拴綱繩之用。煙荷苞墜之本身，或由於天然，或由於人造，皆具有種種之花樣。如天然之玉石，狀似一柿子，再經匠人加以相當磋切，即一整個柿子之式樣。然此種花樣，以人工製造者爲最多，花樣之繁，筆難盡述。普通者，若"蓮蓬"，若"巴狗"②，若"獅子"等等。旗族人士出門之際，煙袋荷苞人手一束，故對於煙荷苞墜極爲講求。及清季末葉時，有一種洋圓式之煙荷苞墜出現，極時髦。是時之洋圓，以"站人"式者居多。以銀元一塊，交付首飾店，於洋圓[1]之中心點，復鑲以八稜之銀質疙疸，並在疙疸[2]上套以小洋圈[3]。耗資不多，除煙袋荷苞墜[4]本身之一元外，再加以首飾店之銀質及鑲嵌費而已，較諸玉石質價，有霄壤之別。故是時此項煙荷苞墜，極一時之盛也。

中華民國十八年九月五日第八版

---

① 蘭花煙，其葉呈長條形，有如蘭草，故名（參見鐵木爾·達瓦買提主編《中國少數民族文化大辭典：西南地區卷》，第347頁）。
② 巴狗，即哈巴狗。蔡鴻生對哈巴狗之源流進行了考證，認爲唐代引進之新物種——猧子，即後世之哈巴狗。猧子原爲拜占庭之物種，經由高昌進入中國，深受皇家之喜愛（詳見蔡鴻生著《唐代九姓胡與突厥文化》，第211—220頁）。

【校記】

[1] 圓,底本、油印本、刪節本皆作"元",據上下文改。
[2] 並在疙瘩,底本、油印本作"並疙瘩在",據文意改。
[3] 洋圈,疑爲"銀圈"之訛。底本、油印本、刪節本同。
[4] 墜,底本、刪節本脫此字,油印本作"墜",據補。

　　（八）帽花：關於旗族男士之便帽（即西瓜式帽子），已見説於普遍的服裝節中。旗族子弟對於便帽之頂戴,除一部分穿孝者,應戴布質帽子外,其餘以青緞子質者,爲最普通,且於帽沿嵌帽花。貴胄人士,則在帽沿之前部,嵌一白珠於下部,並嵌綠翠石一塊於上部,合爲一副。真珠翠石,價貴者成千纍萬。以次,則帽花亦多有"碧璽"質者,或"瑪瑙"質者,或白玉石質者,種類甚多。普級旗家子弟,亦多羅致玉石之屬,嵌綴於緞帽之上,更有整個之帽花式樣。如大"壽"字,則此壽字,全體皆爲各色之珠粒所合組而成。

　　以上八項,爲旗族服裝中之佩飾最重要者。餘者種類尚多,然皆不甚普遍,如婚禮中"拜阡"之式樣甚夥。即一"筆袋",亦必錦繡花團,兹不贅述。

　　至今,旗族之各種錦樣佩飾,吾人試行於浮攤夜市之上,則而可尋其繁麗於百貨堆中,與紅藍琉璃官頂（以示官職者）,同成腐化,混在一團,大不勝今昔之感者也。

　　　　　　　　　　　　　中華民國十八年九月六日第八版

聞　鼻　煙

　　聞鼻煙者,爲普通嗜好之一,與吸煙、飲酒相同。惟此種聞鼻煙,須臾不可離。惟間有鼻煙壺藝術之賞鑒,此爲與其他嗜好之不同處,旗族人士泰半嗜之。每於提籠架鳥,穿街過巷之際,手執煙壺，隨行隨以煙抹於鼻孔之間，用力吸之。至今回想此中況味，直能作三日嘔也。鼻煙具有激刺性，故於聞後，則噴嚏接連，不嘗聞者，為之辛酸流淚！其於身體並無若何之作用，不過示其奢華而已。

中華民國十八年九月八日第八版

　　故聞鼻煙每重形式，嗜此者，每於鼻孔、嘴角之間，以鼻煙抹滿，因其狀似雙翅，故謂之“大蝴蝶”。初不覺其醜怪。清末時，舊京有鼻煙店之開設，間有大小茶葉店[1]代售之者，亦有聞藥室配合各種鼻煙，以應嗜者之需要。鼻煙為各種富有激刺性之藥品所配合而成，間雜花粉花蕊。故鼻煙中，含有若許香氣。鼻煙色近於黃，淺深不一，其種類以“坯子”為最通行，其它“薄荷”等項甚夥。（如薄荷者，內中即有薄荷成分，聞之具有薄荷香味。）因嗜好性之不同，故聞者各趨一種。每晨於兜圈溜鳥，或進茶社之際，至售鼻煙處裝滿。是時，售價尚稱便宜，故嗜者煙不離鼻，嘗見聞鼻煙者因吸力過猛，其內體不能抵抗其煙力時，故淚珠與鼻涕一齊流下，醜狀百出。聞鼻煙者，甚重視其鼻煙工具——即鼻煙壺。壺為磁質製成，體作長形，高可二三寸，腹部或凸或凹不一，其全體花樣亦各異，頂部為一小口，口上為壺蓋。煙壺蓋，多為紅色瑪瑙質及嵌合翠石而成者，樣極美觀，連於下部，作一長體細質竹枝。下端有一小長鏟，備留剷煙之用，然裝煙及倒煙用此鏟時甚少，不過存一式樣而已。煙壺蓋，因其為物輕脆，致易損傷。故舊京曾有安煙壺蓋之小攤之設，擺於十字街頭，以便於嗜者之換用。然此種煙壺蓋細巧玲瓏，每副值銀二三兩者，乃為常事。至煙壺之本身，在美術上尤具有相當之價值，為古玩之一部分。故煙壺有證明係古代製成者，最稱珍品，且顯見古代人民之愛聞鼻煙之一斑，今人嗜之者，殆古風遺傳也。

中華民國十八年九月九日第六版

【校記】
[1] 店,底本、油印本、删節本皆脱此字,據文意補。

　　煙壺磁質,精粗不一,而聞鼻煙者,必手不離壺,嘗以手巾擦抹,藉資把玩,愛護之精神可以想見。攫有名貴煙壺者,嘗洋洋自得,現驕態於人羣,博青眼於大衆,有欣羨而苦不能到手者,則以種種聯絡手段,千方百計,必將此壺移至己手而後已,縱損失過鉅,亦所不惜。故舊京之茶社中,每晨旗族人士齊集,各通友好,除提籠架鳥另見鳥説外,則各出鼻煙壺於案上,互相鑒賞品評,爭齊鬥勝。煙壺之上,各有彩繪畫圖,或爲故事,或爲花鳥人物,如"八匹馬"之類,油潤光澤,呈美術之大觀。一般手持醜劣之煙壺者,必退避三舍,必至羅致佳品時,再重比賽於此藝術之林,於心始安。故舊京時代,茶社中之比賽煙壺者,形同販賣場所。客有欲將煙壺出讓者,或出於自動,或出於被動,即愛之者要求迫不得已,則接受此煙壺之對方,欣然拜領,謂之"勻""讓"。接受者,必以金帛之屬,加倍餽贈以報金也。且有居間撮合之人,亦必接受新煙壺主之贈謝。此類變相售賣煙壺,竟造成一般之居間賴資餬口者,每晨於茶社之中,極一時之盛況。

　　尚有逸聞一則,足見當年旗族人士酷愛煙壺之熱烈,及售讓煙壺個中之弊病。故特錄之於下:有某甲者,每晨必蒞茶社,常陳其煙壺於案上,壺上繪一壯士騎驢子,肩扛雨傘。人衆見其質精巧,甚鍾愛之。一日適值陰雨,於把玩之間,則某甲煙壺上人物之傘,已支起,大衆驚訝,然亦未之查。隔日,每值陰天,則見其傘必支起,晴天則依然扛於肩上,大衆始知此爲寶物。於是曲盡逢迎,與某甲拉壺交友者,不乏其人。問其煙壺,某甲乃述其名貴之來歷,大家愈信而不疑。因愛之者,乃談出讓,或轉成交,代價盈千金。某君獲此好煙壺[1]後,意態若狂。詎至陰雨之際,[2]該煙壺上之傘，依然扛於肩上，並不支起，於是懷疑之。結果恍然大悟，始知某甲爲兩個煙壺，於晴天之間，互相掉換，誠欺人之至。至今，談起此事，足資一噱。

　　旗族盛家，因煙壺甚多，蔚爲陳列物品，如古玩然，則於各樣煙壺配以木座，置之廳堂，雅成珍品。此類煙壺亦有置於盆景中者，尤爲美觀。自入民國以來，聞鼻煙之風始殺，各聞藥店及茶葉店亦相繼絕售，皆認爲腐化而拋棄之，至少[3]除少數之珍貴煙壺，依然蔚爲珍玩外，聞鼻煙已成歷史名詞矣。

　　　　　　　　　　　中華民國十八年九月十日第八版

【校記】

[1]　壺，底本、油印本誤作"攏"，刪節本作"壺"，據改。

[2]　底本、油印本、刪節本"詎至陰雨之際"後，皆衍"答之，謂之包封（即内裝贈）"12字，據文意删。

[3]　少，疑爲"今"字之訛。底本、油印本、刪節本皆作"少"。

見　面　禮

　　旗族最重禮節，男子街市相見，距離甚遠，皆各請單腿安。請安之姿勢，以右手（手中如有鳥籠等藝品，當倒把於左手）直伸下垂，右腿猛向後撤，左腿進前一步，腰部下彎，手直搗地，轉瞬即起立，此爲普通之請安姿勢。而有一種特別請安之姿勢，皆旗族子弟之愛好武藝者（見藝樂之部）爲之。其式樣，兩腿分開，作"蹲當騎馬"式，右手輕脆的置於兩腿之中間，直伸而下垂，彎腰以手搗地，轉瞬即起。此種請安，俗謂之"武架子請安式"。按請安爲旗族通俗之禮，請安同時，並口詢安好。倘至春節之後，則見面之際，必請雙安式，即先請一安，再請一安是也。先請一安，爲見面之安；再請一安，爲春節之安，並由口中道述之，如"您好""您過年好"者是。又旗族子弟素具益羣性，盟兄弟或交情較深，亦多有請雙安者。先一安，爲見面之禮；後一安，爲代問其父母之安好也，同時亦由口中道述之。凡請雙安者，對方亦必答覆之以雙安，口中並答覆其問話。按年輩，以示請安式樣之區別。如弟見兄，必先趨前向兄請安，兄即作答禮式，長輩尤然。於問答禮語之際，並加"喀"字，蓋與婦女言語之習慣相同也。臨別之際，並互相叮嚀，答問其父母安好，接受此禮者，必答以代問之詞。故旗族人士相見之下，必周旋一刻始相別去。且相見之下，彼此態度必力爲矜持，如雙手下垂，兩脚並立，頭微下低，與今日友朋見於市上，態度自然者，別若霄壤焉！

中華民國十八年九月十二日第八版

後書

書後一　旗　俗　補　微

（金白）

　　芙萍君是旗族世家的後裔，對於旗族的習慣故事，知道的當然
要比門外漢詳細的多了。這樣源源本本的登載出來，那麼旗族往
日的真象，不難窺全豹了。可是帶史性的文章，貴乎事實詳確，
論斷公平。自立於客觀地位，即所謂"有一句說一句"，才能有可
傳的價值呢！芙萍君能把自家的歷史，合盤托出，使國人盡知道
這個中的秘密。實在是司馬溫公"事無不可對人言"了。不過金
白讀了五日以後，這個記中，有幾點和事實少微相左的，不敢不
爲芙萍君告。因芙萍君的煌煌光[1]大作，好像一塊又潔白又亮
的"白璧"，我們很不願這塊"白璧"，有了絲毫的污瑕，竭力把牠
擦得又白又亮，一點污瑕沒有，那就是我要作書後絕大的原因。
現在我把見到的幾點，寫了出來，就請芙萍先生及讀者，多多原
諒吧！

一

　　芙萍先生記裏所謂"漢王"，我想應當做"汗王"二字，因爲蒙古
國王通稱"可汗"。如稱"天可汗"，"成吉斯汗"等，疊見史書。努爾
哈赤，族出東蒙，故時有"太汗"之稱。

二

　　"三桂[2]歸來……南七北六之分治"一段,殊與事實欠合。在當時,此種計劃是三桂的心理,並未和汗王戡定。

三

　　"世襲銀麒玉":世襲銀麟玉五字,當做"世襲哈番",清制世襲之官。通稱世職是:親王,郡王,貝子,貝勒,公,侯,世,伯,子,男,將軍(以上,都頭品),輕車都尉(三品武職官,滿名阿達哈哈番,年俸分三等:一等二百十五兩,二等一百八十五兩,三等一百三十兩),騎都尉(四品武職官,滿名辦他拉哈哈番,年俸一百零五兩),雲騎尉(五品武職官,滿名摳沙拉哈番,年俸八十五兩),恩騎尉(七品武職官,滿名克興額哈番,年俸四十五兩),由輕車都尉起至恩騎尉至[3],統稱哈番。

四

　　八旗概分三種:一,滿洲八旗,是汗[4]王之欽兵;二,蒙古八旗,是征服蒙古後編置的;三,漢軍八旗,是入關收編的漢族人所成立的。其後綜成八旗,每旗分滿洲、蒙古[5]、漢軍三個固山。
　　旗面的顏色:正……旗,當讀如整……旗。就是旗面用一種完全顏色,如正黃,即整黃色。鑲……旗就是用本色做心,別色做邊。其法是:黃白互補,紅藍互補。如鑲黃旗是黃心白邊,鑲白旗是白心黃邊,鑲紅旗是紅心藍邊,鑲藍旗是藍心紅邊。這種旗幟,久已湮沒,惟槓房或者還有存留所謂"門纛[6]","曲律"等,尚可調查。芙萍君所謂"鑲什麼旗就是什麼邊",不甚準確。

　　八旗之分階級——上三,下五——芙萍君説:"正黄、正白、正紅,是上三旗,其餘是下五旗",也和事實不敷。上三旗是:鑲黄、正黄、正白;下五旗是:正紅、鑲白、鑲紅、正藍、鑲藍。

中華民國十七年十二月十三日第五版

【校記】

[1] 光,此字疑爲衍文。底本、油印本、删節本同。

[2] 桂,底本、油印本、删節本皆誤作"貴",下同。

[3] 至,疑爲"止"字之訛。底本、油印本、删節本同。

[4] 漢 ,底本、油印本誤作"漢",删節本作"汗",據改。

[5] 蒙古,底本、油印本誤作"藏古",删節本作"蒙古",據改。

[6] 蘿,底本、油印本誤作"毒縣",删節本作"蘿",據改。

書後二　雄　辨　會
——再續旗俗補微
（金白）

餉　銀

旗族餉銀,原爲十足,後來改做七折;趕到改用銀元①,又按銀元打了七折,是旗餉已竟改成四成九了。

(一) 驍騎校——原爲五兩,折成三兩五錢;改合銀四元八角六分,折成三元四角。

(二) 伯什户——原爲四兩,折成二兩八錢;改合銀三元八角八分,折成二元七角一分六釐。

(三) 㸃拉——數和伯什户同。

(四) 馬甲——原爲三兩,折成二兩一錢;改合銀二元九角一分,折成二元零三分七釐。

(五) 二步——原爲二兩,折成一兩四錢;改合銀一元九角四分,折成一元三角五分八釐。

(六) 養育兵——原爲一兩五錢,折成一兩零五分;改合銀一元四角六分,折成一元零二分二釐。

---

① 銀元,其創造始於光緒十三年(1887年)粵督張之洞奏准鑄造重庫平七錢二分之銀元。光緒二十五年(1899年),由廣東湖北二省鑄造(參見戴銘禮《中國貨幣史》,第51—52頁)。

糧　米

旗族糧米，分"大甲""小甲"二種：馬甲以上，叫大甲米，每年按四季領米。（鑲黃、正黃——正、四、七、十；正白、正紅、鑲白——二、五、八、冬；鑲紅、正藍、鑲藍——三、六、九、臘。）二步、養育兵叫小甲米，每年領一次。

（一）驍騎校每年應領米五石七斗。

（二）伯什户，鈢拉，馬甲，四石四斗四升。

（三）二步（不詳）。

（四）有米養育兵（尚有無米者）三斗二升。[①]

夾　剪

夾剪的使用，不限於旗族。早年没有銀元的時候，普通交易都是銀塊。所以差不多的商店，都有這種玩藝兒。高之四尺。剪的時候，先把一脚擱在槽裏（一方磚形的木塊中有一槽，鑲於屋中地下），再把銀塊放在剪口裏，然後用臂部實力，壓剪的那一脚，銀塊便分離了。（芙萍君稱以剪檳榔的夾剪夾銀塊，恐屬少差。）當時北平設有專行，專門製造和修理，並且還代人夾銀。旗族的佐領和領催的家庭以及碓房，也有自備的。

夾剪行的弊病絕大，他們所用的剪，有一種叫"老虎剪"，專能

---

① 關於驍騎校、伯什户（即領催）、鈢拉、馬甲、二步、養育兵的糧米情況。根據光緒朝《欽定大清會典》規定：在京驍騎校（武職六品），正俸，銀一兩兼支米一斛。六品武職官，歲支銀六十兩，則歲支米當爲六十斛。按金白算法，驍騎校每季應領米七石五斗。伯什户、鈢拉、馬甲，歲支米二十二石二斗，合每季度應領米五石七斗。二步糧米，未見記載。養育兵，歲支一石六斗，合每季應領米四斗（參見光緒朝《欽定大清會典》卷二十一，户部陝西清吏司）。

盜竊銀兩。這種剪是空腔的，裏面攔上油質，銀塊落入，便被吸著，不易落出。普通每把"老虎剪"，能蝕十餘兩。這把剪盛滿時，剪工故意把剪損傷，以便另換新剪。不過銀數，在未剪之前，已竟秤[1]好。剪後再秤，也不能太差離格。銀兩既被剪蝕，如何能合原數。因該行素有嫻熟的把戲，先於舖中，製成一種砂石、白蠟的混合質，秘密懷藏。到了秤銀的時候，偷含口中，隨向手中唾沫時（勞力的在用力時，常有此舉），便將砂蠟[2]，唾在手裏，再泥（去聲）到銀錠蜂窩裏，以補其缺。就是所補的砂蠟，不可超過蝕去的銀數，非老練的剪工，不能勝任。不然，原銀百兩，剪後反增若干兩，豈不笑語。

"領催"，芙萍君所論的領催闊綽，實在和事實大不相同。因外旗的領催（外旗就八旗），雖有"尅扣軍餉""吃空頭"等等把戲，但爲數絕不及芙萍所説——每月能搜數百萬[3]那樣多。内旗（内務府三旗），或且過之。内旗的領催，大都"車馬人"，有如世家。相傳他們尚有一百二十歲以上的"孤女空頭錢糧"，是内旗的舞弊，實比外旗多多了。

"養魚兵"這三字，當作"養育兵"，就是備補兵的意思。平間諺語，時有稱"養魚兵"的，用以形容錢糧尠少，不足養人，只足養魚，亦云謔而虐了。不憶芙萍君，竟用此作了正式名詞，叫牠傳流百世，未免以水族自居了。

中華民國十七年十二月二十九日第五版

【校記】

[1] 秤，原文誤作"砰"，下同。

[2] 蠟，原文誤作"爐"。

[3] 萬，疑爲"兩"字之訛。

《旗族舊俗誌》研究

一、《旗族舊俗誌》整理研究意義與價值

(一) 選題及其意義

《旗族舊俗誌》手稿完成於 1928 年 11 月 28 日前。1928 年 12 月 1 日至 1929 年 9 月 12 日間[1]，連載於《世界日報》副刊《明珠》[2]，是記載清末民初八旗社會與風俗的珍貴史料[3]。作者芙萍，原名成廉，又名成扶平，滿洲鑲黃旗佟佳氏，1907 年出生於北京，20 世紀 20 年代至 40 年代曾爲新聞記者和自由撰稿人。作者的旗人身份以及生活、工作經歷，使其對清末民初的旗人社會有較深入的觀察和研究，所以他能夠撰寫出《旗族舊俗誌》這一民俗學著作。該著作主要記載了清末民初北京地區八旗及其生計、旗族服飾、旗族婚喪禮俗，還介紹了旗族的語言、稱呼、飲食習慣、禮節、教育、交通工具等方面的內容。雖僅以北京旗人社會爲記錄對象，但具有一

[1] 筆者於 2021 年 4 月前往中國國家圖書館縮微文獻閱覽室，查閱《世界日報》，確認《旗族舊俗誌》發表於 1928 年 12 月 1 日至 1929 年 9 月 12 日期間，共發表 165 天(在此之前，關於《旗族舊俗誌》的連載時間尚不明確。王彬、崔國政認爲約在 1929 年 4 月至 9 月之間。見王彬、崔國政《燕京風土錄》，北京：光明日報出版社，2000 年，第 2 頁)。

[2] 《世界日報》創辦於 1925 年 2 月，共八版，第一、四兩版是廣告，第二、三兩版是國內外要聞，第五版是畫報，第六版是各省新聞和社會新聞，第七版是"經濟界""教育界"和"婦女界"，第八版是副刊"明珠"。後來，隨著報紙的出售和發展，各版面也有所調整，比如副刊"明珠"則有在第五、六、八版出版的情況。見張友鸞等著《世界日報興衰史》，重慶：重慶出版社，1982 年，第 54—130 頁。

[3] 金啓孮在其《北京的滿族》一書中提道："我想在我的晚年寫一部《北京的滿族》。……時間重點是從辛亥(1911 年)到民國二十年(1931 年)，因爲研究這一段時間滿族的文章、資料太少，甚至可以說沒有。"見金啓孮《金啓孮談北京的滿族》，北京：中華書局，2009 年，《前言》第 1 頁。雖然 20 世紀 80 年代以後，關於普通旗人的回憶錄和口述史論著相繼問世，但在那個階段(1911—1931)關於普通旗人的專門資料，依然是稀缺的。

定的普遍性,是探討清末民初旗人社會和風俗文化變遷時不可或缺的基本史料。其内容多有民族交往之痕跡,尤其對旗族一詞的闡釋體現了滿蒙漢等旗人之間的認同感,可爲民族交往交流交融史研究提供重要參考資料。

自《旗族舊俗誌》刊登見報,已歷經近百年,期間被陸續整理並出版。伊見思先生①最先將之從報紙上裁剪下來,裝訂成册,形成剪報本。1959 年,伊見思先生將該剪報本捐贈給北京市人民政府。1986 年,北京市民族古籍整理出版規劃小組以伊見思先生的剪報本爲底本整理成書,公之於衆。此書一經付梓,頗受學術界歡迎。2000 年,王彬和崔國政參照剪報本將《旗族舊俗誌》輯録於《燕京風土録》(光明日報出版社,2000 年)。遺憾的是,以上諸版本並未對《旗族舊俗誌》進行系統的研究,於内容整理上也存在不同程度的"脱衍倒訛"和内容銜接問題。正因如此,筆者將此作爲選題,以期系統地梳理《旗族舊俗誌》各版本情況,並分析其史料價值。對《旗族舊俗誌》進行整理與研究,具有以下幾點學術意義和現實意義。

第一,搜集並整理芙萍的生平事蹟,具有一定的學術意義。芙萍從事新聞報導和文學創作幾十年,他在新聞界和文學界一定留有較多的痕跡。然而,目力所及,對於芙萍的記載大多語焉不詳,互相之間重複内容較多,甚至有錯訛之處。據筆者考察,已經有學者利用芙萍的生平事蹟作紅學方面的研究。② 可見,進一步挖掘與芙萍相關的資料,考證並豐富芙萍的生平事蹟,十分

---

① 伊見思,原名伊吉思歡,滿洲鑲紅旗人,曾任商務印書館北平分館協理。見費冬梅《幸虧有你,發現百年故紙無言之美》,載《北京青年報》,2020 年 9 月 6 日,第 A20 版。

② 芙萍與張笑俠爲好友,二人在紅學研究方面互動頻繁。周久鳳利用芙張二人之間的親密關係,考證出紅學研究者張笑俠與戲曲研究者張笑俠實爲同一人。見周久鳳《張笑俠生平著作考述》,載《紅樓夢學刊》2021 年第三輯。

必要。

　　第二,考證《旗族舊俗誌》的史料來源,具有重要的學術意義。據筆者考察,該書的史料來源主要有三種：芙萍之所見所聞、芙萍實地調查之資料以及他人著述。前兩種史料來源顯而易見,至於後一種,《旗族舊俗誌》中有明顯來自於他人著述的内容,可惜沒有標明出處。衆所周知,史料來源能從側面反映一本書的價值,因此,考證該書史源的學術意義不言而喻。

　　第三,分析《旗族舊俗誌》的史料價值,具有很高的學術意義。《旗族舊俗誌》中關於旗族服飾的内容較爲詳細,不僅記載了服飾的外觀特點,還記載了實物或圖片無法展現的功能。關於旗族婚喪禮俗的記載,篇幅最大,且内容極其翔實。這在同時期形成的類似著作中十分少見,爲我們研究清末民初旗人的婚喪禮俗,提供了寶貴的資料。值得注意的是,《旗族舊俗誌》還記載了包括芙萍及其家人在内的普通旗人之境遇的信息,原始性上佔有較強的優勢,是研究清末民初旗人社會珍貴的一手史料。

　　第四,對研究滿漢民族之間的交往交流交融,具有重要的現實意義。清入關後近三百年的時間裏,旗人始終是内城的主體居民。一方面,旗人在服飾、婚喪禮俗上吸收了大量的漢文化。另一方面,旗人的風俗文化也影響著漢族的生活習慣。這在《旗族舊俗誌》的内容中體現得十分明顯。例如,"窮酸文人贈送旗族台甫""過枝子""漢人一部分婦女,亦有實行放足""旗家婦女鞋襪之特點,亦漸傳染及於漢族,旗家婦女之腳裝亦漸漢化""旗人到碓房串米""旗人同民人交易老米""漢家子弟與旗族接觸,亦間有參加此項白帶子會,後竟別樹一幟,自成此會,乃白帶子會遂成旗漢兩派矣"等,均可見清末民初滿漢民族之間在政治、經濟、文化方面的密切聯繫,從一個側面體現出中華民族多元一體的歷史必然性。

(二) 整理及利用情況

1.《旗族舊俗誌》整理情況

最早對《旗族舊俗誌》進行整理的是伊見思先生。中華人民共和國成立十周年,伊見思先生將該書贈給北京市人民政府。他將連載於《世界日報》副刊《明珠》上的《旗族舊俗誌》裁剪後,以發表的時間爲序,重新排列組合,粘貼在白紙上,合訂成册,即剪報本《旗族舊俗誌》。需指出的是,這種簡單的整理方式有明顯的弊端,即在裁剪和黏貼的過程中,很容易出現漏剪、多剪、黏貼順序錯亂等問題。如第 51 頁漏剪民國十八年四月十八日發表的內容;第 53 頁以錯誤的順序黏貼了民國十八年四月二十七、二十八、二十九等三日內容。第 61 頁多剪"段,是在台口把念白或唱功詞句念完以後……等是屬於此類的"一段內容,共 289 字。該版本中類似問題較多,詳見後文,在此不作過多說明。

1986 年,北京民族古籍整理出版規劃小組以剪報本爲底本,並參考《世界日報》刊載的《旗族舊俗誌》進行整理,對剪報本的漏剪、多剪及黏貼順序問題進行校正後,油印出版,即油印本《旗族舊俗誌》。此次整理頗下功夫,首次調查了芙萍的身世及《旗族舊俗誌》的發表刊物與年代,並簡單介紹了該書的內容概況。雖僅有寥寥數語,但具有十分重要的意義。2021 年 4 月,筆者根據該版本《序言》中提供的線索,前往中國國家圖書館縮微文獻閱覽室查閱連載於《世界日報》的《旗族舊俗誌》後發現,油印本與底本相比,依然存在一些脱文、倒文情況。比如:第 4 頁"旗族之派別"一節,脱民國十七年十二月三日發表的內容;第 121 頁脱民國十八年四月十八日發表的內容;金白除發表《旗族補微》①一文外,還於民國十

---

① 金白《旗族補微》,載《世界日報》,1928 年 12 月 13 日,第 5 版。

七年十二月二十九日發表《再續旗族補微》①一文,很遺憾該文未被收録於油印本(《旗俗補微》和《再續旗族補微》是讀者金白針對《旗族舊俗誌》所作的書後,也刊載於《明珠》版面)。

2000年,王彬和崔國政以剪報本爲底本,將《旗族舊俗誌》整理後輯録於《燕京風土録》。該版本以"第一章講述滿族起源,爲人熟知"爲由,省略了第一章内容及序言部分,因此筆者稱之爲删節本。據筆者考察,僅僅依靠剪報本進行整理,難度頗大,整理質量很難保證。當然,筆者也注意到删節本整理者在整理時,已經意識到剪報本的黏貼順序問題,但即便如此,依然未能完全校正剪報本的黏貼順序。比如第85頁至88頁,删節本與剪報本一樣,以錯誤的順序整理了民國十八年四月二十七、二十八、二十九三日内容。類似問題還有很多,後文詳細論述,在此不一一贅述。

從目前的整理情況來看,一方面,三個版本均存在不同程度的"脱衍倒訛"及内容銜接問題,且未對原文進行校注。另一方面,三個版本僅僅停留在整理層面,並未對《旗族舊俗誌》進行系統研究。但不可否認,正是有前人的整理成果,筆者才能有機會進一步系統地整理和研究該著作。

2.《旗族舊俗誌》利用情況

截至目前,利用《旗族舊俗誌》進行研究的論著已有30餘種,其中不乏具有較高學術水平的論著。以下按時間段闡釋《旗族舊俗誌》的被利用情況。

20世紀90年代,《旗族舊俗誌》開始被利用。1990年,成善卿著《天橋史話》(北京:生活·讀書·新知三聯書店,1990年)一書,便利用《旗族舊俗誌》,闡釋天橋之往事。可見,油印本《旗族舊俗誌》一經付梓,就被學術界重視。而《旗族舊俗誌》得以被廣泛利用

---

① 金白《再續旗族補微》,載《世界日報》1928年12月29日,第5版。

和推廣，應歸功於劉小萌。1996 年，他在《八旗子弟》(福州：福建人民出版社，1996 年)一書中，利用《旗族舊俗誌》中關於八旗及其生計的記載，引證晚清時期旗家子弟的拳腳功夫、旗人姓氏漢化以及旗人散放錢糧的流弊等情況；後又在《胥吏》(北京：北京圖書館出版社，1998 年)一書中，利用《旗族舊俗誌》中關於旗人放糧情況的記載，揭露了旗人散放錢糧的流弊以及清朝官場上的貪腐情況；2008 年，他更是在《清代北京旗人社會》(北京：中國社會科學出版社，2008 年)一書的"文獻研究"一章中，將《旗族舊俗誌》列爲研究清代北京旗人社會的基本史料。此外，國家"九五"重點圖書出版規劃項目《中國少數民族文化史圖典第一卷：東北卷》(南寧：廣西教育出版社，1999 年)中，利用《旗族舊俗誌》相關記載，引證滿族的節慶競技習俗。

　　由於《旗族舊俗誌》已經被成善卿、劉小萌等學者利用，並且2000 年刪節本《旗族舊俗誌》出版，獲取該書的途徑增多。因此，2000 年至 2010 年間，利用《旗族舊俗誌》的論著明顯增多，涉及的研究領域也有所拓寬。語言文化方面，谷正義著《歇後語趣談》(天津：天津人民出版社，2000 年)一書，利用《旗族舊俗誌》引證歇後語"剃頭的挑子———一頭熱"的由來。北京滿族社會變遷方面，閻崇年在《北京滿族的百年滄桑》(《滿族研究》2001 年第 3 期)一文中，將 1900 年至 2000 年間的北京滿族社會，分成巨變期、痛苦期、新生期及興盛期四個時期，闡述了北京滿族百年中由生計困難、備受歧視到生計有保證、各民族一律平等的變化過程。該文在闡釋痛苦期的北京滿族時，提及《旗族舊俗誌》並肯定了芙萍在文學界的地位和成就。民族心理方面，王學華利用民族心理學的理論，在《清代滿人民族心理探析》(《明清人口婚姻家族史論：陳捷先教授、馮爾康教授古稀紀念論文集》，天津：天津古籍出版社，2002年)一文中，總結了清代滿人的心理由自傲到自卑、由進取到懶惰、由崇尚漢文化到趨同漢文化的變化過程，他認爲政府政策、文化差異、社會環境是引起滿人心理變化的主要因素，而這種心理變化的結果是滿人文化素質提高的同時，自立能力變差。該文利用《旗族舊俗誌》序言中關於芙萍祖父山林生活的記載，説明咸豐朝以後，許多旗人在自暴自棄中，逐漸走向墮落的心理狀態。風俗與文化方面，周簡段著《老俗事》（北京：新星出版社，2008 年）一書利用《旗族舊俗誌》所引用之慈禧太后頒佈的《勸行放足歌》，説明慈禧太后對漢族婦女纏足的反對態度。李婷《〈兒女英雄傳〉的滿文化研究》（中央民族大學博士論文，2003 年）一文，利用《旗族舊俗誌》中有關旗人兵餉的記載，闡釋八旗糧餉與賞賜情況。服飾方面，劉明新《解讀滿族服飾習俗的文化內涵》（《中央民族大學學報》2006 年第 5 期）一文，從審美情趣、宗教信仰及符號意義等方面，闡釋滿族服飾的豐富內涵，揭示了滿族服飾鮮明的地域性特徵。該文在闡釋滿族服飾的符號意義時，利用《旗族舊俗誌》論證滿族服飾作爲符號所具有的標識年齡作用。莫豔《清代滿族婦女服飾美學研究》（《藝術探索》2009 年第 1 期）一文，簡單地介紹了滿族婦女服飾的特徵及形成原因，並多次引用《旗族舊俗誌》。發飾方面，屈正平著《汝南風土記》（呼和浩特：遠方出版社，2002 年）和劉平著《中國民俗通志·江湖志》（濟南：山東教育出版社，2005 年）二書利用《旗族舊俗誌》中關於男性發飾的記載，説明明清時期男性發飾的差異。交通方面，劉明新《淺析滿族的交通習俗》[《民族研究文集：歷史·文化·保護（2010）》，北京：中央民族大學出版社，2011 年]一文，利用《旗族舊俗誌》中關於大鞍車的記載，闡釋滿族交通習俗中的陸路交通習俗。

　　2010 年至 2020 年，利用《旗族舊俗誌》的相關論著，數量上與前十年相差不大，但在研究內容上更加深入和具體。這一階段，滿洲文化研究方面，以專項爲主。婚俗方面，要力石《紅樓夢閱讀全攻略》(北京：新華出版社，2013 年)一書，利用《旗族舊俗誌》，闡釋滿漢婚俗的共同點。服飾發飾方面，橘玄雅的《清朝穿越指南》(重慶：重慶出版社，2017 年)一書和《旗人女性的首飾》(《紫禁城》2016 年第 7 期)一文，利用《旗族舊俗誌》闡釋"兩把頭"發飾。民族心理方面，杜佩紅《民國時期北京旗人的"社會形象"及其身份認同》[《内蒙古大學學報(哲學社會科學版)》2017 年第 3 期]一文，比較充分地利用了田野調查、回憶録及民國時期的歷史資料，論證民國時期，在社會各界對旗人習性的偏見形象下，北京旗人的自身身份認同變化。該文認爲芙萍撰寫《旗族舊俗誌》是希望通過文化維護民族利益、保護民族特徵。北京社會史方面，季劍青《重寫舊京：民國北京書寫中的歷史與記憶》(北京：生活・讀書・新知三聯書店，2017 年)一書，利用《旗族舊俗誌》中關於旗族婚俗的記載，闡釋北京地區婚俗情況。樊志斌《曹雪芹生活時代：北京的自然與社會生態》(北京：新華出版社，2018 年)一書認爲，研究北京的自然與社會生態，《旗族舊俗誌》是無法忽視的參考文獻。滿族家譜研究方面，劉慶華《滿族家譜序評注》(瀋陽：遼寧民族出版社，2010 年)一書，利用《旗族舊俗誌》解釋"旗族"這一概念。另外，有兩篇專文闡釋"旗族"一詞的内涵，均將《旗族舊俗誌》作爲其重要參考文獻。一篇爲趙志强的《清末民國時期"旗族"内涵之初探》(《紀念王鍾翰先生百年誕辰學術文集》，北京：中央民族大學出版社，2013 年)。該文梳理大量歷史文獻，將"旗族"一詞細分出四種内涵，即泛指旗人、僅指某些旗人、特指滿洲人、特指滿蒙漢組成的民族共同體。另一篇爲定宜莊的《清末民初的"滿洲""旗族"和"滿族"》[《清華大學學報(哲學社會科學版)》2016 年第 2 期]。該文認爲清代只有滿洲和八旗之稱；晚清時期，一部分旗人極力宣揚旗人是一個整體，創造出"旗族"一詞，而滿族是伴隨單一民族主義而出現的，"滿族"對"滿洲"具有繼承關係，但不能完全等同。

綜上可知,隨著《旗族舊俗誌》整理版本的增加,該著作更廣泛地進入人們的視綫。因此,油印本《旗族舊俗誌》出版後的三十餘年間,利用《旗族舊俗誌》進行研究的論著不斷增多。研究領域涉及旗人社會、旗人心理、旗人服飾、旗人婚喪禮俗,等等,尤其是《旗族舊俗誌》中關於旗族一詞的闡釋,得到了學術界的重視。此外,劉小萌、定宜莊、閻崇年等清史、滿族史研究專家利用該著作發表具有較高學術影響力的論著。換言之,《旗族舊俗誌》的史料價值受到了學術界的關注。然而正如前文所述,目前整理出的剪報本、油印本、刪節本存在諸多"脫衍倒訛"和內容銜接問題。這給學術界利用《旗族舊俗誌》進行研究帶來不便,故重新整理、並運用歷史文獻學相關方法研究該著作顯得較爲重要。

(三) 史料與研究方法

1. 史料概況

滿洲作爲清朝的統治民族,關於滿洲文化、八旗制度等的記載,自然較多。就本文而言,《清會典》《欽定滿洲祭神祭天典禮》《欽定大清通禮》等官修史書,對分析《旗族舊俗誌》的史料價值,以及整理、校注《旗族舊俗誌》具有重要參考價值。這些官修史書記錄的通常是滿洲上層社會的基本概況,關於普通階層的記錄相對少一些。因此,涉及普通階層情況的私人著述對本文亦有重要的參考價值,可與官修史書互相補充,從而窺探出滿洲社會的全貌。如《道咸以來朝野雜記》《聽雨叢談》《嘯亭雜錄》《天咫偶聞》等均有對普通滿人生活的記載,展現滿洲社會與文化的多姿多彩。《旗族舊俗誌》記錄的是清末民初旗人社會與文化等情況。因此,民國時期的官修史書和私人著述的參考價值更大,比如內容涉及滿洲及北京社會風俗文化的《清史稿》《清稗類鈔》《北平風俗類征》《清朝野史大觀》等。辛亥鼎革,滿洲失去統治地位,再加上民族偏見,民國時期國內對滿洲社會的研究熱情大大減弱，報刊雜誌和後期的回憶錄是研究這一時期滿洲社會的重要資料。報刊雜誌有《旗族月報》《京話日報》《益世報》等，回憶錄有鮑奉寬的《旗人風俗概略》、金啓孮的《金啓孮談北京的滿族》、定宜莊的《老北京人的口述歷史》和《十六名旗人婦女口述》等。以上官修史書、私人著述、報刊雜誌、回憶錄，內容基本涵蓋清代至民國滿洲上層社會與下層社會的基本情況，對本書的整理研究具有十分重要的參考價值。

外國人的記錄，同樣是本書整理研究過程中的重要參考資料。近代國門被打開後，大量外國人進入中國，留下不少關於清末民初滿洲社會的資料。如，日本學者服部宇之吉主編的《清末北京志資料》一書，對北京滿洲社會情況、京師八旗情況的記載尤爲詳細。日本武田昌雄的《滿漢禮俗》一書中，對滿漢婚喪禮俗的各個環節記載十分細緻。美國學者甘博著《北京的社會調查》一書，反映了民國初北京城的社會、政治和文化生活面貌。這些著述從外國人的視角看民國初年旗人的生活狀況，可與芙萍的旗人視角形成對照，有助於從更多維的角度理解和研究《旗族舊俗誌》。

2. 研究方法

以馬克思主義民族理論爲指導，兼顧文獻學與歷史學相關研究方法。將《旗族舊俗誌》置於民族史、地方史及近現代史的大背景下綜合考慮，吸取相關研究方法與理論，把握《旗族舊俗誌》的内容和特點，深入系統地分析《旗族舊俗誌》的史料價值。具體方法主要包括史源學研究方法、文獻分析法、校勘四法。

史源學研究方法可以考證歷史文獻的史料來源，有助於正確地評價其史料價值。《旗族舊俗誌》是一部民族歷史文獻，其史料來源關乎文獻本身的真實性和可靠性。史源學研究方法是本文考證《旗族舊俗誌》史源的重要方法論。

文獻分析法是研究文獻必備的科學研究方法。《旗族舊俗誌》

記述的内容以滿洲文化爲主,同時包括普通旗人的生計生存情況,基本涵蓋了清末民初普通旗人生活的基本面貌。本文將運用文獻分析法仔細研讀《旗族舊俗誌》,對其内容進行分類分析並歸納總結。同時,將《旗族舊俗誌》與同類型著作比較,包括同時期和不同時期的著作,即通過橫向和縱向比較,分析《旗族舊俗誌》的史料價值。

校勘四法,即對校、本校、他校、理校。通過對校,可以確定《旗族舊俗誌》各版本的差異與不足之處。通過本校看出《旗族舊俗誌》前後差異,比較分析異同。運用他校的方法,與北京地方誌資料、清朝官修史書、筆記類資料,尤其是回憶錄資料進行校勘,分析《旗族舊俗誌》記載之内容的真實性。理校的方法,主要用於考證史料來源和史實情況。

(四) 研究内容與創新之處

1. 研究内容

第一,《旗族舊俗誌》的作者及成書情況。首先,介紹芙萍的生平事蹟,著重闡釋芙萍的家庭背景、教育背景及其在新聞報導、小説創作、紅學研究等方面所取得的成就。然後,釐清底本《旗族舊俗誌》成書過程中的相關問題,包括以下三部分内容: 1) 芙萍撰寫《旗族舊俗誌》的前期工作積累,以及《旗族舊俗誌》能够順利刊登於《世界日報》的原因;2) 探討刊登過程中讀者金白發表的兩篇書後對《旗族舊俗誌》的補正情況;3) 探析未見報端之第五章計畫撰寫的部分内容。

第二,梳理《旗族舊俗誌》各版本情況,介紹各版本特點,進而對比各版本之間的差異,分析各版本的優缺點。比如剪報本第 32 頁、33 頁,或許是考慮頁面格式統一,漏剪了一部分内容;第 53 頁至第 65 頁存在大量的漏剪内容和黏貼順序問題。1986 年,北京民族古籍整理出版規劃小組辦公室整理《旗族舊俗誌》時，雖已注意到漏剪内容和黏貼順序問題，但 1986 年油印本第 4 頁、121 頁、175 頁仍然存在脱文。2000 年《燕京風土録》删節本，僅以剪報本爲底本，因而也存在較多的脱文和内容銜接問題。類似情况此部分詳細論述。

第三，對《旗族舊俗誌》的史源進行考證，系統地闡釋《旗族舊俗誌》的内容與史料價值。首先，考證史料來源。文獻的史料來源一定程度上可以窺探出文獻本身的真實性、可靠性和原始性。因此此部分將考證《旗族舊俗誌》的史料來源。其次，打破原有章節限制，從八旗與八旗生計、旗族服飾、旗族婚喪禮俗三個方面，介紹《旗族舊俗誌》的主要内容。最後，分析《旗族舊俗誌》的史料價值。滿洲入關後，近三百年裏政治、經濟、文化發生了翻天覆地的變化。服飾、婚禮、喪禮等文化方面也隨之發生了較大改變。《旗族舊俗誌》中關於服飾的記載較爲詳細，大到旗袍馬褂，小到耳環髮墜，芙萍都進行了細緻介紹。關於滿洲婚喪禮俗的記載更是具體到每一個環節，史料價值十分突出。另外，《旗族舊俗誌》開篇即介紹八旗制度等情况，並真實地記載了包括作者及其家人在内的旗人生計問題，揭露清末八旗官員的腐敗現象。這對於研究旗人由傳統向現代轉型階段的生計問題，具有重要價值。《旗族舊俗誌》以旗族作爲書名，自然對理解旗族一詞的内涵具有重要價值。還需指出的是，《旗族舊俗誌》中多有滿漢交往之記載，包括旗民買賣糧餉，漢人女子"放足"，漢人男子加入甚至成立旗人特有的組織"白帶子會"等，可爲闡釋滿漢交往交流交融歷程提供歷史依據。

第四，《旗族舊俗誌》校勘，以載於《世界日報》的報刊本爲底本，並參考油印本、删節本，比勘各版本中的斷句、脱衍倒訛、内容銜接順序等内容，並出校記，以篇後注的形式顯示。

第五，《旗族舊俗誌》注釋，對於原文中的專有名詞、滿語音譯詞以及史實問題等內容,筆者參考相關史料、著作及工具書進行注釋,注釋亦以頁下注的形式顯示。

2. 創新之處

《旗族舊俗誌》是研究辛亥革命前後滿洲社會的重要史料,但遺憾的是,至今還沒有一篇專門研究《旗族舊俗誌》的文章。本書緒論部分比較系統、深入地研究《旗族舊俗誌》作者生平事蹟,探討《旗族舊俗誌》底本成書過程中的相關問題,梳理《旗族舊俗誌》四個版本情況和《旗族舊俗誌》的主要內容,並分析其史料價值,方便學術界充分利用這部民俗學經典文獻。現將本文的創新之處說明如下:

第一,豐富和完善作者芙萍的生平事蹟。目前關於芙萍生平的文章,語焉不詳,甚至有些信息有誤。筆者在現有成果基礎上,結合收集到的近 200 篇部芙萍作品,從其家庭背景與受教育情況、新聞報導、小說創作、紅學研究四個方面,豐富和完善芙萍的生平事蹟,較爲系統地介紹芙萍所取得的成就。至於目前學界關於芙萍生平的有誤信息,筆者同樣進行了考證。比如,現有觀點認爲,芙萍於 1934 年主辦《現代日報》,筆者查閱《京報》和《現代日報》後確認,《現代日報》是由吳沖天於 1932 年創辦,芙萍擔任主編。

第二,探討《旗族舊俗誌》底本成書過程中的相關問題。由於《旗族舊俗誌》第五章藝樂之部未見報端,所以很難確定《旗族舊俗誌》的成書時間,大致可以確定手稿完成於 1928 年 11 月 28 日之前。因此筆者試圖探討底本成書過程中的相關問題。比如:以往《旗族舊俗誌》的各版本僅指出"第五章藝樂之部未見報端",而筆者則探討了《旗族舊俗誌》第五章"藝樂之部"計劃撰寫的內容。據筆者考察,第五章"藝樂之部"計劃介紹"文場會""養鷹""武藝"等相關內容。雖然筆者沒能找到第五章藝樂之部的具體內容或者未見報端的原因,但至少可以讓讀者了解第五章"藝樂之部"計劃撰寫内容的方向。

第三,梳理《旗族舊俗誌》版本情況。筆者以刊登於《世界日報》的版本爲底本,並參照油印本、刪節本,互相比勘,梳理各版本情況。比如:筆者考察發現,油印本是目前整理最好的版本,然而該版本依然存在 9 處較大的脱文,脱文最多一處在第 4 頁,脱“旗族之派别混觀之爲‘八旗’,即八大部落也。……即‘正黄旗’‘正紅旗’‘正藍旗’‘正白旗’‘鑲黄旗’‘鑲紅旗’‘鑲藍旗’‘鑲白旗’是”。一段内容,共 723 字。類似情況全部予以梳理。

第四,梳理《旗族舊俗誌》主要内容。以往對於《旗族舊俗誌》的内容介紹相對簡單,只知《旗族舊俗誌》是一部關於滿洲風俗的著作,不知書中具體包括哪些内容。爲使讀者全面了解書中的内容,筆者打破原有章節限制,從八旗與八旗生計、旗族服飾、旗族婚喪禮俗三個方面,系統地介紹《旗族舊俗誌》的主要内容。

第五,考證《旗族舊俗誌》史源。根據《旗族舊俗誌》的内容以及作者生平事蹟,筆者考證認爲該書史源主要有三類:作者的所見所聞、實地調查之資料以及他人著述三種史料來源。作者的所見所聞和實地調查之資料相對比較容易考證,而該書中有些内容明顯來自於他書,但並未標注出處,筆者考證這部分史源主要參考《嘯亭雜録》《清稗類鈔》等私人著述。

第六,分析《旗族舊俗誌》的史料價值。從《旗族舊俗誌》的被利用情況可以看出,《旗族舊俗誌》在滿洲服飾、婚喪禮俗、八旗生計等方面的價值不容忽視。除分析上述史料價值之外,筆者立足各民族交往交流交融的歷史背景,分析《旗族舊俗誌》中有關滿漢交往的記載,對於闡釋滿漢交往交流交融歷程的重要史料價值。需指出的是,目前學術界有些研究成果認爲,《旗族舊俗誌》中的“旗族”一詞專指“滿洲旗人”,這一觀點存在誤區。筆者考證認爲《旗族舊俗誌》中的“旗族”與章福榮《旗族解》一文之“旗族”内涵一脈相承,即旗族包括滿蒙漢等八旗之種族。

　　第七,校注《旗族舊俗誌》。筆者重新整理《旗族舊俗誌》,以報刊本爲底本,並參考油印本、删節本校勘該書,盡可能地比勘出《旗族舊俗誌》各版本中的斷句、“脫衍倒訛”及内容銜接問題。筆者還對《旗族舊俗誌》中的專有名詞、滿語音譯詞及史實有争議之處加以注釋,比如“旗中大了”“二步”等。

二、《旗族舊俗誌》作者及其成書情況

　　目前涉及芙萍個人情況的文章有一個共同點,即未系統介紹芙萍所取得的成就。筆者在現有成果的基礎上,結合所搜集的近200篇部芙萍作品,豐富和完善芙萍的生平事蹟。至於《旗族舊俗誌》成書情況,根據現有的條件很難考證其準確成書時間。於是,筆者以《旗族舊俗誌》開始發表的時間和最後一篇見於報端的文章之發表時間爲節點,探討《旗族舊俗誌》在《世界日報》發表前後的一些重要事件,以便讀者了解此中景況。

(一) 芙萍的生平事蹟

　　目前僅有五篇文章涉及芙萍的生平信息。爲更好地闡述芙萍的生平事蹟,首先分别概括總結這五篇文章中關於芙萍的信息。油印本《旗族舊俗誌》“編者的話”[1]一文,介紹了芙萍的滿洲姓氏、旗籍、原名、生卒年等基本信息,還提到芙萍“1934年曾主辦《現代日報》並任主編”[2],“四十年代通過了南京國醫學院的考試,一度

---

① 北京民族古籍整理出版規劃小組《北京民族文史資料第三輯: 旗族舊俗誌·編者的話》,1986年油印本。
② “1934年曾主辦《現代日報》並任主編”信息有誤。《現代日報》創辦於1932年11月11日。據《京報》記載:“由吳沖天創辦的現代日報,現已籌備就緒,聘由成扶平(芙萍)、白飛鴻、王大文、王秋俠主編,並請報界名宿王柱宇、張醉丐、張修孔、王宵字、陳逸飛、林亞夫等擔任文藝核述,定於本月十一日出版云。”見《現代日報十一 (轉下頁)

掛牌行醫"等情況。周簡段的《滿族報人成扶平》一文,介紹芙萍身
份信息的同時,還對芙萍的行文風格進行了較爲客觀的評價,同時
舉出芙萍在擔任《新民報》編輯和記者期間,對共產黨臥底事件守
口如瓶的實例,説明芙萍"一輩子不害人"的性格特點①。周簡段
的另一篇文章《張恨水與天橋》指出張恨水與芙萍是好友,且張恨
水曾邀請芙萍撰寫《旗族舊俗誌》②。馮其利《西山的佟鳳彩家族
墓地》一文,提及其找到芙萍後人成善卿先生,並幫助北京民族古
籍整理出版規劃小組諮詢芙萍基本信息一事③。成善卿《北平的
早期文藝團體——笑社》一文,介紹了包括芙萍在内的笑社成員,
以及笑社成員的一些重要事蹟④。

　　這五篇文章對於筆者撰寫本文來説,是雙刃劍。一方面,這些
文章語焉不詳,未交待芙萍作品情況,且重複内容較多,甚至互相
矛盾,給筆者撰寫本節内容造成一定困難。另一方面,這些文章又
爲筆者論述芙萍的生平提供重要線索。根據這些文章,筆者歸納
總結芙萍的基本信息如下:

　　芙萍,原名成廉,又名成扶平,滿洲鑲黄旗人,滿姓佟佳氏,曾
用筆名"芙萍""成芙萍""扶平""扶萍""成廉"等,1907 年出生於北

（接上頁）日出版》,載《京報》,1932 年 11 月 10 日,第 7 版。又據《現代日報》載:"自明天
　　起,本刊另换一能手擔任編輯……明年的魔燈之光啊! 我在這裏十二分的希望著!"
　　可見,芙萍是 1932 年參與創辦《現代日報》並擔任《魔燈》版面主編。見扶平《告辭
　　了》,載《現代日報》,1932 年 12 月 31 日,第 2 版。1938 年 9 月 1 日,《現代日報》合併
　　于《時言報》。見《小啓事》,載《現代日報》,1938 年 8 月 31 日,第 3 版。
① 周簡段《滿族報人成扶平》,載《故都文化趣聞:神州軼聞録》,北京:新星出版社,
　　2017 年,第 85—87 頁。該文記載芙萍:" 1934 年曾創辦《現代日報》並擔任主編。"
　　與油印本《旗族舊俗誌》中"編者的話"一文錯誤一樣,詳情參見前頁脚註②。
② 周簡段《張恨水與天橋》,載《故都文化趣聞:文壇藝往》,北京:新星出版社,2017
　　年,第 68 頁。
③ 馮其利《西山的佟鳳彩家族墓地》,載《北京檔案史料:2002 年 4 月》,北京:新華出
　　版社,2002 年,第 280 頁。
④ 成善卿《北平的早期文藝團體——笑社》,載《古都藝海擷英》,北京:燕山出版社,
　　1996 年,第 217—218 頁。

京,是 20 世紀 20 年代至 40 年代北京地區著名的新聞記者和專欄作家,20 世紀 80 年代病逝於家中,育有一子名曰成善卿。

根據以上信息,筆者判斷芙萍活躍於報界,於是在民國時期的報紙中,共檢索出芙萍的作品近 200 篇部。令人欣喜的是,這些文章中,透露出大量有關芙萍的信息,爲筆者完善芙萍的生平事蹟提供資料支撐。

1. 家庭背景與受教育情況

芙萍出生於一個清末旗人家庭。祖父玉山君是旗族盛化之功臣,在京居住三十餘年,對旗族的故事和人情極其了解,著有《滿洲雜錄》一卷。父親全公爲旗族長官,1927 年逝世[①]。芙萍自幼過著衣錦膏粱的生活,學習"滿語騎射",成年後挑缺馬甲。《旗族舊俗誌》記載:"挑錢糧缺時,除射術比賽如上述者之外,複由都統考較滿洲文話,如作各種應對,或用滿洲話背述自己旗族身分及其歷史,應對如流,都統悦之,即認爲得缺。"[②]又芙萍自述:"作者家庭中,除芙萍本人系弓射挑缺得獲'馬甲'錢糧外,以下二弟忠、三弟信,皆係各用銀十五兩,在本旗領催手内買得'養育兵'小錢糧。"[③]可見,芙萍的騎射和滿語文水準都在一般旗人之上,因而能挑缺馬甲。民國以後,旗人錢糧雖照常發放,但"一方面,旗、民畛域,久爲訽病,廢除旗餉之聲,不絶於耳;另一方面,民初財政,捉襟見肘"[④],按時、足額發放錢糧已成天方夜譚。迫於生計,很多旗人選擇自謀出路。民國時期,報紙行業十分興盛,爲識文斷字的旗人提供了大量就業機會。20 世紀 20 年代,芙萍開始擔任報社記者,並

---

① 芙萍《旗族舊俗誌》,載《世界日報》,1928 年 12 月 1 日,第 5 版。
② 芙萍《旗族舊俗誌》,載《世界日報》,1928 年 12 月 7 日,第 5 版。
③ 芙萍《旗族舊俗誌》,載《世界日報》,1928 年 12 月 10 日,第 5 版。
④ 常書紅《辛亥革命前後的滿族研究:以滿漢關係爲中心》,北京:社會科學文獻出版社,2011 年,第 192—193 頁。

投稿於各大報紙的副刊賺取稿費。

2. 新聞報道方面成就巨大

1924 年,芙萍負責舊京三四家晚報之新聞材料。作爲一名記者,芙萍的文章頗具平民化之精神。[①] 此時的芙萍"千字賣出,只得銀餅一枚。每月所收,常在銀元二三十枚"[②],雖收入不如張恨水等著名作家、報人,但已是所關馬甲錢糧的十倍左右。

1925 年,芙萍與老作家陳逸飛、知名作家耿直、北京歷史和民俗學專家張次溪、戲曲作家景孤血、戲曲理論家張笑俠、詩人和書法家綜野火、小説家楊心巢,以及才華超逸的文人王夢曾等十餘人,創辦文藝團體——笑社。該社成員的文章"寓莊於諧",諷刺性極强,多發表於《京報》副刊上,備受歡迎。[③] 芙萍於《京報》副刊上經常發表一些實地調查性文章和諷刺性文章,揭露平民生活的艱辛不易。比如《洋車夫訪問記》《半小時的社會調查》等。此後,《新中華報》社長陳慎言爲了擴大報紙的銷路,邀請包括芙萍在内的笑社成員爲《新中華報》撰稿[④]。芙萍在《新中華報》上發表了諸如《摔跤》《婚禮與摩托子》《電影叢談》等有關風俗調查和電影評論的文章。

1927 年 5 月 28 日至 1927 年 10 月 23 日期間,芙萍將兒時印象中的舊京習俗拉雜紙上,掇成《京華集錦録》,連載於《益世報(北京)》副刊《益世俱樂部》。1928 年,芙萍"接受恨水老板之函約,特把旗族的舊俗、一切事故、習慣禮俗作一番精密而擴大的搜羅,頁

---

① 紅緑閣主《上下古今談:本行趣話》,載《世界日報》,1928 年 12 月 10 日,第 5 版。
② 芙萍《文丐的供狀》,載《京報》,1929 年 1 月 11 日,第 8 版。
③ 成善卿《北平的早期文藝團體——笑社》,載《古都藝海擷英》,北京,燕山出版社,1996 年,第 217—218 頁。
④ 成善卿《北平的早期文藝團體——笑社》,載《古都藝海擷英》,北京,燕山出版社,1996 年,第 217—218 頁。

獻給明珠的讀者"①。同年 12 月 1 日開始在張恨水主編的《世界日報》副刊《明珠》上連載《旗族舊俗誌》。

1930 年,芙萍與張笑俠、陳夢陶、陳逸飛、景孤血等十餘人,組織成立戲曲研究社,研究新舊戲曲,並籌備出版一種戲劇週刊。②可惜筆者未能查到該戲劇周刊之名,也不知該戲劇週刊是否順利出版。

1932 年,吳沖天創辦《現代日報》,"聘由成扶平、白飛鴻、王大文、王軼俠主編"③。《現代日報》共四版,芙萍任第 2 版《魔燈》主編。芙萍期望通過《魔燈》"開民智,提升民眾趣味",強調"新聞紙,總要帶些循循善誘""總希望追隨著大眾的欣賞而提高其趣味"。但短短 51 天之後,芙萍以"精神時間種種限制,與最初之理想,未能相合,毫無成績之可言,愧對友好"爲由,辭去《魔燈》主編一職④。但是,一直到 1935 年芙萍仍供職於《現代日報》編輯部⑤。

九一八事變之後,愛國主義情緒高漲,芙萍在《益世報》上發表大量文章,抨擊日本帝國主義的暴行,並呼籲中國民眾奮起共同抵禦日本帝國主義。

1946 年,張恨水由重慶返回北平,受陳銘德之托,擔任北平《新民報》經理一職⑥。或許是受張恨水的邀請,芙萍也在北平《新民報》任編輯和記者⑦。

---

① 芙萍《旗族舊俗誌》,載《世界日報》,1928 年 12 月 1 日,第 5 版。
② 《戲曲研究社:印行戲劇週刊》,載《益世報(北京)》,1930 年 8 月 20 日,第 6 版。
③ 《現代日報十一日出版》,載《京報》,1932 年 11 月 10 日,第 7 版。
④ 扶平《魔燈初上》,載《現代日報》,1932 年 11 月 11 日,第 2 版。
⑤ 《國劇韵典》中《成序》落款寫道:"民國廿四年十一月九日成芙萍寫于北平現代日報編輯部。"由此可見,1935 年芙萍就職于《現代日報》編輯部。見張笑俠《國劇韵典》,北京:中國戲劇出版社,2015 年,第 15 頁。
⑥ 張占國、魏守忠編《張恨水研究資料》,天津:天津人民出版社,1986 年,第 7 頁。
⑦ 北京民族古籍整理出版規劃小組《北京民族文史資料第三輯:旗族舊俗誌》,油印本,1986 年,第 1 頁。

　　3. 小説在芙萍作品中占有較大比重

　　投身新聞報道之餘,創作小説是芙萍的主要工作。其小説作品以寫實主義類爲主,兼有章回體類小説。芙萍衆多作品中,部頭最大的一部是《傻偵探》這一偵探類題材小説。該小説 1928 年 11 月 23 日至 1930 年 5 月 17 日期間連載於《益世報》,分爲前後兩部,内容滑稽可笑,却又發人深省,受到讀者歡迎。1930 年 4 月,在《傻偵探》連載即將結束之時,芙萍又於 1930 年 4 月 20 日至 9 月 19 日在《益世報》上,連載寫實主義類小説《鄉間的馬戲》。該小説真實地記載了 1928 年至 1929 年左右,芙萍住在北京鄉下期間的所見所聞,再現了主角桂妞的悲慘經歷,反映了農村百姓生活的不易。因爲有《旗族舊俗誌》的前期成果積纍,芙萍計劃寫一部章回體類長篇小説《旗族遺恨》,該小説 1931 年 2 月 9 日至 6 月 5 日期間連載於《益世報》,共發表 320 回。遺憾的是,這部作品並未完成。1931 年,九一八事變爆發,日本帝國主義展開侵華戰争。芙萍發表大量文章呼籲全中國人民奮起抵抗,其中包括小説《鼠兒國》。該部小説中,芙萍將中國比作修行《易經》之人,將帝國主義比作紙老虎,將日本帝國主義比作老鼠,暗諷了日本帝國主義發動九一八事變的卑劣行爲。1932 年,芙萍發表一首白話詩《創作中》,表達自己的寫作宗旨。原文如下:"神清也如水,志明也如鏡,心顫也如鐘,筆動也如龍。但願這剎那抓住幾許人生;與那醉夢者一忽兒清醒,與那悲哀者半點兒興奮。"①遍讀筆者收集的近 200 篇部芙萍作品不難看出,芙萍希望通過自己的文章展現民國時期普通勞苦大衆的生活面貌,並通過自己的作品喚醒普通大衆之民族情懷和家國情懷。

　　4. 紅學方面具有一定影響力

　　紅學研究方面,芙萍曾發表《談紅樓夢》《曹雪芹的生活觀》《紅

---

① 扶平《創作中》,載《益世報》,1932 年 8 月 28 日,第 9 版。

樓夢"脚"的研究》等文章。雖然研究成果不多，但這些成果視角獨特，在民國時期頗具影響力。最爲紅學界所熟知的是《紅樓夢"脚"的研究》一文。據該文記載："前年的某報附刊上討論紅樓夢問題的時候，對於紅樓夢的脚也曾略談了談，引起一般愛讀紅樓夢者興味不少。"①可見，芙萍提出的關於《紅樓夢》中"脚"的問題，在當時引起了廣泛關注。1929 年，芙萍此等文章一經發表，其好友、知名紅學和戲曲研究者張笑俠迅速做出回應，發表《讀紅樓夢脚的研究之後》和《紅樓夢的脚有了鐵證》二文，與芙萍展開激烈的辯論。芙張二人"關於紅樓'脚'之爭"一事，爲紅學界所熟知②。

　　1949 年之後，芙萍的作品較少。20 世紀 80 年代，芙萍與其子成善卿共同完成著作《古今歇後語拾遺兼注》，該書收集並注釋大量歇後語，在歇後語研究領域，具有一定的影響力③。

　　芙萍的作品大致可以分成風俗類、小説類、調查類、雜文類，由於作品數量較多，無法一一列舉。筆者將在文末附錄《芙萍著作系年》，以便讀者查閱。

（二）《旗族舊俗誌》底本成書問題探析

　　按《旗族舊俗誌》序言所記："這五大章，預料四五月可登完。"基本可以判斷此時《旗族舊俗誌》的手稿已經完成。從該書的史料來源來看，芙萍撰寫過程中除了參考一些私人著述、結合親身經歷之事進行記述外，他還進行了大量實地調查，以此獲取一手資料，翔實地撰寫《旗族舊俗誌》，可見芙萍爲撰寫此書所付出的辛苦。然而，根據現有資料筆者無法勾勒出該手稿的撰寫過程。因此，筆者結合目前掌握的有關底本《旗族舊俗誌》刊登前後的一些重要事

---

① 芙萍《紅樓夢"脚"的研究》，載《益世報》，1929 年 4 月 14 日，第 9 版。
② 周久鳳《張笑俠生平著作考述》，載《紅樓夢學刊》2021 年第三輯。
③ 成扶平、成善卿編《古今歇後語拾遺兼注》，北京：農村讀物出版社，1984 年。

件，探析《旗族舊俗誌》刊登過程中的基本情況。早在《旗族舊俗誌》刊登之前，芙萍已於《益世報》連載《京華集錦錄》一文。從該文內容可以看出，受20世紀20年代中國民俗學運動的影響，芙萍希望發揮自己善於考察民間風俗的優勢，系統地撰寫一部有關清末民初北京風俗的作品，書寫旗漢風俗的差異，並將日益衰退的旗人社會風俗展現給世人。遺憾的是，《京華集錦錄》僅連載了第一章內容，芙萍的願望未能實現。不久，芙萍好友、時任《世界日報》副刊《明珠》主編的張恨水邀請他撰寫一部關於滿人風俗的作品。芙萍欣然答應，希望借此機會將"過去之旗族百美"展現給世人。1928年12月1日《旗族舊俗誌》開始連載於《世界日報》副刊《明珠》。至1928年12月21日《旗族舊俗誌》已連載二十二日，讀者金白發現《旗族舊俗誌》存在一些與事實不相符的內容，並於1928年12月13日和29日先後發表《旗族補微》和《再續旗族補微》二文予以討論，希望以此彌補該書的一些不足之處。此後《旗族舊俗誌》陸續刊登一百四十三日，未再見讀者金白發表文章討論該書的不足。至1929年9月12日《旗族舊俗誌》發表完前四章內容之後，《旗族舊俗誌》的刊登戛然而止，並未按照原計劃刊登第五章內容。筆者查閱《世界日報》並未發現不予連載的告示，也未能找到第五章未見報端的原因，但筆者根據《旗族舊俗誌》正文中的一些提示性語句推斷出第五章計劃撰寫的部分內容，供讀者參考。下面對上述底本《旗族舊俗誌》刊登前後的一些重要事件進行詳細論述。

1. 應恨水之約書旗人風俗

芙萍自幼善於觀察身邊事物，對北京的風俗尤其是旗人風俗有著深刻了解。芙萍曾自述："遇有婚喪嫁壽時，我愛參與各樣的禮；每逢山壇廟集，我愛加入以熱鬧；小孩子集到一群時，遇有組織各種把戲和與各式各樣的小販所接觸的環境，我都另有一種獨具的眼光,觀察一切;家長里短的老媽媽論,我是極愛聽的。到了現在,那些兒時的影痕,差不多仍是深深的印在我的腦海之中。"①這些經歷對芙萍撰寫風俗類作品是極其有利的。1927 年,芙萍首次嘗試系統地撰寫一部有關風俗的作品。同年 5 月 28 日,芙萍的《京華集錦錄》開始連載於《益世報》。遺憾的是,至 10 月 23 日第一章"民間之部"發表完畢後,就不再繼續刊載,芙萍的第一次嘗試宣告失敗。值得注意的是,第一章"民間之部"記載:"北京的民間從前是顯明的,分爲兩派,就是旗人與漢人的各殊。那時旗人正在興盛,顯然與漢人相離間,帶著皇家的色彩,一切禮俗風尚都要別開生面,以表示出他們那貴族的氣勢來。於是就有了旗禮、漢禮或爲旗俗與漢俗的分別。每逢婚喪之儀,禮法之分差一目即可了然。到了現在,旗派失敗,風尚亦隨之而傾倒,禮法亦多數趨附於民派了。不久也就能普遍化成了一個通用的公式。試舉其例來看,現在裝飾上除了一般殷實的旗民仍是頑固不化者外,其餘'兩把兒頭、大拉翅兒'的醜態概已不多見了。再如旗人的婚禮,成群打排的牛角燈亦已無形消失,而在喪禮上他們居然也'打旛'並'摔盆'了。這都是旗漢風俗有了合並性的明證。這些禮俗的事兒,在本章尚且講不到。"②可見,芙萍有計劃將"旗漢風俗"敘述於後文章節之中,但筆者查閱《益世報》,並未見其餘章節,或許芙萍的計劃由於某種原因未能付諸實際。有趣的是,《京華集錦錄》第一章中提及的"本章尚且講不到"的婚喪禮俗、牛角燈等情況,均可見於《旗族舊俗誌》。時任《世界日報》副刊《明珠》主編的張恨水"對滿族的遺風很感興趣,約成扶平(芙萍)撰寫有關滿人生活習俗的文章"③。芙萍開始撰寫《旗族舊俗誌》這一同類型的作品。於是,芙

① 芙萍《京華集錦錄》,載《益世報》,1927 年 5 月 28 日,第 8 版。
② 芙萍《京華集錦錄》,載《益世報》,1927 年 5 月 29 日至 30 日,第 8 版。
③ 成善卿《張恨水與天橋》,載《新筆記大觀》,上海:上海書店出版社,1996 年,第 346 頁。

萍系統撰寫風俗類作品的計劃得以實現。旗人風俗對於旗人家庭長大的芙萍來說再熟悉不過,並且他在撰寫《京華集錦錄》時,已經具備一些經驗和想法,再撰寫《旗族舊俗誌》必然得心應手。芙萍在《旗族舊俗誌》的序言中寫道:"務使過去之旗族百美跳躍紙上。"①可見,芙萍不僅十分願意撰寫一部關於旗族風俗的作品,並且很好地將旗族的百美展示給世人。1928 年 11 月 28 日,芙萍於書房——紅綠閣中爲《旗族舊俗誌》作序。1928 年 12 月 1 日,《旗族舊俗誌》以序言開篇,開始連載於《世界日報》副刊《明珠》。

2. 金白撰寫書後評《旗族舊俗誌》

截至 1928 年 12 月 5 日,芙萍發表了序言以及第一章的"旗族之原始""旗族之派別""旗族之文化""老姓與本姓"五個小節。金白閱讀這部分内容之後,發現四處問題,並於同年 12 月 13 日在《明珠》上發表《旗族補微》②一文給予糾正。糾正内容如下:

金白指出,"旗族之原始"一節中的"漢王"應爲"汗王",且吳三桂請清兵一事與史實不符。據筆者考察,"漢王"通常出現在一些私人著述中。如《水曹清暇錄》記載:"喇嘛最尊者爲呼必辣吉,人稱之曰胡圖克土漢。"③"胡圖克土漢"即"呼圖克圖汗",是活佛的一種封號。雖然在官修史書中一般記爲"汗王",但考慮《旗族舊俗誌》畢竟是私人著述,使用"漢王"也可理解。關於"吳三桂請清兵"一事,特別是汗王與吳三桂"南七北六"平分天下之説,史實錯誤明顯,不知史源於何處。筆者在"旗族之原始"一節的注釋條目中有詳細論述,在此不作展開説明。

金白所指出的"世襲銀麒玉"應爲"世襲哈番"是有依據的。他於《旗族補微》一文中詳述了世襲爵制的規定,這與乾隆元年規定

---

① 芙萍《旗族舊俗誌》,載《世界日報》,1928 年 12 月 1 日,第 5 版。
② 金白《旗族補微》,載《世界日報》,1928 年 12 月 13 日,第 5 版。
③ 李家瑞編,李誠、董潔整理《北平風俗類征》,北京:北京出版社,2010 年,第 59 頁。

的世襲爵制相吻合①。但筆者認爲芙萍所指"世襲銀麒玉"疑爲"世襲雲騎尉","尉"有玉之發音,銀字則對應雲字。"雲騎尉"作"銀麒玉"可能是一種口頭訛傳。至於金白認爲"旗族之派別"一節中的"宗室派、滿旗派、漢旗派"應爲"滿洲八旗、蒙古八旗、漢軍八旗",筆者認爲芙萍的分法有其自身的道理,其中原因筆者將在第三章第三節中進行分析。

關於鑲黃、鑲白、鑲紅、鑲藍四旗的配色方法。芙萍寫道,"鑲什麼旗就是什麼邊",而金白則認爲鑲旗配色應爲"黃白互補,紅藍互補"。需指出的是,芙萍與金白二人關於八旗配色的説法,均與實際不符。據孟森考證,鑲旗配色方法爲"黃、白、藍均鑲以紅,紅鑲以白"②。芙萍認爲上三旗爲"正黃、正白、正紅",這一觀點有誤,金白指正爲"鑲黃、正黃、正白"。關於上三旗與下五旗,《八旗通志》有這樣的記載:"又以鑲黃、正黃、正白爲上三旗,其五旗各以王貝勒等統之。"③可見,金白的指正並無問題。

1928年12月6日至1928年12月21日期間,《世界日報》又刊登《旗族舊俗誌》第一章的"技擊的流傳""放糧與挑缺""檔房之組織""錢糧""俸米""驚價"六個小節,其中尤以"錢糧""俸米"二節最爲詳細。金白拜讀之後,再一次指出該部分存在的問題和内容不翔實之處。1928年12月29日,金白在《明珠》的《雄辨會》欄目中,發表《再續旗族補微》④一文。在該文中,金白首先補充了餉銀發放數額的變化情況,並按官職大小分別作出精確計算。關於糧米,金白點明不同職位每年發放糧米的次數和發放時間。金白如

① 鄂爾泰等修,李洵、趙德貴主點《八旗通志》,長春:東北師範大學出版社,1985年,第623—624頁。
② 孟森《清史講義》,北京:北京理工大學出版社,2018年,第19頁。
③ 鄂爾泰等修,李洵、趙德貴主點《八旗通志》,長春:東北師範大學出版社,1985年,第618頁。
④ 金白《再續旗族補微》,載《世界日報》,1928年12月29日,第5版。

此詳盡地梳理旗人糧餉數額,不僅指出芙萍所記之伯什户餉銀爲五兩,不甚準確,應爲四兩,驍騎校應爲五兩,還希望借此機會使讀者對旗人糧餉有一個更全面的認識。筆者查閲光緒朝《欽定大清會典》確認,金白所述並無問題。至於芙萍所提到的"夾剪",金白進一步揭露夾剪行利用夾剪盜取銀兩的細節。關於領催貪污錢糧情況,金白認爲芙萍的説法有誇大成分。他指出儘管内三旗舞弊勝於外八旗,也未見像芙萍所説可以"月摟銀數百兩"之多。最後金白更正芙萍所記"養魚兵"應作"養育兵"。《清史稿》記載:"順治十七年,凡滿、蒙、漢各旗共選四千八百人爲養育兵,訓練技藝。"①又光緒朝《欽定大清會典》規定:"養育兵月支銀一兩五錢。"②可見,"養魚兵"確實應作"養育兵"。

　　總體來看,金白的《旗族補微》和《再續旗族補微》二文,雖然也存在一些問題,但最難能可貴的是指出了《旗族舊俗誌》的一些不足。與此同時,金白兩篇書後的發表,恰恰説明《旗族舊俗誌》於當時引起了讀者的關注,具有一定的影響力。

　　3.《旗族舊俗誌》第五章藝樂之部未見報端

　　按《旗族舊俗誌》序言中所述:"本文全部共分爲五大章,特先録出,用告讀者:第一章故事之部、第二章家庭之部、第三章禮俗之部、第四章土習之部、第五章藝樂之部。"③可以明確,《旗族舊俗誌》原計劃分爲五章。然而,目前整理出來的《旗族舊俗誌》各版本中,均不見"第五章藝樂之部"的内容。爲此,筆者於 2021 年 4 月,前往中國國家圖書館縮微文獻閲覽室,查閲了 1929 年 9 月 12 日至 1932 年 1 月 20 日的《世界日報》,希望找到"第五章藝樂之部"的内容,或者"第五章藝樂之部"不予連載的告示。事與願違,筆者

---

① 趙爾巽等撰《清史稿》,北京:中華書局,1997 年影印本,第 1029 頁。
② 光緒朝《欽定大清會典》卷二十一《户部陝西清吏司》。
③ 芙萍《旗族舊俗誌》,載《世界日報》,1928 年 12 月 1 日,第 5 版。

在《世界日報》的《明珠》版面，未找到一絲綫索。因此，筆者又試圖從張恨水和芙萍個人入手，查閱張恨水和芙萍的個人資料，探尋第五章未見諸報端的原因，結果再次令筆者失望。

幸運的是，雖然無法找到第五章的内容或者未見諸報端的原因，但筆者發現《旗族舊俗誌》正文中有一些提示性的字句提及"第五章藝樂之部"。這些提示性字句，雖不能給我們提供一個完美的答案，但至少可以讓我們了解第五章計劃書寫的部分内容。筆者將這些提示性字句列出如下：1929 年 4 月 10 日發表内容提到"文場會内幕詳待看本誌第五章藝樂之部中"；1929 年 6 月 16 日發表内容提到"旗族子弟多以養鷹爲戲（詳待看藝樂一章中）"；1929 年 9 月 10 日發表内容提到"……除提籠架鳥另見鳥説外……"1929 年 9 月 12 日發表内容提到"旗族子弟之愛好武藝者（見藝樂之部）"。根據這四條提示性字句，可以肯定第五章應至少包括"文場會""養鷹""提籠架鳥""武藝"等内容。1929 年 9 月 10 日提及的"鳥説"應是第五章的一個小節，該節至少包括"養鷹"和"提籠架鳥"兩部分内容。

三、《旗族舊俗誌》版本梳理與勘誤

《旗族舊俗誌》共有四個版本。底本連載於《世界日報》，共連載 165 日，每日内容千字左右，鉛字印刷，繁體字竪排，每行 13 字，有標點斷句。由於該版本刊登於報紙，故受報紙排版和印刷質量影響較大，手民之誤較多。由伊見思整理，采用從報紙上裁剪後，重新排列組合的簡單整理方式，粘貼成册，共 75 頁，每頁粘貼二至四個紙條不等。從剪報本的内容中不難看出，這種簡單的整理方式極容易出現漏剪、多剪及粘貼亂序情況。油印本以剪報本爲底本，並參考底本，由北京市民族古籍整理出版規劃小組整理，1986 年油印成書，簡體字横排，校正了剪報本的一些不足。删節本以剪

報本爲底本，由王彬和崔國政整理，輯録於《燕京風土録》上册，2000 年光明日報出版社出版，簡體字横排，删略序言和第一章内容，校正了剪報本的一些不足。下面對這四個版本的優勢與不足作一詳細梳理，並進行適當勘誤。

（一）連載於《世界日報》之底本

《世界日報》采用鉛字印刷，排版時需要手民①照原稿撿字拼版。爲避免手民之誤，提高報紙印刷質量，《世界日報》有明確的賞罰制度。針對工人，報社規定"錯字未改、送版碰亂字、出版遲，印刷質量差"②須罰款；針對編輯規定"錯字未校出要罰錢"③，但寫稿多則加薪。然而，這種賞罰制度嚴重脱離實際情況。工人"没有固定工作時間，完事才能下班，遇到重大新聞，一天要幹十幾個小時"④，編輯部"校對人數少，每人每天要校對一、兩個版面"⑤。如此高强度作業，很難做到没有一點錯誤，再加上嚴苛的規定，工人更换頻繁，印刷質量很難得到保證。這一點從底本《旗族舊俗誌》中即可窺其一斑。關於底本的一些情況已見述於第一章第二節中，本節主要從標點、文字以及排版等方面進行説明。

1. 標點之"脱誤衍"

因所處時代不同，底本標點與現代文章標點的使用方法上存在差異。筆者所指出的是未加標點，或所用標點有明顯問題之處。具體如下：

---

① 手民即刻字或排字的印刷工人。文中指排字工人。
② 張友鸞等著《世界日報興衰史》，重慶：重慶出版社，1982 年，第 36 頁。
③ 張友鸞等著《世界日報興衰史》，重慶：重慶出版社，1982 年，第 61 頁。
④ 張友鸞等著《世界日報興衰史》，重慶：重慶出版社，1982 年，第 61 頁。
⑤ 張友鸞等著《世界日報興衰史》，重慶：重慶出版社，1982 年，第 61 頁。

（1）"脱"標點

筆者在此舉出三個例子，説明底本中的"脱"標點情況。具體如下：

> 民國十七年十二月二十八日　收勢時有宣令官大呼"收兵"萬兵歡呼，叩謝皇上，乃告禮成焉。

這句話中"萬兵歡呼"之前明顯未加標點斷句，應作"收勢時有宣令官大呼'收兵'，萬兵歡呼"。

> 民國十八年一月六日　下級旗兵家庭之主婦，當家人有差使者，亦即以"官太太"自居，其次則以房室爲標準，稱爲"大奶奶"，二奶奶"，等等。

這句話中"官太太""大奶奶"具有完整的引號，那麼"二奶奶"也應有完整引號。

> 民國十八年一月二十九日　青緞小帽式樣亦與旗女所嗜戴者相同，再參看旗女之裝束節中），惟帽頂之疙疸絶少用紅色絨球皆爲綫質大疙疸，華貴者則在帽頂前部中端嵌以珠石玉花之屬。

這段内容中"再參看旗女之裝束節中）"一句爲説明性文字，句子中已經有右括號，説明"再"字前脱左括號。

以上三個例子基本囊括底本漏加標點的大致情況。此外，還有一種疑脱標點的情況。這種情況通常在兩字之間有明顯間隙。據《世界日報興衰史》記載，報社使用的鉛字模"常用字與不常用字,磨損程度不同,印出的報紙就字迹模糊,甚至根本不顯字,成個白點"[1]。《世界日報》各版面是整版使用標點符號,相比於常用字,標點符號更爲常用。因此兩字之間的明顯間隙,基本可以判定爲脱漏標點符號。

（2）誤用標點

整體而言,底本中誤用標點情況少於"脱"標點情況。此處筆者依然舉例説明。例如:

> 民國十七年十二月二十七日　是時街上之崗位系臨時增添,故謂之"站班",又云"街堆子":俟諸大人過去,乃歸營焉。

該例子中,"又云'街堆子'"與"俟諸大人過去"兩句關聯性不大,":"作"。"更符合語法規範。

> 民國十八年三月一日　有予二色者,有予四色者不等,如二色者,類爲戒指一副。指甲套一副,(接婚僅重雙,故皆以雙個爲一副。)

該例子中,"戒指一副"與"指甲套一副"爲並列關係,二者之間的"。"應使用","或"、"。

> 民國十八年三月六日　以旗家之重視禮節,故免響房者實不多見:如有響房,則須除迎娶執事花轎之資費外,另加錢若干,使人用物,消費亦鉅,商量後,轎子鋪始届時派的鼓手携鼓樂工具前往,吹鼓手皆穿花架衣,黄袴青靴,横帶及纓帽。

---

[1] 張友鸞等著《世界日報興衰史》,重慶:重慶出版社,1982年,第136頁。

　　按文義,該例子中"以旗家之重視禮節,故免響房者實不多見"一句已經結句,故":"作"。"更符合語法規範。

　　從以上三個例子可以看出,誤用標點大致有"冒號代替句號"和"句號代替逗號"兩種情況。

　　(3)"衍"標點

　　"衍"標點的情況相對於誤用標點情況和"脱"標點情況則更少。例如:

　　　　民國十七年十二月十二日　概寡婦孤女,父夫既死,贍養無人,若罷免其錢糧,只有待斃矣。。

　　　　民國十七年十二月九日　概亦"啞子吃黃連,——有苦説不出"也。

　　　　民國十八年二月十三日　盛,於盆中,白菜居下,其他樣原料,按格散列,紅緑相映。

　　第一個例子句尾衍句號,第二個例子句中"黃連"後衍",",第三個例子"盛"字後衍","。這種"衍"標點的情況,毫無疑問,係手民之誤。

　　以上筆者所指出的"脱衍誤"現象,在底本中比較普遍,希望讀者閱讀底本時,能够仔細加以辨別,以免理解上出現偏差。

　　2. 文字之"脱衍倒訛"與異體字之使用

　　(1)文字之"脱衍倒訛"

　　底本的"脱衍倒訛"情況少於其他三個版本,但也有百餘處。其中,"誤"字情況較多,"脱"字、"倒"字、"衍"字較少。筆者在此分別舉例説明,期望讀者可以從整體上把握底本中文字之"脱衍倒訛"情況。

a. "誤"字例

導致"誤"字的原因,大致可以分爲形近而誤、聲近而誤以及常語而誤等。例如:

> 民國十七年十二月八日   檔房在人口中謂之"棚欄上"。
> "棚"應作"柵"。
> 民國十七年十二月五日   故言語間有此一部分之滿洲化
> 有由來也。"化"應作"話"。
> 民國十七年十二月十四日   買米缺人出銀價若干銀。
> "銀"應作"兩"。

上述第一個例子因"棚"與"柵"字形相近而誤;第二個例子,按文義可知,作者本意是説北京方言中有滿洲話,而不是强調語言的變化,因此"化"作"話"當不誤,系聲近而誤;第三個例子中,"銀價"後的量詞應爲"兩"而非"銀",當爲手民常用語致誤。就底本中的"誤"字情況來看,前一種"誤"字情況較多,後兩種情況較少。

b. "脱"字例

脱字情況相對較少。一些"脱"字可以根據前後文判斷爲脱字,但還有一些則是語義不通,疑爲"脱"字。筆者一併舉例如下:

> 民國十八年二月八日   至年終持會取供品。"會"後脱
> "票"字。
> 民國十八年四月二十四日   或死者前愛吃者而揀之。
> "死者"後疑脱"生"字。

第一個例子,"至年終持會取供品"一句的前文爲"是時,曾有供會之發起,由餑餑店出具會票"。由此可知,取供品時必須使用"會

票",顯然"會"後脫"票"字。第二個例子,從語義上很難讀通,但若是加上"生"字,語義則明確許多,但無確鑿的證據表明此處脫"生"字。

c. "倒"字例

筆者在此同樣舉出兩個例子,以窺"倒"字情況。例如:

> 民國十七年十二月六日　其内部細則如口糧等皆虎與神營相等。

"虎神營"是清末建立的軍事組織,且前文已經提及"虎神營"一詞,再根據此句的文義,可知,"虎與神營"應作"與虎神營"。

> 民國十八年一月九日　此外,尚有襪口之部分,三特有加以花樣者,其式約得亦種。

在這句話中"特有"前之"三"字明顯應置於"種"字前。疑爲手民擺放鉛字模時導致的錯誤。

d. "衍"字例

相較於"誤"字、"脱"字、"倒"字情況,"衍"字情況較少。此處僅舉一例。

> 民國十七年十二月十日　旗下食錢錢糧各級兵丁。衍"錢"字。

此外,還需注意的是,底本中存在正、誤字詞混用情況,如"滿洲與滿州"①"檔房與擋房"②。

---

① 《清實錄》《八旗通志》《八旗通譜》中均寫作"滿洲"。
② 檔房,《旗族舊俗誌》中指八旗都統衙門。

（2）異體字之使用

異體字並用是底本的一個特點。造成這種現象的主要原因是，《世界日報》報社所使用的鉛字數量與發行量之間不成正比。《世界日報》初時沒有鑄字機，印刷用過的字模還需換回字架，手民難免會異體字並用，以圖省時省力。特錄一表，以便讀者了解此中情況。表格如下：

表 1　底本異體字並用情況表

考、攷	糧、粮	挿、插	扎、紮	周、週
叫、呌	麵、麪	桿、杆	回、廻、迴	背、揹
弔、吊	桌、棹	塲、場	台、臺、檯	餽、饋
趕、趲	床、牀	鋪、舖	礮、砲、炮	冲、衝
聞、閗	欵、款	嘆、歎	袴、褲	蓋、盖
覰、瞅	煙、烟	焰、燄	并、並、併	餡、餂
掛、挂	鬥、鬪、鬭	讚、贊	鉅、巨	掐、掐

3. 手民之誤與刊登順序探討

（1）手民之誤

關於手民排版導致的問題，上文已見一二。然而《旗族舊俗誌》發表的整個過程中，僅有一次明確指出手民排版問題。民國十八年（1929 年）三月十九日發表的內容寫道："編者按，此稿爲手民損壞，情節略有脫落。"①除此之外，又有芙萍指出手民之誤一處，民國十八年（1929 年）三月二十二日發表內容的文末附芙萍來函，

① 芙萍《旗族舊俗誌》，載《世界日報》，1929 年 3 月 19 日，第 8 版。

　　來函指出民國十八年(1929 年)三月十六日發表內容中"送親老太及送親太太皆乘轎護送,不坐車而步行,謂之(扶轎杆)"。應作"新婦之有弟者皆隨轎護送,不坐車而步行,謂之(扶轎杆)"①。

　　筆者在整理時發現,底本中還有以下四處較大的手民之誤。其中倒文兩處:民國十八年(1929 年)三月三日發表內容作"迎娶之期個月不相上下,而迎娶日期男<u>類多距通信期</u>家之於選擇上,亦每多決,於命相先生之口"。筆者根據文義校正爲"迎娶之期,<u>類多距通信期</u>個月不相上下,而迎娶日期,男家之於選擇上,亦每多決於命相先生之口"。民國十八年(1929 年)五月二十八日發表內容作"即爲普級旗家較爲滿美之<u>殯儀</u>中執事,與各種音樂參合,相得益彰"。筆者校正爲"即爲普級旗家<u>殯儀</u>中較爲滿美之執事,與各種音樂參合,相得益彰"。以上兩處倒文應是手民送版時碰亂字導致的倒文。以下是兩處衍文:民國十八年(1929 年)八月二十日"亂轉無已焉"之後衍"褡褳多爲布質……謂之'兩面褡褳'"。80 字符。此 80 字符已在八月十九日發表。民國十八年(1929 年)九月十日"詎至陰雨之際"一句之後衍"答之,謂之包封(即內裝贈"12 字符。可惜筆者查閱當日《明珠》版面,未能找到此 12 字符的出處。

　　除此之外,底本中還存在 17 處鉛字模擺放角度問題。這種情況僅憑肉眼便可斷定爲手民之誤。現整理一表格如下:

表 2　底本鉛字模擺放角度問題情況表

序號	發表日期	正文字樣	對應字	擺放角度	正文中位置
1	民國十七年十二月十九日	明	百	順時針旋轉90 度	第 44 行第1 字

---

① 芙萍《旗族舊俗誌》,載《世界日報》,1929 年 3 月 22 日,第 8 版。

序號	發表日期	正文字樣	對應字	擺放角度	正文中位置
2	民國十七年十二月二十日		遠	順時針旋轉90度	第 8 行第 3 字
3	民國十七年十二月三十日		謀	順時針旋轉90度	第 26 行第 1 字
4	民國十八年一月十九日		接	順時針旋轉90度	第 60 行第 1 字
5	民國十八年一月二十七日		禮	順時針旋轉90度	第 20 行第 13 字
6	民國十八年二月七日		多	逆時針旋轉90度	第 5 行第 1 字
7	民國十八年四月十七日		里	逆時針旋轉180度	第 21 行第 13 字
8	民國十八年五月七日		班	順時針旋轉90度	第 28 行第 3 字
9	民國十八年五月二十五日		者	逆時針旋轉90度	第 23 行第 1 字
10	民國十八年七月九日		白	順時針旋轉90度	第 41 行第 13 字
11	民國十八年七月二十六日		概	順時針旋轉90度	第 8 行第 13 字
12	民國十八年七月二十六日		屬	逆時針旋轉90度	第 9 行第 10 字
13	民國十八年八月二十四日		中	順時針旋轉180度	第 3 行第 13 字

續　表

序號	發表日期	正文字樣	對應字	擺放角度	正文中位置
14	民國十八年八月二十四日		之	順時針旋轉90度	第 4 行第1字
15	民國十八年八月二十四日		錶	逆時針旋轉90度	第 6 行第1字
16	民國十八年九月六日		旗	順時針旋轉90度	第 3 行第13字
17	民國十八年九月十日		變	順時針旋轉90度	第 30 行第2字

　　以上這些手民之誤説明，在高強度、高壓力作業下，保證出版質量是一件很難做到的事情，《世界日報》報社的賞罰制度嚴重脱離實際。

　　(2) 刊登順序探討

　　關於喪禮，芙萍是按喪禮儀式依次記述的，帶有明顯的時間性。民國十八年(1929 年)五月二十九日發表的内容，主要介紹出殯途中，出殯隊伍遇茶桌休息的情景。民國十八年(1929 年)五月三十日發表的内容，主要介紹出殯隊伍到達墳地之後，下葬的相關儀式。需注意的是，此時已叠成墳頭，説明逝者已經下葬。民國十八年(1929 年)五月三十一日發表的内容，介紹出殯隊伍至墳地的先後順序，以及到達墳地後的落槓、風鑒家點穴尋龍等情況。可見，此時尚未下葬。按芙萍關於喪禮記載的時間性特點，民國十八年(1929 年)五月三十一日發表的内容，應與民國十八年(1929 年)五月三十日發表的内容調整順序。與此同時，筆者注意到五月三十日發表内容，各段落之間的順序仍然有誤，筆者在後文介紹删節本版本情況時詳細説明。

　　此外,民國十八年(1929 年)二月二十三日文末 "以上關於合婚的"一句與民國十八年(1929 年)二月二十五日第一句"五種條件,須條條不大衝突"應爲一句話,即"以上關於合婚的五種條件,須條條不大衝突"。民國十八年(1929 年)五月七日最後一句"又有一副'擦官兒'(即兩面厚銅合成之擦)"與民國十八年(1929 年)五月八日第一句"聲音極尖脆動聽" 應爲一句話,即"又有一副'擦官兒'(即兩面厚銅合成之擦),聲音極尖脆動聽"。應是受排版篇幅限制,一句話被拆分成二日發表。

(二) 伊見思整理之剪報本

　　剪報本是中華人民共和國成立 10 周年時,伊見思先生捐贈給人民政府的版本。該版本是從《世界日報》上裁剪後,按發表順序,依次粘貼而成的合訂本。1986 年,北京市民族古籍整理出版規劃小組整理《旗族舊俗誌》時,將此版本稱作剪報本,故學界一般稱此版本爲剪報本。該版本共計 74 頁,無頁碼,每頁分 2—4 欄不等。整理時存在漏剪、多剪、粘貼順序錯亂等情況,爲便於闡釋這些情況,筆者按先後順序標注頁碼,每頁由上至下依次標明欄數。由於剪報本是從《世界日報》上裁剪後,粘貼而成的版本,所以此處不再梳理剪報本中文字和標點的"脱衍倒訛"情況。

　　1. 漏剪與多剪

　　筆者將剪報本與底本比較後,共發現剪報本中漏剪情況 12 處,多剪情況 1 處。具體如下:

　　第 2 頁,漏剪民國十七年(1928 年)十二月三日之内容。即"旗族之派別混觀之爲'八旗',即八大部落也。……即'正黄旗','正紅旗','正藍旗','正白旗','鑲黄旗','鑲紅旗','鑲藍旗','鑲白旗'是。"共 723 字符。

　　第 32 頁,第 1 欄末"亦頗多演說者"後漏剪"有語皆吉慶,無言不講歡。許說'整'而不許說'破',縱物破殘,亦云完整,方爲不負"共 39 字符。第 2 欄末,字迹明顯被剪成半個字,辨識困難,並且漏剪一行,此部分内容爲"綠燈紅,繁美至極,中設香爐,燃以成股高香,上祭者必須旗家主人,或長子代表,餘可類推,總以男子上祭爲宜。上",共 52 字。第 3 欄,最後一行字雖被剪掉一半,但仍可辨識。第 4 欄,第一行明顯漏剪"至娘家省親,骨肉團圓,並留住若干日,故新正光景旗家閨房類多滿布歡親,言笑竟日,"共 39 字符。

　　第 33 頁,第 1 欄首,漏剪"貼十字封條,以紅紙書'封印大吉'之字樣。自封印後,不得動用,期限舊例爲一個月,至正月十九日起封,開始起用",共 52 字。

　　第 51 頁,第 2 欄"和尚自解算盤疙疸後"之前,漏剪民國十八年(1929 年)四月十八發表的内容,即:"旗族盛時,和尚放焰口尚時興一種帶燈彩者,……其它遠派親友則例免。"共 659 字符。

　　第 59 頁,第 1 欄"墳前所供之肉食亦多爲看墳者於禮成時掇取分食"之後,漏剪民國十八年(1929 年)六月十六發表的内容:"貴胄殯儀之特徵甚多,……前後心之部分有圓光作白色,中綴黑字曰'勇'。"共 607 字符。

　　第 60 頁,第 3 欄"以上至四人不等"前,漏剪"披彩綉之'罩片',左右前後共四片合組而成,肥瘦寬窄,極稱吻合,罩片之上,彩綉各樣花團,簇錦爭光,雲蟒輝美,加以罩蓋之黄皮'金頂',狀如小塔,總係棺部之美點。杠前司擊'香尺'者自二人",共 90 字符。

　　第 61 頁,第 4 欄"於床上設洗臉盆"後,漏剪:"手巾,内並有水,以備死者洗面之用。……自出殃之後,即張羅'三七'日之禮。"共 120 字符。

　　第 63 頁,第 3 欄"至三七五日,喪家於是日設"後,漏剪"祭堂,通家則於堂屋或净室中舉行'燒包'之禮。三七計供",共 26 字符。

第 4 欄"過六十日後"之後,漏剪民國十八年(1929 年)六月二十八日發表的内容:"過五七而後之節日,……燕翅排列,(亦有執旛者)。"共 346 字符。

第 68 頁,第 1 欄"穿用者頗罕睹焉"之後,漏剪民國十八年(1929 年)七月二十六日發表的内容:"氆氇一物,爲特種衣料之一,……已成旗族上之歷史名詞矣。"共 486 字符。

第 69 頁,第 1 欄"關於旗裝佩飾"之後,漏剪"之種類……極爲方便,"共 152 字符。

第 70 頁,第 1 欄"必達到錦光環繞異様繁美之目的而後已焉"之後,漏剪民國十八年(1929 年)八月二十三日、二十四日、二十五日發表的内容,即:"(二)扇絡:旗族人士,……已不復見班指輝映於手指矣。"共 2 133 字符。

第 71 頁,第 2 欄"已見說於普遍的服裝節中,旗"之後,漏剪"族子弟對於便帽之頂戴,……以次則帽花亦多有'碧璽'質者,或'瑪瑙'",共 117 字符。

多剪情況僅一處。第 61 頁第 4 欄,"段,是在台口把念白或唱功詞句念完以後,……等是屬於此類的"一段内容,共 289 字符。僅從内容看,很容易使讀者誤認爲該段内容屬於"第五章藝樂之部"。筆者查閱底本後發現,此段内容爲民國十八年(1929 年)六月二十六日發表之《黄花譜》的部分内容①。

2. 粘貼順序問題梳理

粘貼順序是剪報本另一個較大的問題,對隨後整理的油印本、刪節本影響頗大。筆者以報刊本爲底本,校對剪報本的粘貼順序情況如下:

第 53 頁至第 54 頁第 1 欄。"'樓庫'係以秫秸杆插架子,運用

---

① 埭情《黄花譜》,載《世界日報》,1929 年 6 月 16 日,第 8 版。

之巧合，……女弔客至擊四響，以弔客單個計算。"一段内容，爲民
國十八年(1929 年)四月二十九日發表的内容。"旗家喪禮舉談經
伴宿，……式樣概與正座相同，惟形式稍低小而已。"一段内容，爲
民國十八年(1929 年)四月二十八日發表的内容。"一事者若停放
七日者。於接三後至第六日舉行'談經伴宿'者甚多，……至今談
經之風未泯，而增價奇高焉。"一段内容，爲民國十八年(1929 年)
四月二十七日發表的内容。很明顯，剪報本的粘貼順序爲二十九
日、二十八日、二十七日，正確的粘貼順序應爲二十七日、二十八
日、二十九日。

　　第 63 頁第 1、2 欄。"惟吹'尖子'者一人，爲此樂之指揮，……
孝子有人攙扶在材前作引導。"一段内容，爲民國十八年(1929 年)
五月十日發表的内容。應粘貼於第 56 頁第 1 欄末"身穿各色彩
衣"一句之後。

　　第 62 頁第 1、2 欄。"旗家之墳地有較居寓特近者，……只重
於陳列之美觀。"一段内容，爲民國十八年(1929 年)五月三十一日
發表的内容。應粘貼於第 59 頁第 1 欄第 4 行"以盡最後之孝意"
一句之後。

　　第 64 頁第 1 欄。"'叫鬼門關'者，……特擇要述之，以臻完
美。"一段内容，爲民國十八年(1929 年)六月十五日發表的内容。
應粘貼於第 59 頁第 1 欄倒數第 7 行"墳前所供之肉食亦多爲看墳
者於禮成時掇取分食"一句之後。

　　第 62 頁第 3、4 欄。"以次爲貴式執事之排列，……(但貴冑殯
儀不取下級旗家最普通之'鑼鼓''喪鼓'之樂班。)"一段内容，爲民
國十八年(1929 年)六月十七日發表的内容。應粘貼於第 59 頁第
1 欄倒數第 4 行"殯中以品質共組成燒活若干抬"一句之前。

　　第 59 頁第 4 欄至第 60 頁第 1 欄。"此外注重者有'燒活'及
'松活'。……嘆爲觀止矣。"一段内容，爲民國十八年(1929 年)六

月十八日發表的内容。應粘貼於第 59 頁第 1 欄倒數第 4 行"殯中以品質共組成燒活若干抬"一句之前。

　　第 65 頁第 3、4 欄。"旗家對於已死長輩，……其響梆梆然，即作紙錢之狀。"一段内容爲民國十八年（1929 年）七月八日發表的内容。應粘貼於第 64 頁第 2 欄"燒包袱"標題之後。有趣的是，以剪報本爲底本的《燕京風土録》刪節本中，此部分内容排版順序正確。

　　筆者所用的剪報本爲掃描本，除上述漏剪、多剪以及粘貼順序錯亂等問題之外，有些頁面墨影較濃，嚴重影響辨識。此類情況亦在此處予以説明。第 35 頁第 4 欄首行墨影較濃，參考底本後得知，此處應爲"馬褂等，（並請參看第二章之"等 13 字。第 56 頁第 1 欄前 2 行墨影較濃，參考底本後得知，此處應爲"組織有'掌鼓'，'銅擦'，'大鑼'，'皮鼓'"22 字。

　　以上即爲剪報本的基本情況。雖然剪報本的漏剪、多剪以及粘貼順序錯亂等情況較多，但伊見思先生爲整理《旗族舊俗誌》所付出的辛苦，是值得肯定的。

（三）1986 年油印本

　　該版本爲油印，横版簡體字，以剪報本爲底本，並參考底本，對剪報本的漏剪、多剪及粘貼順序等問題進行了相應的校正，但依然存在較多"脱衍倒訛"問題，以及因剪報本粘貼順序出錯而導致的内容銜接問題。由於"脱衍倒訛"情況較多，且多字脱文和内容銜接問題，基本是由剪報本的漏剪和粘貼順序錯亂導致的。因此，筆者按單字和多字，分别説明油印本的脱文情況。

1. 單字之"脱衍倒訛"

　　筆者將油印本與底本進行比較，共整理出 240 餘處單字"脱衍倒訛"情況。其中不包括油印本與底本均誤的情況、油印本正確而

底本錯誤的情況。由於"脱衍倒訛"之處，數量較多，筆者分類舉例
説明如下：

（1）"誤"字例

240 餘處"脱衍倒訛"問題中，誤字問題達 170 餘處。主要可
以分爲三類，即形近而誤例、聲近而誤例、常語而誤例。具體情況
如下：

a. 形近而誤例

　　第 1 頁　網覺涉險爲樂趣。"網"底本作"罔"。
　　第 3 頁　道上遇抬糞一老人。"抬"底本作"拾"。
　　第 8 頁　時亦有在家中日置弓箭工具自習。"日"底本
作"自"。

　　第一個例子，"網"與"罔"二字的讀音相同，簡體字中兩字字形
相近，但繁體字中"网"作"網"，差別比較明顯。第二例和第三例，
字形相近易混淆，並且"抬糞"與"日置"兩詞在句子中語義通順，如
果不查閱底本仔細辨別，很容易誤判。

b. 聲近而誤例

　　第 17 頁　遂改成"老米"。"成"底本作"稱"。
　　第 52 頁　則皆於旗家大坎肩相同。"於"底本作"與"。
　　第 66 頁　亦屬風毛麟角矣。"風"底本作"鳳"。

以上三例，從語義判斷，很容易發現"誤"字。

c. 常語而誤例

　　第 4 頁　鑲白旗。"旗"底本作"滿"。

　　　　第 21 頁　　銀數多寡也不等。"也"底本作"亦"。
　　　　第 35 頁　　及漢軍人等被受壓迫之一證矣!"證"底本作"斑"。

　　第一例,按作者(芙萍)之意,鑲白滿指鑲白旗滿洲。而整理者所指的鑲白旗爲八旗之一,顯然是整理者常用語導致的錯誤。後兩例同樣是整理者常用語致誤,但不影響文義。
　　(2)"脱"字例
　　脱字情況共 50 餘處,其中一部分"脱"字空一字,一部分未空一字。如,

　　　　第 20 頁　　窺出破綻。底本作"窺出其破綻"。
　　　　第 23 頁　　與其發放錢糧之"肥上加肥"不可同日語也。"同日語"底本作"同日而語"。
　　　　第 166 頁　　三飾　物。底本作"三飾一物"。
　　　　第 171 頁　　然亦未之。底本作"然亦未之查"。

　　前兩個例子,脱字未空字;後兩個例子,脱字但空一字。需指出的是,即便剪報本和底本字跡清晰,油印本中也空一字脱字。筆者考慮應是油印設備所致之誤。
　　(3)"衍"字例
　　"衍"字情況僅 5 處,筆者全部整理如下:

　　　　第 52 頁　　長多爲,尺二寸。衍","。
　　　　第 87 頁　　吉期以前約厨師師預備酒席謂之"辦事"。衍"師"字。
　　　　第 101 頁　　送親老太太。衍"太"字。

第 139 頁　惟鼓樂中之鼓"鼓手"。衍"鼓"字。

第 172 頁　直伸而下垂。衍"而"字。

（4）"倒"字例

"倒"字情況 8 處，筆者全部列出如下：

第 3 頁　羅門主義。底本作"門羅主義"。

第 8 頁　中三箭支者謂之"連中三元"。"箭支"底本作"支箭"。

第 21 頁　期限爲滿。底本作"限期"。

第 88 頁　全靠人等至牀間將裝新之被褥一一叠理整齊。"整齊"底本作"齊整"。

第 108 頁　蘆葫材。底本作"葫蘆材"。

第 123 頁　形式上作跳頷動首之狀。底本作"跳動頷首"。

第 133 頁　同時有人攙扶起跪轉面引棺前行。"攙扶"底本作"扶攙"。

第 151 頁　內心正中爲一長形封籤式。"內心"底本作"心內"。

這些"倒"字情況中，除第二個例子外，其餘皆爲整理者常用語導致。第一例、第二例、第五例影響文義，其餘"倒"字情況對文義影響不大。需注意，油印本將所有的"葫蘆材"録作"蘆葫材"，第六例僅爲其中一例。

2. 多字脱文與內容銜接校對

將油印本與底本對比後，筆者共校對出油印本多字脱文 9 處，整理如下：

　　第 4 頁，脫"旗族之派別混觀之爲'八旗'，即八大部落也。……即'正黃旗'，'正紅旗'，'正藍旗'，'正白旗'，'鑲黃旗'，'鑲紅旗'，'鑲藍旗'，'鑲白旗'是。"一段内容，共 723 字符，即未整理民國十七年(1929 年)十二月三日發表的内容。

　　第 104 頁，"以是時所興馬蹄袖式"一句之後，脫"故死人裝裹亦多采用馬蹄袖式，"一句，共 14 字符。

　　第 110 頁，"悉聽喪家之便"一句之前，脫"早上者清晨起，即來喪家奏打，"一句，共 14 字符。

　　第 119 頁，"(四)"之後，脫"放焰口"3 字。

　　第 127 頁，"參看接三"之後，脫"中箱子之式樣"6 字。

　　第 130 頁，"至次日遂舉行出殯"一句之後，脫"'抱罐'一事，於出殯時舉行之，……書以'賬房'字樣，車内有分派之司賬人管理開支之事。"一段内容，共 537 字，即未整理民國十八年(1929 年)五月六日發表的内容。

　　第 141 頁，"則通稱爲'黃鷹戲狗'"一句之後，脫"第三爲'駱駝'，……前後心之部分有圓光作白色，中綴黑字曰'勇'。"一段内容，共計 330 字符，即未整理民國十八年(1929 年)六月十六日發表的部分内容。該日内容在底本中分成三段，油印本只整理了第一段。

　　第 148 頁，第二自然段"至三七五日，喪家於是日設"12 字符之後，脫"祭堂，通家則於堂屋或净室中舉行'燒包'之禮。三七計供"共 26 字符。

　　另外，剪報本和油印本既然將《旗族補微》一文收錄在《旗族舊俗誌》中，那麽也應該將《再續旗族補微》一文收錄其中，遺憾的是剪報本與油印本均未收錄《再續旗族補微》一文。

　　油印本以剪報本爲底本，同時參考底本進行整理，理論上不會出現内容銜接問題。但筆者校對後發現，油印本誤將"和尚自解算

盤疙疽後,乃作其最末之拿手歌唱……此間哀緒戚情,亦實頹筆所
描摹不盡者也。"一段內容置於"旗族盛時,和尚放焰口尚時興一種
帶燈彩者,……限於親屬及本族近人,其它遠派親友則例免。"一段
內容之前,即誤將民國十八年(1929年)四月十九日發表的內容置
於民國十八年(1929年)四月十八日發表的內容之前。

　　從上述內容可知,油印本依然存在較多的"脱衍倒訛"及內容
銜接問題。儘管如此,油印本還是有一定的改進,其校正了剪報本
中大部分的漏剪、多剪和粘貼順序錯亂問題,其整理質量已經超越
剪報本,甚至遠高於其後整理出版的《燕京風土録》刪節本。

(四)《燕京風土録》刪節本

　　《燕京風土録》是由王彬、崔國政輯録的一本有關舊京風土的
著作,橫版簡體字,2000年7月由光明日報出版社出版。該書共
輯録10部著作或文章,第一部著作即為《旗族舊俗誌》。該書收録
時,以剪報本為底本,但未參考底本和油印本,因此該版本的脱文
和內容銜接問題與剪報本基本一致。而刪節本與剪報本最大的不
同,即以"第一章講述滿族起源,為人熟知"①為由,刪略了《旗族舊
俗誌》的序言和第一章故事之部的相關內容。本節主要闡述刪節
本與剪報本所不同的單字"脱衍倒訛"、多字脱文情況以及刪節本
對剪報本內容銜接順序的調整情況。

　　1. 單字之"脱衍倒訛"

　　筆者將刪節本與剪報本、底本進行比較後得知,除底本有誤或
疑為有誤之處外,刪節本中的"脱衍倒訛"情況共有380餘處,其中
"誤"字情況有270餘處,"脱"字情況有80餘處,"衍"字情況20餘
處,"倒"字情況3處。下文將對以上情況進行舉例說明,以便讀者

---

① 王彬、崔國政《燕京風土録》,北京:光明日報出版社,2000年,第2頁。

了解刪節本中的"脫衍倒訛"情況。

(1)"誤"字例

導致刪節本"誤"字情況較多的主要原因是剪報本的印刷質量較差。270 餘處"誤"字情況中,因印刷質量(字形相近或字體殘缺)導致的"誤"字情況,所占比重十分大。比如,刪節本中較常見的誤用字"興"和"與",二者字形相近,辨識難度較高,如果不結合上下文,很容易混淆。例如:

第 10 頁　因之時與假燕尾以應酬旗家之需要。"與"底本作"興"。

除了"興"和"與"之外,還有"是"與"長"、"抬"與"拾"、"者"與"首"等等。比如:

第 34 頁　是板於正面墻端。"是"底本作"長"。
第 42 頁　是日多有抬此花携回家中者。"抬"底本作"拾"。
第 60 頁　官轎到男家門者。"者"底本作"首"。

字形相近致誤,尚可結合上下文加以辨析。而刪節本中,因字體殘缺導致的"誤"字,文義通順或似通非通,如若不參考底本則很難察覺。比如:

第 39 頁　並與行貯置"臘八醋"及"臘八蒜"。"與"底本作"舉"。
第 77 頁　並多有祀"公益"。"祀"底本作"起"。

第一個例子中,剪報本中"舉"字體殘缺似"與",導致刪節本作

"與"。第二個例子,剪報本中"起"字的偏旁"走"略有殘缺,看似"礻",從而導致刪節本將"起"誤作"祀"。乍看上述兩個句子文義通順,但仔細閱讀發現文義似乎又有些不通,這種情況必須參考底本加以辨識。

另外,受印刷質量影響,整理者整理時往往伴有主觀性,即習慣性地使用自身常用語言來判斷字迹不清之字。比如:

第 94 頁　實於舊年滿執事所遺留之美徵。"實"底本作"對"。

第 96 頁　上挂綉紅呢或緞之彩色旛條。"紅"底本作"質"。

第 103 頁　因所在胡同較窄。"在"底本作"住"。

例子中"實於""綉紅呢""所在"從刪節本整理者的語言習慣來看,沒有任何不妥,但與底本比較後方知,應作"對於""綉質呢""所住"。由此可見,單靠剪報本整理《旗族舊俗誌》很容易出現錯誤。

(2)"脱"字例

從刪節本的"脱"字情況來看,造成脱字的原因主要有二:一是字體殘缺,二是妄自刪字。陳垣於《校勘學釋例》中寫道:"遇有殘缺字體,應爲保留,以待考補,不得將殘缺字句徑行抹去。"[1]而刪節本在整理時對於殘缺字體則采取"徑行抹去"和"保留"兩種對策。"徑行抹去"情況,例如:

第 21 頁　而舊時旗女竟以青緞帽爲美。底本作"而舊時

---

① 陳垣《校勘學釋例》,北京:中華書局,2016 年,第 10 頁。

旗女竟以青緞小帽爲美"。

從例子中可以看出，删節本中脱"小"字，該字在剪報本中字體殘缺，難以辨識。於是，删節本將"小"字徑行抹去，但"小"字限定了"青緞小帽"的外觀特徵，徑行抹去則使文意出現偏差。統觀删節本 80 餘處"脱"字情況，字體殘缺予以"保留"的情況僅有 8 處。"保留"的方式包括以"□"或間隙表示殘缺字體兩種形式。如：

第 34 頁　懸□或佛之字樣。底本作"懸祖或佛之字樣"。以"□"表示"祖"。

第 53 頁　極　熱鬧。底本作"極形熱鬧"。以間隙表示"形"。

另外，"脱"字情況有一個突出的特點，即删去"一"字情況較多，80 餘處脱字中，脱"一"字有 17 處，有因字體殘缺而徑行抹去者，也有字體完整而妄自删去者。比如：

第 78 頁　先以紙在葫蘆材旁作引導之式樣。底本作"先以紙在葫蘆材旁作一引導之式樣"。

第 42 頁　庭中置大盆。底本作"庭中置一大盆"。

第 29 頁　其後仍須按月上銀兩。底本作"其後仍須按月上銀一兩"。

第一個例子，剪報本中的"一"，字體殘缺一半，按上下文，删去"一"字並不影響文義，又因字體有殘缺，故整理者未予以"保留"，此舉尚可理解。但後兩個例子，剪報本中"一"字體完整，且"一"在文中表示明確的數量,删掉則嚴重影響文義。

(3)"衍"字和"倒"字例

删節本中"衍"字和"倒"字情況相對較少,共 25 處。例如:

> 第 50 頁　於是始正式開始議定婚姻之上種種手續。"之上"底本作"上之"。
> 第 85 頁　但旗家重視節禮。"節禮"底本作"禮節"。
> 第 89 頁　將葫蘆材略爲推起。底本作"將蘆材略爲推起"。
> 第 119 頁　必懸掛於腰間。底本作"必懸於腰間"。

上述,前兩個例子爲"倒"字例,後兩個例子爲"衍"字例。從以上四個例子可看出,删節本的"衍"字和"倒"字情況,主要受整理者常用語致誤,對文義影響不大。

以上即爲删節本中的單字"脱衍倒訛"情況。從中可知,僅依靠剪報本進行整理的删節本,受剪報本印刷質量影響較大,"脱衍倒訛"問題明顯多於以剪報本爲底本並參考底本進行整理的油印本。

2. 多字脱文與内容銜接調整

删節本以剪報本爲底本整理,除了與剪報本相同情況(詳見剪報本節中)之外,删節本還有多字脱文 16 處。詳情如下:

第 11 頁,"然後請下安去"一句之後,脱"母呼'奶奶',然後請下安去。"14 字符。

第 27 頁,"惟帽頂之疙疸"一句之後,脱"絶少用紅色絨球皆爲綫質大疙疸"14 字符。

第 47 頁,"男家即向女家表示其'願意',於是女家向大媒索男家之"25 字之後,脱"(俗謂之地名條),過門帖"12 字符。

第 53 頁,"挑喜封"三字之後,脱"該盒開後,内有紅包,……恐至男家拘泥不便也。此時男家之近支親族"共 1 520 字符,即未整理剪報本第 36 頁全部內容。

第 56 頁,"由女家後"4 字之後,脫"推舉近支賓親官客二位或四位"13 字符。

第 64 頁,第三行末尾"自倒"二字之後,脫"寶瓶而後,男家禮節已漸告結束,……或戒指手絹等飾物以謝新婦,聊志答意。出錢"共 1 577 字符,即未整理剪報本第 42 頁全部內容。

第 66 頁有兩處脫文,"凡死人本身及環境上之工具,及禮節上之物質"一句之後,脫"死人本身及環境上之工具,及"13 字符;又"外套大棉袍等件"7 字之前脫"自內亦爲小白褂,小棉襖,"12 字符。

第 69 頁,"俟接三時"4 字之後,脫"落辮之婦人娘家來人時,"11 字符。

第 70 頁有兩處脫文,"宗族人等陪哭誌哀"一句之後,脫"並演禮,是時先遣槓夫若干人參與入殮,喪家齊圍於死者之牀,先痛哭誌哀"34 字符;又"與喪種中之大孝子以新棉花團"一句之後,脫"命'開眼光',孝子用棉花團"13 字符。

第 74 頁,"爲極小號之饅頭"一句之後,脫"若干所合組而成,其小饅頭"12 字符。

第 75 頁,"是時靈之左右跪"一句之後,脫"靈之喪種,每見上祭者磕一頭"13 字符。

第 91 頁,"鑼鼓之繼續［組織］有"之後,脫"掌鼓","銅擦","大鑼","皮鼓"19 字符,這 19 字符在剪報本中字迹不清,難以辨識,故刪節本以"□"表示。

第 109 頁,"以單字擺列成行"一句之後,脫"心內正中爲一長形封籤式"11 字符。

第 110 頁,"故多有另裝銀錠者"一句之後,脫"銀錠質料亦購於紙店,俗謂之"13字符。

　　第116頁,"旗家男裝喜穿青洋縐袴"一句之後,脫"白汗衫。青色洋縐袴"9字符。

　　此外需指出的是,第81頁,"就其意義觀之"一句之後,衍"則念經直成唱戲,鼓樂歡助聲歌"14字符。

　　至於剪報本的粘貼順序問題,刪節本整理者在輯録時,已經注意到,並試圖予以調整。據筆者考察,刪節本共調整剪報本粘貼順序2處。

　　一處爲刪節本第97頁至98頁,"下葬之後,由役人將坑口迭成一凸堆,……實使吾輩旗族子弟,不堪回首者也。"一段内容,共704字符。對應剪報本第58頁第4欄至第59頁第1欄,底本民國十八年(1929年)五月三十日發表的内容。該段内容由兩個自然段組成,第一自然段爲"下葬之後由役人將坑口迭成一凸堆,……以盡最後之孝意。"共451字符。第二自然段爲"抓土畢事,……實使吾輩旗族子弟不堪回首者也。"共253字符。在底本、油印本二個版本中,第一自然段位於第二自然段之後。如果以底本爲准,刪節本的調整則有誤。可是,將目光聚焦於内容上就會發現,第一個自然段的文末提到"無論男女,皆得手土一把洒於材上,謂之'抓把土埋一埋',以盡最後之孝意",而第二個自然段開頭提到"抓土畢事"一句,顯然"抓把土埋一埋"應在"抓土畢事"之前。從這方面看,刪節本的調整有一定的合理性。但筆者發現,除依據"抓把土埋一埋"與"抓土畢事"之間的邏輯關係調整外,還需注意"下葬時"和"下葬後"之間的時間關係,進行調整。筆者將原文分成如下三部分:① "下葬之後,……始各乘轎車而返。"② "下葬時,……以盡最後之孝意。"③ "抓土畢事,……不堪回首者也。"並根據上述邏輯關係和時間關係提示詞,將五月三十日的内容順序調整爲②③①。另外,筆者認爲五月三十一日的内容應置於五月三十日的內容之前，詳見上文"《世界日報》底本"部分。

　　另一處調整在第 108 頁至第 112 頁，即"燒包袱"與"禮俗的尾談"二節。這兩節內容共發表三天，民國十八年（1929 年）七月八日發表"旗家對於已死長輩。……即作紙錢之狀。"一段內容；民國十八年（1929 年）七月九日發表"合爲百余張，……供獻至爲周到。"一段內容；民國十八年（1929 年）七月十一日發表"旗家子女對於先輩熱烈懷感，……這樣自然就對於旗家的整個演禮有澈底的鑒賞了。"一段內容。這三天內容位於剪報本第 64 頁第 2 欄至第 65 頁第 4 欄，錯誤的粘貼順序爲七月九日、七月十一日、七月八日。而删節本根據三段內容的邏輯關係，正確地將三段內容順序調整爲七月八日、七月九日、七月十一日。除上述兩處調整外，删節本內容銜接情況與剪報本一致。

（五）《旗族舊俗誌》諸版本之優點

　　筆者已於本章前四節中，將《旗族舊俗誌》底本、油印本、删節本的不足之處作一細緻梳理，並進行了適當的勘誤。本節內容主要通過對比《旗族舊俗誌》的四個版本，闡釋各版本之優點。

　　據筆者考察，底本中文字之"脫衍倒訛"共有 120 處，其中包括 4 處較大的手民之誤，分別爲 2 處倒文、2 處衍文。從數量上看，低於油印本、删節本。底本內容基本完整，僅有單字脫文 20 餘處。而剪報本中多字脫文有 12 處，油印本中多字脫文有 9 處，删節本中多字脫文 28 處，脫文字數最多處有 1 577 字符。底本共連載 165 日，除民國十八年五月三十日、三十一日發表內容，內容銜接有誤外，基本以正確的順序刊登。內容銜接方面，底本同樣優於油印本以及删節本。比如，內容銜接問題最少的油印本，除未校對民國十八年五月三十日、三十一日發表內容銜接問題外，亦誤將民國十八年四月十八日、十九日發表內容倒置。可見，不論是"脫衍倒訛"情況、内容完整程度,還是内容銜接方面,底本都明顯優於油印本、删節本。

剪報本的整理方式雖然簡單,但意義重大。此版本將散見於《世界日報》中的一篇篇《旗族舊俗誌》集於一册,爲後人披閱該書提供便利。需指出的是,剪報本將讀者金白的書後《旗族補微》與《旗族舊俗誌》集於一册的整理方式,爲後來的整理者提供了一種範式,即整理時需要一併整理《旗族補微》一類的文章。值得肯定的是,剪報本使《旗族舊俗誌》進入學者的視野,避免其掩埋於浩瀚的報紙之中,爲 1986 年北京市民族古籍整理出版規劃小組整理的油印本,以及王彬、崔國政進一步整理形成的删節本,提供了前提和基礎。

油印本以剪報本爲底本,並參考底本,彌補了剪報本和底本的一些不足。剪報本有 12 處漏剪情況和 1 處多剪情況,油印本校正了其中 10 處漏剪情況以及 1 處多剪情況,不包括剪報本第 2 頁和第 63 頁第 3 欄之漏剪内容。至於剪報本中的粘貼順序問題,油印本全部予以校正。油印本亦對底本中的"脱衍倒訛"作了一些校正,筆者在此處舉例説明,所舉例子以油印本爲底本。例如:

> 民國十七年十二月九日　其内部細則如口糧等皆與虎神營相等。"與虎"底本作"虎與"。
> 民國十七年十二月八日　著黃雲緞馬褂。"緞"底本作"鍛"。
> 民國十八年一月十四日　故盒中餑餑永無或空。"餑"底本字迹不清。
> 民國十八年二月十三日　素餡餃子之吃用。底本脱"餃"。

民國十八年四月十七日　即棋子饅頭。底本"饅"字後衍
"饅"字。

類似情況較多,筆者此處不再一一舉例。值得註意的是,油印
本已經具備書的基本範式,可以説油印本是《旗族舊俗誌》真正意
義上成書,這實現了芙萍"將來或能成一書"①的願望。

删節本的整理出版,拓寬了學者查閲和利用《旗族舊俗誌》
的途徑。因此,該版本 2000 年出版後,利用《旗族舊俗誌》的學
者人數有所增加。删節本以剪報本爲底本,所以其"脱衍倒訛"
情況也比較多,尤其是多字脱文和内容銜接順序問題與剪報本
基本一致。但删節本校正了底本、油印本中的一些訛文情
況。如:

第 18 頁　恐背心或長襪受其油染。"或"底本、油印本
作"成"。

除此之外,删節本還嘗試調整剪報本内容銜接順序。將剪報
本第 64 頁第 2 欄至第 65 頁第 4 欄的錯誤粘貼順序,正確地調整
爲七月八日、九日、十一日發表内容的順序。尤其對五月三十日發
表内容的調整,給筆者整理此部分内容以啓示。

以上就是底本、油印本、删節本三個版本的情況。後三者爲前
者的整理版本,但受諸多因素的影響,後三者存在諸多問題。讀者
利用時存在一定的困難,但四個版本也各有優點,彼此互補,對筆
者整理研究《旗族舊俗誌》具有重要參考意義。

---

① 芙萍《旗族舊俗志》,載《世界日報》,1928 年 12 月 1 日,第 5 版。

四、《旗族舊俗誌》史源、內容及史料價值

本部分首先系統地考證《旗族舊俗誌》的史料來源。其次，打破《旗族舊俗誌》原有章節的限制，主要從八旗與八旗生計、旗族服飾、旗族婚喪禮俗三個方面介紹其內容。最後，從服飾、婚喪禮俗、八旗生計、滿漢交往以及"旗族"內涵等五個方面分析《旗族舊俗誌》的史料價值。以期爲利用《旗族舊俗誌》的學者研究時所用。

(一)《旗族舊俗誌》史源考證

《旗族舊俗誌》的史料來源主要有三類：芙萍的所見所聞、實地調查之資料以及清末民初的私人著述。以下展開論述。

幼時所見所聞使芙萍有十足的信心撰寫一部有關旗人風俗的著作，這一點已經在介紹《旗族舊俗誌》成書情況時提及。但芙萍的所見所聞，在《舊俗誌》的史料來源中所占比例並不高，散見於各章節之中。"所見"之事，通常以舉例子的形式出現。如"旗族之原始"一節，舉例"左安門內之藍旗大營房"，並對當時藍旗大營房的景況作了相應介紹。又如"老姓與本姓"一節介紹"窮酸文人贈送旗人台甫"時，舉例"先祖姓玉名山，後有人贈字曰寶石"。此外，"放糧與挑缺""檔房之組織""錢糧""俸米"四節內容，約占第一章的二分之一，這部分內容包含大量芙萍親身經歷或身邊之人的經歷，最能反映芙萍"所見"之事爲《舊俗誌》史料來源。如，《舊俗誌》序言中提到，芙萍祖父爲"旗族盛化功臣"，父爲旗族長官，"錢糧"一節又交代自己挑缺馬甲，京師八旗錢糧一直發放到民國十三年(1924年)[1]，芙萍生於1907年，自然熟悉檔房、錢糧、俸米等情況；

---

[1]《民族問題五種叢書》遼寧省編輯委員會、《中國少數民族社會歷史調查資料叢刊》修訂編輯委員會編《滿族社會歷史調查》，北京：民族出版社，2009年，第78頁。

"放糧與挑缺"一節講述恒子挑缺遭遇舞弊,怒斥考官一事;"錢糧"一節又交待其二弟、三弟買缺的事實,以及旗人關錢糧,京師物價上漲的情況。至於所聞之事,通常以"據云""回憶""俗云""聞""時有語云""相傳"等字眼出現。如"旗族之文化"一節記載:"據家祖云:清季初年,旗族居京正處盛朝時代,其舊風未退,故通行之語言皆翻其滿洲話,華貴之氣,溢於言表。時京師非旗族人及旗族之漢派(即非滿洲人——詳上節),多羨慕而效顰焉。"①該節又載:"據小販劉二語云:彼先賣麻花於南城;復經此業於北城,至麻花胡同吆喝麻花,旗人稱怪而詰問之,始知爲油炸鬼。"②據此説明旗漢語言上的差異。類似情況,筆者不再贅述。所見所聞之資料雖不及實地調查之資料多,但作爲一手資料同樣具有重要史料價值。

實地調查之資料占《舊俗誌》史料來源的比重最大。主要有兩個原因:第一,與芙萍所從事的職業有關。芙萍曾任京城多家報社記者,並且在《益世報》《京報》等副刊上發表的文章中,實地調查類文章占有很大比重。可以看出,調查或采訪是芙萍創作文章的重要途經。這些實地調查文章的結構通常是總分總,比如《天橋戲棚之一瞥》③一文,首先交代天橋戲棚情況,然後分別叙述7個戲棚的具體情況,最後表達自己調查後的感受。類似情況在《舊俗誌》"兩把頭兒""婦女帽""旗裝之配飾""大坎肩"等介紹旗族服飾的章節中均有體現。值得一提的是,"大坎肩"一節芙萍參考了自己曾發表的《長嵌肩》④一文,該文同樣是一篇調查類文章。第二,與《舊俗誌》内容定位有關。《舊俗誌》的内容以清末民初京師普通旗家風俗爲主要對象,宗室貴冑情況雖有提及但所占篇幅極少。這

---

① 芙萍《旗族舊俗誌》,載《世界日報》,1928年12月4日,第5版。
② 芙萍《旗族舊俗誌》,載《世界日報》,1928年12月5日,第5版。
③ 扶平《天橋戲棚之一瞥》,載《京報》,1929年3月24日,第8版。
④ 芙萍《長嵌肩》,載《女朋友(天津)》,1927年,第10期,第2頁。

樣的内容定位,要求作者必須植根於田野,通過實地調查的方法獲
取可靠資料。統觀《舊俗誌》第二章至第四章的史料來源幾乎全部
來自於實地調查,尤其"過新年""婚禮""喪禮"三節,大到婚禮儀
式,小到一湯一飯的做法,均可見實地調查之痕迹。"婚禮"一節有
如下記載:

> 關於陳設的:嫁妝中陳設物品最普通實用者,爲"大坐
> 鐘","小坐鐘","盆景"(對),"帽筒"(對),"茶葉罐"(對),"帽
> 鏡","臘阡"(對),"魚缸","果盤",<u>"茶葉罐"(對)</u>,"花瓶"
> (對),"盒子"(對),"鏡支"(即梳妝用者,鏡支有三開者,内裝
> 磁窶[質]粉缸等配件甚多。)"嗽口盂"(對),"小茶盤"(多用小
> 海棠花式者),"蓋碗"(對),"茶壺","茶碗"(多對),"茶盤子",
> "洗臉盆","撣瓶"(對),"毛撣子"(即與吉慶有餘之花祥合爲
> 一副者)。①

　　上述這段内容是對嫁妝中陳設物品的羅列。需注意的是,該
段内容對"鏡支""小茶盤"的内部細節和外觀進行了説明,這些説
明性的文字恰恰表明作者實地調查過婚禮儀式。還需説明的是,
該段内容中"'茶葉罐'(對)"出現兩次,兩次間隔四個物品,底本中
兩次間隔一行。此處,若非手民之誤,則出現兩次很可能是芙萍邊
查點邊記録時的失誤,那麽更能説明他實地調查過婚禮儀式。無
論如何,《舊俗誌》第二章"家庭之部"至第四章"土習之部"的史源
大多來自於實地調查,毋庸置疑。
　　私人著述是《舊俗誌》闡釋清季末葉以前史實的重要依據。私
人著述以昭槤的《嘯亭雜録》爲代表。《嘯亭雜録》編寫於嘉道年

---

① 芙萍《旗族舊俗誌》,載《世界日報》,1929 年 3 月 7 日,第 8 版。

間,版本較多,以光緒六年(1880 年)的九思堂刻本和宣統元年
(1909 年)上海圖書公司鉛印本最有名。《雜録》"保存了大量有關
清道光初年以前政治、軍事、經濟、文化、典章制度、文物官員的遺
聞軼事和社會風俗等方面的寶貴史料"①,其史料價值頗受學術界
重視。據筆者考察,《舊俗誌》中"旗兵之差使""八旗之教育""鑾儀
衛""旗家打扮"等節的很多内容均來自昭槤的《嘯亭雜録》。芙萍引
《雜録》,主要采用改編《雜録》内容的方法。如"旗兵之差使"一節載:

> 每旗有<u>正號都統一人</u>,總轄兵權;<u>副號都統二人</u>,<u>以協軍</u>
> <u>事</u>(作者按:清季末葉之檔房,有無副號都統者甚多,蓋軍制
> 瓦解使然也,參看擋[檔]房中之組織一節);其次有"參領"五
> 人(檔房衰落亦會參佐缺額矣),其下爲"佐領",額無定,每一
> 佐領下,設"驍騎校"一名,屬隷之。②

這段内容中,括號内爲芙萍所加注釋,横綫爲芙萍所擴充的内
容。《雜録》中所記"佐領所管,以百丁爲率,無定員"一句,被縮改
爲"其下爲'佐領',額無定"。短短一段話就采用了加注釋、擴充内
容、縮改内容三種改編方式。除此之外,其他各節芙萍也做了精心
取捨和擴充,其付出的努力可見一斑,使所引内容更加充實,更加
與時俱進,緊扣《舊俗誌》的内容定位。
　　特別需要指出的是,初刊於 1917 年的《清稗類鈔》同樣摘録了
《嘯亭雜録》的相關内容。《清稗類鈔》由徐珂編寫於民國初年,"彙

---

① 昭槤撰,何英芳點校《嘯亭雜録·點校説明》,北京:中華書局,1980 年,第 1 頁。
② 芙萍《旗族舊俗誌》,載《世界日報》,1928 年 12 月 27 日,第 5 版。《雜録》原文:京旗
　之官,每旗設都統一人,副都統二人,參領五人。佐領所管,以百丁爲率,無定員。每
　佐領下,以驍騎校一人屬隷之。見昭槤撰,何英芳點校《嘯亭雜録》,北京:中華書
　局,1980 年,第 336 頁。

輯野史筆記和當時新聞報刊中,關於有清一代的朝野遺聞以及社
會經濟、學術、文化的事迹"①。遺憾的是,該書所摘録的資料均未
注明出處。據筆者考察,《舊俗誌》中來自於《嘯亭雜録》的内容,也
可見於《清稗類鈔》。那麽《舊俗誌》所參考的《雜録》内容是否直接
來自於《清稗類鈔》呢? 現對二書的相關内容進行比較如下:

《舊俗誌》中的"旗兵之差使"一節,與《雜録》的"八旗之制"一
篇,以及《清稗類鈔》的"八旗"一篇相似度極高。需注意的是,"旗
兵之差使"一節中有"集於德勝門外十里窪村"②一句;《雜録》中作
"咸集於仰山窪村在德勝門外十里"③,這裏"在德勝門外十里"是昭
槤所加注釋;《清稗類鈔》中作"咸集於德勝門外十里之仰山窪村"④,
可以看得出《清稗類鈔》摘録《雜録》時也進行了改編。從文字特徵
來看,《舊俗誌》的内容與《清稗類鈔》的内容相似度更接近,但僅憑
這一條也很難説明《舊俗誌》相關内容直接來自於《清稗類鈔》。

又如,《舊俗誌》中的"旗家打扮"一節載:"康熙三年發有上諭
云:'議政王、貝勒、大臣、九卿、科道官員會議,元年以後所生之女
裹足,其禁止之法,該部議奏等因。禮部題定元年以後所生之女,
若有違法裹足者,其女父有官,交吏兵二部議處。兵民交刑部者,
責四十板,流徙十年。其失察,枷一個月,責四十板。該管督撫文
職官員,有疏忽失有覺察者,聽吏兵二部議處。'"⑤該段内容與《清

① 徐珂《清稗類鈔》,北京:中華書局,1986年,《前言》,第1頁。
② 芙萍《旗族舊俗誌》,載《世界日報》,1928年12月28日,第5版。
③ 昭槤撰,何英芳點校《嘯亭雜録》,北京:中華書局,1980年,第337頁。
④ 徐珂《清稗類鈔》,北京:中華書局,1986年,第736頁。
⑤ 芙萍《旗族舊俗誌》,見《世界日報》,1928年1月7日,第5版。《清稗類鈔》原文:"康
熙三年,遵奉上諭,下議議政王、貝勒、大臣、九卿、科道官員會議:元年以後,所生之
女,禁止裹足;其禁止之法,該部議覆等因。于本年正月内,臣部題定:元年以後,所
生之女,若有違法裹足者,其父有官者,交吏兵二部議處;兵、民則交刑部,責四十板,
流徙十。家長不行稽察,枷一個月,責四十板;該督撫、撫以下文職官員有疏忽失於
覺察者,聽吏、兵二部議處在案。"横綫爲《舊俗誌》縮略改編之處。見徐珂《清稗類
鈔》,北京:中華書局,1986年,第500—501頁。

稗類鈔》"禁婦女裹足"一篇極爲相似。二書内容上略有不同,引用時有縮略改編的情況,也有校正的情況。如《清稗類鈔》作"臣部題定",校正爲"禮部題定"。至於《清稗類鈔》摘録的此段文字來自何處,考證困難,但至少進一步説明《舊俗誌》相關内容有直接來自於《清稗類鈔》的可能性。

　　然而,當筆者作進一步考察後發現,《舊俗誌》"旗族之派別"一節中記載,近支宗室稱"黄帶子",系有黄絲帶,遠支宗室稱"黄帶子",也系黄絲帶。芙萍所指的近支宗室即愛新覺羅氏,遠支宗室即覺羅氏。而實際上愛新覺羅氏系黄絲帶,覺羅氏系紅絲帶。這一情況《清稗類鈔》中有明確記載:"凡宗室,皆系黄帶,故俗稱宗室爲黄帶子。""凡覺羅,皆系紅帶,故俗稱覺羅爲紅帶子。"①可見《舊俗誌》並未參考此段記載。這裏有兩個疑點:一是,《舊俗誌》參考《清稗類鈔》時是否閱讀了全部内容。筆者認爲要解決這個疑點,首先要考慮《清稗類鈔》的體量,1917 年刊行的《清稗類鈔》有 48 册之多,如此大部頭的著作,芙萍未閱讀也是很有可能的。二是,"旗族之派別"一節是否參考其他著作。芙萍於《舊俗誌》序言中提到其祖父玉山的《滿洲雜録》一書,"寫旗族曆往之争功,寫旗族之華貴"②,可以肯定芙萍翻閱過此書。那麼,就不排除芙萍參考此書抑或其他著作的可能性。總之,不論《舊俗誌》參考昭槤的《嘯亭雜録》,抑或是徐珂的《清稗類鈔》、玉山的《滿洲雜録》,都説明《舊俗誌》的一部分史料來自於私人著述。

　　至於官修史書,筆者認爲芙萍參考較少。這從整部書的用詞即可看出,例如,"牛录"一詞,官修史書作"牛录",而《舊俗誌》作

---

① 徐珂《清稗類鈔》,北京:中華書局,1986 年,第 6227 頁。
② 芙萍《旗族舊俗誌》,載《世界日報》,1928 年 12 月 1 日,第 5 版。

"牛禄";又如"甲喇"一詞,官修史書作"甲喇",而《舊俗誌》作"呷喇"或"呷啦";尤其是金白所指出的"漢王"應作"汗王",筆者已在"金白撰寫書後評《旗族舊俗誌》"内容中指出,"漢王"的寫法通常出現在私人著述之中。據此判斷,《舊俗誌》所參考的官修史書甚少,應當不誤。

(二)《旗族舊俗誌》内容介紹

《旗族舊俗誌》除未見諸報端的第五章之外,共有四章,47個小節。時間自清入關始至民初止,但以清末民初爲主。叙述對象爲京師八旗,以普通旗人爲主兼談旗家貴胄。體例上,男女分開叙述,普通旗人與旗家貴胄分開叙述。内容主要包括八旗與八旗生計、旗族服飾、旗族婚喪禮俗三個方面。

首先是關於八旗與八旗生計之記載。芙萍利用兩個小節的篇幅,闡明旗族源於八旗,即包括宗室在内的所有旗人皆爲旗族。這一解釋對我們理解旗族一詞之内涵意義重大,筆者將在本章第三節詳細説明其史料價值。清入關後,清政府利用八旗制度維繫旗人的社會地位,設八旗都統衙門(即檔房)管理八旗事務。八旗分禁旅八旗與駐防八旗,禁旅八旗即京師八旗。《舊俗誌》先於"檔房之組織"一節,交代京師八旗檔房概況,尤其介紹檔房的人員構成及其主要職責;後於"旗兵之差使"一節,交代京師各旗的官員設置、京師八旗的分布與職責、皇帝大閲以及旗兵考核標準等情況。八旗制度之下,旗人男子需挑缺兵丁。比如《舊俗誌》所記之鑾儀衛,就多爲漢軍旗人挑缺,負責皇家出行之皇輛、皇車。芙萍本人於兒時見過此鑾儀衛,彼時恰逢慈禧太后前往恭王府探病。旗人女子則有機會被選爲宮女,"選宮女"一節記述了選宮女的規制,宮女的待遇以及宮女在普通旗人心目中的高貴地位,尤其記載宮女幫太監的"蘇嚕"①解圍一事,爲正史所不載。

　　乾隆末年八旗制度發展完備,至清末已經衰落。八旗制度的衰落,表現在政治、經濟、軍事等諸多方面。政治經濟方面,"放糧與挑缺"一節中,芙萍以親身經歷講述挑缺時弓射與滿語考試的細則。尤其提到其族人與恒子君挑"掰拉"缺時,旗官大庭廣衆之下,公然舞弊的場景,可見八旗兵丁揀選舞弊之一斑。除此之外,官兵俸餉的發放情況也能反映八旗制度的衰落,官兵俸餉即錢糧和俸米。這部分内容芙萍講述得十分詳細,包括發放時間、數額、種類以及發放過程。值得注意的是,芙萍毫無保留地披露了八旗發放俸餉的隱情。比如,領催賣缺、典缺;領催勾結碓房克扣旗兵糧米;旗人買缺;旗人過繼漢人子,平分繼子錢糧;已故旗人不上報,以圖領取錢糧;寡婦再嫁、孤女出閣亦到原旗檔房領取錢糧等等細節,無不羅致,尤其舉出自己祖父已故但未上報,以及自己弟弟買缺的例子。錢糧之外,旗兵還有節賞。《舊俗誌》記載了節賞的發放時間、數額等情況。與旗兵不同,宗室由宗人府管理,"鸞價"一節記述宗人府所在地理位置,宗室的鸞價數額以及發放時間等。"俸米"一節,則講述旗族長官領取俸米的時間、數量等情況。從《舊俗誌》的記載來看,清末旗族長官的俸米以及宗室的鸞價,並不會像旗兵錢糧一樣受盡剝刮。軍事方面,清季太平軍和捻軍起義,暴露八旗制度已經衰落,八旗兵的戰鬥力已經不能與往日相比。因此,清廷加緊整頓八旗,先後建立神機營、武衛軍、虎神營,以期恢復八旗戰鬥力,維護自身統治。然而,庚子事變讓清廷試圖恢復八旗戰鬥力的夢想徹底破滅。隨著神機營、虎神營解體,八旗的軍事功能幾乎喪盡。而虎神營受世人關注較少,《舊俗誌》中關於虎神營的記載,有利於我們進一步認識虎神營這一軍事組織,全面了解清末

---

① 蘇嚕,滿語 sula 的音譯,漢譯爲閑散,即隨人、閑人,此處指服侍太監之人。

民初八旗軍事的衰落歷程。八旗制度衰落，帶來的直接影響便是旗人生計困難。至清末，花費甚巨的婚禮與喪禮，已然成爲旗人的負累，有些旗人甚至因此而貧窮。爲此，旗人自發組織紅事會與白帶子會應對生計危機。《舊俗誌》對此二會的組織形式記載非常充實，對我們了解這兩個旗人自救組織的運作方式具有重要價值。

　　其次是關於旗族服飾之記載。與金朝改祖宗衣冠不同，清朝十分重視滿洲服飾。入關後，清朝以滿洲服飾爲基礎，借鑒歷朝歷代的紋飾，形成清朝獨特的服飾文化。有清一代，清廷規定，漢人"男子從時服，女子猶襲明服"①，因此旗漢女子服飾有明顯差別，而旗漢男子服飾差別則不十分明顯。故而旗人女子服飾最能凸顯滿洲服飾文化特色。

　　《舊俗誌》對普通旗人女子服飾記載，從脚開始。旗人女子並不纏足，盡顯天足之美，與漢人女子裹足相異。《舊俗誌》記載，旗人女子逞天足稱"旗家打扮"，與之相對的漢人女子纏足稱"蠻子打扮"。而實際上，入關後旗人女子多有效仿漢人女子而纏足者，這從芙萍所録康熙三年（1664 年）禁止纏足的諭旨即可見一二。又《舊俗誌》記載，至清末慈禧太后下發諭旨並創作《勸行放足歌》，呼籲漢人女子放足，女子放足成爲主流。旗人女子對鞋襪特別重視，希望以此顯現天足之美。《舊俗誌》對厚底鞋、雙臉鞋、花盆底等鞋幫樣式，以及襪子的配色、襪口的紋飾等作了細緻介紹。尤其提到清末民初漢人女子不纏足後，亦效仿旗人鞋襪。旗人女子的"花盆底子"極具特色，故《舊俗誌》中單列一節介紹花盆底子的外觀特點、製作過程及價格。按旗人女子穿搭習慣，穿花盆底子必須配兩把頭。兩把頭是旗人女子的典型髮式，據《旗人風俗概略》記載：

① 徐珂《清稗類鈔》，北京：中華書局，1986 年，第 6146 頁。

"光緒朝爲兩把頭奠基時代,光宣之際爲兩把頭全盛時代。"①《舊俗誌》中關於兩把頭的記載,包括了兩把頭的種類、兩把頭的配飾及其外觀特點與配戴方式。"婦女帽"一節記載:旗人女子爲求方便,通常佩戴坤秋帽代替兩把頭。該節介紹坤秋帽的價格,帽子各部分的外觀與材質,以及少女、老婦、寡婦所戴坤秋帽之不同。時至今日,旗袍已經成爲中華民族的傳統服飾,其優雅的外觀特點爲世人所喜愛。《舊俗誌》用一節的篇幅,介紹旗袍的外觀特點,包括旗人青年婦女與老婦所穿旗袍之配色差別,還介紹了旗袍的價格。旗袍之外需要套穿馬褂或背心,《舊俗誌》亦用一節的篇幅介紹馬褂與背心的面料、顏色、樣式。除上述鞋襪、冠服之外,《舊俗誌》還介紹了大坎肩、旗裝佩飾(如手絹、荷包、表套、三飾等)、大松瓣、便帽等物的外觀特點。

　　至於旗人男子服飾之記載,體量上略遜於旗人女子服飾。清人關,即命漢人男子剃髮,《舊俗誌》記載,此種髮式稱"剃四外,留中原",並對此髮式的種類,以及梳理該髮式的方法進行細緻介紹。除這種清朝普遍髮式外,還記載"孩兒髮""鍋圈兒"的梳理方法。旗人男子服飾雖不如旗人女子服飾更具特色,但也有區別於其他民族的特點。《舊俗誌》"普遍的服裝"一節,介紹了旗人男子的穿搭習慣;旗人男子的特色服飾——套褲的穿戴方法、材質;愛好武功者佩戴之"多虎帶子""板帶子""腰裏硬"的外觀和功能;文士佩戴之褡補的材質與作用;"福字履""雙臉鞋""鸚哥嘴""勿拉蓋""螳螂肚靴子"等鞋,以及瓜皮帽、氈帽、草帽的外觀特點,並提到瓜皮帽於民國初年在上海復興的事實。佩飾是《舊俗誌》記述旗人男子服飾的重點,包括跟頭褡褳之結構、材質、配色、紋飾和功能;扇絡之外觀、紋飾、功能及佩戴方式;表絹之功能、樣式、紋飾、材質;班

---

① 鮑奉寬《旗人風俗概略》,載《滿族研究》1985 年第 2 期。

指之材質、價格及由來;三飾一物之構成與材質;戒指之種類以及佩戴戒指的意義;烟荷包墜之材質、樣式及價格;帽花之材質和作用等八個配飾的基本情況。除上述服飾情況外,《舊俗誌》還記載了鼻烟的種類、鼻烟壺的材質以及旗人喜愛把玩鼻烟壺並買賣鼻烟壺的事實,尤其提到一則關於旗人買賣鼻烟壺的逸聞,為他書所不載。芙萍於第二章"家庭之部"記述"旗兒裝",應是考慮旗兒雖為男性,但兒童與婦女同屬於家庭的一部分,放在一起敘述較為合適。該節先敘述男兒在旗族家庭中的地位,再講述旗族男兒的髮式、帽子和服裝的材質、價格及外觀特點。《舊俗志》中關於旗族服飾的記載細緻到一針一綫,這對我們全面了解清末民初的旗人服飾意義重大。

再次,關於旗族婚喪禮俗之記載。《舊俗誌》中對婚禮與喪禮之記載非常詳盡,約占全書內容的二分之一。"婚禮"一節,首先點明旗人婚配的條件以及大媒的重要作用,然後介紹"過門貼",包括女家赴甲喇打聽男子家境,男家相看女子的方式以及男家"壓小貼"的作用等情況。介紹"過門貼"之後,開始介紹"合婚",主要是合婚的五種條件,即男女八字、屬相等是否相妨相克。但芙萍指出,這些合婚條件並非嚴格執行。關於小定禮和大定禮,芙萍介紹此二種禮儀之過程的同時,詳細介紹禮品的種類和數量,其中對大定禮品的介紹更為翔實。"響房"一節,除介紹響房之舉外,還介紹響房之日搭喜棚、落作、鋪床等事。旗家之嫁妝,物品十分豐富,以"台"為標準。芙萍詳細地介紹了嫁妝中衣服首飾及陳設物品之種類、數量與配置方法,關於木制陳設物品種類與數量的介紹尤其詳細。過嫁妝之儀式亦有所記載。迎娶為婚禮的主要環節,芙萍詳細地介紹了迎娶過程,包括所需轎車種類、迎親與送親人員的配置及其穿著打扮、子孫餃子、長壽麵、份子交納、新娘之穿著打扮、合卺禮、見面禮、謝妝、掛彩子等。迎娶儀式之後,又介紹梳頭酒、倒寶瓶等禮儀的過程。接回門是新婦由女兒角色轉換爲兒媳角色的必要環節,《舊俗誌》主要介紹接回門的時間和規矩,以及"住對月"之前男家主婦帶領新婦謝客之舉的細節。於"婚禮"一節節末,芙萍特意指出,民國時期旗漢婚禮已經出現同一的趨勢。

　　關於喪禮,《舊俗誌》同樣以記載普通旗人之喪禮儀式爲主,當然爲突出表現普通旗人喪禮之簡,芙萍亦簡單介紹了旗族貴胄之殯儀。"喪禮"一節,首先講述男女裝裹之樣式、材質及搭配規矩,並對倒頭飯、打狗棒、打狗餅、悶燈的意義與擺放位置進行介紹,著重敘述倒頭幡的外觀與價格。然後,按喪禮先後順序,分六個方面介紹喪禮之儀式。第一,介紹旗家男女孝服的材質、配飾、紋飾等外觀特點與穿搭規矩,又介紹貼喪條子、搭月台、印製並送訃聞等事。第二,介紹葫蘆材的外觀與材質,以及入殮儀式等情況。第三,介紹接三所需之鼓樂數量與職責,挑喪紙的外觀與製作規矩,靈前陳設之物品與供席之菜品種類,以及盒子、施食餑餑、江米人等物品之準備情況。種種物品講述之後,介紹跪靈、奠酒禮、擺席等禮節規矩。芙萍對燒活與祭品之種類亦作了詳細介紹。芙萍對接三之日,上座念經的和尚數量,以及儀式上所使用的樂器種類等進行了介紹,對參靈、送三出發隊伍之排列順序亦加以說明。值得注意的是,芙萍所說之喜喪習俗,至今仍有存留。第四,介紹放焰口。芙萍詳細地介紹了放焰口的過程,包括傳燈焰口、召請、食柳葉湯等,爲讀者展現了放焰口的熱鬧景象。放焰口後爲揀罐禮,《舊俗誌》對揀罐工具、揀罐儀式有所記載。第五,介紹談經伴宿,包括談經的種類、伴宿日所備之酒席、所收份禮之金額、樓庫的種類與外觀還有價格、吹鼓手擊鼓報人數之規則、掃材之順序、亮槓之儀式、抱罐之規矩等。第六,出殯儀式,芙萍首先說明普通旗家出殯所需之轎車種類以及乘轎車之人員情況,然後介紹鼓手、清音班、文場會、鑼鼓喪鼓等普通鼓樂的組織形式與排列順序。其中,關於鑼鼓喪鼓之記載最詳細。鼓樂之後，芙萍細緻説明槓夫數量及其穿著情況。摔盆是出殯的信號，芙萍介紹了摔盆工具的種類與形制，並點明旗族本無摔盆禮，是從漢族借鑒而來。摔盆後，槓夫起槓出發。出殯隊伍途中遇茶桌休息、槓夫喊加錢、貧家小兒搶紙錢等情況，皆有詳細介紹。出殯儀式之間穿插介紹門纛、曲利、營兒傘、無頂小轎、旛、傘等滿執事的外觀特點，尤其提到滿洲旗人與蒙古旗人於執事上的細微差別。到達墳地後的一系列下葬程序，芙萍也作了詳細介紹。至於旗家貴冑之殯儀，芙萍介紹了"鷹狗駱駝"與"葳馬單鈎"、燒活與松活的種類和外觀特點、貴冑殯儀所用之鼓樂、貴冑殯儀所用槓夫之數量等。其中旗族著名的紙錢德子的傳奇事迹，爲他書所不載。除以上喪禮，還有三七、五七禮以及燒包袱等，《舊俗誌》中亦有記載。

　　除上述八旗與八旗生計、旗族服飾、旗族婚喪禮俗三個主要內容之外，《舊俗誌》還介紹了旗族的語言、稱呼、飲食習慣、禮節、教育、交通工具等方面的內容。包括"旗族之文化""老姓與本姓""名分與稱謂""吃喝之習慣""過新年""演禮""禮法之練習""見面禮""祭板子""供佛""祭天""八旗之教育""大鞍車"十三節內容。《舊俗誌》這些內容記載較爲簡略，筆者不再展開介紹。

（三）《旗族舊俗誌》史料價值

　　有關清末民初普通旗人社會的資料，極其缺乏。20 世紀 80 年代以來，有關清末民初旗人社會的回憶録、口述史等資料被不斷的挖掘，比如《晚清宮廷生活見聞》《金啓孮談北京的滿族》《老北京人的口述歷史》等著作相繼出版[1]，但這些資料畢竟成書於現代，

---

[1] 中國人民政治協商會議全國委員會文史資料委員會編《晚清宮廷生活見聞》，北京：中國文史出版社，2000 年；金啓孮《金啓孮談北京的滿族》，北京：中華書局，2009 年；定宜莊《老北京人的口述歷史》，北京：新華書店，2009 年。

脫離了清末民初那個時代,真實性要略遜於《旗族舊俗誌》。從某種程度來說,《旗族舊俗誌》彌補了清末民初普通旗人社會資料匱乏的不足,史料價值十分珍貴。筆者已於前文"《旗族舊俗誌》利用情況"部分,總結自油印本《旗族舊俗誌》整理之後的 30 餘年時間裏,《旗族舊俗誌》在八旗生計、滿洲服飾、滿洲禮俗、"旗族"概念研究等領域被廣泛引用的情況。本部分基於《旗族舊俗誌》被引用的研究領域,采用文獻比較分析的方法,從滿洲服飾、滿洲婚喪禮俗、八旗生計、"旗族"概念四個方面進一步闡釋這部經典文獻的史料價值;並立足各民族交往交流交融的歷史背景,進一步挖掘《旗族舊俗誌》所揭示的滿漢交往交流交融歷程,希望能夠較全面深入地分析《旗族舊俗誌》的史料價值。

1. 清末民初滿洲服飾記述較爲詳細

從服飾文化中"可以考見民族文化的軌跡和各兄弟民族間的相互影響"①。正因如此,服飾文化研究一直備受歷史學和民族學學者關注。以王雲英、曾慧爲代表的學者所著的滿族服飾文化研究成果②,參考史料以各地博物館收藏品爲主,以官方史料和私人著述爲輔。筆者將於此探討博物館收藏品、官方史料以及私人著述的優缺點,進而探討《旗族舊俗誌》的史料價值。

博物館收藏品或爲實物或爲圖片,其優點在於直觀,憑肉眼即可一覽服飾外觀特點。文字資料雖不如實物或圖片直觀,但能反映圖片所呈現不出的規制與功能。官方史料《清會典》規定了清朝的服飾制度,在此規定下,普通旗人服飾樣式是極其有限的,然而"在實際生活中,人們還是衝破了這些禁令,除朝廷嚴禁的黃色與

---

① 沈從文《中國古代服飾研究·序言》,上海:上海書店出版社,2017 年,第 1 頁。
② 王雲英《清代滿族服飾》,瀋陽:遼寧民族出版社, 1985 年;曾慧《滿族服飾文化研究》,瀋陽:遼寧民族出版社,2010 年。

龍紋之外，凡在個人經濟條件允許的情況下，還都是隨意地打扮自己"①。關於普通旗人如何隨意打扮自己，服飾的樣式及外觀特點如何，是《清會典》等官修史書所不記載的。私人著述一定程度上彌補了這一不足，《清稗類鈔》專設服飾類，輯錄有關清代服飾的相關史料，其中包括普通旗人服飾的記載，但内容較少且較粗略，這從一定程度上也反映出有關普通旗人服飾的詳細記載是極少見的②。《兒女英雄傳》《紅樓夢》等小説作品中，關於"頭正兒""大松辮""旗袍""馬褂"等普通旗人服飾的記載，雖詳於《清稗類鈔》等私人著述，但並沒有詳細介紹旗人服飾的種類、樣式、材質、價錢等信息。與上述史料不同，《舊俗誌》則系統、詳細地記載了清末民初普通旗人服飾情況，彌補了旗人服飾資料缺乏的不足。

　　《舊俗誌》以記載普通旗人服飾爲主，資料主要來源於實地調查，相關内容記載得十分詳細，真實可靠。如"兩把兒頭"一節記載："兩把兒頭之構造，皆爲絲緞質，皮放黑光，下有頭座。梳此頭時，須先以髮前後兩分，分前部之髮使成一髻，備與頭一座互相吻合，後部之髮，須搭以長蓬式，其名曰'燕尾'，爲與兩把兒頭上下能得一平衡式之美觀。梳此頭之手續至繁，挽髻後，合以兩把兒頭座，然後洗面，大胭脂大粉，紅白輝映，後再以綫縫連燕尾，最後在頭上嵌插以種種首飾花針即成。"③這段記載不僅交代兩把頭的外觀，還介紹了兩把頭的梳理方法和過程，是博物館藏實物或圖片無法展現出來的。隨後，該節又逐一介紹扁方兒、頭正兒、頭箍兒、托針兒、筒針兒、壓鬢針、大花籃、三尖絹子等八個配飾的外觀特徵、插戴方法以及價格等。像"旗袍""馬褂""花盆底"等必須與兩把頭

① 王雲英《清代滿族服飾》，瀋陽：遼寧民族出版社，1985 年，第 27 頁。
② 徐珂《清稗類鈔》，北京：中華書局，1986 年，第 6126—6231 頁。
③ 芙萍《旗族舊俗誌》，載《世界日報》，1929 年 1 月 9 日，第 8 版。

搭配穿搭的服裝,《舊俗誌》中詳細地記載了這些服裝的種類、布料、紋樣、配色等細節。更難能可貴的是,"兩把兒頭"一節文末,以民國前後旗人女子頭飾的變化爲例,反映民國以後旗人爲了適應時代變化而作出的改變。如此詳細的旗人服飾或旗人服飾變化情況是他書所不載的,爲我們深入研究滿族服飾文化,特別是研究清末民初的旗人服飾文化提供了極其珍貴的史料。

2. 清末民初滿洲婚喪禮俗的記載極爲翔實

《舊俗誌》中,有關滿洲婚喪禮俗的記載所占比重最大,內容極其翔實,僅"婚禮"一節的內容就將近 3 萬字,這在同時期形成的類似著述中十分少見。例如,《天咫偶聞》中關於滿洲婚禮儀式的內容僅幾百字①,《道咸以來朝野雜記》中關於滿洲婚禮和喪禮的內容加在一起,亦不過幾百字②。筆者考察民初關於北京風俗的作品發現,這些作品大多記述北京地區滿漢通行的婚喪禮俗,但內容比較簡略。例如,《世界日報》發表的一篇關於滿漢通行婚禮儀式的文章,該文記載:"小定禮,僅男方送給女方一金戒指。"③而《舊俗誌》記載小定禮時寫道:"小定禮物之細目,有予二色者,有予四色者不等。如二色者,類爲戒指一副,指甲套一副(接婚僅重雙,故皆以雙個爲一副);如四色者,除如上述二色者之外,並加'兜肚練'一副,'鉗子'一副或鐲子一副,分成四色。"④二文對比後可見:一、放小定雖是滿漢通行之婚禮儀式,但定禮的種類和數量明顯不同;二、《舊俗誌》中關於小定禮的記載更加詳細。

有趣的是,日本昭和十六年(1935 年)成書的《滿漢禮俗》堪比《舊俗誌》。《滿漢禮俗》作者武田昌雄,日本人,清季留學燕京時,

---

① 震鈞《天咫偶聞》,北京:北京古籍出版社,1982 年,第 22 頁。
② 崇彝《道咸以來朝野雜記》,北京:北京古籍出版社,1982 年。
③ 李家瑞編,李誠,董潔整理《北平風俗類征》,北京:北京出版社,2010 年,第 190 頁。
④ 芙萍《旗族舊俗誌》,載《世界日報》,1929 年 3 月 1 日,第 8 版。

利用課餘時間,訪問滿漢婚喪舊俗,並撰之成書。全書分紅事篇、
白事篇兩個部分。紅事篇以旗禮爲本,旗禮無而漢禮有的内容則
單獨列出,並給予説明;白事篇以旗漢通行禮節爲本,旗漢不同之
處標注説明。① 雖然武田氏之書對旗人婚喪禮俗的記載翔實,但
武田氏畢竟不是中國人,可以看到表像,却很難了解到旗人婚喪禮
俗的内情。作爲一個旗人,芙萍對旗人婚喪禮俗内情的把握明顯
優於武田氏。例如,關於"合婚"的記載,武田氏之書詳細地記述了
相妨、相克、犯相等合婚條件,甚至記録了犯相歌訣②,説明武田氏
在調查中做了很多努力。而《舊俗誌》不僅記載了合婚條件,還記
載道:"以上關於合婚的五種條件,須條條不大衝突,始可正式議
婚,但男女兩造,因環境及種種關係之不同,亦有從容一部分者,如
妨礙翁一年,則翁以犧牲的精神甘受其妨礙者,亦可議婚。"③可
見,合婚條件並非絶對嚴格,根據實際情況,合婚條件是可以改變
的,非旗人很難了解這種内部細節。仔細對比《滿漢禮俗》和《舊俗
誌》所記之内容,不難看出芙萍對旗人的婚喪禮俗更加了解,類似
情況較多,這裏不再一一例舉。總體來看,武田氏、芙萍二著,各有
所長,且互爲補證,爲我們深入研究滿漢禮俗,尤其是清末民初滿
漢文化交往交流交融,提供了翔實而寶貴的資料。

　　綜上可知,《舊俗誌》中關於旗人婚喪禮俗的記載,不論是體量
上還是質量上明顯優於同時期形成的中外著作。

　　3.真實地記載八旗生計情況,彌補史料之闕

　　清入關以後,隨著八旗制度的不斷完善,披甲逐漸成爲旗人的
唯一職業,旗人依靠兵餉和恩賞爲生。清初旗人的生活比較富裕,
但隨著旗人數量不斷增加,八旗生計問題日益顯現。嘉、道以後,

---

① [日]武田昌雄《滿漢禮俗·例言》,上海:上海文藝出版社,1989年影印本。
② [日]武田昌雄《滿漢禮俗》,上海:上海文藝出版社,1989年影印本,第9—13頁。
③ 芙萍《旗族舊俗誌》,載《世界日報》,1929年2月23日和1929年2月25日,第8版。

兵丁比例嚴重失衡，物價上漲，再加上帝國主義入侵，清政府財政支絀，八旗生計問題越發嚴重。光緒時期，八旗生計問題除受上述因素影響外，八旗内部腐敗和舞弊現象十分嚴重，檔房大小官員上行下效，滋蔓難圖。光緒二十八年（1902 年），光緒帝聽聞："支放錢糧，参佐等官之不肖者，往往通同弊混，掌檔領催尤爲奸蠹，逐層剥扣，兵丁所得無幾，甚至冒領孤寡錢糧，出缺多年不報，種種虚僞，殊屬不成事體。"①隨即采取徹底清查各旗兵丁户口，整頓旗官等舉措，但收效甚微。直至民國初年，旗官舞弊現象依然嚴峻。關於清末民初八旗内部官員腐敗與舞弊等細節的記載，極少見於史乘。

《旗族舊俗誌》中，芙萍以親身經歷記述八旗内部的腐敗和舞弊現象，是不可多得的一手史料。芙萍出生於 1907 年，其祖父和父親都是旗族長官，芙萍成年後挑缺馬甲，經歷了清末民初散放錢糧之事，對八旗内部之流弊所知甚詳。如，關於"買缺賣缺"之事，芙萍便提及其兩位弟弟用十五兩買得養育兵一事，並交代"買缺賣缺"之内幕規則。又如，"放糧與挑缺"一節記載："余族某公挑'掰拉'②錢糧時，同挑者並有本旗一人名恒子，某公箭中二支，恒子君乃中三箭，至於滿洲文某公不甚精通，大堂上時時張口結舌，不能答對，而恒子君之滿洲話更滔滔不倦焉。恒子君自以文武皆居某公上，顯然有勝利之把握，然某公早以白銀五十兩賄於本旗掌事領催，及於誇蘭搭③。不意少時誇蘭搭出而發表曰：本旗掰拉一缺，應放予某得之。恒子君當堂大吼，謂以滿洲文話及弓箭皆居某上，

---

① 《清德宗實録》卷四百九十四，光緒二十八年正月下。
② 掰拉，即擺牙喇，滿語 bayara 的音譯，漢譯爲護軍、護衛。據《八旗通志》記載："（順治）九年三月，增八旗擺牙喇、噶布什賢月餉銀各一兩。"噶布什賢，滿語 gabsihiyan 的音譯，漢譯爲前鋒。見鄂爾泰等修，李洵、趙德貴主點《八旗通志》，長春：東北師範大學出版社，1985 年，第 550 頁。
③ 誇蘭搭，滿語 kūwaran da 的音譯，漢譯爲營長。

放缺何不公至於此極耶？辯別種種理由，事實俱在，時在場者至於
誇蘭搭，無不爲之下汗！後經誇蘭搭極力斡旋，始謂恒子曰：此缺
暫放某，俟不日其他優缺出額時，當指放恒子不誤。恒子君不得已
而屈從，於是某公始實行'謝謝誇蘭搭'行叩首禮，缺到手矣。一場
風波，乃告平息。"①這種親身經歷之事，真實地再現了清末民初旗
人挑缺，旗官公然舞弊的真實景況。由此可知，清末民初八旗內部
積弊之深，以致旗人生計更加困難。爲了解決旗人生計危機，旗人
積極采取自救方式，度過難關。《舊俗誌》便詳細地記載了旗人自
發組建"紅事會""白帶子會"，以此解決婚禮喪禮所需之高額費用。
需注意的是，芙萍雖挑缺馬甲，但依然選擇投身報界，自謀生計，這
對於研究民初旗人生計，同樣具有不可忽視的價值。

　　除此之外，《舊俗誌》還記載了領催勾結碓房克扣旗兵糧米，旗
人與過繼之漢人子平分錢糧，旗人爲領取錢糧瞞報已故旗人等事
之具體情況，爲我們深入研究清末民初北京旗人生計，提供了極其
寶貴的一手史料。

　　4. 對於闡釋"旗族"之內涵具有重要價值

　　"旗族"一詞盛行於清末民初，是伴隨著西方民族主義思想傳
播，逐漸產生的想像的民族共同體稱呼。爲更好地闡述《旗族舊俗
誌》對於詮釋旗族之內涵的重要價值，筆者認爲有必要對"旗族"一
詞內涵之流變作一說明。

　　20世紀初，中國掀起民族主義思想熱潮，"滿族"成爲外部界
定旗人的政治概念。以梁啓超、康有爲爲首的立憲派主張"滿漢一
體"，而革命黨人組成的革命派則主張"革命排滿"。儘管經過激烈
爭辯，革命派狹隘的"仇滿"情緒有所轉變，但革命派依然需要利用
"排滿"作爲推翻清王朝的工具，一時間社會上充滿排滿情緒。辛

---

① 芙萍《旗族舊俗誌》，載《世界日報》，1928年12月7日，第5版。

亥革命爆發,清王朝被推翻,旗人一方面受排滿思想影響備受偏見,就業困難;另一方面,民國政府並未按《清室優待條件》①照常發放錢糧給旗人,拖欠十分嚴重,旗人賴以爲生的錢糧面臨取消危機。爲此以章福榮爲代表的旗人遺老建構"旗族"一詞代替"旗人",希望旗人群體團結一心,共同應對生計危機。

1914年,章福榮於《旗族月報》發表《旗族解》一文。此文可歸納爲三條:第一,反對用"滿族"一詞界定旗人群體;第二,説明八旗內部滿洲、蒙古、漢軍的權利和階級雖然不同,但無異本支,旗人已融爲一族;第三,强調旗族源於八旗制度,旗族之"衰微,綜厥於餉糈"②。由此不難看出章福榮發表此文之目的:一,抵制"排滿情緒";二,强調八旗制度,增强旗人的歸屬感;三,强調餉糈危機是旗人共同的遭遇,試圖構建"命運和利益共同體"。正是在這種旗人群體自身與外界互動過程中,"旗族"逐漸代替"旗人"成爲旗人共同體的自稱,並在旗人中産生廣泛而深遠的影響③。

至1924年,旗人錢糧徹底停發④,此後旗人對旗族的認同不再是共同的利益,而是共同的歷史與記憶,以及共同的文化。芙萍便是這一時期的代表人物,1928年12月至1929年9月,他將旗族風俗拉雜紙上,創作《旗族舊俗誌》以饗時人,深受讀者歡迎,具有廣

---

① 按《清室優待條件》丙中第五條規定:"先籌八旗生計,於未籌定之前八旗兵弁俸餉仍舊支放。"見中國史學會主編《中國近代史資料叢刊:辛亥革命8》,上海:上海書店出版社,2000年,第186頁。

② 子偉《旗族解》,載《旗族月報》第一期,1914年4月,第19—22頁。子偉系章福榮筆名。

③ 民國時期修訂的滿族家譜中存在用"旗族"一詞代替旗人(八旗)的情況。見何曉芳主編《清代滿族家譜選輯》,瀋陽:遼寧民族出版社,2016年,第2、17、797頁。老舍在其1961年至1962年間撰寫的自傳體小説《正紅旗下》便提及"旗族"一詞。原文:"可是,旗族人口越來越多,而旗兵的數目是有定額的。"見老舍《茶館·正紅旗下》,天津:天津人民出版社,2009年,第111頁。

④ 據當時的老人回憶:"糧食只發了兩年就沒有了,旗兵的餉銀自1924年全部沒有了,八旗兵徹底解體,走出營房自謀生計。"見北京市政協文史資料委員會編《辛亥革命後的北京滿族》,北京:北京出版社,2001年,第2頁。

泛的影響力。《舊俗誌》"旗族之派別"一節記載:"旗族之派別,混觀之爲'八旗',即八大部落也。若整個觀之,實有三大派別,即宗室派、滿旗派、漢旗派。"①可見,芙萍對旗族的解釋與章福榮的觀點一脉相承。② 其實,芙萍不僅繼承了章福榮的觀點,强調旗族共同的歷史與記憶,還從文化層面發展了旗族之内涵,强調共同文化,以此增强旗族認同感。

"旗族之文化"一節記載:"旗族之原始既明,所以旗族的精神上,代表一種北滿的舊文化。"可見,芙萍認爲旗族的共同文化就是"滿洲文化",這一觀點是符合歷史事實的。在八旗制度之下,加入八旗的蒙古、漢、錫伯、索倫、赫哲、達斡爾等族人,"在長期的征戰和生活中,其生活習慣、語言使用以及民族心理等方面,與滿洲人大體相同"③。也正因如此,芙萍在《舊俗誌》中介紹了語言(如見面語音尾加"喀"字)、飲食習慣(如旗人重視吃喝)、服飾(如兩把頭、花盆底、旗袍等),婚喪禮俗等以滿洲文化習俗爲主的共同文化。貫穿於《旗族舊俗誌》的字裏行間的"文化自信",表現了他對旗族這一身份的認同,也代表了新生代旗人的旗族觀念。

雖然"旗族"之稱並未取代"滿族",但從"旗族"之内涵被不斷豐富和完善的過程中不難看出,以滿洲八旗爲核心的旗人之間,已經產生了超越狹隘本族意識之上的更高的歸屬感,而這種更高的

① 芙萍《旗族舊俗誌》,載《世界日報》,1928 年 12 月 3 日,第 5 版。
② 趙志强認爲《旗族舊俗誌》之旗族,專指滿洲。筆者考察,趙文所使用的版本爲删略了"第一章故事之部"的"燕京風土録"删節本,並没有看到筆者所强調的"旗族之派別"一節,故誤認爲《旗族舊俗誌》中的"旗族"特指滿洲人。見趙志强《清末民初時期"旗族"内涵之初探》,載《紀念王鍾翰先生百年誕辰學術文集》,北京:中央民族大學出版社,第 317—330 頁。定宜莊認爲芙萍的觀點與章福榮的觀點一脉相承,即《旗族舊俗誌》之旗族指八旗之下的所有旗人,筆者贊同這一觀點。見定宜莊《清末民初的"滿洲""旗族"和"滿族"》,載《清華大學學報(哲學社會科學版)》,2016 年,第 2 期。
③《民族問題五種叢書》遼寧省編輯委員會、《中國少數民族社會歷史調查資料叢刊》修訂編輯委員會編《滿族社會歷史調查》,北京:民族出版社,2009 年,第 71 頁。

歸屬感最終成爲滿族的認同感,使得滿族人以五十六個民族之一的平等身份,在中華民族大家庭中繼續發展、壯大。[1]

需指出的是,"旗族之派别"一節,芙萍没有提及"蒙旗派",並非認爲蒙古八旗不屬於"旗族"的一員,而是將蒙古八旗歸到"滿旗派"之中。"喪禮"一節介紹執事時寫道:"第二部執事亦爲旗子,質式皆與門纛同,惟較小,俗謂之'曲利'[2](譯音)者是,全班共作八面,列於門纛之後,左右各四面,全以一對門纛,旗旛飄揚,益發壯美。據云,此種'曲利'於頂間有加掛紅色小荷苞者,爲蒙古旗人之表示。無荷苞者,爲滿洲旗人。"[3]從這段内容,首先可以肯定一點,即芙萍知道蒙古八旗。那麼爲何没在"旗族之派别"一節中介紹"蒙旗派"呢?衆所周知,被編入蒙古八旗的蒙古族數量較少,加入滿洲的時間較早,滿蒙習俗本就非常接近,又同屬八旗組織之下,因此滿蒙旗人風俗習慣很容易趨於一致。至清末,這些蒙古旗人的語言、風俗與滿洲旗人幾乎無差别。金秀珍(1918年生人)的口述資料可以給我們一些啓示。當定宜莊問道:"您母親是蒙古族,那和你們有什麼不一樣嗎?"金秀珍回答道:"没有。反正我記事時,就都一樣。"[4]這就説明在滿洲旗人眼中,蒙古旗人和他們並没有太大的差異。蒙古旗人鮑奉寬所著《旗人風俗概略》一文,介紹了包括旗人間的稱謂、禮儀、髪飾、冠服、婚禮、喪儀等方面的内容。據鮑氏所述,蒙古旗人僅在祭祀禮節方面與滿洲旗人不同,可見在蒙古旗人眼中,滿蒙旗人風俗雖有些許差異,但語言、髪飾、服飾等方面並無二致。[5] 又根據甘博(S. D. Gamble)於 1918 年至

---

① 孫静《"滿洲"民族共同體形成歷程》,瀋陽:遼寧民族出版社,2008 年,第 229 頁。

② 曲利,滿語 kiru 的音譯,漢譯爲"旗,小旗"。

③ 芙萍《旗族舊俗誌》,載《世界日報》,1929 年 5 月 19 日和 1929 年 5 月 24 日,第 8 版。

④ 定宜莊《十六名旗人婦女口述》,北京:商務印書館,2016 年,第 114 頁。

⑤ 鮑奉寬《旗人風俗概略》,載《滿族研究》,1985 年,第 2 期。

1919 年所做的北京社會調查報告顯示：在北京，蒙古族相對來説是一個較小的群體，約占總人口的 5％，而漢族約占 61％，滿族約占 34％。[①] 綜上可見，芙萍並非不知有蒙古八旗，而是在京師八旗内，蒙古旗人是一個較小的群體，且滿蒙旗人風俗差異不大。而爲了區別於滿洲旗人，統治者或蒙古旗人可能采取了諸如執事"曲利"上是否加掛荷包的方法，來區分蒙古旗人和滿洲旗人。同時筆者還注意到，芙萍在闡釋完"曲利"上是否加挂荷包是滿蒙旗人的區別後，寫道："旗家殯儀之氣勢，即就門纛、曲利（譯音）二種觀之，其精神在不脱旗族原本，勢若出兵然！"可見，芙萍已經將蒙古旗人歸入旗家與旗族之中。因此，筆者認爲"旗族之派別"一節中"滿旗派"包括滿洲八旗和蒙古八旗，並且《旗族舊俗誌》中的"旗族"就是指"由滿洲、蒙古、漢軍旗人融合而成的所謂民族共同體"[②]。

綜上，筆者認爲闡釋"旗族"之内涵，《旗族舊俗誌》是重要的參考資料，可與《旗族解》一文互相印證，對於理解"旗族"的内涵具有不可忽視的史料價值。

5. 多有滿漢交往之記載，反映滿漢交往交流交融

在中華民族歷史演進過程中，各民族交往交流交融始終占據主流地位。早在入關之前，滿洲人就深受漢文化的影響。入關之後，更是借鑒吸收了大量漢文化，豐富和發展了滿洲文化，當滿洲文化發展到一定高度，又反過來影響漢文化。

然而，清末新政之前的很長一段時間，清朝爲保護旗人的整體優勢，防止旗人被漢化，實行"旗、民分治"政策[③]。在這一政策下，

---

① ［美］甘博著，刑文軍等譯《北京的社會調查》，北京：中國書店，2010 年，第 599 頁。
② 趙志強《清末民初時期"旗族"内涵之初探》，載《紀念王鍾翰先生百年誕辰學術文集》，北京：中央民族大學出版社，第 317 頁。
③ 常書紅《清代北京的旗民一體化進程——兼論北京滿漢文化的交融》，載《北京師範大學學報(社會科學版)》2014 年第 1 期。

旗人與民人的交往交流是極其有限的，如芙萍所記之"碹房與旗人交產""過枝子"等。這一政策違背了中華各民族在歷史上交往交流交融的内在規律，嚴重阻礙滿漢文化之間的交往交流交融，最終形成了"滿漢畛域"。庚子事變之後，滿漢矛盾加劇，端方等有識之士積極獻策清廷，希望縮小滿漢畛域①。清廷迫於内外壓力，推行新政的同時，采取四項措施平"滿漢畛域"，即"准許滿漢通婚""任官不分滿漢""旗人編入民籍和籌旗人生計""滿漢司法同一"②。由於清政府在關係權力的問題上並不願意妥協，因此平"滿漢畛域"，僅在婚姻、旗人生計、禮儀等方面取得了一定的成效③。這從《旗族舊俗誌》"旗家打扮"一節中，可見一二。清政府先於光緒二十七年（1902 年）下令，准許滿漢通婚，並嚴禁婦女纏足；後又於光緒三十年（1904 年）發表《勸行放足歌》，呼籲婦女放足。又據《旗族舊俗誌》所記，清末民初滿漢的婚喪禮俗出現同一趨勢，慶壽禮、小兒滿月等各項禮俗，漢家和旗家有同一的趨勢；旗女與漢女在服飾、配飾方面互相借鑒，無處不體現滿漢文化交往交流交融。雖然平"滿漢畛域"收效甚微，但不可否認這些舉措順應了民族交往交流交融的歷史潮流，促進了近代中華民族加速融合，爲辛亥革命後旗族的蛻變和發展奠定了基礎。

　　《旗族舊俗誌》的内容雖然以旗族風俗爲主，但在我國各民族交往交流交融的歷史背景下，很難純粹地記述旗族風俗，不可能不涉及各民族交往交流交融之痕跡。尤其是清末民初滿漢畛域被逐漸打破，滿漢文化交往交流交融異常突出的背景下，滿漢文化錯綜

---

① 路康樂著，王琴、劉潤堂譯《滿與漢：清末民初的族群關係與政治權利（1861—1928）》，北京：中國人民大學出版社，2010 年，第 117—121 頁。
② 遲雲飛《清末最後十年的平滿漢畛域問題》，載《近代史研究》2001 年第 5 期。
③ 杜達山《排滿與"化除滿漢畛域"》，載《中南民族學院學報（哲學社會科學版）》1992 年第 2 期。

複雜的交織在一起，更是很難脱離漢文化而記述滿洲文化。總而
言之，《旗族舊俗誌》中關於清末民初滿漢交往交流交融的記載是
十分豐富的，可以爲我們闡釋中華民族共同體的形成歷程提供一
定的史料依據。

附録一　芙萍著作繫年

1. **長嵌肩(調查)**　署名芙萍 載於《女朋友(天津)》1927 年第 10 期第 2 頁

2. **神交法底新論(雜文)**　署名成芙萍 載於《新文化》1927 年第 1 卷第 3 期第 120—126 頁

3. **怎樣導國產片入正軌(雜文)**　署名芙萍 載於《京津畫報附刊_電影》1927 年第 6 期第 1 頁

4. **新年之調查(調查)**　署名芙萍 連載於《益世報(北京)》1927 年 2 月 12 日至 2 月 22 日第 8 版

5. **京華集錦錄(風俗)**　署名芙萍 連載於《益世報(北京)》1927 年 05 月 28 日至 10 月 23 日第 8 版

6. **北京剪髮界的趨勢: 不可救的斷青絲, 時髦婦女之厄運(雜文)**　署名芙萍 載於《京津畫報》1927 年第 27 期第 1 頁

7. **野火: 新詩歌與舊詩歌的討論(詩歌研究)**　署名芙萍 連載於《益世報(天津)》1927 年 11 月 8 日至 9 日第 15 版

8. **關於張明淮: 我之張明淮君自殺觀, 得著一個人生的意義(雜文)**　署名芙萍 載於《益世報(天津)》1927 年 11 月 25 日第 14 版

9. **野火: 對於苑聲君續論的進攻, 由詩義方面宣告新詩之破產(詩歌研究)**　署名芙萍 載於《益世報(天津)》1927 年 11 月 29 日第 14 版

10. **野火：反駁宛聲君的異議與再度打倒新詩（詩歌研究）** 署名芙萍 連載於《益世報（天津）》1927 年 12 月 1 日至 2 日第 15 版

11. **談談中國人的衣食住（風俗）** 署名芙萍 連載於《益世報（天津）》1927 年 12 月 22 日至 24 日第 15 版、12 月 27 日第 14 版

12. **真的小説其三：姑蘇城綁票趣史（小説）** 署名芙萍 載於《益世報（天津）》1927 年 12 月 29 日第 14 版

13. **窩頭問題的研究（雜文）** 署名芙萍 載於《益世報（天津）》1928 年 1 月 8 日第 14 版

14. **野火：詩火燒到痛快處，最後答苑聲先生（詩歌研究）** 署名芙萍 連載於《益世報（天津）》1928 年 1 月 16 日至 17 日第 15 版

15. **關於鄉村生活的"賽會"問題（風俗）** 署名芙萍 連載於《益世報（天津）》1928 年 1 月 31 日、2 月 2 日至 4 日第 14 版

16. **陝西一瞥（調查）** 署名芙萍 連載於《益世報（天津）》1928 年 2 月 8 日、10 日第 14 版和 2 月 9 日第 15 版

17. **聲韻與詩歌之關係（詩歌研究）** 署名芙萍 載於《益世報（天津）》1928 年 3 月 17 日第 15 版

18. **再談聲韻與詩歌之關係（詩歌研究）** 署名芙萍 載於《益世報（天津）》1928 年 4 月 6 日第 15 版

19. **國粹拾零（二）（雜文）** 署名芙萍 載於《益世報（天津）》1928 年 3 月 26 日第 14 版

20. **下級社會調查之三：京津洋車夫界歷史與現狀（調查）** 署名芙萍 載於《益世報（天津）》1928 年 3 月 28 日第 15 版

21. **新年中偷閑説拉拿：洋氣虎皮是護身符，窮鬼子坐收漁人之利（雜文）** 署名芙萍 載於《京津畫報附刊_燕語》1928 年

22. **記騙客一夕談（調查）** 署名芙萍 連載於《庸報》1928 年 4 月 2 至 4 月 5 日

23. **一九二八式遊龍戲鳳（雜文）** 署名芙萍 載於《益世報（天津）》

1928 年 5 月 3 日第 5 版

24. 談談鄭板橋：清代詩家批評之一（詩歌研究）　署名芙萍　連載於《益世報（天津）》1928 年 5 月 23 日至 24 日第 15 版

25. **廣告枝談之枝（雜文）**　署名芙萍　載於《益世報（天津）》1928 年 6 月 3 日第 14 版

26. **社會現形鏡（雜文）**　署名芙萍　載於《益世報（天津）》1928 年 6 月 21 日第 14 版

27. **美的婦女裝飾研究：古裝式的復袖（風俗）**　署名芙萍　載於《大公報（天津）》1928 年 6 月 21 日第 9 版

28. **糭子的研究（風俗）**　署名芙萍　載於《益世報（天津）》1928 年 6 月 22 日第 14 版

29. **平津婦女工業的調查（調查）**　署名芙萍　載於《益世報（天津）》1928 年 7 月 9 日第 14 版

30. **苦車夫的自述語（調查）**　署名芙萍　連載於《益世報（天津）》1928 年 7 月 12 日第 14 版和 7 月 13 日第 15 版

31. **北平雜寫（雜文）**　署名芙萍　連載於《益世報（天津）》1928 年 7 月 26 日、7 月 27 日和 8 月 9 日第 15 版、8 月 8 日和 8 月 10 日第 14 版

32. **與袁柳先生商榷（雜文）**　署名芙萍　載於《益世報（天津）》1928 年 7 月 25 日第 14 版

33. **夏日談"瓜"（風俗）**　署名芙萍　載於《益世報（天津）》1928 年 8 月 2 日第 14 版

34. **小説拾零（小説）**　署名芙萍　載於《益世報（天津）》1928 年 8 月 5 日第 14 版

35. **文丐訴苦（雜文）**　署名芙萍　連載於《益世報（天津）》1928 年 8 月 11 日第 14 版和 8 月 12 日第 15 版

36. **益智糭的小辭典（雜文）**　署名芙萍　載於《益世報（天津）》1928

年 8 月 13 日第 14 版

37. **游龍戲鳳(雜文)**　署名芙萍 載於《京報》1928 年 8 月 18 日第 8 版

38. **儉德(雜文)**　署名芙萍 載於《庸報》1928 年 8 月 19 第 9 版

39. **洋車夫訪問記(調查)**　署名芙萍 連載於《京報》1928 年 8 月 20 日至 21 日第 8 版

40. **七夕雜感(雜文)**　署名芙萍 載於《京報》1928 年 8 月 22 日第 8 版

41. **中元雜綴(雜文)**　署名芙萍 載於《京報》1928 年 8 月 29 日第 8 版

42. **舞劍(雜文)**　署名芙萍 載於《京報》1928 年 9 月 6 日第 8 版

43. **車前奇遇(雜文)**　署名芙萍 載於《京報》1928 年 9 月 10 日第 8 版

44. **談虎(雜文)**　署名芙萍 載於《京報》1928 年 9 月 15 日第 8 版

45. **婦女新工業的調查(調查)**　署名芙萍 載於《益世報(天津)》1928 年 9 月 17 日第 14 版

46. **馬褂問題(風俗)**　署名芙萍 連載於《京報》1928 年 9 月 24 日至 25 日第 8 版

47. **歸鄉(短篇小說)**　署名芙萍 連載於《益世報(北京)》1928 年 9 月 27 日至 10 月 13 日第 5 版

48. **張石頭訪問記：北平兔兒爺之趨勢與其改良(調查)**　署名芙萍 載於《京報》1928 年 9 月 28 日第 8 版

49. **竹城舊賬(雜文)**　署名芙萍 載於《京報》1928 年 10 月 6 日第 8 版

50. **北平秋節後之社會狀態(風俗)**　署名芙萍 連載於《益世報(天津)》1928 年 10 月 9 日、13 日、16 日第 15 版

51. **乞丐大觀(風俗)**　署名芙萍 連載於《益世報(天津)》1928 年

10 月 13 日、20 日第 14 版

52. **時事諧談(雜文)**　署名芙萍 載於《益世報(天津)》1928 年 10 月 13 日第 14 版

53. **白薯(風俗)**　署名芙萍 連載於《益世報(天津)》1928 年 10 月 20 日、23 日第 15 版

54. **重陽雜綴(風俗)**　署名芙萍 載於《京報》1928 年 10 月 21 日第 8 版

55. **生離之兩幕(短篇小説)**　署名芙萍 連載於《益世報(北京)》1928 年 10 月 28 日至 11 月 3 日第 5 版

56. **窩頭問題(雜文)**　署名芙萍 連載於《京報》1928 年 10 月 29 日至 30 日第 8 版

57. **吃飯問題(雜文)**　署名芙萍 連載於《京報》1928 年 11 月 5 日至 6 日第 8 版

58. **北平狗與上海狗(雜文)**　署名芙萍 載於《京報》1928 年 11 月 21 日第 8 版

59. **傻偵探(長篇小説)**　署名芙萍 連載於《益世報(北京)》1928 年 11 月 23 日至 1930 年 5 月 17 日第 5 或 9 或 12 版

60. **談紅樓夢(紅學)**　署名芙萍 載於《京報》1928 年 11 月 30 日

61. **旗丁淚(散文)**　署名芙萍 連載於《益世報(天津)》1928 年 11 月 27 至 29 日、12 月 1 日第 14 版

62. **景山紀遊(遊記)**　署名芙萍 連載於《益世報(天津)》1928 年 12 月 6 日、7 日、9 日、12 日第 14 版和 12 月 11 日第 15 版

63. **旗族舊俗誌(風俗)**　署名芙萍 連載於《世界日報》副刊《明珠》1928 年 12 月 1 日至 1929 年 9 月 12 日

64. **曹雪芹的生活觀(紅學)**　署名芙萍 連載於《益世報(北京)》1928 年 12 月 12 日至 14 日

65. **半小時的社會調查(續)(調查)**　署名芙萍 載於《京報》1928 年

12 月 18 日第 8 版

66. **災官淚語(調查)** 署名芙萍 載於《益世報(天津)》1928 年 12 月 20 日第 14 版

67. **文丐的供狀(雜文)** 署名芙萍 載於《京報》1929 年 1 月 11 日 第 8 版

68. **大人物之儉德(雜文)** 署名芙萍 載於《益世報(天津)》1929 年 1 月 15 日第 15 版

69. **南海紀遊(遊記)** 署名芙萍 連載於《益世報(天津)》1929 年 1 月 16 日至 18 日第 14 版

70. **臘八雜綴(雜文)** 署名芙萍 載於《京報》1929 年 1 月 18 日第 8 版

71. **平地茶園顧曲記(調查)** 署名芙萍 載於《京報》1929 年 1 月 20 日第 8 版

72. **古裝影片之難關(雜文)** 署名芙萍 載於《京報》1929 年 1 月 26 日第 8 版

73. **半篇糊塗帳(雜文)** 署名芙萍 載於《益世報(天津)》1929 年 1 月 30 日第 14 版

74. **食品中之"蛇"(雜文)** 署名芙萍 載於《益世報(天津)》1929 年 1 月 31 日第 14 版

75. **洋車夫辭典(代發表)** 署名芙萍 連載於《京報》1929 年 1 月 31 日至 2 月 1 日第 8 版

76. **爲銅子受的罪 真正夜不閉户 巡警老爺瞪眼 狐狸橫行街上(雜文)** 署名芙萍 載於《京報》1929 年 2 月 4 日第 8 版

77. **北平的洋車夫(雜文)** 署名芙萍 載於《益世報(北京)》1929 年 2 月 7 日第 8 版

78. **山窟捕熊記(雜文)** 署名芙萍 載於《益世報(天津)》1929 年 2 月 7 日第 14 版

79. **過年雜綴：北平民生世面的觀察(調查)**　署名芙萍　載於《益世報(天津)》1929 年 2 月 10 日第 15 版

80. **過年雜綴(風俗)**　署名芙萍　連載於《益世報(天津)》1929 年 2 月 13 日第 7 版和 2 月 14 日第 15 版

81. **窮兮骨頭(雜文)**　署名芙萍　載於《益世報(天津)》1929 年 2 月 18 日第 14 版

82. **小電影(雜文)**　署名扶平　連載於《新中華報》1929 年 3 月 4 日至 5 日第 8 版

83. **摔跤(調查)**　署名扶平　連載於《新中華報》1929 年 3 月 6 日至 7 日第 8 版

84. **馬戲大觀(調查)**　署名扶平　連載於《京報》1929 年 3 月 10 日和 17 日第 8 版

85. **婚禮與摩托子(風俗)**　署名扶平　載於《新中華報》1929 年 3 月 11 日第 8 版

86. **北平之澡堂業(調查)**　署名扶平　連載於《益世報(北京)》1929 年 3 月 11 日至 15 日第 8 版

87. **電影叢談(雜文)**　署名扶平　連載於《新中華報》1929 年 3 月 16 日至 5 月 26 日第 11 版或第 9 版

88. **説説北平的騙子手(雜文)**　署名芙萍　連載於《益世報(北京)》1929 年 3 月 16 日至 22 日第 11 版

89. **津門見聞記(遊記)**　署名扶平　載於《京報》1929 年 3 月 22 日第 8 版

90. **天橋戲棚之一瞥(調查)**　署名扶平　載於《京報》1929 年 3 月 24 日第 8 版

91. **兩行眼淚：北平人海中之一滴(雜文)**　署名扶平　連載於《益世報(天津)》1929 年 3 月 26 日第 15 版,3 月 27 日第 14 版

92. **醫院裏的秘密(調查)**　署名扶平　載於《新中華報》1929 年 4 月

1 日第 8 版

93. **湯瞎子之口技(調查)**　署名扶平 載於《新中華報》1929 年 4 月 3 日第 8 版

94. **清明小品【下】(雜文)**　署名扶平 載於《京報》1929 年 4 月 5 日 第 8 版

95. **新創牌子的"理髮"(風俗)**　署名扶平 連載於《益世報(天津)》 1929 年 4 月 7 日第 14 版,4 月 9 日第 15 版

96. **天橋之大力士(調查)**　署名扶平 載於《新中華報》1929 年 4 月 9 日第 8 版

97. **紅樓夢"脚"的研究(紅學)**　署名芙萍 載於《益世報(北京)》 1929 年 4 月 14 日第 8 版

98. **姐妹茶園之改良觀(調查)**　署名扶平 載於《京報》1929 年 4 月 14 日第 8 版

99. **洋車上的暈頭(雜文)**　署名扶平 載於《新中華報》1929 年 4 月 14 日第 8 版

100. **北平春景之一瞥(遊記)**　署名扶平 連載於《益世報(天津)》 1929 年 4 月 15 日至 16 日第 15 版

101. **春日的手絹(雜文)**　署名扶平 載於《新中華報》1929 年 4 月 15 日第 8 版

102. **蟠桃宮寫真(遊記)**　署名芙萍 連載於《京報》1929 年 4 月 15 日至 19 日第 8 版

103. **女髮的美(風俗)**　署名扶平 載於《新中華報》1929 年 4 月 18 日第 8 版

104. **妙峰山(遊記)**　署名芙萍 連載於《益世報(北京)》1929 年 4 月 21 日至 4 月 29 日第 11 版

105. **藥房裏的秘密(調查)**　署名扶平 載於《益世報(北京)》1929 年 4 月 21 日第 8 版

106. **肉廣告(雜文)** 署名扶平 載於《新中華報》1929 年 4 月 22 日
第 8 版

107. **活電影(雜文)** 署名扶平 載於《新中華報》1929 年 4 月 29 日
第 8 版

108. **香面(風俗)** 署名扶平 載於《新中華報》1929 年 4 月 30 日第
8 版

109. **車夫淚語(雜文)** 署名扶平 載於《益世報(天津)》1929 年 5
月 1 日第 14 版

110. **鑲牙與擦牙(雜文)** 署名扶平 載於《新中華報》1929 年 5 月
4 日第 8 版

111. **影魔(雜文)** 署名扶平 載於《新中華報》1929 年 5 月 10 日第
8 版

112. **怪物戲班之調查(一)(調查)** 署名扶平 載於《京報》1929 年
5 月 12 日第 8 版

113. **賣聖經的(調查)** 署名扶平 載於《新中華報》1929 年 5 月 12
日第 8 版

114. **東岳廟(游記)** 署名扶平 載於《新中華報》1929 年 5 月 13 日
第 8 版

115. **病夫(雜文)** 署名扶平 載於《新中華報》1929 年 5 月 23 日第
8 版

116. **平北中山公園速寫(遊記)** 署名扶平 載於《益世報(天津)》
1929 年 5 月 26 日第 14 版

117. **換衣小說\換衣小紀(續)(風俗)** 署名扶平 分別載於《京報》
1929 年 6 月 3 日、4 日第 8 版

118. **五日遊記(遊記)** 署名扶平 連載於《京報》1929 年 6 月 13 日
至 14 日第 8 版

119. **天橋雜班戲之近狀(一)(調查)** 署名芙萍 載於《京報》1929

年 6 月 16 日第 8 版

120. **北平郊遊記(遊記)**　署名扶平　連載於《益世報(天津)》1929
年 6 月 20 日、23 日第 14 版, 6 月 21 日第 15 版

121. **買金魚的生活(調查)**　署名扶平　載於《益世報(天津)》1929
年 6 月 26 日第 14 版

122. **中南海寫真(遊記)**　署名扶平　連載於《京報》1929 年 7 月 2
日至 4 日第 8 版

123. **挨餓雜感(雜文)**　署名芙萍　載於《京報》1929 年 7 月 15 日第
8 版

124. **哭泣的歌唱(雜文)**　署名扶平　載於《益世報(天津)》1929 年
7 月 17 日第 14 版

125. **洋車夫三日記(代發)**　署名扶平　載於《京報》1929 年 7 月 30
日至 8 月 2 日　第 8 版

126. **縫窮女的自述(調查)**　署名扶平　載於《益世報(天津)》1929
年 9 月 6 日第 14 版

127. **愛河的一角(短篇小説)**　署名扶平　連載於《益世報(天津)》
1929 年 9 月 13 日第 14 版

128. **歐洲馬戲團觀察記(調查)**　署名扶平　載於《京報》1929 年 9
月 29 日第 8 版

129. **一個犧牲者(雜文)**　署名扶平　載於《益世報(天津)》1929 年
10 月 2 日第 15 版

130. **烤盤放肉：北平社會之寫真(風俗)**　署名扶平　載於《大公報
(天津)》1929 年 10 月 25 日第 15 版

131. **豆汁攤：北平社會寫實(風俗)**　署名扶平　載於《大公報(天
津)》1929 年 11 月 3 日第 15 版

132. **落子館：北平社會寫實(風俗)**　署名扶平　載於《大公報(天
津)》1929 年 11 月 11 日第 15 版

133. 特種病院：北京社會寫實（風俗）　署名扶平　載於《大公報
（天津）》1929 年 11 月 16 日第 15 版

134. 冬之中山公園（遊記）　署名扶平　載於《大公報（天津）》1929
年 11 月 26 日第 15 版

135. 奇獸乘車：北京社會寫實（風俗）　署名扶平　載於《大公報
（天津）》1929 年 12 月 5 日第 15 版

136. 北平的豆腐漿攤（調查）　署名扶平　連載於《無錫商報》1929
年 12 月 11 日至 12 日第 4 版

137. 忍痛：獨幕悲劇（雜文）　署名扶平　連載於《益世報（天津）》
1929 年 12 月 18 日至 20 日第 18 版

138. 蹓冰（風俗）　署名芙萍　連載於《益世報（天津）》1930 年 1 月
5 日第 15 版和 1 月 7 日至 8 日第 18 版

139. 乞兒過新年（雜文）　署名扶平　連載於《益世報（天津）》1930
年 1 月 10 日第 18 版和 1 月 11 日第 15 版

140. 一枚戒指（短篇小説）　署名扶平　連載於《益世報（天津）》
1930 年 2 月 8 日至 9 日第 15 版、2 月 10 日第 18 版

141. 偷狗之一幕（雜文）　署名扶平　連載於《益世報（天津）》1930
年 3 月 13 日、14 日、17 日第 18 版

142. 愛貓的逃亡（短篇小説）　署名扶平　連載於《益世報（天津）》
1930 年 4 月 7 日第 15 版、4 月 8 日第 18 版

143. 去冬來平之東洋馬戲團（調查）　署名扶平　連載於《京報》
1930 年 4 月 13 日、4 月 27 日、5 月 11 日第 5 版

144. 鄉間的馬戲（寫實小説）　署名扶平　連載於《益世報（北京）》
1930 年 4 月 20 日至 9 月 19 日第 9 版

145. 中國樂劇之前途（雜文）　署名成廉　連載於《京報》1930 年 6
月 8 日和 15 日第 5 版

146. 幻滅的燈（雜文）　署名扶平　載於《益世報（天津）》1930 年 6

月 11 日第 15 版

147. **抓彩(短篇小説)**　署名扶平 載於《益世報(天津)》1930 年 6 月 12 日第 15 版

148. **影片之美與醜(雜文)**　署名成廉 連載於《世界日報》1930 年 12 月 12 日和 13 日第 9 版

149. **旗族遺恨(長篇小説)**　署名扶平 連載於《益世報(北京)》1931 年 2 月 9 日至 6 月 5 日第 9 版

150. **説狼(雜文)**　署名扶平 連載於《益世報(北京)》1931 年 3 月 23 日至 4 月 1 日第 9 版

151. **浣溪沙(詩詞)**　署名扶萍 載於《京報》1931 年 4 月 17 日第 9 版

152. **倡門趣聊(雜文)**　署名成廉 載於《世界日報》1931 年 5 月 25 日第 9 版

153. **第七號無抵抗主義(雜文)**　署名成廉 載於《益世報(北京)》1931 年 9 月 24 日第 9 版

154. **第十號灰一色(雜文)**　署名成廉 載於《益世報(北京)》1931 年 10 月 2 第 9 版

155. **新留聲機第十號"普羅文藝"與"咬塔階級"(雜文)**　署名成廉 連載於《益世報(北京)》1931 年 10 月 8 日和 9 日第 9 版

156. **睡覺的工具(雜文)**　署名扶平 載於《益世報(北京)》1931 年 12 月 10 日第 9 版

157. **印度與中國(雜文)**　署名扶平 載於《益世報(北京)》1931 年 12 月 11 日第 9 版

158. **示威(雜文)**　署名扶平 載於《益世報(北京)》1932 年 2 月 17 日第 9 版

159. **閑筆(雜文)**　署名扶平 連載於《實權日報》1932 年 3 月 2 日和 3 日第 2 版

160. **鶏蛋慶天長(雜文)**　署名扶平 載於《益世報(北京)》1932 年

5 月 18 日第 10 版

161. **病與死（雜文）**　署名扶平　載於《益世報（北京）》1932 年 5 月 23 日第 9 版

162. **崇拜佛教與取締和尚（雜文）**　署名扶平　載於《益世報（北京）》1932 年 6 月 23 日第 9 版

163. **您是我爸爸（雜文）**　署名扶平　載於《益世報（北京）》1932 年 7 月 8 日第 9 版

164. **向誰嚷餓?（雜文）**　署名扶平　載於《益世報（北京）》1932 年 7 月 15 日第 9 版

165. **送友人參加義勇軍赴熱殺敵（詩詞）**　署名扶平　載於《益世報（北京）》1932 年 7 月 29 日第 9 版

166. **心潮動搖（雜文）**　署名扶平　連載於《益世報（北京）》1932 年 7 月 29 日和 8 月 9 日第 9 版

167. **取締迷信是其時耶（雜文）**　署名扶平　載於《益世報（北京）》1932 年 8 月 5 日第 9 版

168. **批評"醜扮醫"（雜文）**　署名扶平　載於《益世報（北京）》1932 年 8 月 6 日第 9 版

169. **爲一個銅子的痛嚎（詩歌）**　署名扶平　載於《益世報（北京）》1932 年 8 月 10 日第 9 版

170. **歌頌國聯（雜文）**　署名扶平　載於《益世報（北京）》1932 年 8 月 13 日第 9 版

171. **心潮（雜文）**　署名扶平　載於《盛京時報》1932 年 8 月 18 日第 7 版

172. **鄰女縫衣（雜文）**　署名扶平　載於《益世報（北京）》1932 年 8 月 19 日第 9 版

173. **筆立小白塔——北平展望（詩詞）**　署名扶平　載於《益世報（北京）》1932 年 8 月 20 日第 9 版

174. **臉子進化論（雜文）**　署名扶平　載於《益世報（北京）》1932 年 8 月 24 日第 9 版

175. **創作中（詩詞）**　署名扶平　載於《益世報（北京）》1932 年 8 月 28 日第 9 版

176. **代酒店侍者的哀嚎（詩詞）**　署名扶平　載於《益世報（北京）》1932 年 8 月 29 日第 9 版

177. **紅緑閣談劇（雜文）**　署名芙萍　連載於《益世報（北京）》1932 年 9 月 10 日至 11 日第 9 版

178. **爽心語（雜文）**　署名芙萍　載於《西安日報》1932 年 10 月 19 日第 5 版

179. **關於人類的左手（雜文）**　署名扶平　載於《益世報（天津）》1932 年 10 月 19 日第 11 版

180. **枕邊偶拾（雜文）**　署名芙萍　連載於《西安日報》1932 年 10 月 23 日、24 日第 5 版

181. **絶食（雜文）**　署名扶平　載於《益世報（天津）》1932 年 10 月 25 日第 11 版

182. **尸位素餐：對溥儀來平聘廚師有感（雜文）**　署名扶平　載於《益世報（天津）》1932 年 11 月 5 日第 15 版

183. **滿族人的致命傷（雜文）**　署名扶平　載於《益世報（天津）》1932 年 11 月 8 日第 11 版

184. **魔燈初上（創刊詞）**　署名芙萍　載於《現代日報》1932 年 11 月 11 第 2 版

185. **故都雜綴（風俗）**　署名扶平　載於《益世報（天津）》1932 年 11 月 13 日第 11 版

186. **思潮鱗爪（雜文）**　署名扶平　連載於《益世報（天津）》1932 年 11 月 15 日至 16 日第 11 版

187. **鼠兒國（短篇小説）**　署名扶平　連載於《現代日報》1932 年 11

月 11 日至 12 月 1 日第 3 版

188. **笑聲泪影(短篇小説)**　署名扶平　連載於《現代日報》1932 年
12 月 2 日至 12 月 15 日第 3 版

189. **論高跟鞋(風俗)**　署名扶平　載於《益世報(天津)》1932 年 12
月 12 日第 11 版

190. **告辭了(辭職公告)**　署名扶平　載於《現代日報》1932 年 12 月
31 日第 2 版

191. **蕭伯納來平感言(雜文)**　署名扶平　載於《現代日報》1933 年
2 月 22 日第 2 版

192. **爐語(雜文)**　署名扶平　載於《現代日報》1933 年 2 月 23 日
第 2 版

193. **編輯座談(雜文)**　署名扶平　連載於《現代日報》1933 年 3 月
1 日至 12 日第 1 版

194. **李白雲行踪之謎(調查)**　署名芙萍　載於《益世報(北京)》
1935 年 5 月 2 日第 6 版

195. **畫寢(雜文)**　署名芙萍　載於《益世報(天津)》1935 年 12 月
27 日第 8 版

196. **評書月旦(一):趙英頗(雜文)**　署名芙萍　載於《戲劇報》
1940 年 11 月 8 日第 4 版

197. **薪天橋:趟子車(風俗)**　署名成廉　載於《一四七畫報》1946
年第 3 卷第 12 期第 11 頁

198. **大學生與舞女(調查)**　署名成廉　載於上海《真報(1947～
1949)》1948 年 7 月 28 日第 3 版

199. **古今歇後語拾遺兼注(語言學)**　署名成扶平　合著,北京:農
村讀物出版社 1984

注:以上僅限筆者目力所及之作品,芙萍作品應不僅限于上述 199 篇部。

附録二　京華集錦録

（芙萍）

引　言

　　一個地方有一個地方的風俗，各處有各處的特別象徵。要把各處的風俗統系起來成爲一個整個觀，實在是一件興趣無窮的事情，而一般考查風俗者其旨趣正即在此。所謂"考察風俗"四個字實已覺得是厭耳了，但那決不是一個空渺無理智的概念。換言之，也決不是一件容易事。第一，要先從民間著手，普遍的風氣有了具體的了解了。然後，這再做人情的嚮導，及文化上的參與。結果這纔能得著有統系的成績呢。就燕市而言，本爲文化政治之中心點，一切流俗上自有注意之價值，異鄉客之觀念莫有不如此者。豈不知京俗原乃紛紛雜雜，五花八門，百出不窮，而其中又被迷信充滿了一大部分，這是一種複雜的現象。歸宗説來，若能把那些千奇百怪的京俗用綜合法羅致起來，而那些現象也變爲是有統的了。總之，燕京的風俗和各省比較起來是覺得花稍的多，倘能一一揭露出來，而較諸他省風俗誌實能高出百籌。作者在北京是土生土長，自從幼小就有這麼一種特殊的性質。就是：（一）遇有婚喪嫁壽時，我愛參與各樣的禮；（二）每逢山壇廟集，我愛加入以熱鬧；（三）小孩子集到一群時，遇有組織各種把戲和與各式各樣的小販所接觸的環境，我都另有一種獨具的眼光來觀察一切。此外，家長禮短[1]

的老媽媽論，我是極愛聽的。這是我對於京俗上過去的探求。到了現在，那些兒時的影痕差不多仍是深深的印在我的腦海之中。偶若拿起筆來拉雜的寫，不由心焉嚮往，其集腋成裘，自然於京俗上有些貢獻了。

　　惟我下筆時，都是以寫真簡實爲前提，以現在所流行及富於普遍者爲大綱。照這樣他不但能包羅多量的趣味，並且更能激起讀者的同情。因乃掇成"京華集錦錄"，以實益世俱樂部①焉。

【校記】

[1] 家長禮短，當作家長里短。

第一章　民間之部

　　風俗紛雜，欲行練達世情，其思想的集中則惟在民間裏。近來一般文學家、藝術家，莫不打著旗子而呼喊"到民間去"。就民間看，其中所包含者則有歌謠、普遍的文學、藝術性的表現、奇異的風俗，及潮流進步的先徵。其發展的程度，爲無量與無盡，其貫輸的趣味濃厚無窮。是以一般樂天派將逍遙生活以自居者，莫不由民間的樂趣所極端的陶冶，而養成其自在的天性。苟非富於情感者亦概難如此也。談及研究風俗學，對於民間尤爲必要的步驟。北京的民間從前是顯明的分爲兩般，就是旗人與漢人的各殊。那時旗人正在興盛，顯然與漢人相離間，帶著皇家的色彩，一切禮俗風尚都要別開生面，以表示出他們那貴族的氣勢來。於是就有旗禮漢禮或爲旗俗與漢俗的分別。每逢婚喪之儀，禮法之分差一目即可了然。到了現在，旗派失敗，風尚亦隨之而傾倒，禮法亦多數趨

① 益世俱樂部，《益世報》副刊之名稱。

附於民派了,不久也就能普遍化成了一個通用的公式。試舉其例來看,現在裝飾上除了一般殷實的旗民仍是頑舊不化者外,其餘"兩把兒頭、大拉翅兒"的醜態,概已不能多見了。再如旗人的婚禮,成群打排的牛角燈亦已無形消失,而在喪禮中他們居然也"打旛"並"摔盆"了。這都是旗漢風俗有了合併性的明證。這些禮俗的事,在本章上尚且講不到。如今再略表敘述民間內部的細則吧!舉凡童謠與夫小孩兒語,小販的神秘,和各樣把戲的奇異觀,沿革未除的土習,兒童的表現,及社會上關於風俗的實況,均一一包羅在內。章首概已敘述過,馬上就要開篇,破題兒先談談流行的把戲。

流 行 的 把 戲

(一) 要猴的

猴子具有人性的靈巧。你看他身穿著小紅衣,那種小猩猩的態度,尖頭尖腦。除了他爪長有尾之外,真和"人团子"差不多。那末要讓他做出種種的猴兒戲來,給人消愁解悶,實也是一件最有興趣的事。每逢到了新年正月,這種要猴的就接二連三在大小胡同裏大敲銅鑼,做其把戲的生涯。要猴的都是京東的人多,到時候來專做這行的買賣。他那鑼這麼一響,隨敲隨走著,沿路的小孩們就能把他給包圍個風雨不透。因爲小孩子們是富於好奇心的,看見了與人類相似又能做把戲的猴子,都具有一種驚奇的觀念。一方面還是成群打夥的和猴子起鬨,你一拳我一腳,直把猴子弄得跳跳躥躥,甚至舞爪張牙,拿出用武的架子來。小孩們有的就給猴子什麼果餌吃,猴子便老實不客氣的糖來嘴接、豆來爪受。而要猴的人的性質更是柔和的,任憑小孩子們怎樣的起鬨,他只是招攬買賣,置若罔聞。大概也是幹那宗生意的不得不如此吧!或説若沒有孩子群緊緊的跟隨,也就不威風,而生意也將枯滯了,也是有之的。耍猴的鑼的敲法,絕對與"吹糖人的"不相同。他那是聲音緊湊的,讓人家一聽,就知道是耍把戲的來了。又搭著小孩子們"猴兒猴兒"的吶喊,大新正月住戶人家聽見,就把他喚將進去。先講好了耍一回全套的是多少錢,大概都是以銅元説。在前二年,有上一吊八百就足熱鬧一回,而今生活程度日高(連猴子們所愛吃的酸棗兒都是貴的),大概有個三吊兩吊也可以耍下來了。把價錢講妥了之後,就預[1]備做戲了。公開的人家對於跟進來的小孩子們不加以驅逐,而使其入席看戲(小孩們跟隨的目的就是如此)。否則,把成群的小孩子盡量逐出,把街門一關,其實裏面鑼聲一起,外面的孩子看不見就大著其急,更捨不得散去。左不是在門外守候著起鬨,甚至乒乓的打門環。這外面的事我們不管,單説裏面把戲的細則吧!

　　猴子戲是也有主角兒,也有配角兒。若一死兒靜看猴兒的,那也覺得乾枯無味了。所以耍猴的必還要帶一條小八狗兒。若按其全班説來,還應當有一隻羊。這纔顯著趣味濃厚呢!在開戲的時候,除有耍猴的一面銅鑼敲打不息之外,他按著耍的環境,還要作種種唱調以助興。我們把猴子和狗以及羊這一場全班大戲,分開了説一説,以便了解。

　　(甲)關於猴子的把戲。他的把戲,頭一套就是"假面具"。他承受耍猴的指揮,了解他的言語。他説把箱子裏的花臉面具戴上,於是猴子便跳跳躂躂,開開箱子,把那花臉面具取了出來,戴在面上,展開身形搖擺一陣。這時候他那假惺惺的作態[2]真來了。一方面耍猴的[3]打著鑼,口裏唱著什麼"別看猴兒貌不揚,變個花臉像堂堂。……"回頭這一幕完了,再換上一個公子或是小姐的面具,照例的要唱一回,這場就算是過去了。跟著就是"踩軟繩",先預備好了兩個木桿,中間繫上一條長繩,使猴子上去,在繩子上來回的走上幾繞,並在上面打跟頭。耍猴的唱著"西遊記倒有孫悟空,他赴西天去取經,穿山越嶺他本能,小猴子也會踩軟繩。……一個跟頭十萬八千里,兩個跟頭二十萬有了零。……"這一幕又完了。隨著又使猴子在繩子上工作起來,有時就和盤槓子一般,有時就如同舉行打鞦韆一樣。最後躥越來去就如馬戲中上刀山似的,横豎是和那條繩子要死要活。練完了這一陣,便該著猴子的大軸子戲了。這倒沒有具體的榜樣,概因耍猴兒的藝術心理和排練的手腕之不同,而軸子戲也就不一樣了。但是演軸子戲時,無論如何小八狗兒或是羊的配角都要參加,這纔顯著熱鬧呢! 就其公式看則有二端:一是猴子和狗配一齣"探親家";一是猴子和羊配一齣"假騎馬"。先說猴子和狗的。那是有一輛小轎車,將八狗兒套好了,能够拉著走,使猴子戴上面具坐在車裏面,弄得"人模狗樣",好像出門探親似的形像。鑼聲一響,狗拉著車,來往的跑上兩繞,這就算散場了。其次猴子和羊的。乃是將羊當作一匹馬,猴子穿戴好了,手裏拿著一條鞭子,把羊騎上來往跑兩繞,也就算閉幕了。此外,猴子對於觀客尚有種種"敲竹槓"的把戲。他要看見觀客吃什麽東西,都不能够放鬆的,直接他便伸手討要。人們也愛看他那種吃東西的靈巧,所以猴子到處絕對餓不著。其二,則能爲耍猴的討酒錢。每練到觀客大笑及演軸子戲將閉幕的時候,耍猴的便先向主人要酒錢,跟著猴子就叩頭,賞資不下,他便有如羊羔吃奶一般跪著不起身。你說主人還能不掏腰包嗎? 於是耍猴的獲著利益,猴子於食物上也要沾光。

　　(乙)關於八狗兒的把戲。八狗兒是先演開場戲的。第一爲"躥圈兒",用幾個大鐵環子擺在地下,套著什麽"三環套月"等等的樣式。於是,就使八狗兒在那鐵環内穿行,來往盤繞,走得極有條理。一方面耍猴的敲著鑼,口内也是唱著。這就叫做躥圈兒。第二是"推磨",在地下安上一個小木頭輾子,輾子的旁邊置上一個小鐵圈兒。圈口的大小正與八狗兒的嘴喙相吻合，八狗兒用嘴挑著鐵圈，圍著推轉。這就是推磨的把戲。此外，就算沒有八狗兒的什麼事了，可是軸子戲他拉車還不算呢！

（丙）羊的把戲。羊的天質本沒有任何的藝術性，耍猴的置備他，不過是一種配帶，在外表上顯著壯觀，以激起主顧的興頭，藉能提倡他的營業。晚近年來，耍猴的十有八九已都不帶羊了。因爲羊的把戲除了在軸子戲時他能馱著猴子做騎馬觀之外，簡直就沒有他的什麼玩藝兒可做，所以一般耍猴的已多嫌其累墜而放棄之了。

以上關於猴子和狗與羊的把戲都已説過了。至於演練的程序，乃是狗練一場，猴子再練一場，趕到軸子戲的時候就都合演起來。京都中這一個新正月裏，耍猴的如要能耍會練，所掙的錢，回老家足能自養這一年。耍猴的也有幾項必備的資格：一要有柔性，和畜類成年際打交對，本不是急性漢所能幹的；二要能隨合、有投機性，好像與主顧預定的價錢太苦，而進門要完了，一使人家喜歡，反致變爲甜生意了。再如進入大宅門子，他把猴子操縱起來，能够使姑娘、太太們樂得捧腹繞腸，與其好奇的鑒賞，這一討酒資就能超過原價的十幾倍；三還要做工好，耍猴的雖然都是鄉下人，而他帶著玩藝兒的天才，致使世人不煩不厭。耍戲的時候，他更要舉止活潑，一切安排得極適當。你別看他"長髮辮、尖頭鞋"，也能够唱兩句怯頭怯臉的高調呢！耍猴的種種大概已明瞭，恕不多贅了。

【校記】

[1] 預，原文誤作"頂"，據文意改。

[2] 假惺惺的作態，原文誤作"假猩猩的做態"，據文意改。

[3] 的，原文脫"的"字，據上下文補。

（二）耍傀儡子的

這種把戲也是新年正月所最盛行的。按名稱説來，耍猴兒的確拿真猴子作戲，便爲名實相符了。至於這個是耍傀儡子的，原乃是擺弄木偶人作出種種的戲來。其名稱所含的意味，當然是看那木偶人子有如"小囝囝"，所以就命名爲耍傀儡子的了。耍傀儡子的也是京東的人多，其生涯的時期也是自從新年起直到"二月二，龍抬頭"就算封台大吉。所謂把戲二字，耍傀儡子的真纔説得起哪！他那一切工具更是極有趣的，絶不像耍猴的前頭擁著八狗兒，後背掖著箱子，肩上扛著猴子，腰裏還夾著桿子和一切應用的工具，這有多麼累贅呢！至於耍傀儡子的他只是擔著一個挑子，前面是一個方櫃形，圍之以布，這就是傀儡戲的舞台。後面是一個籠子，裏面一層一層充滿了滿班的角色，這就是傀儡戲的後台。耍傀儡的手裏有兩面鑼，是一面大的一面小的。大的聲音隆隆，小的聲音皎皎。打起來是大小齊碰並敲，聲音極緊湊而且好聽，是和耍猴子的鑼聲有顯明的殊異。他走在大街小巷之中，兒童們對於他的表現，倒不如像對耍猴子的那般狂烈。只是歡迎著、觀望著，以圖有招顧者，看上一回"蹭兒戲"。家庭中的老娘兒們大正月不出門，在家裏覺得悶了的時候，一聽見耍傀儡子的鑼聲響亮，便把他叫將進來。戲價上從前至多不過二十銅板，當時就舉行全台大戲。到現在角色們拿的分兒大（當然，耍傀儡子的一個人所要吃的窩頭貴，那末戲價自然也長錢了。），至輕者也得三千五吊纔可以耍下來。戲價説好了，就採擇一個明亮的地方，立□[1]就把舞台建設起來。他那種作用戲台法更是美妙的了不得。他乃含有創造與夫組織的成分，就是他那所擔的挑子，没有一樣東西不有適宜的作用，至於一條扁擔都竟是舞台的大柱梁。我今爲讀者一目了然起見，特爲分"内部的組織"、"把戲的手腕"、"戲目的調節"數端而詳説之。

（甲）內部的組織。組織舞台的時候，他擺佈得極零[2]散，就是把前面方櫃的布脫下來，四圍用木板立柱都點綴了，立刻就成了一個小舞台形。但那台可是沒有底兒的，於是就用那條扁擔作為柱梁而高立之。下端將那包櫃的布圍得嚴而且緊。裏面的籠位除容留耍傀儡子的輾轉身影而外，恰還能放進那個木籠子，以便他作起戲來，開開籠子，隨時能支配角色與其一切形具的運用。上面的台沿間各犄角都有釘子的設置，以備戲人的站立。（角色絕對不能坐著，舞台是空底兒，所以擺不開椅子也。）至於傀儡戲人兒上，每個是有三根木棍連帶著，所以他一切舉止做工與其活動者，乃完全在這三根棍的力量。在耍弄的時候，耍傀儡子的就用兩隻手舉著這三根中身間的一根棍，其餘是每一隻胳膊上有一根棍。不須活動時便無用，活動時就舉棍運用自如了。那棍都是衣內藏著，外面一點兒也看不出來。這時候要耍起來，耍傀儡子的真是一個大忙人。台上的角色是離開手的照料，一時也不成，而抽空兒用手，還要敲打那兩面鑼以助興。鑼的位置自然是沒有手捉的工夫了，就是在籠子的旁邊懸著，他便放下鑼錘兒，就得拿起傀儡子。騰下手來，還要開籠子支配角色及一切的安排。手術上這樣的忙碌還不要之緊，而在嘴上還要連白帶唱。他那唱法絕不和耍猴的那樣混喊西江月應場就得一樣。他這雖然是木偶戲，但是有舞台，又有鑼鼓。那末，在唱法上要不講究，反為不可觀了。所以他按著那齣戲必要做唱做白，讓人家聽著夠把戲二字的成分為止。除了唱白之外，嘴裏還是不能閒著。用一個鐵葉的哨子，唧唧的作出種種的聲調。這是在下面換場打扮或者安排的時候就吹將起來，舞台上就不顯得寂然了。總而言之，傀儡子戲內部的組織是極複雜的，而耍傀儡子的一個人，百樣兼顧，一切都要弄得風雨不透。這實在是民間藝術中最堪列舉者[3]了。

（乙）把戲的手腕。內部的組織大概已詳說，我們再盡情談談

運用把戲的手腕吧！前者的組織是有定則的，在這裏純爲手腕的
擴張與其發展力，乃全在乎他個人的藝術心理而判斷。好像舞台
上的"出將入相"的簾子本是虛設的，出將的時候就把木偶人子從
下面往上面一舉就得了。有的就弄得不合樣式而露出馬腳，而手
腕靈巧者就用木偶人一觸那面小簾子，閃閃然就和從真正的後台
出來不差絲毫。而在"入相"的時節也是如此，所以觀客[4]要遠處
著眼傀儡戲就直和一個舞台戲不相上下。好像耍傀儡子的在裏面
有千百化身的妙法，而擺弄得這樣若有若無哪！耍傀儡子的在裏
面雖然這般忙碌得不可言說，然而他對於幕外的觀客尚有一番審
察的心理與眼光。他蹲在那個圍幕中，僅是隔著一層布，外面的環
境一切還都要觀聽得見。内外兼顧本不是容易的事。至於他的目
的是：一則爲看觀客對於台上的把戲歡不歡迎，而便拆長取短更
戲換幕，以引起觀客的興趣與歡心；二則所爲就是唯一的目的——
討酒錢。那時他把台上的把戲做演得熱鬧非常，木偶人子真有如
生龍活虎。觀客們自然都要大笑開堂，或則樂不可支。耍傀儡子
的趁著這個機會，就遣出一個小木偶人子上了台來，提著一條繩
子，下端墜著一個小筐兒。那個木偶人子便搖頭幌腦，作揖禮拜，
叩求看戲者賞些酒錢，以便使角色賣些力氣，好開軸子大戲云云。
這樣的一花説柳説，看把戲本是花錢買樂兒。這時候老太太、小姐
們就不得不開通開通，或則五枚八百，或[5]則三千兩吊，就往那小
筐裏一放。銅子的分量，耍傀儡子的在裏面執著木偶人子也覺得
出來，而在下面隔布用眼透看也得見。對於酒錢的慾望滿足了，於
是乎就道個謝，提了進來。入了腰包之後，馬上就要開演軸子
戲了。

　　（丙）戲目的調節。傀儡子戲的戲[6]目倒容易分析。因爲劇
目太多了，實爲不可能，角色既然在籠子裏容留不開，而且齣數一
多，耍傀儡子的實也擺弄不過來了。所以傀儡子戲至多爲六齣或

八齣,少者就是四齣至五齣了。傀儡子戲也分文武兩般,大概文戲當佔全部十分之七,武戲要佔全部十分之三。文戲中上台約角色雖然多,而耍傀儡子的並不覺得拿手。其中也有什麼"大燈殿""三疑計"等這般老掉了牙的梆子腔。響響鑼,出來了一個角色,道兩句白,咧咧兩句秦調兒。於是就把他放在舞台的犄角兒一立,再出來第二個角色了。這樣的戲雖然每齣佔卻好大的工夫,觀客除了看他那"以假作真"的排場和做工之外,倒覺不得什麼興味。趕到文戲演過大半了,於是這就該開武戲了。你別看武戲的角色身材比較文戲[7]的角色身材小得多。可觀的玩藝兒,起打最有精神魄力者,完全都在身材短小的木偶人子哪!那樣角色的構造,是上面整個的表顯出一個木頭腦袋來,鼻眼清明。下面的衣服只爲一兩件短靠,並不像文角兒所穿戴的那些五光十色的行頭。他言語上所表現的並沒有唱調,除了相當的白口之外,或哭或笑,完全表出於耍傀儡子的嘴裏的哨子。他那舉動上是跳跳躦躦,非常的活潑。其手中起打的工具,或棍或棒,亦刀亦叉。而把戲中所包含的旨趣,有時爲技擊,有時就爲生意玩笑場,有時就和滑稽的魔術一般。這一個就裝傻充怔,呆板到死地;那一個就窺探襲取,靈俐得又太過火了。那般角色雖然都是木偶質的小人,就讓耍傀儡子的這麼一擺弄,竟然能夠千變萬化,如同現身說法的活人一般。好像甲乙兩個角色配這一齣滑稽戲吧,甲伏在台沿間假裝睡覺,而乙就迭行□[8]近撻之以老拳。甲還一死兒的裝不知道,最後甲氣極了,就暗在身旁安置了一柄刀。乙這回又來了,方一張手,甲猛然抬頭一刀便砍著了乙的脖項。當時血流如注,而直呼喊"俺受不了咧。……"哆哩哆嗦退進場去。甲人也得意然,賣兩句嘴,而就閉幕了。這不過是一個例子。其餘的許多武戲的榜樣,大概都和這個不相多差了。但武戲有時也不起打,只爲技藝的競賽觀。那比苦苦的拿刀動杖更顯著有趣可觀哪!角色一對上了場,每人把著一個大碟子,用木棍挑著亂轉,相互放在肩上頭上,觀者看著真能采聲不絶。這全憑的是耍傀儡子的兩雙巧手的指使,而也不顧得吹哨與打鑼了。末了,還把碟子的棍插在頭上的孔中,一點一點的往下落,落到無處可落爲止。那時小人子也呼喊"不好受"而罷了。諸如此類的把戲,實已不勝枚舉。其餘還有許多的趣劇,如"王小兒打老虎""老頭兒背少妻""豬八戒奪親"等等,我們也不須多贅。總而言之,那些都是軸子戲的時候所演的,每在一台戲中也不能完全都演過了。不然好像這家兒方演完,而隔壁的那家兒又叫唱,又當拿什麼新鮮的戲以應付之呢。在開演軸子戲的以前,他必要用一條紅蛇或其他獸物在台上繞蹭一回,就和真劇場滿台上跑人化的老虎是同樣的意味。由此可見,傀儡子戲實有大劇歌舞的脱胎,而並且還神化的了不得呢!

　　從上面三項的分析看來,大概傀儡子戲的種種都已知道他的表裏了。要説耍傀儡子在正月裏掙上好些錢也真不容易,俗説"三世爲人,纔能跟木頭説話呢!"這是説音樂家的難以養成。至於耍傀儡子的,他不但是和木頭説話,而且成年際和些木頭人子與夫弁髦緇裸打交對。把那些好像不祥之物都能創造與組織化了,而賴他生活。好像"王小兒打老虎"的時候,以一個木頭人子能够表顯出孝子的氣慨,令觀客真認爲他是那年那月的王小兒了。再如吃王小兒的父親的老虎吧,明明是耍傀儡子的手擎著一個紙的虎頭皮,擺弄起來,觀者已認爲耍傀儡子的手指頭是老虎嘴裏的獠牙了。這樣的神奇妙化你説怪不怪呢? 就由此可見,耍傀儡子的天才與資格,必須要有建全的藝術性和知識,做起把戲來纔令人有鑒賞的神奇觀。否則"作假不成真",反爲"畫虎而類犬"了。可是這樣説,據作者所參觀過的傀儡子戲是沒有一台不生趣的。自然那一個耍傀儡子的都得有兩下子,然而在嗓音上尚有些個迥乎不同處。有的説清脆宏亮,咬字真切,學花臉是花臉的聲音,學花旦是花旦的聲音，並且把那嘴哨子吹得也是好聽得不可言説。但有的就是一種呆板的嗓音，既不能活轉，咬字也不真切，使聽者一榻糊塗。只知道台上的熱鬧而不了解是怎個事由了呢！這前者和後者的資格就差得多了。故我敢説，欲使傀儡戲成爲民間的一個大藝術品者，耍傀儡子的須先要鍛[9]鍊嗓音，使他運轉靈通，以完成這一個"美的把戲觀"。説到此，耍傀儡子的也該結束了。

【校記】

[1] □，疑爲"刻"字。

[2] 零，原文誤作"靈"，據文意改。

[3] 者，原文誤作"著"，據文意改。

[4] 客，原文脱"客"字，據文意補。

[5] 或，原文誤作"成"，據文意改。

[6] 戲，原文誤作"細"，據文意改。

[7] 戲，原文誤作"武"，據文意改。

[8] □，疑爲"觸"字。

[9] 鍛，原文誤作"鍜"，據文意改。

(三) 耍耗子的

把戲中是最無窮盡的，而又能變化千端。要和畜類相合，做出玩藝兒來，還不像工具與木偶那樣受人的擺治，自要有手腕子就能運用自如。動物是具有性與活質的，排練得很是好，趕到臨場他或許就不受人的指使了。在這一節上就是如此，所以世人都目爲陰詭的老鼠（耗子正稱老鼠），真是"惡物自有惡物磨[1]"。他居然也受一般"耍耗子的"的教導，而在人們眼前做出種種的老鼠戲，説來也真神怪多了。這又怎稱得神怪呢？我們就先是不得不把老鼠的本性説一説。他的本質是"成事不足，壞事有餘"的，他的護身符就在嘴間，盜墻鑽洞乃爲他的本能。他對於人表面[2]上好像是怕，實則無所畏也。好像這屋裏的主人遷居了，當夜老鼠窩竟也實行搬家。每到夜間他便出洞，輾轉身形，躥桌越案，高來低去，由東墻洞出來，返而由西墻洞進去，實際繞道又歸本窩了。他真是四面八方，無所不用其極。若非銅墻鐵壁，簡直是無以制止老鼠的横行霸道了。這是説他對於人的擾亂。其次，還有許多對於人的打攪法。屋中的老鼠若是鬧得太歡了，主人在明面上簡直連一點食物都不敢放。若藏在箱櫃之中，他們進一步也能給弄個大窟窿。除了這取食的法術之外，他還有許多驚人的把戲。他真是吃飽了喝足了，拿著老太太們開玩笑，拿人睡覺的炕當作運動場了。你且看他抽冷子在桌子上把身子一立，前爪兒一抱吻在嘴間，尾巴横放著，這名叫作"馬後課"的算卦，黑糊糊的。而其腹下是白色，真令人看著是一個大蠟台。又如他們在人被窩上亂鑽混跳，已爲常事。他有時進一步就去和主人親嘴，你説可怕不可怕。由此可見，老鼠乃是一個最殘忍的東西。若要拿他做出把戲觀來，實乃千難萬難的事。耍耗子[3]的要鍛[4]鍊這樣老鼠練玩藝兒，訓練不成，反能把範圍他的工具和環境弄得地覆天翻，或將挖洞而逃走，直把耍耗子的氣得不能喘氣了。

那末這耍耗子所耍的是什麽老鼠呢？我們再把老鼠的種類略爲分析看。老鼠概分爲三類：一是家老鼠，就是以前所説有那些神法而最陰險的東西；二是豆老鼠，他多生於農田之間，比較起前項的家老鼠則身不長，尾也短，性質順利的多。所以人們把他捕來，還有籠之以喂活者；三則爲白老鼠（俗説洋耗子），他的出身地也和豆老鼠是一樣的。這種老鼠身形是極好看，白身則爲紅眼，黑身[5]則爲黑眼，身材較小，體質活潑。他絕不像家老鼠那樣的殘忍兇屬，而且並由天然中帶著一種藝術性。人們若不相信，且擺出幾個例來看。他在田間如遇見高粱根，便舉行上下飛跑，就是俗謂"猴爬桿兒"的戲律。他若搏住一個老玉米，便圍身旋轉，做乏了抽

身間便不見了。這種藝術的表現,和那家老鼠的遇物便吃破咬爛
爲止,真有霄[6]壤之別了。因此,兒童們和一般無聊者都愛畜養
他。他居然也爲金錢代價的交易品,在廟集上的鳥兒市也佔一席
地,是專買賣這種老鼠的。人們把他買回家去,附帶著必還要購置
一具"耗子匣子",就和買鳥安籠子是一樣。那種匣構造的很巧,除
了老鼠吃睡的處所之外,普通都有兩種把戲台。一是鐵輪子,中間
有兩個軸兒,輪內可容老鼠的身形,橫著自能旋轉不息。二是磨
盤,上下有一鐵桿,中端嵌一圓木板。老鼠上去運用開四隻腳,便
轉動如風掣一樣。匣子明面都有一塊大玻璃,以爲觀看老鼠做戲
之用。老鼠和匣子都買齊了,裝在裏面放上食物,往墻上一掛,也
不用訓練,自然老鼠就與那兩樣把戲台相協合。每在吃飽了之後,
便到把戲台上來運動。他那作戲的表現還是極端的,蹬起輪子來
就沒有完。(因此北京兒童們有一句話,說"耗子蹬輪子"。)若有一
對老鼠,這個蹬開輪子,那個便搗起磨盤。你大蹬我就大搗,大賣
力氣。一陣鬧起來,非弄得力盡腿疲絕不爲止,然後突突歸到窩下
休息去了。養活他的人這個樂兒也真不小,不用費吹灰之力,自然
在自家圍的壁上就呈現出一台長期的老鼠戲。雖然老鼠的尿不驚
人,弄得滿屋都是狐騷臭,但心中也自甘。可是一家中,年老好潔
的就有厭煩不了者,而愛者絕然護不釋手呢!這匣子裏的老鼠若
有雄有雌,交尾之後,不久就能生出小老鼠來,乍出時就如同蠶豆
一般。此時那種狐騷臭自然比較平時強烈些。家人反對者自是欲
將大小完全除盡,而愛者此時愈好奇且認幸,恨不得能把老鼠匣子
放在被窩中。

　　上面拉扯了這麼一大堆,各樣老鼠的分別大概俱已明白了。
自然不用我說,耍耗子的所採者必是那第三種老鼠了。他既然有
這樣藝術的天才,耍耗子的於排練上也自爲爽手,好在所需要一切
的工具也都是奇巧靈敏的東西。大概每一個老鼠老老實實訓練上

一個月，就能有驚人的成績排場，便可以出門賣藝了。耍耗子的出來做生意，除了那些工具之外，便單純的和些黑白的老鼠們打夥。夥伴兒的數目是論對兒，普通者就四對兒、五對兒，至多攜帶七對八對兒就足了。臨場個個都得應應卯。末了擇其藝術好者，演上一、半齣軸子戲。説話間銅元到在腰裏，耍耗子的吃白麵，夥伴們只吃些窩窩頭化的豆糧。耍耗子的工具，與其生意的號召物是毫不負累的。僅僅在肩上背著一個小木頭箱子，上面花拉虎吵兒①的安排的，都是老鼠用武之地。好像掛著一個如同剃頭的磨刀布一般的長繩條，橫著嵌著木棍兒，這便是老鼠的上天梯。擺著的什麼木頭的石榴桃兒，兩端都有大窟窿，是表示老鼠鑽洞之所等等。其餘還有小順風旗，一切都能引起觀者的好奇心。至於吆唤的方法，他乃是吹喇叭，嗡兒哇兒在大街面上一響。聞者理會這是耍耗子的。因爲他那種吹法，是別有一種味道，和那些喜喪事的"吹鼓手"的吹法迥乎不同也。

在從前，顧主招呼他，有上一吊八百的錢就能耍上一回。如今自然老鼠所需要的豆糧都是貴的，沒有個三千兩吊是不能開台了。在這裏的戲目也有説"全套兒"的，也有講多少齣兒的。如説"大小十二齣"，演全了是多少錢。價錢上我們不管，單講講老鼠戲的細則吧！老鼠的做戲當然比不了猴子，一提拉繩子就是一個毛兒跟頭。他乃是離了工具相調和是中看的，這也是他身材短小的原故。他練那工具的玩藝兒也分兩般。一是耍箱面上所有的玩藝兒，然後這纔一一取出箱子裏的工具使他耍呢！兹揆老鼠戲節的大略，則可分爲三種方式：（一）身形的；（二）傳遞的；（三）手術的。兹略分説之。

（一）身形的把戲。這就好比是穿桃子鑽石榴，由這個孔兒進

───────────

① 花拉虎吵兒，即花裏胡哨兒。

去,由那個孔兒出來,以及上高下地,往來如老虎之穿山越嶺一般。至於這類把戲並不是只以穿石榴等等爲足,其餘還有"登梯爬高兒"許多的樣式呢! 我們以其無多趣,故不爲贅説。總而言之,老鼠在各種工具內表現各種的身形法與我們看。自以活動起來,東出西進,有似一條長蛇,鑽越起來,忽上忽下,如同帶翅兒的小鳥。耍耗子的藝術性,同時都可以見到的。

　　(二)傳遞的把戲。這時[7]老鼠往來如穿梭一般,太靈活了。進一步,也就要他攜帶物品,什麼小旗子、各種小木頭玩藝兒和小繡鞋子等等。由這裏放在那裏,或是自上面擺在了下面。老鼠是何等詭詐的東西,他居然也受人指使,把各樣物品緊緊抱著傳送。行程上的表徵,簡直就是一個小菰賊一樣。這也就是這種老鼠,若是灰色的家老鼠,這種事萬也難以做得到。倘强做時,大概物件到不了目的地,中途上工具已稀爛八遭了。

　　(三)手術的把戲。這是要拿老鼠[8]在耍耗子的手上,作出種種的把戲來看。如耍耗子的伸直了大拇指,這便有如一條槓子,老鼠便在上端盤耍起來。回頭再取出一個老鼠來,一對兒也可以對耍對練,頗有可觀。統括之,就是老鼠以耍耗子的手爲依歸,是運用身材之地和手相互做出戲來,能够天花亂墜。一方面,這也在乎耍耗子的手腕的巧妙,處處都能迎合老鼠身質,與其靈巧的措置協調著便成一美的老鼠戲了。

　　這三項的老鼠戲,若能做弄好了,便能得心應手。和擺弄泥人、麵人一樣,讓觀者看著能够興致勃勃、時時入勝。作者不看老鼠戲已然兩年餘了。按當下説,把戲中也許又興出什麼新鮮別緻的花樣來。我沒有曾説到戲類,那自是不要緊的遺掉,並非是我們考較老鼠的不到家了。

　　耍耗子的喇叭在作把戲的時候,也同樣有助興的作用。老鼠正在練得歡蹦亂跳,他那喇叭也吹得熱鬧非常,但也不能老吹。一方面還要有説明和口唱,在耍那一齣以前,耍耗子的必須先講明,並嘴裏唱唱有詞。然後,這吹喇叭啊,來了。至於耍耗子的那些唱調,歸宗兒都是民間把戲的拉典法。好比耍猴兒的口口聲聲離不開孫大聖,而這個耍耗子的就也不免句句調調,拉那"西遊記"無底洞中耗子精故典了。這個我們都不用多敘。

耍耗子的也有討酒錢的方法。他那並不耍待開軸子戲的時候纔討要,乃是看著觀客這時有了興趣了,然後再另取出一個老鼠匣子來,討酒錢。好像是換一換角色的潤資。大概全箱中有七八匣子耗子,每耍一回差不多都要露露頭角的。其實他那一匣子的老鼠卻只有兩個,都是一雄一雌的對兒,相與配窩。若是兩個雄的居於一匣之中,雖在練把戲的時候没有紛争,但在窩中則不免起強烈的角鬥了。所以一匣之中,惟有適宜的對兒,方纔顯著俱得其所。這樣一來,耗子們耍起把戲纔顯得特別活潑有趣,生動非常。就和人類度兩性生活的精神逸緻是同一原理。不但這個,若弄好了,耍耗子的還有一項利益。一年之中,每匣子都要生長好幾窩的小老鼠來,便把他養成了個兒,擇其善者做候補的戲角兒。其餘都在市集上一出售,每年也可以發上幾筆小財兒哪!

耍耗子的老鼠是極講究衛生的,匣子有孔眼,可以流通空氣,裏面老有棉花,是維持匣内的温度。乾糧每日給三回,好在老鼠不愛喝水。所討厭者就是老鼠的尿,那種騷氣聞之能令人惡心作嘔,甚至生病,所以耍耗子的每日必要把匣子刷洗一回纔罷。耍耗子的也是偏於京東、京南一帶的人多。每到歷年臘月,他們背著箱,叨著喇叭,便進京城中來。自從喧嚷"新禧! 發財!"起,他們便作起生意來。直到過了二月纔都捲舖蓋回老家。生意上的好歹也不得一樣。有的走順了腳步,一天做耍上三十號、二十號,吃不了,喝不了。臨回家的成績,自然在被捲中有一個洋餅子紙包兒。但有的就整天際遊遍了四九城,吹的那喇叭連腮幫子都酸了,只是不開

張,臨完了回家没盤川。或許連喇叭都往當舖裏送,甚至那老鼠匣
子竟成了市集上的拍賣品。拿著身帶一身武藝的老鼠,竟到了愛
而不會玩的孩子手中蹂躪了。

　　耍耗子的種種也可以説至詳且盡了。至於北京城的人們愛鑒
賞老鼠戲者,乃是好奇的理的促使。終夜在家中鬧反了天的老鼠,
居然也能在目前做出種種把戲來,是何等快慰的事。只見一對一
對的老鼠受耍耗子的一擺弄,就和被貓嚇住的一般,順條順理作其
戲子。其實要正練著,恁給他個由蹚蹦之間就逃之夭夭了,耍耗子
的也是一點主意没有。觀客想到這裏,憐之無益,但恨之尚有餘。
只是花幾個銅元,大新正月買一齣心寬解悶罷了。

【校記】

[1]　磨,原文誤作"魔",據文意改。

[2]　面,原文誤作"西",據文意改。

[3]　子,原文誤作"了",據文意改。

[4]　鍛,原文誤作"鍜",據文意改。

[5]　"身"字之後衍"爲"字,據文意删。

[6]　霄,原文誤作"宵",據文意改。

[7]　時,原文誤作"是",據文意改。

[8]　要拿老鼠,原文作"拿老鼠要",據文意改。

　　(四) 跑旱船的

　　這種民間的把戲,雖然不如前項的那樣和動物類打交對,但其
個中的風趣比較,自有過而不及。這種把戲最興盛熱鬧的時候,也
是在新年正月間,大概這都是迎合一般不愛出門的婦女的心理。
二則也是大新正月,銅子兒流通得方便的原故。跑旱船的過來的
時候是成群打夥,熱鬧成一團。只聽鑼鼓兒陣陣的亂敲亂打,人在
屋子裏就可以理會著,這是跑旱船的過來了。一樣把戲有一樣表

現的號鳴，各個不一，所以一聞之間就能够辨別得没有錯兒。跑旱
船的鳴號是一面鼓，兩面鐃鈸（就是兩面銅器，一合就出聲的大
擦）。奏起來是"咚咚咚"的先響鼓，然後那鐃鈸跟著也鳴鳴然起
來。這種把戲絶不是一個人所能幹的，你看在街上只打傢伙的就
是兩個人，不用説那些形具擔子的累墜了。頭一樣就是那主要的
旱船和許多行頭假面具，什麼"大禿頭和尚""鬥柳翠"，其餘還有零
拾碎巧，一切應用的東西。所以除了敲鼓打鈸的是正式角色之外，
還要有一個人扛著那個旱船，並攜著一切的物件，在大街上一走，
直好像是一班小戲子一樣。人要悶了，花三千五吊把他們叫進來，
看一夥旱船戲，聽一陣怯調腔。滿院中弄這麼一陣"駕船舞"，就和
飛一般，其樂趣比較大舞台也不相差幾許也。跑旱船的除了南宫
冀州的人，便是京東八縣的人多。他們是自幼兒就含有這樣的藝
術性，有師傅，有徒弟，練好了是專爲來京作這行生涯的。他們的
口音自然是怯得不可言説了。

　　但跑旱船不是只管練做的，其間還拉雜有一種唱法，是調和練
做的枯燥[1]乏趣。所以由武術之中，更能够領略著他們一種怯高
調，而有時唱的還頗堪入耳。北京城的太太、小姐們偏有這麼一種
特性。舞台上的大戲，看著便目定口呆，而在自家園中聽了這些
"怯鐺鐺調"①則捧腹撓腸，你説可怪不可怪。由這兒[2]跑旱船的
的排練法頗不容易，真是文武兩般，相趨並駕。至於"耍骨頭""逗
悶子"等等，都要體貼入微。然後，這纔算得是一個建全的跑旱船
的哪！跑旱船的人才也極難選拔，只因"踩高蹺腿（腳蹬竿棍作八
仙式的跳舞）"和"踩寸子（假小腳也）"的原故，是非身體强建、靈活
者不及格，而且年歲上每在十六七以上者即爲所不取。你們看大

---

① 怯鐺鐺，方言，指外地口音或"外行"（參見白鶴群《老北京土語趣談》，北京：旅遊教
育出版社，2013年，第216頁）。

街上跑旱船的小孩子，至多者不過十七八歲。因爲他們的年歲要一大，和那扛船的配角兒幾相等了，就不能生多量的美趣，也表不出旱船藝術純真的精神來。由此看，鍛[3]鍊跑旱船的人才，是非由幼小兒不爲功的。他們這一行人採選小孩子，是真看中有尚武的精神者，便排練之。

至於他的志向更遠超。一到年歲，跑旱船不適宜了。再傳授一回，便將[4]是一個把式，或者那一種口技。拿起胡琴來，去唱崩崩兒戲，終身也可以說是一個賣藝的人。排練的時候，第一要□就是“踩高蹺”（其法用兩根棍作爲假腿，縛在腳上可以走路做戲。其作用是能夠顯出身材高的美，並能表白藝趣的壯觀），這真乃是受苦的很。這和那“踩寸子”不相同，那不過只是兩隻假小腳的添配。這乃是生接連著棍子做爲腿，也要行動自如，並且還練出種種的玩藝兒來。先是由短小的棍練作，漸漸增長，直到四尺之高，那便成熟而足夠了。然後，這演練“踩寸子”了，自要是能“踩高蹺”則無往而不會“踩寸子”。那只是一副短棍，兩腳半直立，便顯現出一對假小足來，概亦不穿肥袴子而就要露馬腳也。其次，這再練習旱船的局勢，應拿的架子和那化裝討趣的手腕，以及把戲秩序的配置，這些個都已練成熟了，這該演習唱工了。在這裏除了白口上有所別緻之外，其餘所唱者，概[5]不過是刻板文章的竹板詞和些陳敗，一如“王員外休妻”般的小曲子也。所以，演唱上倒是極省事，大概每一個小孩子有上三五個月的排練工夫，就是一個好唱手，便可以成一畢業的跑旱船的了。這回頭分配成一班，就能夠上京來開演。

這種旱船班是有搭夥式的、有父子式的。搭夥式的是有幾個小孩子爲正當的角色，其那扛船等事，須要一個或兩個配角，就再約會人。這班成了，便是一個組織股分的性質，賺了錢也是三一三十一大家分散。父子式的便是一家人，除了叔和姪便是爸爸與兒子，卻都會跑旱船。於是什麼條件也沒有，便組合成一班旱船戲。

這樣的班是十有七八的，並且演來非常的穩練。因爲協心賣力氣的原故，所以他們起打唱練時，皆能表現出一種緊湊的精神來。

這行跑旱船的也都是帶來藝術的天才。他們雖然都是極強建的身體，你若讓他們去種地打活，他們絕對的幹不了，偏偏的拿起竹板來就能唱兩嗓子。裝起戲子，説男就男，説女就女，樣樣都有三分像。他們雖然都不是輕歌妙舞，但也能博得觀者極端的賞鑒與其同情。現在爲容易明瞭計，我們再把跑旱船的束狀上和戲節上兩部分詳爲分説之如下：

（甲）束裝上。這種旱船戲的排場上，實在不能十分講究，人們根本上就不拿他當作正經的把戲觀，不過是給老太太們解悶的小戲團兒罷了。一班旱船戲的正角都是一對小孩子，配角兒是一個扛旱船的，或再有其他一個，前文已説明。他們自身的服飾上，無論正配角帶有一種"鄉下漢"的風味。配角兒男子拖著長髮辮，正角的小孩兒也都留著幾寸長的頭髮。配角兒都穿著搬尖兒大灑鞋，正角兒若穿上一雙小靴子，已覺得是奇特的了，也了不得了。穿衣服差不多都是普通的短袴短褂。腰橫著搭補，透出賣藝的色彩。至於點綴上，配角兒是小辮兒一盤，扛船就走，落下時咱們就打傢伙，沒得什麼可打扮的；正角兒是一出來就把腦門上嵌以許多的琉璃珠，弄假孩兒髮，這樣的頭顯式好似公子哥兒的派頭。你可別往下半部著眼，否則看來，下面的醜和上面的美比較起來，即無往而不叫一聲"怯鐺鐺"啦！

在街面叫賣的光景已如前文所説。及把他們叫進來開起戲來了，則兩個正角兒打鼓打鈸的責任，就推與那兩個配角兒了。他們若打扮起來更玄妙。先是縛那"高蹺腿"，這簡直是長了半個身似的，幌幌搖搖，滿院中唱作起來，就和一對影戲人子一般樣。在面上，他們也知道純白色是恰人意，就用其大白塊子把小臉抹的毫不透地而以爲美。末了，臉的大部分又被那兩個假面具强佔了去，便是那"大頭和尚、鬥柳翠"（這是紙質作成的，大頭和尚是一個僧人形，紅面腔；鬥柳翠是一個挽髻的女子，白臉兒，平常在廟集上的耍貨場買之也可得。）兩正角兒欲扮男的，便戴上大頭和尚，要扮女兒，就戴上鬥柳翠。這種假面具不是照普通的，只有前端的假鬼臉兒，他是連前帶後具一整個形，扣在人的腦袋上，便成爲大頭式，好似身子都有些擎受不住。眼間有二孔，人的真目光都可以透出來，做作自如，在院中來來往往。大頭和尚與鬥柳翠這麼一調脾，簡直是又成了一齣人化的木偶戲了。

踩高蹺的時候，純然是練武工夫。回頭再踩寸子，這倒是"鬥柳翠"一個人的工法（因爲他是女的）。這樣打扮起來，也不管什麼叫後台不後台，就當著許多觀客，在院中收拾起來，內部的神秘一露而無遺。好在跑旱船的都不知道什麼叫研究"曲綫美"，更好在跑旱船的也都是"鄉下漢"，揭開內部只不過是些野氣。不能像有些神女性的賣藝一來，就給人家好些個笑醜的材料了。至於那十幾歲的小孩子當正角，也都是天真爛縵。有時候遇見大姑娘們把他們笑得樂不可支了，他還不知什麼叫"擠眉弄眼"呢！說話間，小寸子縛住了。跟著就穿那特別肥的套袴子，大概是青緞地花緣邊的多。但這始終總是要得"鬥翠柳"的假面具，也沒得什麼意思。所以，練著練著便要把"鬥柳翠"拿了下來，從新用真頭腦來扮裝。那也不過在腦上挽上一柳假頭髮，相與陪馥著，像個"娘兒們"罷了。這時他走起來已是一個"小腳娘"了。除了袴子之外，若沒有好外衣也不覺得好看。所以他們有的，就撿那帶色衫的配上一件兩件；沒有的，就繫上一條花汗巾，也敷衍了事了。於是乎，便純以女角兒的態度唱作起來。所堪領略者，就是那怯調中的另一種滋味，與其打扮上醜中帶美的風趣。那鄉下戲子的風景也一表而無所餘。他們裝女角所不純真者，概有三種原因：一是因爲他們不能做作出女性臀部特別發展的一部分來，沒有身段；二、鄉下孩子都是“黃牙板子”，一白一笑，露齒之間，俱没有女人的風氣；三、他們面上没有好粉的調和，即或是有，但他們鄉下差不多都是“吃粗糧，喝苦水”，絶缺乏細膩的臉子。

就是他們來上京演這旱船戲這些日子，也是脱落不出來。所以，擦上好粉也不能表現出好看來。又焉能比得了大舞台中，角色是一場一擇粉，把嬌臉兒弄得“潔白抹膩”，恍如仙子玉人一般呢！論真説來，旱船戲乃不是領略得臉子，與什麼好嗓子好身段。這乃不過是粗戲，只是看一場熱熱鬧鬧、痛快淋漓。觀者一心爽就多吃兩碗米飯，所以這個旱船戲是愈怯愈有韻味，越丢醜越能透出那種“民間美”來，他和大歌大舞是不能相提並論的。

（乙）戲節上。跑旱船的的束飾大概就如上述，在這該説到戲節上了。這又可以分爲練的與唱的兩部分講。先説練的，跑旱船的乃是以旱船爲主位，那船的構造並不見得出奇，就是竹子做成的小船架子，下面有竿子可以支持著，周圍襯著彩綢，恨不能一陣風兒就要把他颳倒了。本來是一個人扛起來就走，還要帶著許多的東西，分量若重了也是不可能的事。旱船跑將起來，就是那個“鬥柳翠”打扮好了，鑽在船的裏面。那船是没有底兒的，人到裏面可以站著，兩隻胳膊把他一駕，來往走來，就和那船在水中渡人是一樣。鬥柳翠跑起來是環繞著院子，來來回回，以身駕船，以船襯身，就與跳舞無異，幌幌搖搖，倒也有個意思。那方面的大頭和尚便誠心和鬥柳翠爲難，他的船向東面來，他在東面擋，他的船上西面去，他又到西面去迎。那末嬌的姐兒見了一個蠢大的和尚，焉有不羞之理。

這時候那扛船的配角在一旁敲打傢伙。這鬥柳翠駕著船竟和飛一樣，大頭和尚也東跑西顛，這一陣熱鬧直弄得不可開交。於是乎，來來往往，一搭一合，做出許多的唱調兒來（唱法詳下），支持一回，這一齣便過去了。跟著脱了假面具，便是“踩高蹺”來上場，也駕著旱船作舞。這回雖然也是按著院子的大小以走其極端,但那船擺弄起來已再沒有扭扭怩怩的架子了,立刻現出一種英雄舞的精神。他因踩著高蹺腿,那船也顯著高,搖起來身法是"仙人跳"的形像,那旱船也是如在水中飄飄蕩蕩。他跑跳得乃是有韻有肖,淋漓盡致[6]。於是,便也做出種種的唱調兒。這時的旱船或許是單身的,給那個角留些歇息喘氣的工夫。可是,待一陣子別的角兒也要應接上去,湊著纔顯出熱鬧非常來哪!諸如此類的跑法,已不須多贅。總之,這旱船戲是以跳舞、武術的功夫,用一隻旱船來協合當地的環景,並以身扮作戲子,唱出許多怯調門來。一切節目也沒有定則,都是臨場擺佈,把戲分弄得夥夥熾熾罷了。

還有一種"獅子舞",是附屬於旱船戲之內的。旱船班團結講究的,就另置這一種把戲。普通旱船班都是三個在大街上走,若看有四個人者,那一個人便單獨拖累著一頭宏大的繩線獅子,多添這一個角色就專爲是做"獅子舞"的。那樣招顧的主兒自然要多花倆錢兒,自不待言。旱船戲中若這一個獅子協合著,愈顯著活潑有趣,生動非常了。那獅子的構造,是麻絲和棉與布質所組合而成的,整個的是一個大布胎。那角兒拖在身上,胳膊和腿便是獅子的四隻腳。上面也不能顯出是人的假扮作來,胳膊和腿上都有配色的套布,襯起來就和真獅足一樣。頭上眼間有兩個孔,人也得往外看。頭領上周圍嵌著大鈴鐺,舞起來唏啦嘩啦的響,威武煌煌,十分得趣。"獅子戲水"聽著是何等有意趣的藝術。在這裏獅子便與那旱船相吻合,一同做起旱地的假水景來,直似他們的身境真被河海相環圍。那旱船是踩著高蹺舞,獅子是在低處舞,一上一下,一切步調都相輝映附和,亦即亦離,都是按著傢伙點兒走。這時最可看者,乃是獅子他好似在水中做出種種的戲弄與展身的舞法。雖在旱地,卻與水中的身段一樣也。另外,還有繡球等等的工具作爲點綴。他們相互愈舞得緊湊,那鼓和鈸是越打得起勁,愈舞愈有精神。真是累得渾身是汗，觀者也樂不可道了。這時看客們的觀念，是人做戲中又兼帶木偶的動物舞，自家園又和萬牲園差不多了呢！

　　關於練法的種種已詳說，這再談到唱工上了。練法上自有那樣説不盡的熱鬧，想在這唱工必要更有一番韻味出奇，新鮮別緻了。其實乃是不然，練法上是那樣的夥夥熾熾，在唱工則是稀鬆平常的了不得。旱船戲原來看得是跑得如風神附體，跳得如長翅登天，舞得更是飄搖欲飛。那唱，不過是一種"怯調素"的調和品。只練而不唱，未免都和啞叭一樣，但老唱那些醜曲，又顯不出武藝的驚奇來了，所以是練一陣唱一回。這時候那配角是在練時便把鼓鈸打得不可收拾。抽冷子他們一換唱兒，立刻放下鼓錘兒，就得拿起竹板兒來應場。這竹板俗名就是"掛搭板兒"，是左手零零碎碎的幾片小板兒，右手是兩面大竹板兒。打起來左手的響幾聲，右手的響一下，已是腐老的不足一道啦！旱船戲的唱工上就以這樣的工具爲依歸，你想還有什麼出色的曲調兒呢？大都只不過是"王員外休妻""定保兒借當"這一派雄黃年間①的事故眼兒，經那曲詞家編成唱本。在那破書攤上看見有一個蔴簾子，上面插著許多小本子，明面露著字目，那就是這一類刻板文章的曲子譜。跑旱船的在本地本土所見識的曲調，除此之外還有什麼。這個好在又容易學，沒有什麼叫板眼。只是有些醜嗓子能吶喊，上下和那竹板的打聲不多差，就是一個唱家。那所謂牌子（調門也）也分好些樣。在那廟會渡河的小船上（現在已罕見了），門口兒討飯的乞丐般中都能領略著這種曲調，在旱船戲中已覺得是無意見了。尚可欣賞者，只有那天真爛縵的角色——小孩兒口中所唱的與他那怯調相合，另

① 雄黃年間，方言，形容年代十分久遠（參見白鶴群《老北京土語趣談》，北京：旅遊教育出版社，2013 年，第 52 頁）。

具有一種味道而已。所以，我覺得旱船戲中的唱工無大考究之必要，只得從略了。

　　有者説，北京人若看了一回旱船戲真能爽快三天。因爲少見則便以爲稀罕了，往常外方面來了女賓和親友，以及姑娘回媽家這些事，有老太太便特意的約請跑旱船的來給他們演唱。跑旱船的遇見這時候是真賣力氣，也真多掙錢。普通他們討酒錢也極爽直，只看著正在高興，抽冷子他們便伸手説："老太太、姑娘，賞個酒錢吧！"當然這麼熱鬧的戲是情不可卻，以銅元説，三五枚也實在拿不出手兒去，最低限度也得一吊八百的給他們。有時大宅門子裏的姨太太愛上了"小怯小子"，竟是往兜裏擲洋餅子，他只得"傻受益"罷了。每到歷年二月後，新正風景已大煞了。他們便捲舖蓋回家，把那小臉的大白洗得乾乾净净的，就種地的種地，拾柴的拾柴。欲要再看旱船戲只好過年再見啦！

【校記】

[1] 燥，原文誤作"臊"，據文意改。
[2] 兒字後衍"這"字，據文意删。
[3] 鍛，原文誤作"鍜"，據文意改。
[4] 原文之"將"位於"把式"之後，據文意改。
[5] 概，原文誤作"慨"，據文意改。
[6] 有韻有肖，淋漓盡致，原文作"有韻有致，淋漓盡肖"，據文意改。

　　（五）耍狗熊的

　　（附白：本録含有不少的語言學，故我爲增進讀者的興感起見，由這節上從新加上標點。以期更火熾，多湊趣。——芙萍）

　　耍狗熊是一種極笨伯的把戲，其所堪取材者，乃在牠有人類的形胎，有如猴子、猩猩兒等。（京諺有曰："狗熊的舅舅——猩猩兒。")牠們都可以稱得是一種特殊的獸類，在人類以前的變化史上，據説牠們都與人類的原起極有關係！但在二十世紀説話，這些事俱無可考，咱們單美狗熊。牠雖具有人性的形胎，但極缺乏人性的靈巧；牠若和猴子比較起那本能來，幾有霄[1]壤之別！牠是膀大腰圓，笨爪笨腳。伏之，就像一條大黑狗一般，一立起來，就和人站著一樣。只因牠的頭部和狗的模樣差不多，以狗中之雄見稱，而故名之曰"狗熊"了！

京俗所謂"人模狗樣兒的"，就正應在狗熊的身上呢！牠雖有這樣很好的名稱，與其徽號，但牠根本上缺乏藝術的天才，這真是民間藝術一件大美中不足的事！自民八以前，京城中每屆新年正月，這般耍狗熊的來了，在街上賣藝，那真是滿街上跑狗熊！有照顧的主兒，耍狗熊的拉著牠在各家宅院中出來進去的，則旁觀者不用去看狗熊的作戲，就是鑒賞了這般"狗熊溜達"的局面，就要捧腹哪吧！這幾年來，這種狗熊的把戲在街市上已是不多見；偶然有之，也是鳳毛麟角。作者在本年春間偶然走到東城一個胡同兒裏，見有一個"老憨"式的賣藝家，扛著櫃子、箱子，手中擎著銅鑼和木頭杙子，竟像累兵一般，右手拉著一隻蠢大的狗熊。我的好奇心勝，而又見那狗熊哇哇的亂叫，那耍狗熊的道："連我的肚子還空著呢！"我不免又愛而憐之，一來我不看狗熊戲屈指已是五載了，這時我怎不生那熱烈的同情心呀？巧哉！這時我的窮囊中有些銅餅，攜帶不便，鏗鏘其然，好像牠們在裏面作祟一般！更巧哉！那旁又走來一個按著耳朵，拔著脖子吆喝羊肉包子的小販！我不由鼓鼓氣一把手將那些銅餅都掏出來，換些肉包子，以買動狗熊在街心作些隨手的把戲而暢我懷。這樣包管那狗熊受益匪淺！我想那狗熊耍上三天三夜也不準得些肉包子以果腹。説來也可笑，那狗熊見了這百年不遇的食品，立刻便撓耳撓腮，把那包子翻騰就地，竟像獅子滾繡球一般！直流得滿地盡是口涎，牠也不用耍狗熊的教導，便在街心間連爬帶滚,跌打跟頭,分外顯著火熾活潑。這時耍狗熊的臉上放出一種不自然的笑,連鑼也來不及敲打了。一時招得各式各樣的小販,和些男女小孩子們,都開著笑口群圍觀看,已是風雨不透了! 我個人更覺得非常的安慰,直比在大舞台上聽一場極熱鬧的京戲還滿足了不得呢!

狗熊的表現最能得大多數人的同情,牠一舉一動都是可笑又可奇的。牠由自然間表露著一種極滑稽且又生動的姿態,除非牠那兩隻燈籠一般的眼睛,是有時使人可怕的。(狗熊的眼是小而且紅的,夜間能炯炯的放光!)但我絕想不到牠做起把戲來竟會那樣的笨伯也。所以看狗熊戲是只在理會牠的外像,而不在捉摸牠的藝術;只在鑒賞牠的表狀[2]新鮮,而不在其深求把戲的精細! 是以一家住户人家要把耍狗熊的叫進去,當地方的兒童必要喊叫:"誰家耍狗熊呢! 我們快看……"至於老大之人也能動其觀聽。這是多麽火熾熱鬧的戲場! 至於看牠作起戲起來,只須由背面觀,運用反想的心理,則覺得牠所作者,我人皆能作,俱是蠢醜不耐觀的玩藝兒,但是一到狗熊身上舉演起來,就生出一種新鮮的興趣來,自相理會。那百般不動人的拳脚架式,自一轉在狗熊身上就能美化了! 這就是以牠那種獸性的奇觀而調和各種把戲不生動了。

狗熊的心理唯一是"窩窩頭主義",因爲牠若不餓時絶對的不肯賣力氣的,所以在耍牠的時候是隨練隨喂,一時離了窩窩頭便不中用了。若一食足,牠真是犯狗熊的脾氣來和耍狗熊的開玩笑! 肚子一飽立刻就不幹。這按京俗語可以名之曰"混飯兒吃的!"故我推測狗熊的心理,牠絶不想以極端的藝術表現於人群,爲牠天性的本分,牠只知道一味的誆哄窩窩頭吃! 要不是窩窩頭問題,牠絶不肯屈服在耍狗熊的之下苦奔! 因此牠既這樣的不争强鬥勝,不似猴子似的,能够整個的表現出來牠那藝術的天才,難怪耍狗熊的只用窩窩頭相塞口了! 至於猴子,牠不用耍猴的張羅,便能設法誘惑人們的食品；人們喜歡牠那種靈巧，所以無往而不滿足猴子的食慾呢。這就是猴子能幹，牠有藝術的天才，便能得來美的食以爲酬報而大吃其香東西。狗熊只因蠢笨性拙只好一吞嚼窩窩頭便了！至於耍狗熊的他的目的乃在唯一的飯碗之上，但所獲得的利益也只得聊吃窩窩頭以餬口罷了。拿著一個活人和狗熊成天際打交對，非具有一種特別的耐性不爲功，並且狗熊吃飽了就齜[3]牙，牠比人的食量大多倍！拉著牠整天際在大街幌一個够不够，連人帶熊若不能混個肚兒圓，豈不都成了大傻蛋！狗熊在山中原是度那種極蠻性的生活，牠被人們捕了來，强迫著要牠改變成藝術的生活。

　　我們由狗熊所演種種的笨戲中看來就可以見到，牠雖没有像猴子那種藝術的天資，但牠那種通人的靈性卻也比猴子不多差。可惜一般"老憨"派的耍狗熊的根本上也都没有藝術的智識，與其手腕的擴張，和把戲種種發展的力量。設若有時，我想絕對不能使狗熊只會演兩套笨伯的把戲而爲止。他們耍狗熊的唯一的觀念就極窄小，僅是三着兩式的一氣瞎教練，把狗熊教會得了"三撮毛，四門斗"（俗語，言本能不發展也！）的能耐，慣不能一時把牠拉進城圈兒來，維持老哥的飯碗以飽腹這就够了。他們絕不想怎麽使狗熊戲生面別開，花樣翻新；與其狗熊的靈性，表現的戲分，都怎能達到極美滿生色的程度！照這樣看來，我們愛好民間藝術的欣賞狗熊戲之未足，絕對的不當怪乎狗熊爲蠢貨，自然歸罪於那些耍狗熊的笨蛋！我所以持定這個理由者，乃在我的狗熊實驗史所得來的，我曾[4]看見過狗熊戲，有的那耍狗熊表面露著滑稽的生趣，指動起來都是活潑的姿態（這就是含有些藝術性的狗熊家！），同時那狗熊的耍法就顯著生色火熾。至於打一個"翻金斗"（是倒身正面的打滾法）都帶著有魄力的樣子。有的那個耍狗熊的整個的是"怯頭怯腦"，呆板無生氣，一點兒藝術的本色也表露不出來，則又怎能够使那狗熊有驚人的玩藝兒呢？所以同時那狗熊耍練得就極鬆懈！這樣極是打去觀客欣欣歡歡的興頭。看完只説：狗熊只有吃飯的能爲，而無可觀的把戲了。照這樣不能激動觀客的歡心，而同時人和熊的窩窩頭問題就不免要發生恐慌了！所以每每弄得打破飯鍋，拉著狗熊回老家，就和打了敗仗逃亡差不多了！這是狗熊戲不能發展唯一的主因。所以我説：狗熊不是根本不可以鍛鍊[5]牠的，只因爲牠的藝術心理淺而且近，不像猴子那樣靈性。若教給牠騎羊，然後牠便進一步而想要去騎個大駱駝！狗熊家必須以極智慧的心理，用美巧的教練法迎合牠的拙性，然後才能有相當的好成績呢。絕對不可以排演一陣，拉著牠就要去混飯吃。説句戲迷話：排演狗熊不要犯那票友兒纔會吲喝兩嗓子就去想登台的毛病，及粉墨登場討個大没趣！應該拿出那坐科的方法去訓練牠，這樣竟能夠擴張出牠那極端的本能來，然後這再挑簾兒出將入相，纔能在舞台上享大名！

　　我於此已將狗熊的本性的種種略已敘明，至於怎樣能夠發展狗熊戲到健美的地步？這一節還留在末尾去討論，現在且把正身"狗熊的鍛鍊""狗熊的戲目""群衆的迎合"三項分頭貢獻如左：

　　（甲）狗熊的鍛鍊。狗熊原是在山中流放不拘的，經他們打獵家偶爾把牠擒了來（獵家的目標不專在狗熊身上），牠的能力比那惡犬的顛狂還要大三倍！於是便在牠身上加之以鐵鎖木頭等等刑械的工具，以磨練牠的熊性，著口只喂牠些粗菜野食而爲足。待牠的野性已減煞了多半，然後才有那一般想要組織狗熊戲班的老憨[6]們來惠顧。據説狗熊正身的代價，不過用幾斗米糧作爲獵户的報酬，便能聘請來這麼一個混黑的大角色！這耍狗熊的把角色得到手時，還有一番强烈的磨練，因爲這時他們對於狗熊略爲寬鬆以自由，未免牠那熊力也隨之而起勁！這時耍狗熊的都有一種擺佈的手腕，如先給牠帶上了鐵鎖，忽然解去，見牠一不老實立刻又給牠帶上了好幾十斤的大秤砣。這一來能够打去牠的野心好些。至於食品，忽優忽劣，變幻莫測。如狗熊的天賦由喉間能够發出來一種"哈哈叫"的聲音。這時耍狗熊的給牠起了一個名字，如以"黑兒"説吧（這個名字是最普遍的一個），他叫一聲"黑兒！"牠若哈哈兩嗓子，意思是答應了，然後便給些美的食；牠若不答應時，便一氣把牠餓起來，待幾時能够答應了，再予之以飽！總是那磨練的手腕與步驟，用盡千方百計的方法，而引牠藝術的途上走！這樣的鍛鍊經過一個長時期，牠的野性全消，然這再引導著牠作戲！耍狗熊的先作出許多榜樣來給牠瞧。好像他打跟頭，同時也使牠照樣兒學習；耍狗熊的自己舞刀、耍叉，同時也讓牠照樣兒排演。但在排練之間，一旁絶不可少了相當的食品，例如一旁放著好些美的可吃物，狗熊一見便眼饞起來，口涎直垂到地下，和那土都和成了泥窩兒。這時牠的食慾澎漲，耍狗熊的便乘此機會使牠跟著排演一件新鮮的玩藝兒。和他表示："如果你要是能練得好，那便是你的食！"狗熊當時便分外的起勁動興。演練起來便能著實像那麼一回事了。然後，便用那美的食滿足牠那老肚的需要！這樣一來牠的藝術便有一番强大的進展。這些事只在耍狗熊的手腕的運用，鍛鍊的日期就沒有一定的規律了。

　　經過一番排練的工夫，這個時候狗熊的感覺已是認定的耍狗熊的爲牠的主人了。相互的隔膜又退卻了一層！這是把戲進步第二個時期。然後再翻新把戲的花樣，與夫各種工具的點綴，不期狗熊便成一個出科的角色了！然後這就能把牠拉進城來獻技！雖然牠這時候已成了一個整個有用的熊才了，但耍狗熊的[7]爲防備牠的能力萬一起見，也不能完全予牠那種無拘束的自由，只是一根很長的鎖練穿套在牠的鼻頭之上！放手就座，拉著時候便緊緊的握住，雖在把戲的場面上也輕易不肯大張其手！至於耍狗熊的木頭杓子也不離手的——那是狗熊的令官，舉杓一指揮要牠怎樣，牠便怎樣。狗熊唯一的觀念是：“我聽杓子的話，杓子能往我嘴裏送食!”

這般耍狗熊的都出在京東、京南各縣一帶，他們這般人都由那怯頭怯腦之中表現出一種活潑的生氣，臉上常常放出一種極自然的溫和，整個的表露出來他的身內尚有一顆極具柔耐的繡心! 他們排練狗熊的時候只是缺點這一時期能成一班，到時可以出來許多的熊才! 惟能單個單個的教練，設若將一個極有藝術天才本能的耍狗熊的，來排演這一般狗熊的，自己也不用去再作生涯，只是一味作那“狗熊教師”，然後再分配出去開演，但是狗熊是跟著誰排練的，便惟一的跟著誰去耍，是認熟而不認生的。由這一點又使我們理會著一種獸性自然的表現。

（乙）狗熊的戲目。狗熊是見食便眼開了，牠就知道賣過一陣力氣之後，便有食品的慰藉。演起戲來絕不知道什麼叫作“扛頭”“拿糖”“不賣”（舞台劇名詞之一），與其擺大架子，扭扭怩怩，半推半就的態度。牠只知道一味傻耍傻練，演起戲來大賣力氣，不遺餘力! 設若中國的名伶都這樣起來，包管我人能夠欣賞極端與多量的藝術了，梨園界大慶幸矣! 而狗熊戲所可觀者，就在領略牠的勇敢，那種獸的極端性，自首至尾，始終毫不鬆懈的地方。但絕不可拿出觀舞台劇的眼光來看。這個名角方才高興起來多賣些力氣，而反用“似太過火”四字的罪名以相咒罵! 這樣豈不是那角色的一身痛汗反出於無用之地了麼? 狗熊戲就是看牠演來熱鬧。那種熊的姿態是，越起勁越能露出滑稽的形容；愈肯大賣力氣，愈能激起觀客好奇的歡心! 京俗有一句歇後語說：“狗熊吐血——耍傷啦!”由此可以知道狗熊肯賣力氣到怎麼個程度了! 就此我且把狗熊戲目的細則分析出看!

（一）跌滾。這是開場把戲的頭一遭，在地上隨著耍狗熊的指揮，滾東滾西，隆隆的鑼聲兒振動著，一聲響，叫牠起來牠便起來。

吆喝一聲:"黑兒,滾兒一個。"牠便復又滾下去! 打滾法是身子從橫面去旋轉的,東滾西轉,南翻北覆,滾得熱鬧非常! 至極端滾得緊湊的光景,有個名稱叫作"就地十八滾",或説"就地十八盤!"這時候耍狗熊的鑼聲也極打得緊湊。地下這個黑貨繞眼的運轉,就好像是一個極大的黑繡球在地下打旋一般! 其次,是直上直下的正身跌倒法,説明白了就是打跟頭。熊頭朝下,身子一觸地,旋然起來看得乾浄利落。同時,牠打了一個跟頭,耍狗熊的便跟著鐺的一聲鑼! 有時身子朝後仰下去,打一個反跟頭,這個在跟頭中是最出色的了! 跟頭打起來,是前仰後合,忙亂得不可言説,這時耍狗熊的鑼聲是絶對不能亂敲混打的。好像狗熊頭一觸地,鐺的敲一聲;身子起來,便又打一聲;步步須迎合著狗熊的步調,和前者那"就地十八滾"的鑼聲,緊湊一聲不搗一聲的時候,顯然的有一種分別了! 這樣的聲具和戲幕兩相調查著,才能使顧客耐觀耐聽,捧腹大笑!

(二)耍叉。這是第二種的把戲。耍狗熊的取出一件不長不短的鐵叉,那叉若太長了,恐怕狗熊的矮小的身材有所耍不開也! 並且那個叉頭絶不能像利刃! 狗熊擺弄起來,那一種熊勁收不住了,叉頭之上若有刃時,倘或狗熊一不留神傷了牠的皮毛,這簡直不用等牠"耍傷了"而結果去"吐血"! 而在這熱鬧中間,皮破毛落就演成"血狗熊"的活劇了! 所以叉頭上絶不許帶利刃。而領略者乃在狗熊玩弄鐵器的笨趣,與那舞台劇上的名角兒把那寶劍鐵斧等弄得繞眼一般光毫者(梅蘭芳的別姬,王長林的砍柴等),大不可同日而語! 這時狗熊已是動了手中的戲法。牠那兩隻黑鐵似的爪子,耍起叉來分外有一種穩重的光景。第一著把那叉桿放在爪腕子上來回的轉動,這時叉的鐵盤子不能響動,只聽耍狗熊的鑼一氣的亂敲亂打,這是最生趣的一幕。其次把叉環繞在熊身,上下翻滾,則叉盤子花啦花啦的亂響,這時那鑼也敲得極急促,別有一番風雨不透的熱鬧！

（三）舞刀棍。這第三種把戲是進一步而動了大傢伙了。這在武術兵器之內是分爲三大項：是單刀、短棍與雙棒。要狗熊的那把刀是短小而且不快利的！乃是正合著狗熊的身手而來，不然要是真把一把利刃交給了牠，狗熊老哥一著失爪就要當場出彩了！狗熊所練的刀式不過是一陣繞脖圍身，穿腿，種種的大樣式。若真講究起步眼架勢與局位，卻和把式匠的練法相差多多了！就是這樣也要招得那老幼的顧客都笑聲不絕於口啊！至於那短棍與雙棒也不過是照樣兒要練一陣，也沒有什麼新鮮的花樣兒了。

（四）套環。這種把戲已然帶出花樣兒來了。狗熊先將那一個鐵圈舞一回，然後舉行耍套，什麼套在脖子上，套在身上，進而兩三個鐵環一齊套將起來。這種“傻熊自上圈套”的樣子，分外顯著有趣！這時耍狗熊的口內和手裏的鑼都是忙亂的了不得，按著戲幕都有相當的語言與名稱的點綴，以助興趣！好像見牠把三個鐵圈都套在身上便吆喝一聲“三環套月”！

（五）扛枷。以上各式各樣的把戲都是屬於舞練性的笨劇，在這裏則進一步開演拿手的戲了，比較起來趣味濃厚得多！這種戲又可以名之曰熊化的戲。用一個木頭枷（這是負罪人所帶的，舞台劇上的蘇三起解時，她脖子上那個大鎖練子拴著一條兩半的大魚餅，那是女性的枷；買家樓的好朋友們，一班那脖子上轉彎的好似大冰盤的木頭塊，那便是男性所扛的枷樣！）將鎖練子拴著，給狗熊套在脖子上面，狗熊的兩隻爪子按著，折下腰去，低身下氣的來往溜達，就和負罪的犯人是一個模樣！這時耍狗熊的敲著鑼。顧客們所看得是狗熊摹仿人的樣子，與其負罪扛枷從容著無可無不可的態度。這是最出色用熊化作人戲的熱鬧節目之一。

（六）賣膏藥。這是用熊化作人戲的熱鬧最後的一個節目！當時也可以說牠是軸子戲了。牠這種賣膏藥和“眏歌”會中的賣膏

藥的是同一的意義！因爲在二十世紀以前的社會，有以賣膏藥作
生涯的，他們在市井中最是擅長於挨駡學，於是在戲會中間都愛深
刻的描摹他，以滿足民間愛鑒賞挨駡學的慾望！比如往常這一處
開光吧（重修廟宇之賀新），有多少檔子會戲齊集，一般村姑村童，
鄉市老幼們，大部分人竟唯一的爲看"姎歌"會中這個賣膏藥的而
去之也！由此可以想見他的魔力一斑了。至於狗熊戲中的賣膏藥
的，牠既是以熊化作人戲，這是就又覺得比那猴兒學人高超得多。
雖然是，可別看他笨伯，因牠這時是極像人形，極有達到人體本來
面目的身分！所以牠耍這套把戲時是最合風度，無往而不惹人闔
堂大笑了。狗熊能裝扮起人來作挨駡戲時，牠能比人更露出自然
滑稽的形態，因牠根本上備具一種滑稽的天趣！耍狗熊的打扮牠
時就和"傻大爺成家"是同樣的可奇可笑，讓牠怎麼樣牠便怎麼樣。
有的還在狗熊的頭上貼上兩張大膏藥，而爲"以身作則"的幌子。
然後便把那個盛工具的箱子叫牠背起來，右爪舉起鈴鐺來鐺鐺的
搖幌，熊嘴只是"哼哼哈哈"的呹唤，在戲場的周圍繞上幾個彎子，
真能惹得顧客笑得撓腸捧腹，大樂不絕聲！臨完了，若討個酒錢，
誰又不肯掏腰包呢？説及此，這個軸子戲閉了幕，也就該完場了！

　　除了以上的六大項把戲之外，狗熊還有一種"口技"，我當略爲
一表，但也不過是"哼哼哈哈"的兩嗓子極蠢醜的聲音！好像耍狗
熊的呹喝著牠："黑兒！學一個賣爪子兒的！"於是狗熊便張著大
嘴，只聽："哼！啊！哈哈！"這種傻腔調以應卯而罷，這也是耍狗熊
的一種誆哄酒錢的方法，餘者也是這種調門兒，説牠像什麼便是什
麼罷了。我推測狗熊牠此時對於人事自然有極多的理會的地方。
可惜牠僅僅能用哼哈二字代表出來，這也是狗熊一件極大的缺
憾也！

　　至於耍狗熊的在這一台戲的中間，也是手忙腳亂！第一先要
解説這是什麼節目，跟著就給狗熊換行頭，帶著檢場，交代明白了，

演起戲來。手裹敲著鑼,一方面還要照應著狗熊的身法作派,嘴裹還得按著節目瞎吆喝那種怯調!完了這一場,放下銅鑼就舉起大木杓,取食相喂,好讓牠接連著捧場!要狗熊的從唱那種怯調中,也有這麽一種"拉典法",就和要猴兒的將猴兒說東比西是同樣的作用。這爲得是能激起觀者強大的興感,表白由這樣的獸戲中還能括出"鼓兒詞"等,與夫雄黃年間的各種事,藉屬觀聽而形火熾熱鬧了。現在單以這個狗熊說吧,牠手爪把起鐵器來,則要狗熊的便唱出口調:不是將狗熊比作"猛張飛",便把牠比作"黑李逵"!可惜這樣的詞調我已記不多了!還有兩句我記得似乎是:"小狗熊兒搖頭擺尾!好似李逵!鑼聲兒一響,唉!又變成個猛張飛嘍哎!……"狗熊要耍起叉,他又把牠比作"牛魔王";牠舉起那長棍好似耙子,則又比作"豬八戒"!然後進一步,狗熊一伸爪,要狗熊的便嚷:"這是托塔李天王"!拿起旗子來,則又說:"這是老將姜太公"!前者比如"牛魔王"與夫"豬八戒",似太妥當了,真是"摹仿尚不足,合格且有餘"呢!而後者幾把牠比作至尊至貴的天兵天將,冠冕堂皇的大帥神師,則倒霉的古人,被狗熊拉上了替身,毋乃太冤乎?

(丙)[8] 群衆的迎合。看了上節的狗熊戲既熱鬧到那般五花八門,生奇湊趣,則人們自然有一種極烈的好奇心以相迎合。先從市井上兒童們的身上著眼,他們那種好奇歡呼的表現,尤其是越發的衝動!狗熊所讓人叫怪的:第一、要狗熊的拉著牠絕不拴著牠的脖子等處,是用一根長鎖練兒,將一個大釘子穿透了牠的鼻子!因爲狗熊是一個藝術家,不能縛束著牠的身軀和爪子,而不便於作戲;這樣兒不但妨礙不著牠的作戲,並且拉著牠在耍練的時候,牠要犯起熊勁也是跑不脫!更可笑者是,拉著牠走在街上,好像是一個站起來的小鐵[9]駱駝一般樣,難怪小孩子們歡呼著,好像參觀怪物一般了!如此不用看牠作戲就這樣的有趣,由理想中牠要做起戲來,還不知道更有什麽新奇的花樣呢！所以有一家兒要起狗熊戲來,不用説那當方的小孩子們都高高興興,追著趕著的,拍著掌,呼著叫著的去觀看;就是那過路的行人也都站著叫奇！那纍兵一般的小販們也都把做買賣的心打掉,站在門口兒看不見也是甘著急！

狗熊的人緣兒既然這樣的好,但是惟有一般持著"奴要嫁"的姑娘、小姐們絶和牠没有緣！(不能一概而論也！)因爲什麽?這乃是狗熊爲一個極醜笨的東西,有衝那閨秀的温存也！而更恐怕演成"高老莊"(或説豬八戒招親)的趣劇,那可不是鬧著玩兒的呀！其實這乃是一種情感方面的假面具,除非智識階級與極開通的人物不能將牠撕破。且看那些賦性豪爽的婦人是絶對的歡迎狗熊,和牠表示相當的好感,拿牠開心,這是多美的一種趣局！

至於"討酒錢"已是要狗熊的口頭禪了。因爲狗熊戲的原價並不多,記在前歲的光景,京中有銅餅念枚便能唱上一台狗熊戲,而也成爲老官價了。試問連人帶熊那裏能够維護老肚的豐足呢?所以唱狗熊戲正在演得熱鬧中間,要狗熊的就得大吹法螺:"怎麽不够我們吃的！老太太們不用憐惜我！自當是心疼了狗熊！……"這樣一來,誰看高興了不肯破費個一吊八百的呢?

看了上面的三大節,狗熊真稱得起是在本俱樂部活現了一回,充滿了牠的形形色色了。讀者對於狗熊戲的種種已得一概觀了麽?今對於狗熊我意猶未足者,就是開場時刻所説的"怎麽使狗熊戲得到極美滿的發展?"這個問題了。我以爲那群要狗熊的選角的時候,卻没有一點審美的眼光與知識,極是缺乏甄别熊才的能力！看見了一隻笨熊也要在牠身上耗費許多的人勁！結果也不能有一點好的成績。依我意最好是把這類笨熊作爲配角兒,把那比較靈性多量的狗熊作爲主演的頭腦,排練的時候拿牠作爲榜樣,不期也可以對那些笨狗熊能够陶冶化了！並且排練狗熊的時候，還是那句話：應該改變成“組織法方法”“戲班的規律”“坐科的性質”三大項。只因牠們熊多，互相在藝術途上能够交換那種表現的力量；同時，更能養成競賽的毅力，與夫奮鬥的志氣和那發強的性格！這樣就能够將那靈俐的更藝術化了。笨伯的也能轉成一種敏捷的精神，而遠去單調的排練時候的磨難費力多多了！

這種組合式的排練法，準能够把牠們的笨性野心都化於無何有之鄉，都把那各有的藝術本能極端的表現出來。則同時又化去一種隔膜，就是免掉了狗熊“認熟不認生”的毛病！一般老憨派們，放下農業要進城來耍狗熊的時候，便往那專門排練狗熊的地方儉著樣兒把角色聘了來，去作賣藝的生涯！就是當時牠認生，一時半會兒牠自然也就能熟化了。趕到狗熊戲演唱够了，再把這角色的能力和演戲的成績，應給與排練狗熊的多少包銀，多少戲分；另外耍狗熊的落著多少的報酬，和排練狗熊的不相幹，合同期滿，照約行事！

這是一種極方便的辦法，這樣不期然就能產生了多少狗[10]熊教練班。排練狗熊的必須備具戲劇的智識，與其藝術的思想、千變萬化的手腕、極堅忍柔耐的格性。這樣去排練，包管能得到驚奇觀了！

我對於狗熊的思想不止於此，牠們在根本上的藝術本能既然發展到這般健全的地步了，而進一步在那把戲的場面上也必要有所講求才爲美。我於看狗熊戲的時候也曾領略著這般的乏味，我想狗熊戲也大可以進化成“粉墨登場”“角色合組”的方法，也能成爲舞台的大劇觀！聽說現在天橋的雜耍場上也有一個大模式的狗熊戲場，我當前往參觀時，不想也是一個單個的狗熊和那些猴兒、蛇聯合以成班的，可惜顯不出那種純狗熊合組的美。試想若是全班的狗熊成立這一個大戲場，蔚然大觀該多熱鬧？因爲我這個並不是理想之談，且看那狗熊的臉譜身段，實在是有裝扮人物的可能性！一個狗熊若扛起耙子來，也不用勾臉兒，豈不是成了一個整個的"豬八戒"嗎？若擇那身軀矮小的狗熊，臉間畫上花紋，身上披起戰裙，腳下也登上靴子，舉起長棒，跳跳鑽鑽，誰説牠不像個"孫行者"？這些事的細則，想也極費研究的工夫，我雖欲暢盡我意，但恐多佔卻俱樂部寶貴的篇幅！但望讀者及一般狗熊家都用靈心去理會，恕我不及贅説了。末了，又想到京城爲什麼這二年來不見那麼些個耍狗熊的了？據我推測其原因則有三：（一）耍狗熊的大概都是莊家人物，他們多是在大正新月得閒，拉著狗熊進城來賣藝的，而平日的狗熊生活實在無法維持永久。（二）排練一隻狗熊非經過一年半載的光陰不爲功。在那物阜年豐的時候，耍狗熊的還有這種精神來排練牠們；到現在落得年饑米貴，耍狗熊的先得維護個人的窩窩頭問題，把這排練狗熊的工夫和精神完全失卻。（三）京城現在也是呼喊著"生活程度日高"，又有多少人閒心看那狗熊戲？（因爲狗熊不爲中等階級以上的人物所感動！）所以一天作兩號生意，也恐連窩窩頭問題保不住！並且還有來回家的川資，都是耗費的。大不似從前京中旗族興盛的時代，每多大唱狗熊戲！耍狗熊的自然是飽載而歸了。到現今只怕連鑼都典了，而落得拉著狗熊光著屁股回老家！

　　明白以上三種理由，立刻就知道了狗熊戲不發展的原因了。欲挽救這種民間的好藝術，則唯有採用我們在以前所述的"狗熊戲怎能美化"的方法，來提高狗熊戲的價值！自然地就在藝術界上佔有一出色的地位了。

　　自然我這種提倡似近於滑稽，未免曲高而和寡，但我爲提高我個人藝術的智識和情感擴張的程度起見，也不因寡和而就不敢唱這種高尚的熊調！

　　民間藝術萬歲！狗熊萬歲！

【校記】

［1］宵，原文誤作“宵”，據文意改。

［2］狀，原文誤作“壯”，據文意改。

［3］齜，原文誤作“滋”，據文意改。

［4］曾，原文誤作“會”，據文意改。

［5］鍛鍊，原文誤作“鍜鍊”，據文意改，下同。

［6］憋，原文作“闊”，據上文改。

［7］原文脫“的”字，據上下文補。

［8］丙，原文誤作“三”，據上下文改。

［9］原文“鐵”字位於“起”字之後，據上下文改。

［10］狗，原文誤作“够”，據文意改。

（六）半班戲

　　半班戲在民間流行的把戲中是一種下流的藝術，並且牠由表現中極露出神怪而又傷感的性質。這個“半班戲”乃是一個正稱，按俗語説來名之曰“崩崩兒戲”，而以這種名詞流行民間之口最爲普遍也。其所以名“半班戲”者，乃在那群半整不破的角色們，雖然不够粉面登場的資格，然而一個個頗有優伶的習氣；他們雖然驚動不了一般高等階級的和[1]有些藝術眼光的戲迷派，但是牠在民間的下等階級卻佔一部分絕大的勢力，並且牠極有影響社會的能力！牠能激動人的情思，牠能發强人那異想天開的懷感。這些事的細裏且待後面去伸説吧。只因半班戲的戲分價格是非常的便宜，姑娘、老太太們悶的荒了，便把他們叫進來，花十吊八吊，立刻就能開台！角色多者是四五個人，少者在三四個人之間。分戲趕角，隨場分配，是一種輪流的組合法。方纔這個角色打著竹板兒呢，在下一場他便是戲中的正角，並且那給戲調操“呼呼兒”（秦腔的琴）一方面還當配角呢！因爲這個所以名之曰半班戲了。花不了多少錢，便能够自由的在家中唱一場堂會小戲。實在是一種消愁破悶，解心寬且省錢,而又娛樂滿足的好玩藝兒也! 北京城中這種半班戲的流行,除了那專有主顧者之外,其餘是各隨時宜而流動不息的! 那大新正月他們自然是做這麼一陣好生涯已不用説,但在平日他們的生涯也不爲寥落。比較起別的把戲來已是一種極優越的多了! 普通人家沒有事兒,把他們叫進來,講好了價錢,高揚起那種酸調兒,那方近的親戚朋友、姑娘媳們,也不用去請,便都連跑帶笑的走進來參與這種盛會的。與那耍猴兒或耍傀儡子的時候,東道主人去尋覓那合意人兒們過來看戲,而被請者一不高興便給一個不賞臉賜光,都説:"耍猴兒、傀儡子的誰沒看見過呢? 我煩的荒! ……"等話,若兩相比較起來,真有霄壤之別了!

　　由此便可以看出那半班戲的叫座力之雄厚,能夠激發照顧主兒熱烈的情感而群相捧場啦! 至於俗言中這個"崩崩兒戲"名稱之由來,這大概是從那調門兒起的名詞? 也難使作者尋出什麼有力新鮮的意義來呢。這半班戲角色的坐科與其人材產生地,完全是在京東八縣一帶(如三河、寶坻等),他們都是一種極散閒的人物;尤其是在那本地風光更以這種把戲爲普通,流行的範圍也極廣大。半班戲的演員雖然根本上以作爲此等演員不當任何事,但在衣食感覺缺乏的時候,便想把這種藝術拿進城來換錢! 他們的搭班法也極形簡單,互相約會四五個角色,拿起竹板兒和呼呼兒,進了城來便能夠找吃找穿。並且他們的吆喝法也是極形不費力,不像那般耍耗子的等,將那喇叭把腮幫子都吹酸了,不過是圍著一群小孩子們歡呼著,半晌不出來一個真正看戲的主兒來迎合! 這半班戲是走過這一條胡同兒,竹板兒打上一回和喇叭吹上一回,説著説著。這是絕對的激起兒童們好奇的心理來,他們只知道這是唱唱兒的,聽不聽都在兩可。惟有那老太太們等女性,一般這時候都被這一種很烈強的激動,三群五夥的湊在一起,便張羅起湊錢出來! 於是乎就將他們叫了進去,説話中間便開起台來! 於是乎七姑八姨,立刻就能這麼一屋子,滿坑滿谷,盡是捧場之客! 要是在夏景天,是在庭院中演唱,這時候便更透著熱鬧了! 周圍都是看台,並且也攔不住外面的捧喝的,聽蹭兒戲的,於是乎就得大加凳子了! 半班戲的角色,有的便拿摺子出來,念給老太太們聽,請她們隨意的點。有的就由嘴裏道述節目都有什麼戲,共是若干齣,也請娘兒們、姐兒們撿著樣兒挑。於是乎就擇那最熱鬧的,或是最悲苦的,最逗笑的,唱將起來! 唱到火熾處,真使觀客張著嘴都聽怔了! 唱到辛酸處,真能使聽者的眼淚在眼圈兒裏頭滾滾轉轉的,只是落不下來! 有的聽到那極悲傷慘苦的最後的一節,那淚珠兒也就掉在襟上了! 所以老太太們聽到悲憤的時候也就坐不住了,站起身來離了戲場。往外走的光景,不是用手巾擦眼淚,便是用手甩鼻涕! 立刻全戲場中便是充滿了愁雲慘霧,好不淒涼!

但在唱得滑稽逗笑時,諷諧百出,又使他們樂的不可支持了! 一個個直笑得紅頭漲臉,拔著脖子,按著肚子。有的笑得眼淚已淌出來了! 有的笑得就去彎下了腰! 真稱得是把人樂得肚腸子怪痛的了! 因為半班戲這樣受老娘們熱烈的歡迎,隨之他們的行市也就漸漸的長起來了! 從前要唱這一台半班戲,有個七吊八吊的便能熱鬧大半晌。到現在說話,這四五個角色拿這七八吊錢也是不中用的呀! 所以半班戲的價碼比較從前已是長四五倍了。雖然戲價是長了,但是一般愛好這類把戲的[2]姑娘、老太太們,戲癮終是難煞! 所以直到現在,半班戲進了城來,自要是有前面所說那種使觀者"哭笑不得"的魔力,則永遠還是那種生涯的。因為這戲價[3]也不是一個人拿的(但執意請客者例外),姑娘、老太太們為聽半班戲往往有這麼一種"湊束法",這種方法的意義是:一個人拿錢太多。既然都愛聽這種玩藝兒,就不妨大家拿錢同樂吧! 好在錢一經大家拿,則每人所掏出腰包者只是僅僅耳。於是乎拍心脯以表示情願慨然解囊者,則大有人在! 而半推半就不肯出資的,十個之中也挑不出一個來的。因此湊辦戲價這般的熱心，而使半班戲就隔長不短的呈演於人家之前了。京俗中謂姑娘、老太太們都有三種“不心疼”的花錢之道，以諷刺她們愛聽半班戲。其詞是：（一）安煙袋不心疼錢。買檳榔膏不心疼錢。聽半班戲不心疼錢！（老太太）（二）買假頭髮不心疼錢。買煙和檳榔不心疼錢。聽半班戲不心疼錢！（媳婦）（三）買花兒不心疼錢。買胭脂粉線不心疼錢。聽半班戲不心疼錢！（姑娘）也。由這三種語調中，更可以見到她們愛好半班戲是怎樣的狂烈了！那一般老太太真是連抽煙的錢都捨不得，預備著聽半班戲的。媳婦們也是省東省西，臨完了完全作了半班戲的戲價！那姑娘們更是可笑，爲別的事情，自己的餘資一毫不肯掏腰包的，獨是一聽戲，湊東兒的時候，便肯把那體己錢動用！平日口口聲聲説是没有錢的，大叫窮的，輪到一張羅半班戲的時候，大概多是伸出大拇指要作東道主人呢！有一般成了半班戲迷的婦孺們，隔些日子要不聽一回半班戲，心中奇癢難撓，甚至連飯都吃不下去了！没有事兒就約會一般同好，湊這個東兒，由個人各項中省下一筆費用來，大家存起作爲堂會戲時候的戲價！省得臨時不方便，爲戲價而大形著急了！所以她們在聽這一次半班堂會戲的時候，便和角色們約訂下回是幾時來！她們在没有到日子，便又去約會七姑八姨們屆時來參加這個熱鬧！則被請者也極歡迎，雖然不用破費戲價，但是腰包裏也得藏著一吊八百的酒資！

　　半班戲的角色很得一種“地利”的方法，一班人材四五至六七個進了城來，是今天東城招顯，明地又是南城吆喝了，隔日又往那熟舊的地方打個照面！一個地方隔幾天總有他們的蹤跡。如此使各方調和不厭，於叫客力得到好多的便宜。但是遇到這一方面顧主熱烈歡迎的時候，那也就得來得次數多了。常見他們走在街上，也不打板、不拉琴的時候，那便是老早的已然約好了堂會戲，去演唱的哪！半班戲的角色也有許多名字以高抬其身價，並可以助當時的戲興！藉予觀客一肯定的賞識力，他們也真不自愧。年青的小夥子，所謂"鞭式"派的角色，他們就自稱爲這個紅，那個紅，若"自來紅""十八紅""小人紅"……其次，若"四月菊""粉菊花"等。這都是名角兒出色的人材！其那年老氣衰的角色，比較上形容不如的，就以混名法以相稱，若"老茄子""大玉米"等。總之，他們那各種的名稱都是含有滑稽性的，挨罵式的。那觀客們對於這一點也極注意，有那在會堂戲的時候，他們看見了缺了某個角色，便問道："那個□□紅怎麼沒有來呢？"或者是在訂約堂會戲的時候，她們單指定名字要誰，如説："要那個什麼紅來唱！"這又是一種。還有半班戲在街上吹打招顧買賣的時候，他們高興起來出去一看，原欲約請進來唱個痛快熱鬧，但是一看缺乏了一個可人意的角色，便説："沒有那個什麼紅我們不聽！"於是這號買賣就算散了。但是按著她們各人的心理，對於角色的屬意上也不一樣！這位老太太專愛可憐這個"石榴紅"，但那位小姐又專門的喜歡那個"杏兒紅"！她們有時還作這樣的爭辯，品形評調，各道其可意者之所長！半班戲的魔力真可以説是不小呢！

半班戲雖然博得女界這般盛大歡迎，但是男人絕和這種半優伶的戲子沒有一點的緣分！（除了那帶著婆婆嬤嬤性的男子之外，因他是心理藉此可以在女人隊相混嘶！）大概都是"愛之不足，恨之有餘"的。因爲男子們了解社會間的形狀和那舞台上的大觀！每每對於一件玩藝兒的欣賞時，雖然缺少那藝術的眼光來運用，但是也在經驗方面來試看的，來指摘的。不見一個拖衣扯帶的窮漢子也能學兩口"叫天兒"（老譚）嗎？更可見街上那口裏不斷哼哼唧唧的，拄著拐杖便唱"天雷報"，抱著砂鍋還演"烏盆計"！北京城真是到處充滿了戲迷！以此窄義的單個性，而推想到廣義的大多數的男子的藝術鑒別力，他們怎麼又能够喜歡這種半班戲的"鄉下媽媽"寒而且酸的怯調！況且他們看見角色那種專博女界喜歡的賤氣,於心理上尤有一種衝激也。真的,半班戲在根本上就沒有一點藝術的成分,他們僅會把那雄黄年間的"二十四孝",或是有可敘述的家庭瑣事裏面的驚奇之處,把這些稗史的材料來編成些個笨詞,和那種唯一吆喝的牌調相調節,這便能成一齣小戲! 他們在根本上的目的,就是專爲迎合一般姑娘、老太太們的心理而來的。且看那老太太們聽人講書吧,"水滸傳""三國志"是多麽勇敢譎詐,痛快淋漓哪! 若給她們講述起來,竟會不耐聽! 而偏偏的説那神怪無稽的"西遊記"和"封神榜",與夫"鼓詞兒",則是愛聽的了不得了。這是男女兩性在根本上愛好藝術的天然表現。男人極是把半班戲認爲一種下流的東西! 見了他們便用一種很不自然眼光射在彼等的身上,偶遇著半班戲開場的時候,無往而不是掩鼻而走的! 但是這樣的憤恨也難和那姑娘、老太太們的心理相抵抗,不信要是老太太想聽半班戲了,兒子要是相攔,包管挨一頓臭罵! 結果還是開演起來。這又何苦? 由此那媳婦爲聽半班戲暗地被丈夫鬧氣的,姑娘爲聽半班戲受爹爹抱怨的等等,真不知凡幾了!

這種半班戲角色的表現上也極予我人一個很顯明的樣式,他們絕不像耍猴兒的和耍耗子的等這類賣藝家,純是鄉下人,老憨派! 放下把戲的工具,立刻就是整個的莊家人的模樣! 前已表過,唱半班戲的是大有優伶的習氣的。他們那年青的小夥子,夠上稱"紅"的資格者,腦袋上絕不是禿光,大多數是好幾寸長的頭髮,至少也要在腦袋的後半部的短髮留起,呈一陰陽顯明的樣式,這便是他們那優伶氣派的表現! 至於打扮上,他們也和所謂"戲子裝"是差不多的,半大褂子顔色是極形顯明漂亮;脚下的雙足都是瘦小的了不得,所穿的鞋也極講究非常,大概都是緞子的居多數! 那老角色雖然不打扮,但由行爲氣派中間也看得出來他是一個賣笑的人物。這是他們那樣深刻的摹仿那極歡樂與極悲痛的形態都慣了,處處般般他想博人的喜歡,求人的動容出神。因之,一言一笑都帶有三分戲子氣了,那够什麼"紅"資格的,就更不用説了。所以是個唱半班戲的也不用拿著竹板兒與其他,就是單個人行著路,也理會著他是這流人物!我今爲半班戲分作三節以收束之,是"半班戲的原起""半班戲的節目""半班戲的特性",待我分頭略爲敘述吧!

(一)半班戲的原起。在京東八縣那一帶,民間的情感都極淡薄,世情之炎涼更較他地爲最!所以東一家故事,西一家故事,莫不滿縣風雨,轟動四方!他們能長久的當作鼓兒詞講述。其所流行的文學是極端的崇拜那"野史""二十四孝"和"彈詞"等類的小説!由此轉到語言間是極諷刺的,極堅刻的了。半班戲的原起乃在那一般遊手好閒的子弟們一起玩樂的時候,地方最盛行的藝術品是秦腔呼呼兒和竹板兒。把這兩種工具合在一起,中間再加上那鎖呐(喇叭)的調和,大家吹打起來非常熱鬧!這種小俱樂部是遍地皆是的。這時候他們只知道調唱些個稗史故事罷了!到後來進一步就把那現行的奇聞怪事,與夫一切笑話,也都編成了曲子內了,這時候便是半班戲顯現出來的初期。不一期,連"二十四孝"等故事也拉來相排演,漸漸的對於曲調上已得一準確的目標了,而成了民間一件極普遍玩賞與其娛樂的藝術。當時愛好之者甚夥!在那一帶真稱得澎湃衝激,没有一處没有那種聲調的!這時候是半班戲流行的時代了。到後來有一部分唱家感受生活的困難,然對於這種藝術還是愛不釋手!遂成群打夥的拿牠想進京城來換錢!(以上一段話,是作者叩問一個資格極老的半班戲的角色,他年青時候也是愛稱"紅"的,這乃他所講述而來的,料極可靠!)

(二)半班戲的節目。半班戲的戲文和內容大概已然説知了吧?現在我們再説一説半班戲的唱法上的一切現象了。角色們雖然在平裝時是具有優伶的模樣,但在開演起戲來也是不換行頭的。只有桌子板凳能坐下了便得了,是一種散漫無限制的。他們那工具的調節是分爲三種:是用呼呼兒以諧調字眼兒,有喇叭以助聲韻,另有竹板兒以湊熱鬧！是以有五個角色就得去了三個人的工具的操持,所餘的人便是正角兒,而配角兒就使那操工具的人代表出來。所以半班戲的人材是只會唱也不中用,必要連唱帶操,以合直臨場的輪流法！唱起戲來,這三種工具合湊起來,聲音是極宏壯的,因之唱嗓上也得高揚聲調了。他們那種調門是唯一的以"哎哎呀！哎哎呀！哎哎,哎哎,哎哎呀！！啊！……"戲文每一句都露出酸性與怯！每逢一個短句子就調之以"哎哎呀！",至唱到一段時,調則加上長調"哎哎,哎哎,哎哎呀！！啊！"了。戲目的內容大概都屬於故事的,前已說過了,其中的大調分爲"悲苦的""歡樂的""團圓的""滑稽的"幾大項,每一項都有使人感動的精神！他們那種高調揚起來是聽得很遠！所以這一家開演半班戲,四鄰人家不用動身也能領會這種酸調!

（三）半班戲的特性。這個問題就是半班戲爲什麼牠受女界那般的歡迎？因爲他們用那種酸調來節理,一切故事於形容上都能深深刻刻的描摹出來,能予觀客一種無窮的印象,與其感動的心理。並且半班戲備具一種傷感的要素,與其悲壯的格性,聽了牠就好像那戲中的真情真景,歷歷目前！牠不像大舞台上描仿一事都有許多的做作氣派,這是淋漓盡致的唱將出來,所含的味道是"如怨如訴"的！如唱"繼母娘打孩子"一齣吧,他能把妬婦的陰險,虐子的神情,整個的托露出來,真使聽者鼻酸！再如"寡婦上墳"一齣,唱得守寡的清苦是何等的露骨？不用說那純粹無丈夫的媳婦聽了,受這個極强烈的打激;就是那不出閨的姑娘領略了這般悲調,也要"半夜三更睡不著覺",叫苦三分呢！半班戲的魔力能夠激刺人的性格的轉移,誘惑人的潔志！因此,那一般年青情熱的婦女們,得到這種深刻的激刺時,直能覺得室中非安身之地了！以致演出許多不可思議的現像來！情天孽海！半班戲惑人之深也！於此就可知了。

半班戲的原起、聲調一切，現在我們已然得著概[4]觀了。末了，我還有幾句話：在北京自從清末時代，民間已然覺得出來這種半班戲是不良的藝術了。那時當官就早有禁例，直到現在官廳也是三令五申，尤有禁止之戒！首善之區不容有這類怪戲來作祟！但是他們還是到時候進城來作這個生涯，姑娘、老太太們還是一味的愛聽！直無所謂之陽奉陰違也。

半班戲這種藝術的長處就在描摹事情的深刻，但我們極希望牠能去掉了那種悲壯的特性，而化爲美的進求，以期更普遍，成爲一個民間美的唱調！

【校記】

[1] 和，原文誤作“合”，據文意改。

[2] 原文脫“的”字，據文意補。

[3] 原文脫“價”字，據文意補。

[4] 概，原文誤作“慨”，據文意改。

（七）耍影戲的

影戲可以説牠是一種特殊的“耍傀儡子的”，這個傀儡但只是顯現於内部（後台）。正面的背景卻予觀客以一個有統系的人影的樣子。其行場作派都和舞台劇相同，牠比傀儡戲的舖張既大，腔調也極其講究，所以影戲在摹仿舞台劇中是最可以蔚爲大觀的了。影戲的調門手法多富於民間性，而牠絕不像耍猴兒的一般在大街上招攬生意，而與普通的民間相接觸。這樣影戲於是便與那最富於情感的兒童們呈一顯明的隔閡了。因牠不在自然的風土軌道上走，所以激不起兒童的好奇的心理與表現來！影戲内部的組織，就如同一個小戲班兒，他們專伺候堂會的場面，北京城中真可以説是演禮之邦！婚嫁喜慶，以及其他“生辰”“彌月”（小兒滿月也）等一切大可舉樂之日，在那殷實人家，這時就絕不容他沒有個熱鬧，以致那日衆家親友來了。雖然大吃八喝，但沒玩藝品可以協調當時娛樂的需要，而感覺枯乏無味哪！那豪富之戶，自看影戲爲一種小技爲所不取，必要安台聘角。鑼鼓喧天，唱起大舞台堂會戲來纔爲足興。而在那小門小戶平常人家也要熱鬧一場的時候，惟有這種影戲可以折衷適用，主人破費戲價本來不多，也是鑼兒鼓兒的，京腔怯調，色色齊全，花樣雜出。欲聽者如老太太們躺在炕上都可以聽得見，聽膩了時到外面台前又可以鑒賞著一切角色替身影子，舉止做派都和大戲場上差不多。所以影戲在喜慶堂會中，大可以滿足賓客娛樂的慾望！在兒童一方面，他們的表現是只在面幕影子的鑒賞，而不在領略幕內的腔調；只在看那影戲人子的生動出奇，而不在品評牠的行腔作派的好壞。所以每逢一個影戲台，那來賓中的男女兒童，便都在那台幕根前包圍得風雨不透，指手畫足，看這熱鬧。但他們絕對不歡迎文戲的，若遇著那種武場或是滑稽的劇幕時，他們就沒有一個不樂得手舞足蹈的了。那一般懂得戲理者，此時則在遠遠的觀望，一方面用耳朵細聽那幕的唱調，一方面以全視線射在影戲人子，集中於其舉止之上，看看是否牠的做派恰能夠與唱節、鑼鼓相諧合？這等觀客若和兒童們比較起來，難怪說"行家看門道，力笨瞧熱鬧"了！

影戲的局式最是好看的，觀客乃不在領略牠幕內旁面的腔調，只是在正面鑒賞那人影的樣子，即可得到娛樂的安慰。故影戲在民間藝術得佔一強有力的地位！別種把戲在這生活程度日高[1]的時候，多感凋零之苦；惟有影戲自從遠年直到現在，京城圈子裏遍地還是"灤州影戲"，高打著京腔怯調的大招牌哪！牠的命運所堪若是持久者，乃就在牠那折衷普遍的性質。牠的格位是不上亦不下，在那上等人家喜慶堂會的時候，若唱一台舞台大戲與唱一台影戲，同樣的能够提高來賓、貴客的喜興，而這一台和那一台的價值可就差多了！影戲的全班角色，和牠那全武行的把子、工具及一切刀槍劍戟，和各樣排場上的舖張物品，就在那一個苦力肩頭下的箱籠中即已全數包羅。而那大戲要是一進台的時候，豈不得拉上三大車？且再說那影戲的一個唱手，末了應得的戲分，還不如那大戲後台一個跟包的檢場的拿的分兒大。

　　這兩台戲的總價相互比較起來，真是不可以以道里計矣！但是影戲唱起來的時候，在那遠近一帶，街坊四鄰，假聽這喜慶棚內已是鑼鼓喧天。破落巷中要這樣起來，不開眼的在睡夢中直疑惑這裏開了一座大戲院一般！那影戲台後的唱局，也是樂器鐘鼓，色色齊全，皮簧歌鑼，樣樣俱備。要趕上能够約來那一般常做彩排的票友兒來捧場，則行腔奏樂，愈發顯著火熾熱鬧！各樣聲色簡直是和舞台劇不稍差，不過粉墨登場的人物們，只是一些油紙質的影戲人子在那面幕燈前活動起來，以作角色的替身罷了。所以影戲備具宏大的外狀，與其舞台的色彩，在内部中又有那些個生奇的影戲人子相湊趣，而臻克極繁華禮備的局面。因此，牠最能迎合北京城演禮之邦，處處愛擺闊架子，面面皆是作用“紙老虎”式的把戲的大多數人的心理！（但是有錢的闊老則例外。）以上是説中等階級人家應合影戲的種種。其次，在那小門小户，没有見過多大世面，如北京的旗派人物，最講究“吃一點，喝一點，樂一點兒。老三點兒”（這是恨水先生愛説的話。）的，及其“小廟裏的神仙，没見過多大香火”的窮酸人家，他們遇著了這樣喜慶生辰之日，也要勉著力舉歌作娛，而鬧上一場“窮歡樂”。你設要唱上一台“半班戲”吧？半班戲只合宜於平日解悶破愁的作用。在這喜慶演禮的時候，要把牠們約了來，真弄得滿院中狼嚎鬼哭一般！不但牠不能提高來賓的喜興，且能反把滿堂的喜慶光輝沖散，一變而為愁雲慘霧了！所以在這個時候，惟有影戲可以打卻種種的隔膜。花錢兒不多，足樂哈這麼一天，臨完了還能讓來賓中的鄉下媽媽們跑回家去説古：什麼"唱得是那樣的大戲！一面還照著洋電影兒呢……"這類可笑的話柄。這是影戲又適於下等階級的原因。明白以上種種的理由，就難怪牠在民間藝術中能够這樣維持長久的生命了。

　　影戲既然這樣好，但牠爲什麼取價這般公道？因他們的資本是僅靠著一箱子油紙質的影戲人子爲恆産，前已説及。並且那還是多少年的老古董物，就好像一個電影片子風行天下，演多少次也不致於大損傷呢。現在影戲雖然不敗落，但因在娛樂道上牠受著進化維新的影響（也就是電影兒），所以那影戲班也没有再肯拿出一套資本來，而創造這一夥影戲人子的角色的了。至於創造這一班影戲角色的資本也不多，乃是只在工匠的手兒巧，生旦净末丑分配齊全。就在北京大廟集上的耍貨攤子上看去（他們製造這種影戲人子賣，爲的是普遍人的練習與鑒賞，迎合這種愛美的心理），每班以十二個影戲人子計，其求值不過幾毛錢也。進一步而到這全班大戲上，老箱底子又能够值上多少錢哪？所以自要有一套影戲人子班，就可以作爲老産業，一本萬利的買賣也。戲班的門口兒掛出去"灤州影戲"的大招牌，喜慶堂會就有人來約班聘角！但影戲班的拿手，也是真正的本領，除了那一個耍影戲人子的手技，把紙人擺弄得有如生龍活虎之外，就在那些唱手的身上！這唱手們若真是出名的票友兒，唱起來簡直就和大戲的生趣無異；但有的約來那般唱手，個個僅會吆喝兩嗓子怯調兒，京腔大戲他們都不懂，盡是些成套大本如"二十四孝""鼓兒詞"一類的濫腔俗調門兒，就在影戲班的唱手多是這個樣子，臨完了每個人的報酬，不過分上個十吊八吊的，就是好事。全班人就是那個擺弄影戲人子的錢多，但是那個角色絶不能靠著一副耍手可以了事，也得到時换場留出來歇息手腕子的工夫。要趕上映演大武軸子戲的時候，這一邊一擁人馬，那一旁又是賊兵影像，影戲人子早已成群打起的現身幕前。這

時自然就得多添耍手，以期各式各樣的角色都並駕齊驅，相與熱
鬧了。

　　京中影戲班兒單有這樣的一種生意，是僅將戲台安設，用其影
戲人子的耍練，而不取其唱手的怯調，另一方面是主人自己去約會
那票友兒們來捧場。他們唱角兒和耍影戲的兩相協調，如後面唱
起"武家坡"來，於是面幕台前就有那薛平貴的影子，和王寶釧[2]的
替身來現身説法。若台後唱起武戲"惡虎村"來，而面幕台上的影
戲人子，也就用那些大酒罐子互相攻擊，互相合諧，弄得十分緊湊，
萬分妥協！這樣的戲，主人是着實花不了多少錢的。票友兒們是
盡純粹的義務，但不能餓著他們的肚子，預備些吃喝，若無食沒有
一點氣力怎麼能够向外吆喝聲調？那耍影戲的也只不過除了耍手
們所應得的工價之外，就是影戲班的底子錢，這一箱子影戲人子出
來跳跳鑽鑽這麼一天，班中就是收得這種實利！其實若不請票友
兒，就完全使影戲班的唱手來應場，也是不能多花錢的。不過就是
他們那種怯調門（也就是灤州的調門兒），實在是不能迎合大多數
觀客的高興罷了。他們那一種唱調是説皮簧不像皮簧，説秦腔又
不像秦腔；但是也有鑼鼓胡琴振作着，唱調的音聲都含著那麼一種
酸素，酸的真難受！因此，現在影戲出台的時候，唱法上每爲顧客
所不許了。我今再爲讀者一目了然的打算，把本節影戲又掐爲六
小段，以爲一個有統系的貢獻。是"影戲的原始""戲台的擺佈""影
戲人子的構造""影戲的作法""影戲的唱法""戲目的調節"！（這種
掐段法我自己也覺討厭了，但是不分析不有整個與總繫。閒言不
道，且待俺分頭來講！）

　　（甲）影戲的原始。影戲的發源地原在"灤州"（民國改成縣，
屬直隸津海道），這就是一個地方有一個地方的土産藝術。那灤州
卻單單的研究這麼一個笨伯光學化的玩藝兒來，而流行於民間。
原始的時候不過他們理會着用一個紙人、紙馬，在一張紙前將燈一

照,而幕上便映出那同樣的影子。進一步把影戲人子擺弄活動起來,那影子也同時的歡蹦亂跳！由此便把牠擴張出戲目了,甚至全武行的把子戲,都在那要手的能力而爲轉移。這時候影戲總算到了流行的時期了。據他們影戲班的一個要手(也是灤州人)和作者說：那時灤州當地甚至於兒童的把戲,類皆用紙面和燈燭,將那紙人兒、紙馬在那市井上去映照。就好像北京兒童在民元的時候,滿坑滿谷的"照西湖景"是同樣的情形也。由此看灤州的風俗藝術間,僅被一個影戲所佔據了,那愛好家與其創造者(製造影戲人子的)等人便欲再進一步,把當地的語音、調門,調和在影戲的中間,而成一個美滿的把戲,但是那裏絕對沒有好聲調。不過排練些個怯戲和影戲相參加(戲的內容從前在本地多是屬於孝義神話的小說化爲原本,現在到北京則改良多了),於是這就影戲一個有統系的玩藝兒了。他們外鄉人身帶藝術的,不惟灤州的影戲是這樣。逢是一切賣藝家,大都在本地本土賣不出多數的錢來,於是就都想上京,在這皇上腳根子下混飯吃。在那盛朝時代,旗族隆貴,金融寬裕,所以外鄉的賣藝來到此地,無往而不發財！這就是北京城充滿了各式各樣的玩藝兒起始的原因。到了現在也就呈現了敗落的一種自然趨勢啦！

　　看了上面的一段文,大概北京影戲班都標號以"灤州"二字的原因已然明白了吧？其實他們的可貴處,就在能够用三根棍兒挑著一個紙人擺弄起來,就其紙胎真能表露出肉體的姿態,與人類行爲的本色來。滑稽百出,描摹人間的陰險與其腐敗的現像,真是一表無遺！至於他們對於光學,是什麼研究也沒有,不過到了北京城,經過許多鑒賞家的批評與美尚的見地,這纔能得著一種"光學化"的發展！舉個例子來看吧,他們從前那個戲台上的光線總離不開幾隻大蠟;如今我在一個親家看回影戲的時候,取其光線是用一盞電燈來映照,也能得到同等的實用,並還比那個蠟光顯明的多！

其次，在那台上神仙與妖精祭法寶的時候的一幕，從前他們耍手便用蠟頭一照，就可以應場了事了。現在發展得用一塊火光鏡上下一幌，就好像真是法寶的魔力，萬道金光呈現幕前，使觀者直不能明白是怎麼個手腕兒了。由此就可見藝術的心理的功效，能夠擴張出各樣把戲的大觀來。這個影戲純粹是光學的取法，若調和之以電力，再把那人影戲搬到背面的反映來，那簡直就是電影兒子。就理想來論，影戲的歷史很長遠，而電影兒是否由影戲化來？這實在是一個問題！若按進化論來講：則我敢斷定與證明是這樣的。但我把當世的"女明星"[3]倒比作影戲人子化，未免加上一層"開倒車""污侮明星"的大罪名！

　　（乙）戲台的擺佈。影戲台的[4]是極美化的。班子裏挑著箱籠、櫃子到了唱家那裏去。在嚴冬天冷的時候，可以在屋中搭台；其餘時光就在院中適中使觀客最得看的地點，隨地就處都是把戲之場。並且他們這種台面的組織，有如耍傀儡子[5]的那般巧妙，就把一張長條桌子一放，欲拉長舞台面積的時候（是在演大軸子戲，角色太多且大，時而擴張之），就可以多加桌子作爲戲場台面。前頭綴以桌圍子，花紅柳綠上嵌著影戲班的字號等等花紋（可不能像舞台劇上的那樣花稍好看，……①

——餘下闕——

【校記】

[1] 原文脱"高"字，據文意補。

[2] 釧，原文誤作"川"。

---

① 芙萍著《京華集錦録》1927 年 5 月 28 日至 10 月 22 日間連載於《益世報（北京）》副刊《益世俱樂部》，共連載 61 日。本次整理以連載原文爲底本，爲保證閲讀之連貫性，筆者整理時保留底本章節標題，校記和注釋體例與《旗族舊俗志》保持一致，連載内容之日期不單独出注。需注意的是，1927 年 9 月 10 日发表之《京華集錦録（十九）》，實際應爲《京華集錦録（二十）》，原報紙序號標註有誤。

〔3〕女明星,原文作"女星明",據文意改。

〔4〕的,疑爲衍文;或"的"字之後脱"擺佈"二字。

〔5〕子,原文誤作"了",據文意改。

參 考 文 獻

一、史料

[1] 清世祖實録[O].中國第一歷史檔案館藏.

[2] 清德宗實録[O].中國第一歷史檔案館藏.

[3] 雍正朝大清會典[O].中國第一歷史檔案館藏.

[4] 乾隆朝欽定大清會典[O].中國第一歷史檔案館藏.

[5] 光緒朝欽定大清會典[O].中國第一歷史檔案館藏.

[6] 鄂爾泰,等.八旗通志[M].李洵,趙德貴主點.長春：東北師範大學出版社 1985.

[7] 趙爾巽,等.清史稿[M].影印本.北京：中華書局 1997.

[8] 昭槤.嘯亭雜録[M].何英芳點校.北京：中華書局 1980.

[9] 震鈞.天咫偶聞[M].北京：北京古籍出版社 1982.

[10] 崇彝.道咸以來朝野雜記[M].北京：北京古籍出版社 1982.

[11] 李光庭.鄉言解頤[M].北京：中華書局 1982.

[12] 李家瑞.北平風俗類征[M].李誠,董潔整理.北京：北京出版社 2010.

[13] 徐珂.清稗類鈔[M].北京：中華書局 1986.

[14] [日] 武田昌雄.滿漢禮俗[M].影印本.上海：上海文藝出版社 1989.

[15] [美] 甘博.北京的社會調查[M].刑文軍等譯.北京：中國書店 2010.

[16] [日] 服部宇之吉,等.清末北京志資料[M].張宗平,吕永和譯.吕永和,湯重南校.北京：北京燕山出版社 1994.

[17] 中國第一歷史檔案館.内閣藏本滿文老檔·太宗朝·漢文譯文[M].瀋

陽：遼寧民族出版社 2009.

[18] 北京市檔案館.北京檔案史料(2002.4)[M].北京：新華出版社 2002.

[19] 何曉芳.清代滿族家譜選輯[M].瀋陽：遼寧民族出版社 2016.

[20] 中國史學會.中國近代史資料叢刊：辛亥革命 8[M].上海：上海書店出版社 2000.

[21] 中國人民政治協商會議北京市委員會文史資料研究委員會.文史資料選編·第 14 輯[M].北京：北京出版社 1982.

[22] 中國人民政治協商會議,北京市朝陽區委員會學習文史委員會.朝陽文史·第 4 輯[M].1997.

[23] 張占國,魏守忠：張恨水研究資料[M].天津：天津人民出版社 1986.

[24] 金啓孮.金啓孮談北京的滿族[M].北京：中華書局 2009.

[25] 定宜莊：老北京人的口述歷史[M].北京：新華書店 2009.

[26] 中國人民政治協商會議全國委員會文史資料委員會.晚清宮廷生活見聞[M].北京：中國文史出版社 2000.

[27] 北京市政協文史資料委員會：辛亥革命後的北京滿族[M].北京：北京出版社 2001.

[28] 定宜莊.十六名旗人婦女口述[M].北京：商務印書館 2016.

[29] 蕭乾.北京城雜憶[M].北京：生活·讀書·新知三聯書店 2012.

[30] 文安.晚清述聞[M].北京：中國文史出版社 2004.

[31] 張友鸞等.世界日報興衰史[M].重慶：重慶出版社 1982.

[32] 張笑俠.國劇韵典[M].北京：中國戲劇出版社 2015.

[33] 王彬,崔國政.燕京風土錄[M].北京：光明日報出版社 2000.

[34] 北京民族古籍整理規劃小組.北京民族文史資料第三輯：旗族舊俗志[M].油印本 1986.

[35] 鮑奉寬.旗人風俗概略[J].滿族研究,1985(02).

[36] 費冬梅.辛虧有你,發現百年故紙無言之美[N].北京青年報,2020-9-6(A20).

[37] 金白.旗族補微[N].世界日報,1928-12-13(5).

[38] 金白.再續旗族補微[N].世界日報,1928-12-29(5).

[39]《京報》編輯部.現代日報十一日出版[N].京報,1932－11－10(7).

[40] 扶平.告辭了[N].現代日報,1932－12－31(2).

[41]《現代日報》編輯部.小啓事[N].現代日報,1938－8－31(3).

[42] 芙萍.旗族舊俗志[N].世界日報,1928－12－1(5).

[43] 紅綠閣主.上下古今談：本行趣話[N].世界日報,1928－12－10(5).

[44] 芙萍.文丐的供狀[N].京報,1929－1－11(8).

[45]《益世報(北京)》編輯部.戲曲研究社：印行戲劇週刊[N].益世報(北京),1930－8－20(6).

[46] 扶平.魔燈初上[N].現代日報,1932－11－11(2).

[47] 扶平.創作中[N].益世報,1932－08－28(9).

[48] 芙萍.紅樓夢"脚"的研究[N].益世報,1929－4－14(9).

[49] 芙萍.京華集錦録[N].益世報,1927－5－28(8).

[50] 芙萍.京華集錦録[N].益世報,1927－5－29[1927－5－30](8).

[51] 墡情.黄花譜[N].世界日報,1929－6－16(8).

[52] 扶平.天橋戲棚之一瞥[N].京報,1929－3－24(8).

[53] 芙萍.長嵌肩[J].女朋友(天津),1927(10).

[54] 子偉.旗族解[N].旗族月報,1914－4.

[55] 芙萍.吃飯問題[N].京報,1928－11－5[1928－11－5](8).

二、著作

[１] 成善卿.天橋史話[M].北京：生活・讀書・新知三聯書店 1990.

[２] 劉小萌.八旗子弟[M].福州：福建人民出版社 1996.

[３] 劉小萌.胥吏[M].北京：北京圖書館出版社 1998.

[４] 劉小萌.清代北京旗人社會[M].北京：中國社會科學出版社 2008.

[５] 王永强.中國少數民族文化史圖典第一卷：東北卷[M].南寧：廣西教育出版社 1999.

[６] 谷正義.歇後語趣談[M].天津：天津人民出版社 2000.

[７] 周簡段.老俗事[M].北京：新星出版社 2008.

[８] 屈正平.汝南風土記[M].呼和浩特：遠方出版社 2002.

［9］劉平.中國民俗通志・江湖志［M］.濟南：山東教育出版社 2005.

［10］要力石.紅樓夢閱讀全攻略［M］.北京：新華出版社 2013.

［11］橘玄雅.清朝穿越指南［M］.重慶：重慶出版社 2017.

［12］季劍青.重寫舊京：民國北京書寫中的歷史與記憶［M］.北京：生活・讀
　　　書・新知三聯書店 2017.

［13］樊志斌.曹雪芹生活時代：北京的自然與社會生態［M］.北京：新華出版
　　　社 2018.

［14］劉慶華.滿族家譜序評注［M］.瀋陽：遼寧民族出版社 2010.

［15］姜維公.東北民族史論著作索引［M］.長春：吉林大學出版社 2012.

［16］北京民族古籍整理出版規劃小組.北京民族文史資料第三輯：旗族舊俗
　　　志［M］.油印本.1986.

［17］周簡段.故都文化趣聞：神州軼聞録［M］.北京：新星出版社 2017.

［18］周簡段.故都文化趣聞：文壇藝往［M］.北京：新星出版社 2017.

［19］北京燕山出版社.古都藝海擷英［M］.北京：北京燕山出版社 1996.

［20］常書紅.辛亥革命前後的滿族研究：以滿漢關係爲中心［M］.北京：社會
　　　科學文獻出版社 2011.

［21］蕭乾.新筆記大觀［M］.上海：上海書店出版社 1996.

［22］孟森.清史講義［M］.北京：北京理工大學出版社 2018.

［23］陳垣.校勘學釋例［M］.北京：中華書局 2016.

［24］《民族問題五種叢書》遼寧省編輯委員會,《中國少數民族社會歷史調查
　　　資料叢刊》修訂編輯委員會.滿族社會歷史調查［M］.北京：民族出版
　　　社 2009.

［25］沈從文.中國古代服飾研究［M］.上海：上海書店出版社 2017.

［26］王雲英.清代滿族服飾［M］.瀋陽：遼寧民族出版社 1985.

［27］曾慧.滿族服飾文化研究［M］.瀋陽：遼寧民族出版社 2010.

［28］老舍.茶館・正紅旗下［M］.天津：天津人民出版社 2009.

［29］孫静."滿洲"民族共同體形成歷程［M］.瀋陽：遼寧民族出版社 2008.

［30］［美］路康樂.滿與漢：清末民初的族群關係與政治權利（1861—1928）
　　　［M］.王琴,劉潤堂譯.北京：中國人民大學出版社 2010.

[31] 顧誠.南明史[M].北京：中國青年出版社 1997.

[32] 黃衛平.大順史稿[M].西安：三秦出版社 2010.

[33] 董康,北嬰.曲海總目提要·附補編[M].北京：人民文學出版社 2014.

[34] 王景澤,李德新,劉荆.褪色的龍旗：晚清八旗探研[M].長春：吉林文史
出版社 2008.

[35] 戴逸.清後期史[M].北京：中國人民大學出版社 2018.

[36] [日] 多田貞一.北京地名志[M].張紫晨譯.北京：書目文獻出版社 1986.

[37] 常人春.老北京的風俗[M].北京：北京出版社 2019.

[38] 黑龍.滿蒙關係史論考[M].北京：民族出版社 2013.

[39] 孟昭連.中國鳴蟲與葫蘆[M].天津：天津古籍書店 1993.

[40] [日] 太田辰夫.滿族文學史編委會學術年會材料之二十三：滿洲族文
學考[M].中國滿族文學史編委會發行.

[41] 梁實秋.雅舍談吃[M].南京：江蘇鳳凰文藝出版社 2019.

[42] 陳鴻年.北平風物[M].北京：九州島島出版社 2016.

[43] 洪學仁.竹枝三百首[M].合肥：黃山書社 2014.

[44] 戴銘禮.中國貨幣史[M].鄭州：河南人民出版社 2017.

[45] 周簡段.神州軼聞錄：民俗話舊[M].北京：新星出版社 2017.

[46] 常人春.老北京的穿戴(第 2 版)[M].北京：北京燕山出版社 2007.

[47] 常人春.紅白喜事：舊京婚喪禮俗[M].北京：北京燕山出版社 1996.

[48] 曹明周,趙輝遠.黃陵文典·民俗卷[M].西安：陝西人民出版社 2008.

[49] 楊蔭瀏.中國古代音樂史稿[M].北京：人民音樂出版社 2004.

[50] 李金龍.北京民俗文化考(下)[M].北京：北京郵電大學出版社 2017.

[51] 俞沖,京腔兒的前世今生：150 年來的北京話[M].北京：北京燕山出版
社 2016.

[52] 蔡鴻生.唐代九姓胡與突厥文化[M].北京：中華書局 2001.

[53] 辭海編輯委員會.辭海：歷史分册·世界史·考古學[Z].上海：上海百
科全書出版社 1982.

[54] 張政烺.中國古代職官大辭典[Z].鄭州：河南人民出版社 1990.

[55] 故宮博物院藏.五體清文鑒：滿藏蒙回漢對照[Z].北京：民族出版社

1998 年重印.

[56] 趙豐主編.中國絲綢史[M].蘇州:蘇州大學出版社 2005.

[57] 王彬,徐秀珊.北京地名典[Z].北京:中國文聯出版社 2001.

[58] 劉厚生等.漢滿詞典[Z].北京:民族出版社 2004.

[59] 王秉愚.老北京風俗詞典[Z].北京:中國青年出版社.

[60] 孫文良等.滿族大辭典[Z].瀋陽:遼寧大學出版社 1990.

[61] 黃鈞,徐希博等.京劇文化詞典[Z].上海:漢語大詞典出版社 2001.

[62] 傅立民,賀名侖等.中國商業文化大辭典[Z].北京:中國發展出版社 1994.

[63] 周汛,高春明.中國衣冠服飾大辭典[Z].上海:上海辭書出版社 1996.

[64] 李行健等.河北方言詞彙編[Z].北京:商務印書館 1995.

[65]《中國商品大辭典》編輯委員會.中國商品大辭典·肉禽蛋分册[Z].北京:中國商業出版社 1997.

[66] 黃麗麗,周澍民,錢蓮琴.港臺語詞詞典[Z].合肥:黃山書社 1990.

[67] 郝銘鑒,孫歡等.中華探名典[Z].上海:上海錦綉文章出版社 2014.

[68] 瞿冕良,中國古籍版刻辭典[Z].蘇州:蘇州大學出版社 2009.

[69] 張寶振,李嵩震等.中國烟草大辭典[Z].北京:中國經濟出版社 1992.

三、論文

[1] 周久鳳.張笑俠生平著作考述[J].紅樓夢學刊,2021(3).

[2] 閻崇年.北京滿族的百年滄桑[J].滿族研究,2001(3).

[3] 王學華.清代滿人民族心理探析[C]//本書編寫組.明清人口婚姻家族史論:陳捷先教授、馮爾康教授古稀紀念論文集.天津:天津古籍出版社 2002:202-258.

[4] 李婷.《兒女英雄傳》的滿文化研究[D].北京:中央民族大學,2003.

[5] 劉明新.解讀滿族服飾習俗的文化内涵[J].中央民族大學學報,2006(5).

[6] 莫艷.清代滿族婦女服飾美學研究[J].藝術探索,2009(1).

[7] 劉明新.淺析滿族的交通習俗[C]//劉連香.民族研究文集:歷史·文化·保護(2010).北京:中央民族大學出版社 2011:191-204.

［8］橘玄雅.旗人女性的首飾[J].紫禁城,2016(7).

［9］杜佩紅.民國時期北京旗人的"社會形象"及其身份認同[J].內蒙古大學學報(哲學社會科學版),2017(3).

[10] 趙志强.清末民國時期"旗族"内涵之初探[C] // 鄂義太,黄泰岩.紀念王鍾翰先生百年誕辰學術文集.北京：中央民族大學出版社 2013：318-330.

[11] 定宜莊.清末民初的"滿洲""旗族"和"滿族"[J].清華大學學報(哲學社會科學版),2016(2).

[12] 常書紅.清代北京的旗民一體化進程——兼論北京滿漢文化的交融[J].北京師範大學學報(社會科學版),2014(1).

[13] 遲雲飛.清末最後十年的平滿漢畛域問題[J].近代史研究,2001(5).

[14] 杜達山.排滿與"化除滿漢畛域"[J].中南民族學院學報(哲學社會科學版),1992(2).

[15] 閻崇年,郗志群.京師八旗都統衙門建置沿革及遺址考察[C] //滿學研究·第七輯.北京：民族出版社 2002：132-157.

[16] 劉鳳雲.一次決定歷史命運的抉擇——論吳三桂降清[J].清史研究,1994(2).

[17] 周勇進.清代五城察院職官吏役構成及其選任[J].蘭州學刊,2009(6).